U0950680

《覆盖率在中国》系列专著（二）

大视频时代的电视覆盖率与融合传播研究

北京美兰德媒体传播策略咨询有限公司◎著

美兰德咨询

新华出版社

图书在版编目（CIP）数据

大视频时代的电视覆盖率与融合传播研究 / 北京美兰德媒体传播策略咨询有限公司著. -- 北京 : 新华出版社, 2018.7
ISBN 978-7-5166-4282-5

Ⅰ. ①大… Ⅱ. ①北… Ⅲ. ①电视－传播媒介－研究－中国
Ⅳ. ①G229.2

中国版本图书馆CIP数据核字(2018)第173248号

大视频时代的电视覆盖率与融合传播研究

作　　者： 北京美兰德媒体传播策略咨询有限公司

责任编辑： 徐文贤　祝玉婷　　**封面设计：** 臻美书装
责任印制： 廖成华

出版发行： 新华出版社
地　　址： 北京石景山区京原路8号　　**邮　　编：** 100040
网　　址： http://www.xinhuapub.com
经　　销： 新华书店、新华出版社天猫旗舰店、京东旗舰店及各大网店
购书热线： 010－63077122　　**中国新闻书店购书热线：** 010－63072012

照　　排： 臻美书装
印　　刷： 河北鑫兆源印刷有限公司

成品尺寸： 170mm×240mm
印　　张： 24　　**字　　数：** 330千字
版　　次： 2018年11月第一版　　**印　　次：** 2018年11月第一次印刷
书　　号： ISBN 978-7-5166-4282-5
定　　价： 60.00元

版权专有，侵权必究。如有质量问题，请与出版社联系调换：010-63077101

本书编委会

顾　　问：赵水福　金文雄

名誉主编：周　江

主　　编：崔燕振

副 主 编：陈　洲　金桂娟

编　　辑：王丽霞　胡　彬　杨丹华　罗　涛　周　捷　张丽莹

文稿整理：麻向丽　梅君莹　夏可人　李　岚

特约撰稿嘉宾：（按姓氏拼音排序）

陈　龙　陈玉瑜　戴晓俊　董舒华　范海红　黄益平　霍利峰　季　桦

季　文　贾　佳　景　林　雷　红　李　明　李　欧　李丕农　李文英

李　响　李艳峰　李振龙　梁娅青　刘盼舟　刘晓晶　卢学敏　罗强良

孟令全　年卫强　饶　飞　任　彧　任中坤　生　伟　唐　军　唐　理

铁发仁　汪冰冰　王　征　熊玉国　许培忠　杨　晔　翟岐渊　张　冰

张承东　张　谛　张　谦　张　宜　赵泽琨

序　言

国家广播电视总局发展研究中心信息所所长　李岚

当前，中国社会发展进入新时代，媒体格局、舆论生态和消费模式发生深刻变革。随着分众化、差异化传播趋势的日益加深，大数据、移动化、智能化技术应用的日益普遍，融合发展已经跨越广电媒体，乃至传媒范畴，上升为国家战略，成为中国文化发展改革的重要内容。党的十八大以来，习近平总书记亲自部署和推动，要求媒体融合尽快从相“加”阶段迈向相“融”阶段，从“你中有我、我中有你”向“你就是我、我就是你”转变。党的十九大对推动媒体融合向纵深发展提出了更高要求：“坚持正确舆论导向，高度重视传播手段建设和创新，提高新闻舆论传播力、引导力、影响力、公信力”。《国家“十三五”时期文化发展改革规划纲要》提出在“十三五”期间，传统媒体与新兴媒体融合发展要取得阶段性成果，要形成一批新型主流媒体和主流媒体集团，逐步建立现代传播体系。广电总局发布《新闻出版广播影视“十三五”发展规划》，把传统媒体与新兴媒体的融合发展作为“十三五”期间广播电视全面转型升级的突破口，在内容、渠道、平台、经营、管理等各方面加快深度融合，形成一体化的组织机构、传播体系和管理机制。

在中央和政府部门方针政策指引下，媒体融合发展逐渐走向纵深。从中央到地方，各级广播电视台纷纷打造融媒体中心，融合生产传播能力不断提升，移动化、立体化传播矩阵成型，内容融合产品持续创新，融媒体“爆款”唱响时代最强音，移动客户端打造品牌，移动直播成新常态，跨界、跨区域媒体联动融合拓展广度，IPTV、互联网电视逐步规范渐成主流观看渠道。在这样的大趋势下，如何做好多元化、多样化的传播方式和传播渠道的测量评估，更好地服务于党和国家新闻舆论传播大局，服务于电视媒体平台价值打造，成为摆在我们面前的重要课题。

在媒体融合传播的大视频时代，传统的单维度收视率测量已难以充分全面反馈内容传播效果，也难以代表电视媒体真正的平台价值。通过统筹电视覆盖率、收视率调查、网络传播指数等多维度指标，打造适应电视媒体全新价值的评价体系，有利于对电视在渠道、用户、品牌、内容、营销等方面的价值进行充分解读，对融合传播时代电视媒体价值进行全面赋能与准确评估。

1999 年以来，美兰德围绕“入网——入位——入户——入目——入心”的电视媒体覆盖传播链条，建立了一套完整的电视覆盖调研体系，持续 20 年进行中国电视覆盖研究，现已成为每年度反映我国电视媒体覆盖传播格局及用户收视行为的重要标尺，也是当前国内规模最大、最全面的电视覆盖调查之一。如今，覆盖率已经成为电视用户测量的重要组成内容，成为衡量电视频道覆盖价值的“通用货币”。近几年来，在媒体融合发展背景下，美兰德顺应跨屏传播的大视频新生态，不断创新调查评估方式并丰富评估数据维度，将电视媒体的互联网传播影响力加入到评估体系中，全面反映电视媒体的传播效果与价值，受到业界和学界的广泛认可和高度关注。

这本书是美兰德《覆盖率在中国》系列专著的第二部，凝聚了美兰德在电视覆盖传播与融合传播研究实践的道路上不断探索的智慧结晶，包含上、下两篇内容：上篇以中国电视覆盖率为研究对象，详细梳理了中国电视覆盖二十年发展历程，勾勒出中国电视覆盖率研究体系轮廓，展示了中国电视覆盖率研究的关键方法论以及中国电视覆盖率研究在传播渠道、传播价值、投放效果等方面的应用。下篇以中国电视融合传播为研究对象，重点阐述了互联网发展背景下大视频格局的形成、互联网对媒体传播范式的重塑以及媒体融合传播的多样价值。该书为广大读者特别是相关专业人员的理论研究和业务实践提供了很好的参考，同时也为电视媒体融合传播相关政策决策提供了一定思路。

站在新的历史起点，信息技术和互联网的迅猛发展给广播电视行业带来的挑战和机遇并存。广播电视系统将始终坚持以习近平新时代中国特色社会主义思想为指导，努力适应新形势新任务新要求，把握数字化、网络化、智能化融合发展的契机，加紧推动广电业务从“功能”型向“智能”型、“智慧”型转变，大力实施智慧广电建设，加快推动行业优化升级、高质量发展。与之相适应，期待产生更多电视媒体覆盖收视融合传播的创新研究成果，助力广播电视行业转型升级，努力满足用户“任何时间、任何地点、任何终端”享受广播电视服务的需求，以融媒体服务、智慧化传播的大生态，形成良性可持续性的中国广播电视媒体融合发展新格局。

目 录

CONTENTS

第一章
电视覆盖研究的缘起

“覆盖”作为电视媒体实现自身传播功能和传播价值的基础保障，是其提升传播力和影响力的前提条件，也是界定自身传播能力和传播版图的核心支撑。一方面，作为公共媒体，电视媒体承载着向受众提供新闻资讯、文化娱乐及其他公共服务的职能，即通过向不同性别、年龄、民族、地域的居民传播信息从而实现公共服务的均等化；另一方面，作为市场主体，电视媒体在满足不同地域、不同社会经济条件的居民收看电视节目需求的同时，还需要通过不断扩大传播范围来实现其广告营收的快速增长。基于电视媒体履行公共服务职能、参与市场竞争等多方面的基本诉求，电视覆盖便因此应运而生。

在电视媒体发展的不同阶段，电视覆盖工作及覆盖研究亦有不同的发展形态和存在价值。具体来看，电视覆盖研究主要经历了信号覆盖与传输技术研究、自我测量与评估、专业化研究与市场化评估三个阶段。而随着电视媒体市场化程度持续深化，作为广播电视产业链条上的一个环节，电视覆盖产业已然成为一个涵盖物理覆盖、内容覆盖及品牌覆盖等多层次的市场化、系统性概念。

一直以来，广告营销是电视媒体最主要的经营方式，即通过售卖受众注意力来获得广告主对广告时段的购买。受众注意力成为电视媒体不断追逐的稀缺资源，而确保电视节目传输信号能被电视家庭有效接收是电视媒体争夺受众注意力的最基本条件。因此，对电视覆盖进行多层次、成体系的研究具有重要的现实意义。

第一节　电视覆盖的界定与发展

“电视覆盖”随电视媒体的出现而产生，其根源在于电视节目传输需要、观众收看需求与技术落后、设备缺乏、资源有限之间的矛盾。虽然这种矛盾随着技术发展不断得到解决，但不管是无线微波、直播卫星还是有线传输，受到技术、设备、地理位置、节目内容及受众的主观收视喜好等多种因素的交互影响与制约，电视信号不可能普及到所有的目标受众，必然会存在传输过程中的盲区，因此电视媒体覆盖工作是一项长期存在的重要任务。随着电视媒体的经营形态的持续变迁，我国的电视覆盖调研也经历了一个不断变化与完善的发展过程。

一、中国电视覆盖研究三个发展阶段

“覆盖”是电视媒体日常运营中不可回避的重要工作，始终贯穿于电视频道运营的各个环节。但电视覆盖研究并不是电视媒体发展初期就存在，而是因为电视媒体运营的需要在特定的历史时期下产生的。可以说，我国电视业态的发展与我国政治经济体制的发展密切相关。电视媒体运营在不同的发展阶段表现为三种不同的形态，分别为事业性经营、产业化经营、市场化经营，而电视覆盖研究在电视媒体的三种经营形态中表现出了不同的作用与内在价值。

1. 电视媒体事业性经营阶段，重点布局信号覆盖

1958 年我国第一座电视台——北京电视台（1978 年 5 月 1 日更名为中央电视台）开播，拉开了我国电视媒体事业发展的序幕。但之后很长一段时间里，我国广播电视事业发展缓慢，受制于经营体制、传播技术、经济条件、地理环境等因素，电视距离大部分人民群众仍然很遥远。1958—1978 年，电视台的经营性质为事业性经营，电视节目播出的主要任务是做好党和政府的宣传工作。由于当时电视机普及率较低，缺乏市场发展动力，电视台的覆盖工作以信号覆盖为主，这一阶段电视覆盖研究主要集中在对电视信号传输及相关技术的研究，尚未有专门机构对电视信号传输范围和覆盖结构进行调查。

2. 电视媒体产业化经营阶段，电视覆盖多为自发性的自我测量与评估

改革开放为电视媒体发展带来了契机，一方面改革开放推动我国经济快速发展，为电视媒体产业化经营创造了条件；另一方面 1983 年召开的全国广播电视工作会议确立施行央、省、地、县“四级办广播、四级办电视、四级混合覆盖”方针，涌现了一大批广播站和电视台。各地纷纷投入建设电视信号转发设施，边远地区的人民群众亦有条件接收电视节目。在这一阶段，电

视媒体已具备良好的市场发展条件，由原来的单纯事业性经营开始尝试产业化发展，并逐步将市场机制引入到频道覆盖、节目制作、广告运营等业务中。“四级办台”方针决定了电视媒体自上而下逐级分布的结构特点，电视媒体只需在本区域开展覆盖工作即可。在此阶段，电视覆盖研究多为自发性的自我测量与评估，主要集中在对电视频道的总体覆盖范围及覆盖区域的考量上，但电视媒体、广告主对电视覆盖的认识与需求仍不够深入。

3. 电视媒体市场化经营阶段，专业化、市场化的覆盖研究和评估上线

到了20世纪末，一大批电视频道陆续上星播出，纷纷突破地域限制，传播范围不再仅限于本省或本区域，开始面向全国电视观众播出电视节目并成立了一大批广播电视集团。电视媒体市场化经营逐步加深，一方面电视频道不断增加，包括中央电视台、省级卫视及地方台等可供各地居民收看的电视频道数量较多，而无线微波、卫星直播或有线电视网络资源相对有限，对资源的争夺增加了频道覆盖工作的难度；另一方面频道竞争和广告运营压力剧增，频道覆盖作为保障节目收视效果的基础，逐渐获得各级电视媒体、广告公司的认可并采纳。这一阶段，国家广播电视总局、电视台、网络公司、第三方机构从不同角度开展电视覆盖研究，专业化、市场化的覆盖研究成为常态并自成体系。北京美兰德媒体传播策略咨询有限公司（以下简称美兰德）自1999年开始进行“全国电视覆盖与收视状况调研”，历经20年形成了一套完整、客观的调研体系。

二、电视覆盖的涵义及三个层次

1. 电视覆盖的涵义

电视媒体市场化运营以来，电视覆盖率指标逐渐获得电视台、广告主与广告公司的关注，其在电视媒体运营及电视广告投放中的重要作用被不断认可。电视覆盖率指标体系已然成为电视受众测量体系的重要组成部分，并最终成为衡量电视频道传播价值的“通用货币”。因研究出发点和视角的不同，业内对于电视覆盖涵义的界定主要有以下两种：

（1）以媒体信号辐射面为研究对象的覆盖率定义

这种界定以信号传输的覆盖范围广度为出发点，研究媒体信号的辐射面，将覆盖率界定为可能接收媒体信号的最大范围，即电视频道潜在受众的最大规模。对一个电视频道而言，其覆盖率为信号覆盖区域中拥有电视机的家庭数量 / 百分比。

这种界定方式比较简单粗放，主要考量媒体信号的覆盖范围，认为只要接收者家中电视机可以接收该频道发射的信号即视为覆盖。然而观众是否能够收看该电视频道的节目受多种因素的影响，如频道发射功率、入网频点、用户接收设备等等。

（2）以媒体信息可接收为研究对象的覆盖率定义

我国电视传播格局较为复杂，中央电视台、省级卫视、省市级地面频道等主要的电视媒体所面临的传播政策、采用的传播技术以及可实现的传播范围大相径庭，简单地以媒体信号辐射面为研究对象的覆盖率定义并不能完整解释全国范围内各家电视频道的覆盖与传播形势。有鉴于此，业界衍生出了更为精准的、细分化的以媒体信息可接收为研究对象的覆盖率定义。这种界定方式以媒体信号到达家庭户为研究视角，研究受众对媒体信号的可接收状况，将覆盖率定义为可接收媒体信号的比例，考量的是媒体信号的实际入户情况。

以媒体信息可接收为研究对象的“覆盖率”定义在业界有两个可供参考的概念来源：一个是《世界传媒实验室》中对“电视覆盖率”的定义：某个电视频道或电视台所能覆盖到的地域范围在所考察的整个地域范围内的人口比例，表示为某地区能接收到该电视频道的家庭户户数占该地区所有家庭户户数的百分比。另一个是当前广电部门统计中对“电视综合人口覆盖率”的定义：在对象区内能接收到中央、省、地（市）、县（市）电视传输机构以无线、有线、卫星等方式传输的电视节目信号的人口数占对象区总人口数的比重。

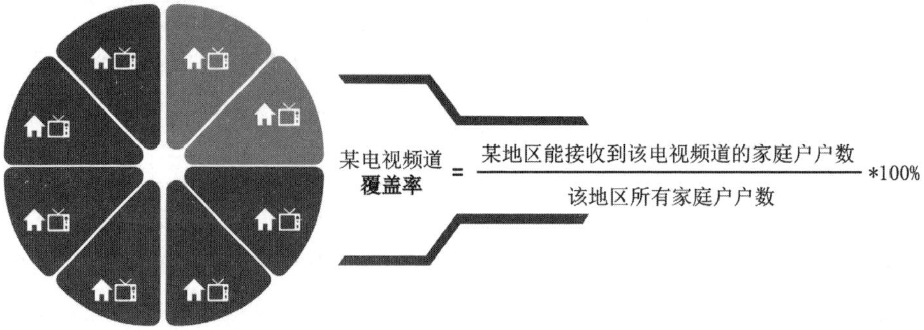

图 1-1　电视覆盖率定义图示

美兰德一直沿用的“覆盖率”概念与这两个概念基本一致：某一电视频道的覆盖率指明确表示“能收到”该电视频道的某区域或全国人数与该区域或全国“电视人口”之比。美兰德专业化的电视频道覆盖率调研始于 1999 年，这一时期电视媒体已经成为中国社会最主要的信息传播媒介。美兰德电视覆盖调研体系基于电视媒体的传播通路特点及广告主、广告公司的广告信息传播效果而确立，并由此发展研究出了一套完整的覆盖率调研体系。

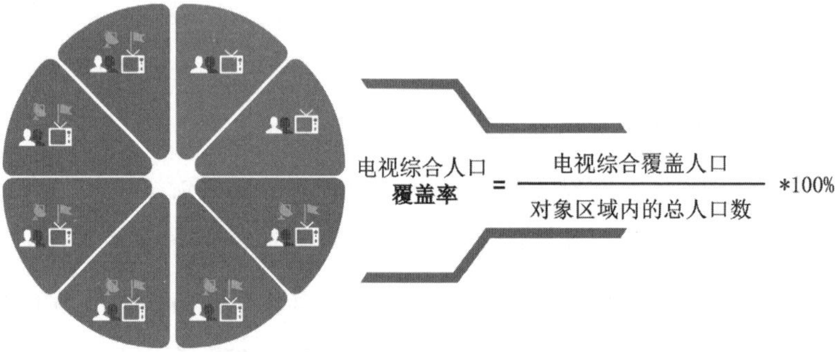

图 1-2　电视综合人口覆盖率定义图示

2. 电视覆盖的三个层次

作为一种多维度的系统概念，电视覆盖涵盖了物理覆盖、内容覆盖及品牌覆盖三个逐渐递进的层次。物理覆盖指的是在指定的信号覆盖地区中，拥有电视机的家庭数量 / 百分比，居民可以收看到这个频道是因为能够接收频道发射的信号；内容覆盖包含收视、满意、忠诚等多个层面，即在确保电视节目及广告信息等内容触达受众的基础上，受众能够主动收看且保持较高的热情；品牌覆盖即电视频道及其栏目的知名度、美誉度、影响力以及对受众收看态度、行为的影响等更深层次的考量内容。

从广告传播与广告经营的角度来看，物理覆盖维度的覆盖率指标代表了该频道所搭载的广告信息的传播广度和所影响消费者的范围、规模乃至结构；内容覆盖维度的忠诚度指标体现了观众主观选择收看某一频道并且长时间维持较高热情的收看情况；品牌覆盖维度则是电视频道传播影响力在更高层次上的表现，反映电视频道的满意程度和品牌传播状况。粉丝受众的高频收看甚至自发传播是品牌覆盖的最终目的。

综上,物理覆盖解决的是传播广度问题,内容覆盖解决的是传播深度问题,品牌覆盖解决的是传播效率问题。在媒体融合时代，电视覆盖的内涵与外延更加丰富。各家电视频道需要同等重视三个层次的覆盖并将三者有机结合起来，在提高物理覆盖的同时加强节目优质内容建设，了解受众特征、确定符合目标受众口味的品牌定位，最终达成电视频道广泛兼具深度且颇为有效的传播效果与品牌影响力。

三、电视覆盖研究的目的和现实意义

传播技术的快速发展极大促进了电视媒体信号传输渠道的拓展与延伸，形成了集直播卫星、无线微波、有线数字电视、互联网络等于一体的多元化综合性的电视覆盖传输渠道。具体来看：首先，电视覆盖研究可以协助电视频道对各类型传播渠道进行管理、规范，为电视频道扩大覆盖范围提供方向，为提升媒体影响力提供数据支持；其次，电视覆盖研究对覆盖人口总量和结构的测量以及对挖掘频道覆盖传播价值具有重要意义，对电视频道的覆盖推广及广告运营同样具有较高的现实意义和指导价值；再次，电视覆盖率亦是构成频道综合价值评估体系的重要指标。

1. 电视覆盖研究为电视媒体覆盖工作指明方向

电视覆盖研究的首要目的是为电视频道覆盖工作提供数据及方向支持，指导频道精耕覆盖渠道，实现覆盖人口总体规模增长与覆盖结构优化。早期自发性的覆盖工作只是简单、粗放的自我评估，已经不能适应电视传播渠道的发展变化，势必有配套专业的电视覆盖研究体系为电视覆盖工作提供决策支持。电视频道覆盖规模扩大带来的直接回报，一方面既扩大了媒体影响力，另一方面又可以获得更优异的收视效果，从而获取更为丰厚可观的广告收入。

卫视频道经过近二十年的覆盖发展，收视影响力已经从本省走向全国，全国性的覆盖提升给各家卫视带来了更多的省外收视价值和收益回报。此外部分区域性电视频道如地面频道在巩固区域优势的同时，通过与其他强势电视媒体的广告联合或直接进入各地有线电视网或 IPTV 来获得可观的收益。电视频道覆盖的持续扩展意味着节目、广告等内容信息的送达范围及观众触达范围均可获得快速提升。

2. 电视覆盖研究助力电视媒体传播价值提升

覆盖率指标体系中的频道覆盖范围与覆盖人口是表征一个电视频道在全国或某区域的覆盖人口总量的绝对指标。它主要指一个电视频道的覆盖规模，同时也是衡量一个电视频道传播力和影响力的基础性指标。

当前一批强势省级卫视不仅投入大量资源开发优款、爆款内容，也一直重视电视覆盖工作，不断提升覆盖规模，扩大覆盖范围，优化覆盖结构，通过全面提升覆盖传播价值赢取竞争优势。部分电视频道虽然覆盖工作起步较晚，覆盖范围及覆盖规模处于相对弱势，但覆盖结构与覆盖价值较高，所覆盖的核心人群具有较高的传播价值，同时本频道的节目特色鲜明，针对性强，也容易赢得广告主青睐。

3. 电视覆盖研究助力电视媒体广告价值提升

电视覆盖不仅是电视台工作人员关心的事情，也为广告主与广告公司所重视，覆盖提升对于广告价值的提升作用同样显而易见。从广告传播与广告经营的角度来看，电视覆盖代表了该频道所搭载的广告信息的传播广度和所影响消费者的范围、规模乃至结构，是衡量该频道广告投放价值的重要参考指标。因此，频道覆盖率是广告到达率的决定性因素。一个区域性的媒体所能影响的是区域受众，从而打造出区域品牌，因此针对性强、有效覆盖率高的专业频道是专业品牌、区域品牌的重要传播平台；一个全国性的媒体所能影响的是全国观众，对于塑造全国影响力的企业而言至关重要。

4. 电视覆盖率是电视媒体综合价值评估的重要内容

电视广告传播的价值链表现为：信息流→观众流→消费流→资金流，其运行前提是信息流对目标受众的顺利到达，即频道对特定传播市场清晰而稳定的覆盖。电视频道将覆盖率数据与收视率数据、节目与品牌满意度数据有机结合后，可以更加深入地挖掘频道的潜在传播价值，全面有效地评估频道的广告价值。目前，覆盖率作为衡量电视频道综合价值的重要指标已经被越来越多的广告媒介人士所重视并运用到日常的媒介分析计划工作中，为广告主和广告公司选择、评估电视媒体提供了一把“利器”。

第二节　电视覆盖产业链

在电视频道产业链建构过程中，频道覆盖、节目收视和广告收入三大重要环节共同铸造了一条已经通过市场磨合，力图达到最佳盈利组合的稳固完整的产业链。其中覆盖作为电视频道传播的“通路”，是收视和广告的前提与必要条件，覆盖状况一方面制约着节目的收视率，同时也决定着该频道所承载广告信息的传播广度、范围、影响规模和结构。目前，电视频道产业经营链条显示：电视覆盖行业相关利益群体主要有以下几家，分别是各级广电部门、电视台等内容供应商、消费者、有线网络运营商与第三方专业服务性机构。

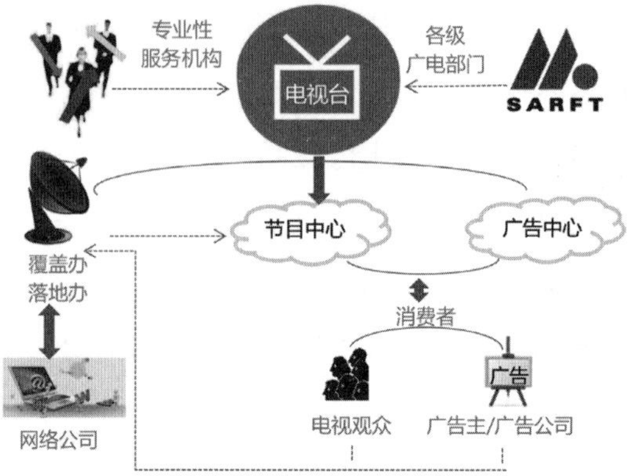

图 1–3　电视覆盖行业相关利益群体关系图

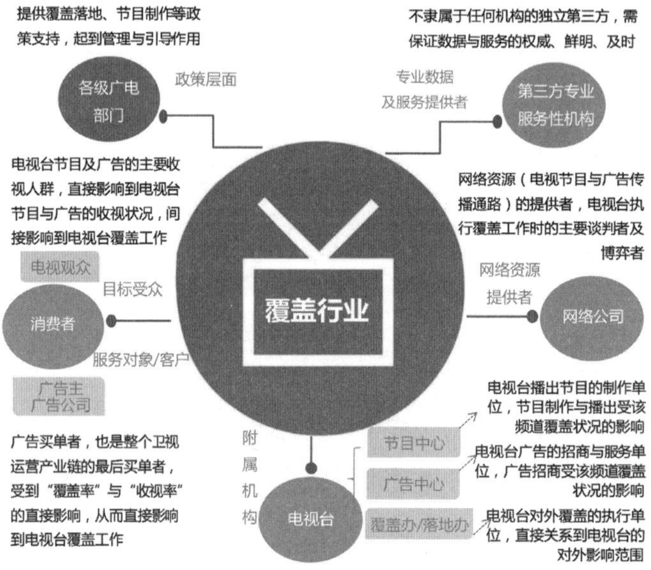

图 1–4　电视覆盖行业相关利益群体职能图示

一、各级广电部门

国家广播电视总局及下属各级广播电视局为直属事业单位，经政府授权，承担广播电视宣传和广播电视事业的政府行政管理职能。历年来，总局先后发布《卫星电视广播地面接收设施管理规定》《广播电视管理条例》《有线电视管理暂行办法》《广播电视设施保护条例》《专网及定向传播视听节目服务管理规定》《关于加强网络视听节目直播服务管理有关问题的通知》等一系列政策法规来规范和推进覆盖工作。总局及下属各级广播电视局亦积极推进“村村通”“户户通”等惠泽民生的广电工程。2014年5月，中国广播电视网络有限公司正式挂牌，致力于加快有线电视网络升级换代和规模化、产业化发展。

二、电视台

1999年，安徽电视台为积极拓展电视频道观众覆盖范围，率先将覆盖职能引进电视媒体营销环节，成立专门的落地覆盖执行负责机构。随后，各卫视电视台纷纷效仿，先后成立了专门的落地覆盖部门，针对区域及全国的落地工作正式开展。如今，在三网融合的媒介生态背景下，面对电视媒体的多元化和激烈的竞争趋势，覆盖策略的制定与实施已经成为各个上星频道竞争核心之一。各上星频道均投入了大量资金，尽可能争取最大化的政策支持力度，推进覆盖工作的进展。

图1–5　电视台覆盖部门职责

三、受众

电视覆盖产业链中的产品价值通过受众来体现，受众经营在电视覆盖产业链中至关重要，缺失这一部分将使得整个产业链价值大打折扣。受众经营是指对受众资源的管理，受众资源指播出机构通过节目播出而获得的资源。在以广告为主要收入的盈利模式下，电视台只有将受众资源出售给广告经销商，才能实现广告经营，获取广告收益。此外，播出机构还可以进一步开发受众资源，利用受众对电视台和电视节目的忠诚度开展多方面的营销活动，尽可能拓展电视产品的衍生品市场。

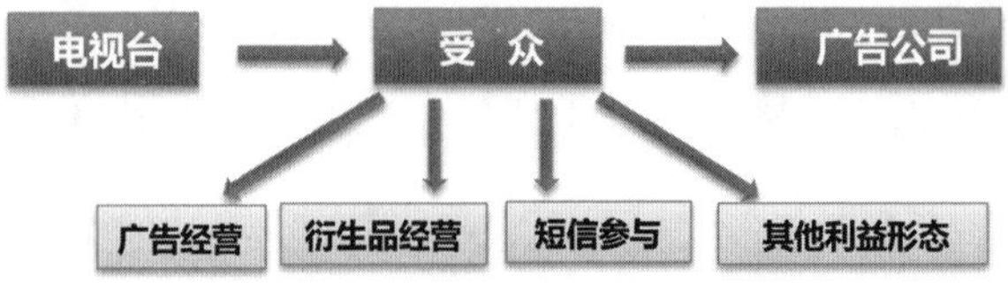

图 1–6 受众经营产业链

四、广告公司、广告主

广告投放从本质上来讲是一种投资行为，投入、产出和风险控制从来都是重要的组成部分。电视媒体覆盖率的有效应用是广告主发布广告效力风险控制的一个重要方面。电视媒体覆盖率相当于企业产品的铺货和营销通路，是将产品从生产者流通到消费者的销售渠道，电视频道覆盖状况决定着频道所承载广告信息的传播广度、范围、影响规模和结构。可以说，电视频道覆盖是市场营销中渠道建设在媒体营销上的完美演绎。对广告主而言，有了覆盖率，等于有了产品、品牌被消费者接触、认知的机会，随着广告投放理念的不断成熟，广告主对媒体覆盖率研究提出了更多要求。

五、有线电视网络运营商

作为有线电视公共网络资源的掌控者和提供者，有线电视网络运营商在电视覆盖产业链中起到承上启下的作用。歌华有线、广电网络、吉视传媒、华数传媒、湖北广电、电广传媒、天威视讯、佳创视讯等有线网络运营商，可以说是电视覆盖产业链的网络传输平台。三网融合的推进对有线电视运营环境产生了很大影响，从市场竞争和产业格局方面来讲，一方面有线电视要面对地面数字电视、直播卫星电视、手机电视等形成的在广播电视行业中的同质竞争；一方面由于各种技术相互渗透，信息产品界限日趋模糊，相同的通信与信息消费需求可以通过不同的技术实现方式甚至不同的业务表现形式如 IPTV、网络电视等来满足，因此有线电视还要面对视听娱乐业务在非同行业之间的异质竞争，而且这种竞争会向高级阶段发展，从企业个体之间的竞争逐渐演变到产业价值链与产业价值链之间的竞争。

六、第三方专业服务性机构

提供电视覆盖数据的第三方数据调查与研究公司是独立于电视台、广告主和广告公司的商业机构。由独立的第三方机构进行覆盖率调查的意义在于能够摆脱相关利益者的自身利益导向，从而建立了公平、公正的基础，使得调研数据能够被使用的各方所接受。北京美兰德媒体传播策略咨询有限公司（美兰德）是权威、专业的媒介受众调研咨询服务机构，也是中国大陆提供媒体受众调研数据的先驱单位，致力于为传媒产业价值链的各个环节提供科学、中立、及时的数据支持与专业研究咨询服务。美兰德拥有20年专业媒介调研咨询服务经验，先后为百余家中央级、省级、知名境外电视媒体以及国内外知名传媒公司、广告公司、广告主提供系列、连续、专业的媒介传播通路、视频消费行为、广告价值评估、视频内容大数据研究、演艺经纪大数据研究及受众研究等服务，其中电视覆盖数据已经成为评价媒体传播效果和广告投放价值的行业标准。近年来，美兰德凭借专业的分析研究模型、价值研究体系及大数据服务平台，为全国电视频道、内容制作机构、广告主、广告公司提供专业、系统的视频大数据监测与研究咨询服务。

第三节　美兰德电视覆盖调研体系

传播渠道的不断发展对电视媒体覆盖工作提出了更高的要求：一方面电视传播通路多元化发展，使得原先粗放、单一的覆盖管理工作已不能适应日渐复杂的传播通路格局，另一方面随着电视媒体产业市场化程度的加深，电视产业链日趋完善，传统电视覆盖自发性的自我测量和评估已不能满足市场要求。为了满足电视媒体覆盖管理工作日渐升级的要求，同时满足电视媒体、广告主、广告公司对于媒体传播价值的评估需求，电视覆盖调查市场开始形成，电视覆盖调查服务商成为电视媒体产业链上的重要一环。美兰德围绕“入网—入位—入户—入目—入心”的电视媒体覆盖传播链条，历经二十年的发展与实践，建立了一套完整的电视覆盖调研体系，五位一体评估、测量电视媒体从落地到入户到收视各个环节的状况。

一、入网

无论是卫星电视频道或是地面频道，其实现节目或广告传播的基础就是信号覆盖，迄今为止有线电视公共网仍然是全国居民接收电视信号的主要方式，因而进入各地有线电视公共网是实现信号覆盖的最有效方式，也就是“入网”。我国电视频道数量众多，而有线电视网络资源有限，台网供需矛盾一直存在，加之有线电视公共网落地费用一度“水涨船高”，为各电视频道进入有线电视公共网设置了双重障碍，进而造成了电视频道传播效果的较大差异。

一方面，我国行政等级划分较为复杂，有线电视公共网广泛分布在全国各省、市和区县，虽然经过多年的整合发展部分省份实现了全省一张网的运营模式，但行政整合、部分整合的情况依然普遍存在，给电视频道入网管理带来了诸多挑战；另一方面，高昂的入网落地费用和有限的覆盖预算，也给电视频道入网工作带来很多困扰。由此，美兰德推出了大陆地区有线电视公共网入网状况月度调查、非主网入网状况调查、大陆地区三星级及以上宾馆入网状况调查及211工程高等院校入网状况调查等系列入网调查服务，同时顺应近年来IPTV快速发展形势推出了IPTV运营商入网状况调查，为电视频道入网提供全方位监测服务。

二、入位

电视频道进入有线电视公共网可以快速高效地推进覆盖落地工作，而在电视频道数量日益增多的今天，频道播出位置及所邻近的播出频道等情况均会影响受众对该频道的收视与选择偏好，即频道入网位序亦对频道收视形成一定的影响，我们称之为“入位”。在全国有线电视公共网入网状况调查和IPTV运营商入网状况调查的基础上，美兰德通过对各地网络、IPTV运营商固定样本用户的持续监测，全面系统地掌握电视频道在居民家庭户中的播出位序状况，如所在位序号及前后频道等，为电视媒体覆盖落地工作的精耕细作提供数据支持。

三、入户

各级有线电视公共网、IPTV 运营商入网是当前各卫视频道进行覆盖推广最主要也是最有效的两种手段，但入网并不等同于入户，当卫视频道进入某个城市的有线或 IPTV 网络后，仍会有诸多原因致使卫视频道节目入户效果较差甚至根本并未进入到家庭户中。电视频道传播过程中的入户差异存在客观与主观两方面原因：客观方面，电视用户所处的地理位置不同、家中电视机配置（如品牌、型号、使用时长等）及所采用的电视节目信号接收方式的差异，都会直接影响电视用户对电视频道的接收，从而影响电视频道的实际传播范围和传播效果；主观方面，电视用户存在收视偏好，对某些喜爱的电视频道更倾向于主动接收，同时电视用户在日常收视过程中主动调台的比例相对偏低，由此也影响到一批新进入电视频道的实际入户率。此外，除了有线电视公共网、IPTV 运营商入网之外，还存在直播卫星数字电视、自备卫星接收天线、地面数字电视、自备室内外天线等非有线接收方式，无须经过入网环节，直接进入电视家庭户，因此无法通过入网、入位方式进行测量。美兰德电视覆盖调研体系的核心是每年执行一次的全国电视覆盖与收视状况调查，对电视频道的真实入户方式、入户效果等进行全面系统调查。

四、入目

电视频道无论通过何种方式进入家庭户，都不是覆盖落地工作的终点，真正地被用户收看才是电视频道覆盖落地的结果诉求，即“入目”。美兰德全国电视覆盖与收视状况调查不仅能够全面呈现各类型电视频道的入户效果及在各渠道的传播价值，也能够测算各类型电视媒体实际触达的受众情况，即实现对“入目”效果的测量与反馈。美兰德电视覆盖调研体系除了计量各电视频道的覆盖率之外，还衍生出月到达率、忠诚度等电视收视状况指标，以及各类媒介接触习惯的相关指标，为电视媒体了解收视状况及观众媒体接触情况提供参考。

五、入心

电视频道及所承载的电视节目、广告信息被电视观众接收并收看之后，能否真正走进观众内心，对观众形成吸引并产生持续收看、主动收看的效果，也是电视覆盖测量的重要一环，即“入心”。美兰德全国电视覆盖与收视状况调查除了覆盖状况、收视状况之外，对频道喜爱状况，受众满意度等问题也展开了深入调查研究，即真实测量电视频道及节目、广告的“入心”效果。相对于覆盖率而言，喜爱观众（粉丝观众）和观众满意度是频道收视状况的重要保障，亦可对频道节目制作、宣传和推广工作有所指引。

第二章
电视覆盖
研究体系进化

从无线电视的电波、微波，到有线电视的电缆、光缆，之后到利用卫星终端传输，再到依靠互联网提供的数字媒体服务，电视媒体的传播方式与传播特征决定其一产生就伴随着“覆盖”问题。覆盖是电视频道体现媒体传播价值的一个最基本指标，它反映出媒体发布的信息在实际上能触达到的区域范围和受众群体。随着人们的物质文化生活日益丰富以及市场经济推动电视媒体事业化管理、企业化运作向纵深发展，覆盖已然不再是单纯的物理覆盖问题，内容覆盖和品牌覆盖成为电视覆盖更深层次的内涵，中国电视覆盖研究也伴随着中国电视覆盖工作的不断发展升级而演变进化。

第一节　电视覆盖发展阶段及研究体系进化

如前所述，伴随电视媒体进入市场化经营阶段，专业化、市场化的电视覆盖研究登上历史舞台。电视媒体的覆盖市场化之路并非一成不变，而是伴随市场化程度的持续加深以及新技术手段的不断创新逐步升级进化，先后经历了野蛮生长、精耕细作与数字化浪潮三个特色鲜明的发展阶段。与之相对应的，电视覆盖研究体系也在不断丰富与完善。

一、中国电视覆盖第一阶段：野蛮生长

得益于卫星传播技术的发展，20 世纪末大量中央级、省级电视频道上星播出，人们能够接收的电视频道数量增多，与同期相对有限的网络资源之间的矛盾加深，上星频道对覆盖落地权的争夺拉开帷幕。电视频道上星播出拓宽了可触达的传播范围，一批老牌上星频道大力推进在全国的覆盖落地工作，占据先发优势。从1999年起，上星频道纷纷将覆盖职能引入电视媒体运营环节，成立专门的覆盖部门，开展针对区域及全国的覆盖落地工作，开始在全国“跑马圈地”，电视频道覆盖规模快速提升，快速进入野蛮生长期。进入 21 世纪，台网分离，有线电视网络公司成为自负盈亏的企业，覆盖落地费用逐步走高，覆盖落地市场化成为必然，网络资源的“卖方市场”格局开始形成，有线电视网络资源稀缺与上星频道数量增多的矛盾使得覆盖市场竞争异常激烈，落

地费用“水涨船高”，令上星频道苦不堪言。随后，部分上星频道打破非理性落地的困局，致力于通过提升频道品牌和打造精品节目来反哺覆盖效果并扩大覆盖范围。

1. 电视频道集中上星，“对等落地”开启覆盖市场化初步探索

1996年之前，我国电视频道落地方式主要是行政落地、自然落地、授权落地。这一时期上星频道数量较少，有线电视网络资源相对丰富，台网之间形成各取所需、互惠互利的融洽关系。

20世纪90年代初中央电视台频道接连上星拉开了电视频道集中上星的序幕，特别是1997—1999年先后有二十余家中央级、省级电视频道上星播出。这一时期各城市有线电视网络仍以模拟网为主，中央电视台频道、中国教育电视台频道和当地台依靠行政落地，留给省级卫视进入当地有线电视网络的机会有限，覆盖市场步入“上星容易落地难”的境地。

为此，上星频道纷纷将覆盖职能引入频道运营环节，成立专门的覆盖落地部门，全力推进全国覆盖落地工作。与之相对应，有线电视网络公司开始对转播频道有所选择，各地之间开启了“对等落地”（上星频道借用本省网络资源，互相负责对等的一方在本省落地）“对等差额落地”（网络资源差距较大的省之间进行差额补偿）模式，成为电视覆盖市场化探索的雏形。

2. 台网分离开启“付费落地”时代，网络资源“卖方市场”格局形成

1999年国发办82号文件要求“抓紧落实广播电视传输网络的建设和管理，实现政企分开，成立企业化的广播电视传输公司”，“推进地（市）、省级无线电视台和有线电视台的合并”，网台分离大幕开启，有线电视网络成为自负盈亏的企业，利用有限的网络资源进行创收成为最大诉求。基于此，靠人情靠关系的落地模式逐渐瓦解，“付费落地”出现，电视覆盖市场化程度进一步加深。

安徽卫视率先采用付费方式入网落地，开创“付费落地”先河，随后省会、地市、县三级网络“付费落地”形成气候。2004年3月和5月，杭州、宁波有线网络先后公开落地拍卖，标志着网络资源“卖方市场”格局的最终确立。从东部沿海经济发达地区到中西部内陆城市，上星频道落地费用直线猛涨。

不少上星频道在覆盖市场中不断拼财力、物力和人力，覆盖经费大幅上涨，运营成本和风险也随之急剧上升。

3. 粗放的落地率概念淡出电视覆盖研究舞台

落地率是测度电视媒体影响范围的初级概念，指某一电视频道在全国或区域百分之多少的地区实现落地，它能够粗略估计一个电视频道的可能传播范围。卫星电视发展初期，我国电视频道数量较少，发展环境宽松，加上营销观念尚未兴起、广告主要起到告知作用，在进行广告投放媒体选择时只考虑商品的销售范围，产品在哪里销售就在哪里投放广告，落地率测算基本能够满足需求。随着电视频道规模急剧扩张，彼此竞争愈加激烈，频道运营要求精细，广告投放亦寻求精准，落地率研究已然滞后，颓势渐显。

一方面，落地率研究不区分接收方式，只要电视频道在一个区域能够接收即被计入落地范畴。事实证明，电视频道的覆盖稳定性受接收方式影响很大，省市区级有线电视公共网较多通过协议落地，在协议期限内其所覆盖的人口稳定而有效；以自备卫星天线、各种局域网等非有线电视公共网形式接收电视节目的电视人口接收行为多系自发产生，其覆盖人口数量较易发生变化，稳定性较差。而落地率研究未能展示出这些差异及个中变化。

另一方面，落地率研究无法获得电视频道在一个区域的具体覆盖人口规模，更无从考究电视频道在该区域的覆盖人口结构及质量。近年来，白热化的电视频道竞争与无所不在的商品广告竞争促使覆盖率研究进一步深化，频道通路精耕、广告投放精准成为普遍要求和趋势。覆盖率研究的单元由此深入到电视家庭户，以达成深究电视频道覆盖人群构成、测算投放广告潜在曝光人群价值的现实目标。落地率作为一种粗放的区域考量概念已经不能满足覆盖率的精确化表达需求，逐渐淡出电视覆盖研究舞台，进而被更新更细化的覆盖率体系所取代。

二、中国电视覆盖第二阶段：精耕细作

上星频道在与网络公司的不断“抗衡”和“博弈”中逐渐处于弱势，落地费用成为重大支出，同时由于上星频道之间天然的竞争关系，难以形成同盟，

从而导致在与网络公司的博弈中总是处于一种松散的状态，最终各自利益难以保障。在覆盖落地过程中，出于广告经营的考虑，经济发达、消费能力高的重点城市成为上星频道落地权的争夺焦点。电视覆盖市场沿着一个“怪圈”发展：为寻求高收视率和市场份额，上星频道着力巩固并加强在重点城市的覆盖，一方面恶性竞争导致市场环境恶化、市场秩序混乱，另一方面节节攀升的落地费使得上星频道覆盖压力大增，不堪重负。2007 年以后，上星频道开始反省之前盲目扩张的覆盖落地战略，以更加冷静和理性的态度走上专业化、精细化的覆盖发展之路，借助第三方力量精耕覆盖通路，优化覆盖策略，提升覆盖价值。

1. 上星频道覆盖趋于理性，精品节目助力频道覆盖提升

从 2007 年起，上星频道覆盖落地行为趋于理性，开始针对覆盖落地进行成本核算以及投入产出效果评估。不同上星频道的品牌定位、发展战略、经营方向、发展重点情况各异，在覆盖发展策略和覆盖落地执行上的思路也不尽相同，可根据自身定位和资源状况选择适宜的覆盖策略，实行不同的覆盖管理模式，实现差异化的覆盖传播价值。以东方卫视为例，东方卫视的覆盖策略侧重于以资源合作带动覆盖落地，在与网络公司的合作中不以高落地费取胜，而是创造了一套与合作伙伴共赢的盈利模式，以更长期的利益为合作基础。

这一时期，业界开始了对“渠道为王”还是“内容为王”的思辨，上星频道不再一味地盲目拓展渠道，开始反思频道品牌提升和精品节目打造对扩大覆盖范围与实现覆盖价值的促进作用，并探索将频道的覆盖发展目标与频道的品牌打造、节目编排和广告经营相结合，寻求频道覆盖价值、节目传播价值和广告经营价值三者统一并进。特别是一些头部省级卫视利用强势品牌和优质节目吸引部分网络机构自发转播或拥有自备卫星电视接收条件的观众主动接收，反向助力频道覆盖提升，走上了覆盖与收视正向促进的良性循环和可持续发展道路；同时，通过优质内容获取较高的广告经营收入，以更强的资金实力反哺频道覆盖，形成生态闭环。以湖南卫视为例，于 1997 年 1 月 1 日上星，半年之后迅速推出了综艺节目《快乐大本营》，深受广大年轻观众喜爱，此后湖南卫视不断明确频道品牌定位并围绕品牌调性打造优质节目，这种战略方针为湖南卫视提升覆盖水平与收视水平、树立频道品牌明确了方向。

2. 上星频道覆盖管理精细化，第三方力量助力提升渠道价值

随着上星频道落地费用一路高涨，电视覆盖市场恶性竞争加剧，上星频道全国性覆盖呈现两大趋势：一是上星频道全国覆盖两极分化加剧，频道覆盖竞争等同于频道经营实力竞争，出现“强者愈强，弱者愈弱”的马太效应；二是专业化、精细化的覆盖经营模式出现，上星频道进入“理性落地阶段”，实行以追求覆盖传播价值为核心的覆盖战略。在高昂的覆盖落地费重压之下，上星频道纷纷寻求新出路，特别是一些经营实力相对较弱的频道以冷静和理性的态度重新认识电视覆盖，开始思考如何配置资源从而获得最有价值的覆盖即有效覆盖。自 2007 年起，有效覆盖的呼声越来越高，相关研究讨论也愈来愈多，这一时期有效覆盖被认为是电视媒体经营的重要内容，与收视率具有同等重要的地位，传播通路精耕细作成为共识，上星频道覆盖的内涵和外延也不断被扩充。

专业化、精细化的覆盖管理模式与传统覆盖过程不同，从定性、模糊化的管理方式向定量、清晰化的管理方式转变，并合理分配覆盖投入中的人、财、物和其他资源，使资源配置最优化。精细化覆盖模式对电视频道覆盖管理的精细度与及时性均提出了新的挑战，上星频道纷纷依托第三方专业服务机构开展精细化覆盖落地工作，以更加扁平化的管理模式来提高覆盖效率并降低隐性成本，同时密切寻找新的渠道机会和新的覆盖增长点。

3. 入网、入户共同架构起电视覆盖考量体系

在电视节目信号传输过程中，各频道传播效果的最终差异主要产生于两个环节：一是电视节目、广告信息的传输环节，以各类型有线电视公共网为主（即“入网”）；二是电视节目、广告信息的接收环节，即居民通过何种接收方式接收电视节目、广告信息（即“入户”）。

这一时期有线电视公共网是我国居民接收电视节目的主要方式，其普及范围较广、覆盖人口稳定、传输效果较佳，同时也存在网络结构复杂的弊端：

运营主体分散在各级广电部门，因行政或市场化的合并、拆分不断，网络格局处于不断变化状态；很多城市多网并存，一些经济发达省份的区县还具有独立前端，自主传输或转播电视节目；各地有线电视网络为了保证本省、市电视台的收视率，有时会对竞争对手的广告时段进行掐播或插播本电视台广告或直接掐掉热门节目；未经知会地终止落地也时有发生。错综复杂的有线电视网络状况不仅为电视频道入网制造了难题，也极大影响到广告主、广告公司对广告投放频道的判断与选择。

入网研究以有线电视公共网为考察对象，挖掘各地有线电视公共网的传输情况、不同网络的市场分布格局、整合状况及网络价值，同时明确各电视频道在各地有线电视网的传输及转播情况，并辅以地区经济发展指标，帮助广告主、广告公司实现对投放区域、投放网络及投放频道的有效判定。得益于落地协议的有效保障，入网研究能够反映电视频道在网络中一段时期内的传输状况，具有前瞻性，相比收视率等广告监测数据的滞后性，对广告投放更具实际操作意义。

不过，入网研究尚不能表征全部。除有线电视公共网外，我国电视观众还通过自备普通室内（外）天线、自备卫星接收天线、小区、家属院、单位有线局域网等非有线电视方式接收电视节目。2008 年，全国接近 1/3 的电视观众通过非有线电视公共网接收电视节目。显然，入网研究不足以呈现涵盖全国近三分之一电视人口的非有线电视公共网所蕴藏的巨大传输价值。而电视频道在一个地区落了地、入了网，也未必真正入户，还会受到地理位置、电视机配置、接收方式、主动调台与否、收视偏好等主客观因素影响。

入户研究以电视家庭为基本考察单元，获取电视频道节目传输与广告主广告投放在消费者层面的相关信息及数据，满足频道精细化覆盖与广告精准化投放的双重需求。入户研究综合考察电视频道在电视家庭户端的可接收方式、实际可接收规模及构成，并从收视状况角度获取频道或栏目的收看比例、喜爱或满意比例及相应的人群构成等细分不同人群的众多指标数据，全面系统地衡量某一电视频道的传播力与影响力，帮助广告主、广告公司明晰广告投放的可能覆盖范围以及广告可能触达的人群预期。

美兰德于1999年开始进行“全国电视覆盖与收视状况调查”，采用中科院数理统计专家设计的分层不等概率多阶段抽样方案，于每年7—9月进行大规模一次性入户调查，为上星频道覆盖精耕提供数据支持。2005年，美兰德新增“电视频道在省、市、区、县级有线电视公共网入网月度监测”，深耕有线电视网络价值与电视频道入网状况研究，为电视频道提供更为精细、更为专业的入网覆盖支撑。

三、中国电视覆盖第三阶段：数字化浪潮

2004年，国家广播电视总局确立了中国广播电视数字化进程“三步走”战略：第一步是通过有线电视数字化整转平移实现有线电视的全面数字化，第二步是全面开展直播卫星数字电视业务，第三步是全面推广地面数字电视。如今我国已基本实现了通过有线、卫星、无线、互联网向全国范围传播数字广播电视节目的目标，电视覆盖进入全面数字化阶段。数字技术的发展大大增加了可传输电视频道的数量，广播电视全面数字化有效缓解了网络资源与频道数量之间的矛盾，这一时期大部分上星频道覆盖发展纷纷迈上新台阶，彼此的覆盖规模差距逐年缩小，但是同质化竞争加剧，上星频道在寻求内容创新的同时，亦积极部署新的覆盖发展策略，积极探索覆盖传播价值的差异化竞争，频道位序价值开始崛起。同样是在这一时期，高清频道成为新的覆盖增长点，用户满意度对频道覆盖收视的影响亦到了一个新的高度。

1. 电视覆盖传播通路多元化发展，上星频道通路精耕迎来新机遇

自国务院办公厅2008年1号文件《国务院办公厅转发发展改革委等部门关于鼓励数字电视产业发展若干政策的通知》发布以来，有线电视数字化进程持续推进，2015年各地有线电视网络公司基本关闭模拟信号或保留少量频道，美兰德全国电视覆盖与收视状况调查显示：2017年我国有线电视模拟网用户比例已降至1.6%，有线电视数字整转平移基本完成，近年来有线数字电视用户比例长期稳居各传播通路首位，但在2016年、2017年连续两年用户比例出现下滑。

2008 年 6 月 9 日，我国成功发射第一颗直播卫星“中星 9 号”，开启了广播电视直播卫星时代。直播卫星数字电视在广大农村地区及西部地区获得了长足发展，有效解决了我国边远山区覆盖“盲区”接收广播电视信号的问题。2013—2017 年，直播卫星数字电视全国用户比例均保持在 10% 以上，2017 年直播卫星数字电视全国用户比例为 15.2%，是全国第二大电视接收方式。

2010 年伊始，国务院发布《推进三网融合的总体方案》，开启三网融合大幕。IPTV、OTT TV 等新兴通路借势而为，特别是近五年来发展迅速，进一步推动电视传播通路多元化走向，上星频道覆盖落地迎来新的发展机遇与渠道机会。其中以 IPTV 发展尤为迅速，2012—2017 年 IPTV 用户比例从 1.3% 增至 14.4%，目前已成为全国第三大电视接收方式。

2. 频道位序价值崛起，高清频道成为新的覆盖增长点

随着有线电视数字化时代到来，观众可享受的收视体验和服务也在不断升级。当前有线数字电视理论上可支持 500 套左右的数字电视节目，根据各地网络公司的转播状况来看，居民实际接收到的电视频道基本在百套左右；目前“户户通”用户可免费接收 57 个电视频道；IPTV 相比以上两种接收方式所容纳的电视频道数量更为庞大。电视传播通路多元化发展，一方面丰富了电视观众可以接收到的频道与节目数量，另一方面极大拓宽了上星频道的覆盖发展空间，大部分上星频道通过精细化覆盖已迈上新的台阶，各频道间覆盖规模差距逐步缩小。在相近的覆盖规模下，频道位序成为各上星频道提升竞争优势的关键。

近年来，电视频道收视竞争愈演愈烈，观众对电视节目内容质量的要求也不断提高，但是目前节目模式扎堆、同质化严重的电视市场很难让观众去主动选择电视频道；再加上人们生活中被越来越多的媒体充斥，真正收看电视的时间极其有限。在目前这种观众收看电视时间有限、主动选择性较差的现状下，电视频道位序价值逐步体现。对于电视频道来说，优质的位序意味着更多被观众关注的机会，进而才能以优质节目内容提升收视率，最终提高广告收入。美兰德于 2011 年 4 月启动“电视频道在全国一般地级市及以上城市有线电视公共网位序监测”，为各家电视台提供在各地网络公司入网位序及竞争状况分析。

高清电视是广播电视技术的发展趋势，电视频道是否高清已然成为差异化服务的重要标志。高清频道有着画面显示能力更强、图像质量更高的特点，可以让观众充分享受高清晰度电视所带来的全新视听盛宴，从而满足观众愈发个性化、多样化和专业化的收视需求。随着数字电视、智能电视等电视业态在全国范围内推广和普及，高清频道及高清节目或将进入快速发展期，上星频道纷纷布局高清频道，成为频道新的覆盖增长点。美兰德全国电视覆盖与收视状况调查显示，截至 2017 年，超七成（54 家）上星频道已经布局高清频道，在全国累计覆盖 93.5 亿人次，单个高清频道平均覆盖人口达 1.7 亿人。美兰德先后于 2012 年、2017 年开始“高清电视频道全国覆盖与收视状况调查”和“高清频道 IPTV 运营商信号传输状况和位序监测”，为电视频道高清发展布局提供参考。

3. 电视覆盖竞争白热化，用户满意度成为影响频道覆盖收视的关键

数字化时代，有线数字电视、直播卫星数字电视和 IPTV、OTT TV 等新兴覆盖通路多元发展，电视频道覆盖差距逐步缩小，竞争愈加白热化。与此同时，媒体环境日益复杂，用户的媒体接触行为向场景化、高频化、碎片化发展，注意力争夺成为最终目标，用户满意度凸显核心价值。

用户满意度折射出电视观众对媒介信息产品消费后的评价与喜爱状况，是评价电视频道传播力、影响力的重要指标之一。在当前信息大爆炸的移动互联网时代，受众的闲暇时间和注意力成为稀缺资源，电视频道亟须以受众为中心统筹频道运营，提升受众对电视频道的忠诚度、满意度与喜爱度，有效增强受众黏性，从而提升频道传播价值。美兰德“全国电视覆盖与收视状况调查”基于覆盖率－收视率－满意度三个维度的电视频道传播价值立体评估模型，不仅测量电视频道的覆盖收视状况，亦进行受众满意度研究，借助“月到达率”“忠诚度”“喜爱率”等丰富指标详细评估电视频道的活跃用户、稳定用户及粉丝用户情况。

第二节　电视覆盖研究未来发展趋势

经历了从“野蛮生长”到“精耕细作”再到“数字化浪潮”的发展路径之后，电视频道的物理覆盖已经处于较高水平。电视频道之间的竞争从物理覆盖向内容覆盖与品牌覆盖转变。

一、覆盖“入心”是电视频道未来长期努力的方向

内容是电视频道安身立命的根本，特别是当物理覆盖达到一定水平时，内容对观众的吸引力成为电视频道竞争的重点。各电视频道不仅仅满足于入网、入户让观众能够看到，更希望观众能够被内容吸引停留更多时间。随着信息技术、数字技术的迅速发展和广泛应用，电视频道不仅面临频道之间的竞争，同时也受到新媒体的冲击和挑战，媒体环境的日趋复杂对电视频道的内容生产提出了更高要求。不过，无论媒体格局如何变化，内容都是核心竞争力，是电视频道影响力和公信力构建的根基，具有内容优势的频道将取得更有利的市场地位，获得更多注意力，并将其转化成可观的收视价值和广告价值。

基于此，频道的品牌价值日益凸显，品牌影响力强的电视频道更能从激烈的竞争中脱颖而出，并在产业价值链中掌握主导权。在当前的电视媒体竞争格局中，一些有实力的电视频道或通过清晰的平台定位赢得特定受众群体的持续关注，或通过品牌节目拉动收视、反哺覆盖从而整体提升频道的品牌效应。树立品牌对电视频道和观众双方都具有积极作用：一方面，电视频道只有在观众心目中建立起独特而良好的形象，才能吸引主动收看；另一方面，良好的品牌形象能够降低观众选择频道的时间成本，有利于观众在更短的时间内做出更精准的选择。当然，频道品牌的塑造是一个长期过程，也是电视频道未来不断努力的方向。

美兰德顺势而为，从内容覆盖和品牌覆盖的角度深入考察各频道覆盖工作的效果，在入网研究和入户研究等传统调查基础上开拓新的内容方向，建

立物理覆盖、内容覆盖、品牌覆盖三位一体的全产业链覆盖调查体系，不仅关注电视频道能否被各地区观众收看到，同时关注观众对频道的选择偏好与满意状况，为电视频道提供“入网－入位－入户－入目－入心”的全方位策略分析。

二、媒体融合发展为电视覆盖研究开辟“新蓝海”

2014 年《关于推动传统媒体和新兴媒体融合发展的指导意见》出台，媒体融合发展被提升到深化改革的战略层面。传统媒体发展亦步入全面深入融合的阶段，近年来从三网融合到媒体融合，从“广电 +”到“互联网 +”，媒体融合的路径愈发清晰。电视媒体融合发展的大方向既定，即成为“形态多样、手段先进、具有竞争力的新型主流媒体”。在实现路径上，移动互联网时代盛行的网络直播、客户端、短视频、大数据等形态均是不可忽视的助力选项。

直播曾经为电视媒体所独有，实时性、真实性、现场感等特点助力电视登上 20 世纪第一媒体宝座。互联网发展助力网络直播兴起，给电视直播带来巨大冲击。CNNIC 第 41 次《中国互联网络发展状况统计报告》显示，截止到 2017 年底，中国网络直播用户已达 4.22 亿，占全体网民的 54.7%。目前已有不少卫视尝试融合网络直播：或推出自家网络直播平台，把节目 IP 化后，平台用户可在移动互联网上实时收看；或与强势直播平台合作，将直播元素与节目内容巧妙结合。除了资源整合和内容生产环节外，部分合作开始向媒介产业层面衍伸，如电视媒体联合互联网公司共同打造新型融媒体平台。

以平板电脑、智能手机为代表的移动终端的日益普及，推动视听传媒迅速进入多屏时代，“多屏共存、跨屏传播”成为电视内容新的传播状态，电视内容生产也因此具备了新特点。综观全部媒体格局，具有高渗透率和实时互动特性的移动客户端使得人们利用碎片化时间浏览和获取资讯的效率更高，更加贴合现代人紧凑的生活节奏。各电视媒体纷纷将移动市场作为媒体转型的重要举措，展开紧锣密鼓的布局。基于内容，可以将目前电视媒体在移动客户端方面的尝试分为四类：第一类是最常见的新闻资讯类客户端，以中央电视台“央视新闻”APP为代表；第二类为直播、视频类客户端，以湖南卫视“芒果TV”为代表；第三类为电视台加强与观众互动的社交互动类APP，如东方卫视“哇啦”；第四类是采取入驻其他平台的做法，例如《第一财经》节目入驻搜狐新闻客户端，借助“新闻＋订阅”的模式进行推广。

随着电视节目传播走向“多屏幕化”和“多平台化”，唯有跨屏、跨平台的数据监测方能全面、精准地记录观众的收视行为和偏好。换言之，“唯收视率”的做法已经很难继续适用于全媒体收视环境，跨屏测量、融合传播指数才能全方位反映电视节目的传播效果与价值。在移动互联网所主导和推动的媒体融合进程中，大数据成为一种不可或缺的重要资源乃至运营工具。现阶段各电视频道已经逐步建立并不断完善自有节目数据库，未来将借助大数据技术进行更深入的挖掘与分析，探究用户的行为模式与潜在需求，寻求更大的发展空间与改进机会，将数据分析融入自身决策以及日常工作中。

美兰德及早洞察媒体融合发展大势，建立了集电视频道、电视节目、重要新闻、大型赛事、电视剧、纪录片、艺人、广告等于一体的大视频生态数据库，并构建了当前国内最完整的视频融合传播指标体系，通过网媒关注度、微博提及量、视频点击量、微信公号刊发量等指标从网络传播的广度、深度、口碑、原创内容的二次传播效果等方面综合考量视频节目的融合传播力与影响力。监测范围涵盖全国10000余家门户、新闻、资讯网站、各大博客、论坛、BBS，60余万个微信公共账号，17家主流视频网站（其中8家实时监测），新浪微博平台，56个主流移动新闻客户端，以及豆瓣、时光网、百度风云榜、微博热搜榜等专业网站。监测对象涵盖10万余档视频节目，超1.9万名明星艺人，以及1000余家电视台和知名视频网站。新兴的跨屏收视率监测和网络传播效果监测正在逐步进入并不断丰富电视媒体评估指标体系。未来，随着技术的发展和政策的完善，电视媒体评估体系将会更加系统、开放，美兰德也已经打造出了集样本小数据和视频大数据为一体的综合覆盖调查体系，为电视频道全面提升融合力、传播力、影响力、竞争力提供全方位支持和服务。

第三节　电视覆盖研究体系探讨专题

区块链的价值不仅仅局限于数字货币，在跨境支付、电子商务、投票、公证、知识产权保护、证券发行交易、众筹、契约、担保等方面具有广阔的应用空间，且能解决中心化带来的各种弊端。尽管目前在电视领域，区块链技术还没有实现落地场景，但我们必须时刻关注先进技术的价值与应用。未来区块链或将从根本上改变互联网生态体系，创立更加透明、高效的交易管理体系。

区块链技术在电视覆盖领域的应用

原河南广播电视台　任彧

2017年，一个基于区块链概念而形成的数字货币市场爆发式的增长，在互联网行业掀起了一场波澜壮阔的变革，其影响规模之大、速度之快、变幻之莫测，令人来不及回顾。

比特币和以太坊数字货币是目前区块链系统最为成功的应用场景。有的人不看好区块链系统，认为区块链不过只是一种热炒的概念，是一种新的编程方式而已，如果不谈去中心化，那就更不会有任何意义，没有任何生命力。也有的人非常看好区块链系统，认为区块链是未来的互联网进化的方向。那么，究竟区块链是不是他们所说的这样呢？就让我们先来了解一下什么是区块链。

区块链并不是一项新的技术，但它是一个新的系统。它是利用已经存在的多项技术来构建的全网交易信息分布式账本数据库体系，它通过分布式存储与验证来保证存储信息的准确性与安全性。各个机构和人均可参与到区块链系统的运作当中，每个参与维护的用户都能获得一份完整数据库的拷贝，从而当区块链上进行交易时，全网将共同查询区块链数据，共同验证这笔交易是否有效，确认交易信息后将写入区块链并产生一条不可篡改的交易记录。

相较于传统数据库体系，区块链体系主要特点在于：

1. 去中心化。由于区块链中每个用户都必须遵循同一记账交易规则，并且不基于传统信用体系管理，只需要同时获得网络内其他用户的确认和记录即可，因而不需要第三方中介机构或信用机构背书，降低了交易成本、避免了暗箱操作的弊端。

2. 不可篡性。区块链采取单向哈希算法，同时每个新产生的区块严格按照时间线形顺序推进，时间的不可逆性导致任何试图入侵篡改区块链内数据信息的行为都很容易被追溯，从而被其他用户发现并否决，进而可以限制相关不法行为，安全性高，也更公平公正。

3. 确认价值。通过区块链技术把所有权 (如房产权、股权等) 进行转让，由于转让的记录公开透明且不可篡改，因此该所有权转让是有效的。而传统互联网无法自行确认传输价值，只能通过第三方中心机构（房管局、证券交易所等）进行居间确认。这是因为传统互联网信息可以被更改复制、难以追踪来源，很难确权。

我们举个例子，用大家都熟悉的场景来解释说明区块链的运行原理。比如美兰德将所有的样本户纳入区块链系统中进行电视频道覆盖监测调查。当 A 城的 X 样本户在指定时间段内进行了一次调查活动，那么系统自动将这一调查行为和结果以记账的方式在区块链系统中生成监测数据块，该区块在系统内以线性顺序排列。所有在系统内部的其他节点用户（如观众、电视台覆盖办、美兰德、广告商等）均可以复制一份该监测数据区块拷贝。当有用户试图篡改此区块信息时，他必须同时篡改全网所有拷贝信息才行，我们知道这是不可能办到的事情。因此，篡改行为是无法完成的，通过这样的方式保证了电视频道覆盖监测数据的真实、准确，从而避免了监测数据受到污染。此外，用户试图篡改信息的行为也将生成一份不可篡改的区块数据发送给全网用户，全网用户均可追溯查询是哪个用户在试图篡改电视频道覆盖监测数据。

说到这里，大家都应该明白为什么笔者要提出利用区块链技术来做电视频道覆盖监测工作的原因了。区块链技术本质是构建一个人人参与的、去中心化的信用体系，并在此信用体系基础之上，实现可信任的数据共享、完成交易价值的确认。而这正是市场调研数据作为电视行业天生价值衡量标准的重要特性，可以说区块链体系与市场调研行为是完美的统一。

除此之外，利用区块链技术还能圆满解决电视频道覆盖监测工作中另一个大难题，即如何建立样本户体系以及派生出来的样本户质量问题。在区块链体系中，为鼓励用户积极记录系统交易数据，区块链系统按照已知规则向活跃用户派发数字货币作为奖励，用户可以将数字货币进行交易，以实现用户记录行为的价值，这就是比特币产生的原理。美兰德的电视覆盖调研行为同样可利用于这一规则来鼓励更多的用户参与覆盖收视调研活动。美兰德不主动设置样本户，只是将观众引入美兰德区块链系统中来，当观众收看电视节目的同时，电脑自动记录了观众的收看内容，并在系统内记录产生数据块，自动汇总确认调研结果。美兰德区块系统按照一定的算法向用户（观众）派发数字货币，比如美兰德币（类似Q币），这种虚拟货币可以进行线上交易。同时通过一定的运营手段，将虚拟的电子货币同法定货币以及现实产品关联起来，赋予持币者实用价值。这种币的本质还是鼓励观众参与调研，监督调研数据不受篡改。当观众看电视不只是消遣，还能挣钱的时候，大家肯定都愿意延长自己的观看时间并积极参与，自愿成为样本户。而美兰德并不掌握样本户名单，所有的样本户均自发产生，杜绝了样本户污染行为。同时随着样本户量的不断增加，调研数据无限趋同于真实情况。美兰德在整个过程中不用支付成本，同时还部分起到了低成本融资的作用，此应用场景可以扩展到所有电视收视监测有关的调研活动中。

当然，我们必须明白区块链的价值不仅仅局限于数字货币，众多特点决定了其广阔的应用空间，涉及人类社会活动的方方面面，包括跨境支付、电子商务、投票、公证、知识产权保护、证券发行交易、众筹、契约、担保等，解决了中心化带来的各种弊端。

目前区块链技术的前行主要有两个力量在推动：一个是以各互联网巨头和区块链创业公司为代表的“链圈”，主要是推动区块链在金融、供应链、医疗等各传统领域的商业化落地应用。而另一个是以比特币、以太坊社区为代表的“币圈”，在区块链底层和各类应用上做出的贡献较小，但对推动区块链技术的普及起到了关键性作用，投资领域非常看好“链圈”与“币圈”结合共同推进区块链技术商业化落地应用。

目前在电视领域，区块链技术还没有实现落地场景，但是在游戏领域已经开始快速发展了。2017 年 12 月，加拿大的初创公司 Axiom Zen 以太币养猫游戏《Crypto Kitties》上线后迅速全球走红，国内游戏厂商也纷纷跟进。其中壹桥股份年底推出了养马游戏《宝利马》（Poly Pony），网易也即将推出区块链游戏《网易招财猫》。国内区块链游戏还存在发货政策的限制，在支付上，区块链游戏以各种数字加密货币为支付方式。根据中国人民银行、中央网信办、工信部、工商总局、银保会、证监会等多个监管部门联合下发的《关于防范代币发行融资风险的公告》的规定，让涉及发币、“虚拟货币”交易的各种行为在国内都变得更为谨慎。不过我们有理由相信未来的发展，因为它的确改变了互联网生态体系，创立更加透明、高效的交易管理体系。2017 年 12 月 27 日，国务院网上发布了《国务院关于印发“十三五”国家信息化规划的通知》，该文件是“十三五”国家规划体系的重要组成部分。规划中首次提及区块链，并将其认定为重点加强的战略性前沿技术。规划的第一段大标题下的发展态势中就提到了区块链，与物联网、云计算、大数据、人工智能、机器深度学习、生物基因工程同列其中。此外，在“重大任务和重点工程”再次提及区块链，将其与量子通信、人工智能、虚拟现实、大数据认知分析、无人驾驶交通工具等技术一起作为重点前沿技术，要求加强基础研发和前沿布局。回顾过去的一年，我们可以看到，政府对于区块链的态度其实是在不断改善的。从央行对区块链技术的关注，到工信部的白皮书，到不久之前央行的区块链技术人员招聘，再到如今正式写入“十三五”国家信息化规划，政府正在愈发正视和肯定区块链的价值，这为接下来一年区块链的快速发展提供了“护身符”般的保障。

最后还需要指出的是区块链系统并非已发展得非常完善了，目前它还处于市场培育阶段，这种记账体系还存在着一些缺陷，比如它的虚拟币价值波动较大，暂不适合用来给商品定价，又比如它存在扩展性的问题，可能 10 万个人用这个系统还可以，1000 万人用就容易造成系统拥堵。还比如它需要很多的知识成本，没掌握相关知识的人，就不容易掌握方法之类的。总之，目前存在的问题也是一大堆，但不管怎样，利用区块链促进社会化生产和贸易，已经是未来的发展方向，电视覆盖调研最终也将会走到这个方向上来，笔者希望美兰德能够掌握区块链，提前布局，尽早享受到区块链技术的红利。毕竟，资本市场在寻找有价值的区块链落地应用也不是一天两天了。

第三章
美兰德电视覆盖研究方法体系

北京美兰德媒体传播策略咨询有限公司（美兰德）于1999年组织、策划、执行第一次“中国电视覆盖与收视状况调查”，持续20年进行中国电视覆盖研究，现已成为每年度反映我国电视媒体覆盖传播格局及受众收视行为的重要标尺，也是当前国内规模最大、最全面的电视覆盖调查之一。

二十年间，我国电视覆盖市场经历了一系列重大变化，推动电视覆盖格局走向多元与融合，美兰德电视覆盖调研体系随之不断完善，最终围绕“入网—入位—入户—入目—入心”的电视媒体覆盖传播链条，建立了一套完整的电视覆盖调研体系。目前美兰德电视覆盖调研体系主要包含三个板块：（Ⅰ）全国电视覆盖与收视状况调研：针对全国电视人口进行一年一次的电视覆盖调查，主要内容包括电视频道覆盖状况、收视状况、受众结构、满意度、消费行为习惯等；（Ⅱ）入网状况系列调查：针对电视频道在各渠道入网及位序状况的监测，涉及有线电视公共网、IPTV、大陆地区三星级及以上宾馆、“211工程”高等院校等范畴；（Ⅲ）美兰德微信互动调研：针对电视受众开展线上互动调研，即时获取受众对电视频道、电视节目等的收视行为及态度反馈等，成为传统线下调查的有效补充。

第一节　全国电视覆盖与收视状况调研

最早追溯至1996年，美兰德就已经初涉中国电视覆盖调查业务，当时美兰德前身——美兰德信息公司媒介部为凤凰卫视中文台设计并实施了其在大陆地区的覆盖与收视状况系列调研，此项调研连续进行了四年，美兰德借此积累了丰富的电视覆盖与收视研究经验，并于1999年7月至10月与中国广播电视学会受众研究委员会合作推出了第一次全国电视覆盖与收视状况调查，至2017年美兰德已连续开展全国电视覆盖与收视状况调查19次，为电视频道覆盖扩展、收视提升、广告创收提供持续的数据支持，并伴随我国电视覆盖市场的变迁与时俱进，不断丰富研究内容，逐步完善了电视传播通路、受众满意度、网络视频及新媒体接触习惯、生活消费习惯等方面的研究。

2017 年全国电视覆盖与收视状况调查以全国 30 个省（直辖市、自治区）的电视人口为调查总体（西藏和港澳台地区暂缺），以调查范围内年龄在 12—74 岁的常住电视人口为调查对象，采用分层不等概率多阶段系统抽样进行入户调查，设置抽样点数 587 个，回收有效问卷 20737 份，最终推总的电视人口为 13.18 亿人，电视家庭 3.64 亿户。

一、主要调研内容

全国电视覆盖与收视状况调研开展伊始的主要目的是了解各级电视频道在全国电视终端的覆盖状况及传播通路构成，为电视频道覆盖渠道管理、覆盖效果评估、覆盖策略优化、广告价值评估等提供数据支持。过去二十年间，我国电视覆盖市场经历了一系列重大变化：卫视频道数量扩张；台网分离导致覆盖渠道（主要是有线电视公共网）由“买方市场”进入“卖方市场”；有线电视数字化有效缓解了覆盖渠道资源的稀缺性；IPTV、OTT TV 等新兴传播通路借势“三网融合”崛起，电视频道向多元、融合的覆盖模式发展；移动互联网的蓬勃发展促使受众的媒体消费行为及习惯向社交化、碎片化、移动化发展，社交媒体、视频网站获得爆发式增长，网络视频、网络自制内容、短视频等成为受众媒体消费的重要组成部分。美兰德一路与时俱进，不断丰富完善电视覆盖与收视状况调研的内容体系，形成了集频道覆盖规模与传播通路状况、频道收视与满意度状况、受众媒体消费行为三大板块内容于一体的综合性电视调查。

1. 频道覆盖规模与传播通路状况

电视频道覆盖规模与传播通路状况一直是美兰德全国电视覆盖与收视状况调研的重点内容，现已涵盖了对中央电视台各频道、中国教育电视台各频道、省（副省、市）级卫视频道、高清卫视频道、省级地面频道、境外卫视频道以及数字频道等在内的各级、各类型电视频道的调查。2017 年纳入调查的各级电视频道数量达 600 余个，其中中央电视台及中国教育电视台频道 24 个，省（副省、市）级卫视频道 49 个，高清卫视频道 54 个，境外卫视频道 19 个，省级地面频道和数字频道均达 200 个以上。

反映电视频道覆盖规模与传播通路状况的指标体系主要包括覆盖人口数、覆盖率、入户数、入户率、某一接收方式覆盖人口数、分布比例等。频道覆盖规模调查可以摸底电视频道在全国及各区域的覆盖状况，评估电视频道的实际入户效果，为电视频道覆盖工作推进及传播价值评估提供数据支撑。随着电视传播通路多元化融合发展，对于电视频道精细化覆盖管理提出了更高要求，电视传播通路状况调查可以反映电视传播渠道的发展趋势，为电视频道覆盖发展策略制定及经费投入提供决策支持。

表 3-1　2017 年美兰德全国电视覆盖与收视状况调查纳入统计的各级电视频道数量

各级电视频道	纳入统计的频道数量（个）
中央电视台及中国教育台频道	24
省（副省、市）级卫视频道	49
高清卫视频道	54
境外卫视频道	19
省级地面频道（含高清）	275
数字频道（含高清）	228
合计	649

数据来源：美兰德·全国电视覆盖与收视状况调查 Source：2017 年 8 月 @CMMR Co.Ltd

2. 频道收视与满意度状况

频道收视与满意度状况是全国电视覆盖与收视状况调研的另一项重点内容。如果说频道覆盖研究是为了了解电视频道及电视节目可能触达观众的最大范围，那么频道收视研究则是为了探究电视频道及电视节目实际触达到的观众人群及结构。频道收视与满意度状况调查能够帮助电视频道掌握频道及节目的传播状况与受众反馈，从到达情况、忠诚状况、喜爱状况等多方面反映频道及节目的实际传播能量、传播效果与传播口碑。反映电视频道收视与满意度状况的主要指标包括月到达人口、月到达率、稳定观众人口、忠诚度、喜爱观众人口、喜爱率、喜爱原因分布比例等。

3. 受众媒体消费行为习惯

受众的媒体消费行为研究是美兰德面对电视媒体日新月异的发展环境与发展形势对电视覆盖研究体系做出的丰富与完善。在中国电视覆盖与收视状况调查中，现已对受众电视收视行为及社交媒体、网络视频、网络直播、短视频等各类媒介消费行为展开了一系列调研。具体调查内容主要包括电视观众的电视收看时长、内容收看偏好、各类媒介接触行为、广告信任度以及电视观众对社交媒体、网络视频、网络直播、短视频等网络媒体的接触情况、使用频次、内容偏好、消费习惯等。在媒体融合发展的时代背景下，全面把握受众的媒体消费行为习惯，有利于进行跨媒体的融合创新，从而在媒体融合发展中赢得竞争优势。

二、调查实施和执行流程

作为一项连续性的全国调研项目，良好的设计方案、科学的抽样方法、合理的调研内容、高质量的调查执行是全国电视覆盖与收视状况调研实施质量的根本保证。美兰德严格遵循国际民意与市场调查协会（ESOMAR）的国际市场研究标准及相关准则，在电视覆盖与收视状况调研的各个环节都进行了严密的质量控制。

全国电视覆盖与收视状况调研采用的是抽样调查的方法。抽样调查是市场调查经常用到的一种调查方式，指从所研究的对象（总体）中抽取一部分（样本）进行调查，获取数据，并以此对总体的特定目标量作出估计。抽样调查具有费用低、时效性强、可操作性强、容易监控、能够保证调查质量等特点，一项经科学设计并严格实施的抽样调查完全有可能获得比全面调查更为准确、更为可靠的结果。以下将从调查总体和抽样过程、项目实施和现场执行流程、项目质量控制三个方面呈现中国电视覆盖与收视状况调查的主要实施执行环节。

1. 调查总体和抽样过程

在具体抽样开始前，首先需要确定调查总体，对抽取样本总体的范围做出明确界定。调查总体就是指由所有被调查对象所组成的整体，调查目的不同，抽样的总体也就可能不同。2017 年全国电视覆盖与收视状况调查中，调查总体是全国 30 个省、自治区、直辖市（西藏和港澳台地区暂缺）的电视人口，总人口约 13.18 亿人，3.64 亿户电视家庭。调查对象为调查范围内年龄在 12—74 岁的常住电视人口，包括在城市市区、辖县县城和农村的电视人口。

其次需要确定调查所需的样本量。样本量的大小直接关系到研究结论的可靠性、可重复性以及研究效率的高低。样本量的确定通常与调查总体的差异性、调查要求的精确度及置信度密切相关。根据这些样本量确定原则，2017 年美兰德全国电视覆盖与收视状况调查在全国范围内共抽取 587 个抽样点，抽取样本量为 20737 户（人），在 95% 置信度下，抽样误差小于 1%。

全国电视覆盖与收视状况调查抽样方法是一种概率抽样，采用分层多阶段（Sampling with Probability Proportion to Size，简称 PPS）抽样的方法从总体中抽取样本。在调查中结合了多阶抽样、分层抽样和系统抽样的优点，进行组合使用。PPS 的抽样思想贯穿于全国电视覆盖与收视状况调查的各个阶段，如多阶抽样的第一阶段采用不等概率抽样，其目的是使每个调查对象都有同等被抽到的概率。为保证样本具有良好的代表性，尽可能避免人为造成的偏差，确保调查结果的客观、公正、准确，全国电视覆盖与收视状况调查抽样遵循以下原则：

（1）兼顾到不同地域文化、语言背景的差异；

（2）兼顾到不同城市社会、经济发展水平和规模的差异；

（3）遵循随机原则；

（4）兼顾到数据推断、汇总与发布的需要。

根据抽样原则，本项调查抽样首先确定初级单元为：地级及以上城市的市区、地级及以上城市的远郊区、县级市、县（包括自治县、旗、自治旗、特区、林区等）；其次，对初级单元进行分层，对不同初级单元（市区及远郊区、县）按其所在的地域以省份为单位分成 6 大层和 30 个子层，在大多数子层，将所属的市、区、县（初级单元）按规则分类；最后，在每个小层内，按与市区、远郊区、县级市、县的人口成比例的不等概率抽样，抽选 2—4 个区、县级市、县进行调查。

表 3–2　层的划分及编号

大层	子层（省、自治区、直辖市）编号		大层	子层（省、自治区、直辖市）编号	
1 华北	子层 11：北京 子层 12：天津 子层 13：河北	子层 14：山西 子层 15：内蒙古	4 中南	子层 41：河南 子层 42：湖北 子层 43：湖南	子层 44：广东 子层 45：广西 子层 46：海南
2 东北	子层 21：辽宁 子层 22：吉林	子层 23：黑龙江	5 西南	子层 50：重庆 子层 51：四川	子层 52：贵州 子层 53：云南
3 华东	子层 31：上海 子层 32：江苏 子层 33：浙江 子层 34：安徽	子层 35：福建 子层 36：江西 子层 37：山东	6 西北	子层 61：陕西 子层 62：甘肃 子层 63：青海	子层 64：宁夏 子层 65：新疆

2. 项目实施和现场执行流程

一个设计良好的调查方案、一次高质量的现场执行对保证调研实施的质量都是至关重要的。随着人们生活水平的提高，时间观念增强以及更加注重隐私等，入户访问的现场执行压力和难度逐渐增加，如何保证执行的质量对于任何市场研究公司来说都是一个挑战。调研的实施是一个系统工程，严格按照操作流程进行访问是调研执行质量的根本保证。全国电视覆盖与收视状况调研的执行主要包括了项目初期的项目培训、现场执行的入户访问、问卷回收后的问卷审核和数据处理四个环节。

全国电视覆盖与收视状况调研采取两级系统培训：首先是各省项目负责人在北京接受全面培训；其次是参加完一级培训的各省项目负责人对本地督导和访问员进行培训。为了保证调研执行的质量，同时确保处于调研一线的访问员能够深入了解调研要求、深刻理解调研内容，美兰德对培训全程进行录音监听，严格控制各个环节的培训质量。全国电视覆盖与收视状况调研的项目培训主要包括五个方面：项目及问卷讲解、抽样、执行标准、模拟访问、试访。

现场执行通常是多种岗位的人员分工协调合作，主要包括负责现场抽样的抽样员、数据采集的访问员以及负责现场管理和质量控制的督导。一般要求对通过项目培训并测试合格的访问员先发放 2 — 3 份问卷，由督导进行陪访，访问结束后对访问中出现的问题及时予以纠正（具体流程见下图），最后经办事处督导审核无误后方可领取多份问卷与礼品按要求进行入户访问。同时，要求访问员必须将当天的访问问卷交到办事处，不允许访问员等所有访问完成后一次性交回问卷，以避免因问卷大量下发导致访问员同类型错误大量出现的可能。

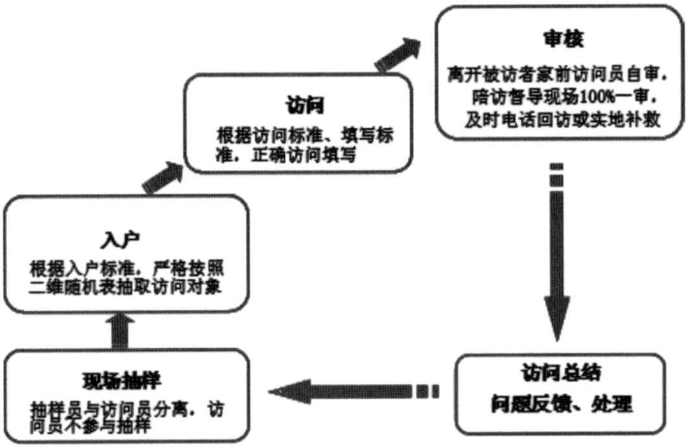

图 3-1　现场执行操作流程

3. 项目质量控制

全国电视覆盖与收视状况调查流程主要分为四大阶段：前期准备—调查访问—审核—数据录入、校验。在调查执行的各个环节均有严格的质量控制体系进行把控，以确保调查的真实性和有效性。

前期准备首先是准备问卷、名单等资料，清点执行过程中所需要的人员资源，主要包括抽样员、访问员、质控员、录入员等；之后针对问卷内容对相关人员进行培训，并在访问技巧、沟通技巧等方面进行把关，既保证调查过程的专业性和准确性，又要科学管控访问时间和效率。

调查访问首先要对被访者进行严格甄别，按最新行政区划和常住人口数比例合理分配各区域样本量，并按照一定原则科学选择被访者（选择原则见下图）；其次，在入户打开被访者家中的电视进行频道搜索或播台时，要求访问员特别注意操作规范，确保访问过程的有效性。

代号	姓　名	性别	年龄	1	2	3	④	5	6	7	8	9	10	11	12
①	王东海	男	48	1	1	1	1	1	1	1	1	1	1	1	1
2	王小毛	男	18	2	1	1	2	1	2	1	2	1	2	2	1
3	刘玉梅	女	42	3	2	1	①	3	2	2	1	3	1	2	3
4				4	1	3	2	2	3	1	4	3	2	4	1
5				5	4	1	2	3	4	1	2	3	5	4	2
6				6	3	1	5	2	4	3	5	1	4	6	2
7				7	1	4	3	6	2	5	2	5	7	4	3
8				8	4	5	7	1	2	6	3	7	5	3	1
9				9	5	1	4	3	8	2	7	6	5	2	8
10				10	3	5	9	4	1	7	2	8	6	9	4
11				11	6	1	5	10	4	9	8	3	2	7	6
12				12	7	2	9	4	11	6	1	8	3	10	5

图 3–2　二维随机表抽选调查对象

审核阶段会对提交的每份问卷的卷面、电视接收方式与接收电视频道的逻辑关系以及录音监控进行重点审核；为确保访问的真实性及数据的准确性，要求各地对问卷实行 100% 复核。

数据录入、校检采用双向录入的方式，将调查的原始数据输入计算机后，对数据进行程序校检和人工校检的双向检验，并将复核结果代入检查，保证数据的完整性。

第二节　入网状况系列调查

近年来，我国电视传播通路格局持续分化：一方面，有线电视公共网始终占据主导地位，随着有线电视数字化转换进入尾声，数字网的用户比例以绝对优势占据各类传播通路首位，但面对来自电信运营商的压力和网络新媒体的冲击，有线数字电视用户规模已连续两年出现下滑；一方面，背靠电信运营商的 IPTV 呈现明显上升趋势，2017 年成为全国第三大电视传播通路。电视频道必须足够了解电视传播通路格局，并对覆盖渠道采取切实有效的管理措施，方能从容应对激烈的电视覆盖市场竞争。

覆盖工作就像是频道之间抢占地盘的一场竞争，了解自己、了解对手、了解市场，才能使频道处于市场竞争的高点。电视频道需对此制定一套明确的工作方针及一系列恰当的实施策略和应对措施。加强有线电视公共网、IPTV 等渠道的入网管理，是卫视频道获得较为优异且有保证的覆盖人口的基础性工作，而加强三星级及以上宾馆、“211 工程”高等院校入网工作则有利于实现对高端覆盖人群的开发与拓展。电视频道需与美兰德等国内权威的第三方服务机构密切联系，全面了解全国各级有线电视公共网、IPTV、三星级及以上宾馆、“211 工程”高等院校的网络状况及电视频道入网情况，通过数据看变化，通过变化看端倪，并及时解决问题。

一、入网状况系列调查主要内容

电视频道入网状况系列调查旨在监测各电视频道在多种电视传播渠道的入网转播状况，为电视频道制定覆盖落地策略和推进覆盖落地管理工作提供数据支持。美兰德电视频道入网状况调查主要分为三大系列：中国大陆地区各级有线电视公共网入网状况调查，一般地级市及以上城市 IPTV 运营商信号传输状况监测，高端局域网入网状况调查。此外，随着有线电视数字化快速推进，卫视频道入网差异逐步缩小，而入网之后对于优质频点的争夺则愈发激烈，美兰德为此开发了专门的频道入网位序监测服务。

1. 各级有线电视公共网入网状况调查

2017 年，全国有线电视公共网用户规模达 7.96 亿人，占全国电视人口的 60.4%，其中，数字网用户规模达 7.8 亿人，占全国电视人口的 58.8%。伴随有线电视数字化的快速推进，有线电视数字网成为近年来电视频道提升覆盖水平的必争之地，当前电视频道入网管理已实现精细化。美兰德“中国大陆地区各级有线电视公共网入网状况调查”每月发布全国 31 个省（市、区）[1]各级有线电视公共网的网络状况、电视频道入网状况、地区经济指标等多维度

1 此调查中的全国 31 个省（市、区）各级网络不包括西藏地、县级有线公共网，各地农网和乡镇网，西藏地区目前仅调查省网和拉萨市网。

数据，为电视频道覆盖落地管理提供全方位的服务与支持。

美兰德自 2005 年开始启动中国大陆地区各级有线电视公共网入网状况调查，已经从最初对地级及以上城市市级有线电视公共网入网状况季度普查，逐步扩展到目前对全国 30 个省（市、区）（西藏除外）的省、市、区县级有线电视公共网入网状况月度普查。在此过程中，调研对象不断拓展，调研方法逐渐完善，调研质量持续提升。该项调查有助于电视频道全面了解全国各地各级有线电视公共网的网络发展状况，并及时监测各电视频道在各地各级有线电视公共网的入网转播状况。2018 年 4 月美兰德中国大陆地区各级有线电视公共网入网状况月度普查数据显示，在中国大陆地区的 3140 个（区）县级及以上行政区域中，传输电视信号的有线电视公共网络公司有 2345 家，达 74.7%。

2. 中国大陆地区一般地级市及以上城市 IPTV 运营商信号传输状况监测

IPTV 作为宽带业务的主战场，伴随“宽带中国”战略的提出迎来更加广阔的发展前景。2017 年，全国 IPTV 用户规模近 1.9 亿人，占全国电视人口的 14.4%，IPTV 成为全国第三大电视传播通路。目前 IPTV 几乎涵盖全国所有地级以上城市，对电视频道来说提升在 IPTV 渠道的覆盖水平势在必行。美兰德“中国大陆地区一般地级市及以上城市 IPTV 运营商信号传输状况监测”提供 IPTV 渠道入网监测服务，为电视频道拓展 IPTV 渠道传输、优化 IPTV 入网管理并提升 IPTV 覆盖水平提供数据支持。“中国大陆地区一般地级市及以上城市 IPTV 运营商信号传输状况监测”的监测对象为全国一般地级市及以上城市 IPTV 运营商及用户。截至 2018 年 4 月，共调查 826 家 IPTV 运营商，随着各地运营商陆续开展 IPTV 业务，纳入调查的 IPTV 运营商数量亦将逐步增加。

3. 电视频道入网位序监测

要取得入网效果的最大化，不能忽视电视频道进入网络后的频率或位序。美兰德自 2011 年起开展电视频道在全国各级有线电视公共网的入网位序研究，发现频道所处的位置序列对于其覆盖和收视贡献有关联且呈现正相关关系，卫视频道进入某地有线电视公共网后，网络传输中的频点和位序对电视频道入户效果起至关重要的作用。有鉴于此，及时、动态、全面地了解全国各城市的有线网络状况、经济状况、人口状况等，掌握频道自身乃至竞争频道在全国各级有线公共网的入网状况、频点位序情况以及各级有线网的基本情况，包括网络下辖区县状况、网络整合程度与网络用户数量增减、数字化进度等详情，对电视频道目前的覆盖落地工作开展及未来的覆盖落地部署均意义重大。2017 年起，美兰德进一步开展了电视频道在中国大陆地区一般地级市及以上城市 IPTV 运营商信号传输位序监测，为电视频道在 IPTV 渠道的信号传输提供频道位序监测服务。

4. 电视频道高端局域网入网状况调查

随着中国经济的持续快速增长和高端主流人群的迅速壮大，高端传播渠道的覆盖传播价值和广告投放价值日益彰显。美兰德电视频道高端局域网入网状况调查主要针对三星级及以上宾馆和“211 工程”高等院校两个渠道展开。其中，三星级及以上宾馆是高端人群差旅途中的重要下榻之所，是境外卫视合法落地的高价值传播渠道；“211 工程”高等院校则聚集了中国最优秀的高校生源，这部分群体将会成为未来社会的精英群体，锁定以上两种渠道的人群对于电视频道提升覆盖价值、优化覆盖结构具有重要意义。

（1）中国大陆地区三星级及以上宾馆入网状况调查

美兰德自 2006 年起开展针对三星级及以上宾馆网络状况与卫视频道入网状况的调查。调查执行周期为每半年一次，对四、五星级宾馆（包括挂牌和不挂牌）进行普查，对挂牌三星级宾馆进行随机抽样调查。2017 年下半年抽查的三星级宾馆有 501 家，普查的四、五星级宾馆有 3394 家，通过访问宾馆网络负责人或者客房管理人员完成调查。

（2）“211 工程”高等院校有线局域网入网状况调查

美兰德从 2011 年起开展对“211 工程”高等院校的网络状况及卫视频道入网状况调查，系统呈现“211 工程”高等院校的有线电视局域网络状况，及时了解各家卫视频道在“211 工程”高等院校的入网状况。调查执行周期亦为每半年一次，调查对象为全国 121 所“211 工程”高等院校[1]可收看有线电视的学生宿舍及教职员工宿舍电视用户。

二、入网状况系列调查执行及质量控制

1. 入网状况系列调查执行

电视频道入网状况系列调查均采用电话访问的方法，根据不同调查对象有所差异。

“电视频道在中国大陆地区各级有线电视公共网入网状况调查”对有线电视网络用户和各级有线电视网络公司相关人员分别进行电话访问。电视终端居民家庭作为调研主体每月接受一次电话调查，由经过专业培训的访问员打电话去样本户家中，在特定条件下要求被访者打开电视机手动或者自动搜索，对照台标卡，说出可接收的频道，由访问员逐一进行记录；样本户的选择采用固定样本组的方法，对其是否为有线网络用户进行有效甄别。对各级有线电视网络公司相关人员的电话访问则集中在每年 3 ～ 4 月进行，对于某些网络状况极其复杂的城市，委托当地的调研公司进行面访。

“电视频道在中国大陆地区一般地级市及以上城市 IPTV 入网状况调查”采用逐一搜台视频记录和电话访问相结合的方式进行。一方面，被纳入固定样本库的 IPTV 用户每个月将其逐一搜台的过程用视频方式记录下来传给访问员；另一方面，对各 IPTV 运营商相关工作人员进行电话访问，双向保障电视频道 IPTV 入网调查的准确性。

“中国大陆地区三星级及以上宾馆入网状况调查”在电话访问过程中要求被访者报一遍宾馆节目单，没有节目单的要求进行手动或者自动搜台，并逐一说出频道名称。“211 工程高等院校入网状况调查”采用普通电话访问方式，由经过专业培训的访问员打电话到各高校可收看电视的学生及教职员工宿舍，针对问卷中的问题逐一提问并做好记录。

---

1 由于部分高校既没自己的有线电视网也没有独立的教职家属区，高校教职工与其他社会群体混居，使用本地区有线公共网信号，实际访问 103 所高校。

2. 入网状况系列调查质量控制

为保证入网状况系列调查的准确性和科学性，进行有效的误差控制，在各种入网状况调查执行过程的前期、中期和后期均有严格的质量控制体系进行管理及把控。

在调查前期准备工作中，对电话访问员进行严格的专业培训，确保其能够熟识各电视频道的台标。对于需要建立样本户的调查项目，应通过电话、执行公司等建立网络用户的固定样本组。

在访问执行过程中，访问员应询问数字转换情况，以确保访问的用户接收信号相同；要求被访者进行手动或者自动搜台，并逐一说出频道名称，由访问员记录；不能确认的频道由被访者描述台标，访问员对照台标卡确认；随时监听访问过程，根据访问中出现的问题逐一改进。

数据回收后，由专人对照问卷听取录音，出现没有搜台、台标描述不清、回答含糊等情况的要求重新补问或者复核；对照二手资料及网络公司数据，有出入的进行复核。

第三节　美兰德微信互动调研

微信是腾讯公司于 2011 年推出的一款为智能终端提供即时通讯服务的免费应用程序，具有信息发布便捷、传播速度快、影响范围广、互动性强、成本低廉等优势，是拥有亚洲地区最大用户群体的移动即时通讯软件。2018 年春节期间，微信全球月活跃用户数首次突破 10 亿人，如此庞大的用户群体为线上调研提供了十分有利的条件。

美兰德深入洞察移动互联网发展潮流，借势微信平台的影响力和人群规模全新打造依托于微信公众号的线上调研平台——美兰德微信互动调研平台，与公司线下调研相辅相成，全面打造线上线下无缝调研模式，最大程度解决调研盲区，力求呈现最真实、最客观、最翔实的数据。美兰德微信互动调研平台直接面向互联网用户，具有调研内容全面、数据汇总快速、覆盖范围广泛、调查结果公正客观等优势。美兰德长期致力于传统线下调研，包括入户调查、拦截访问、电话访问等，对于问卷题目设计、调查质量把控等有着丰富的执行经验。此次对于微信互动调研平台的打造，美兰德将同样以高标准、高质量、高效性严格要求并实施，确保获取科学有效的调查结果。

一、 美兰德微信互动调研平台用户规模

美兰德微信互动调研平台现已有注册用户数 5 万余人，其中关注用户数近 3 万人。关注用户数即为调研平台中的有效用户，在平台推送各类调研内容时，关注用户均有机会参与答题。据美兰德对关注用户数的统计分析，目前关注用户中男女比例接近 1∶1，理论上基本保证了在调查过程中男女随机答题的比例均等；就关注用户的地域分布来看，广东省、山东省、江苏省、河南省、河北省位列前五，分省关注用户数量基本按照各省人口数量排序分配，理论上保证了各省的抽样数量与各省人口规模相匹配，从而保证了美兰德微信互动调研的客观和可行性。

二、 美兰德微信互动调研平台调查体系

美兰德微信互动调研平台以中国大陆地区的微信用户为调研对象，根据调研目的和需求制作问卷、确定样本量，之后根据用户手机归属地进行抽样推送。与传统线下调研相比，微信推送调查问卷可快速搜集到订阅用户的意见和观点，美兰德微信互动调研平台目前问卷反馈速度可达到发布 2 小时后回收 3000 份样本，数据在后台汇总后即时进行数据可视化处理，快速直观地呈现出调研结果。

由于线上调研完全基于互联网平台，与传统调研相比缺少了人与人之间的沟通和互动，为了让用户在使用平台时能够解除困惑或理解上的偏差，美兰德在微信互动调研平台中搭载了专属客服服务，在线解答用户操作等问题。针对会员注册、问卷填写、红包发放、项目介绍等内容进行及时、专业的信息反馈，为用户提供最优质、最贴心的使用体验。

美兰德微信互动调研平台调查内容广泛，目前已执行的调查项目包括电视平台品牌认知、电视节目收视状况、电视覆盖渠道类型等，调查内容紧跟

时下热点。如湖南卫视于 2018 年 1 月开播的原创节目《声临其境》引发了大量观众的情感共鸣并持续获得讨论，美兰德微信互动调研平台随即推出了《声临其境》的相关调查，全面分析节目受众的观看行为等内容，第一时间解读爆款节目的传播特点与价值优势。

三、美兰德微信互动调研平台日常运营和未来拓展

美兰德微信互动调研平台在完成专项调研任务的同时，还会对平台进行日常的运营和维护，旨在保持用户活跃度和扩大粉丝数量。日常运营主要从两方面着手——资讯分享和数据采集。资讯分享以美兰德公布的榜单及各类指数报告为主，同时发布调研结果的相关资讯，如中奖名单等，目的是让用户了解数据采集后的实操结果，增强用户对平台的认知与信任；数据采集来源一是专项调查，二是用于维护激活用户的常规调研。

美兰德微信互动调研平台成立至今，已经快速成长为成熟的线上调研工具。微信庞大的用户基数为美兰德微信互动调研平台提供了无限开拓的可能：一方面，美兰德未来将通过多种方式进一步扩大粉丝数量，着重提升用户粘性；另一方面，美兰德将全面拓展微信调研的内容，利用线上这样一个开放、自由、平等的空间，为调研打造更加丰富的场景，力争不同的调研内容在各种各样的场景中均可得到回应；此外，美兰德将不断优化微信调研平台相关设置和服务，给用户提供更为优质的调研体验。

线上调研和线下调研作为当今社会的两种调研渠道已经渗透到每个人的生活中：线上调研可以有效利用人们工作、生活以外的碎片化时间及时、快速搜集信息，但在深入调研及深度分析层面存在极大的限制；线下调研可以面对面直击用户，并通过细致的问卷内容达到深层次调研的目的，但因为问卷数据录入等原因无法做到在极短时间内快速获取调研结果。美兰德目前已经开启了线上、线下联动的调研新模式，多角度、深层次、无死角的数据分析将为社会各界提供更加专业、翔实的策略建议。

第四节　覆盖研究在广播电视行业的应用

我国文化消费正处于快速增长期，作为文化产品重要传播渠道的广播电视及网络视听行业也会随之快速增长。随着 IPTV、 OTT TV 等终端用户数量的持续增长，人们对除视听节目服务之外的增值业务的需求规模越来越大并呈现多样化趋势，广播电视及网络视听行业未来面临着良好的发展机遇。根据频道定位和节目的实际需求，进行不同程度、不同围度、不同区域、不同传媒渠道的定制化覆盖思路将有助于以独有的节目特质和多元的节目形态，去吸引更多渠道的传播与推广，这是一种自信也是一种态度。

浅谈省级卫视覆盖工作之体会

——一个覆盖人的心声

深圳广播电影电视集团　雷　红

“随行就市、不进则退”两个关键词在具有中国特色的省级卫视覆盖工作中体现得淋漓尽致。2016 年前，由于没有行业主管单位的政策指导和行政干预,各地有线网络公司以渠道传播资源垄断为优势,将卫视入网传输收费“定靶”为年度经营创收提升的重点项目，收费标准居高不下。2017 年后，由于传统媒体创收的环境发生了变化，新媒体及新兴传媒通路的快速崛起，有线电视网络收取卫视落地传输费用，犹如“螺蛳壳里做道场——难！”。从消费的角度可以理解为：当消费者的收入越高时，对消费意识的需求就越为强烈，消费与被消费两者之间产生共鸣、达成意向的概率≥ 80%；反之，当消费者的收入下滑时，对消费意识的需求也会随之削弱，消费与被消费两者之间产生共鸣、达成意向的概率≤ 80%。为此，我们认为当下有线网络降低省级卫视准入标准，是明智的、理性的，并且属社会经济活动范畴中的正常现象。同时，也可以说——省级卫视落地传输费用的下降拐点出现在 2017 年。

一、回顾过去

2016年前，我们假设全国电视总人口为13亿，这些电视人口中的75%以上来自全国有线电视网络用户，而全国城区电视用户的95%以上都来自有线电视网络中。因此，CSM城区收视样本的95%都来自有线电视网用户中。省级卫视为了获取好的收视，博得好的创收，自然将全国有线网络的入网传输作为卫视覆盖的主战场，特别是对CSM收视样本监测的35城、71城市的覆盖成为每家卫视覆盖工作的重中之重。据悉2016年这个时间节点也是各家卫视对覆盖费重金投入的高峰年，卫视全网覆盖至少要花1.5亿元的落地传输费用。对于高额的落地传输费用，有的卫视举债经营，有的省级卫视向政府申请补贴，总之“八仙过海，各显神通”。再加之，当时传统媒体行业创收环境趋于平稳，尽管部分卫视已出现捉襟见肘，但对于重点网络的覆盖，通过拆补办法勉强维持。

二、活在当下

2016年后，随着科技的不断进步，传播通路也呈多样化发展，有线电视网络不再是传送卫视节目的唯一渠道。据相关机构调查数据显示：截至目前，一方面，有线电视网络用户由以往的高峰近3亿用户下降到如今的2亿户左右，从占比全国电视总人口的75%以上，人下滑到53%以下，覆盖全国近7亿人。直播星平台用户1.18亿户，覆盖全国2亿人口，占比全国电视总人口的15%。IPTV（电信、移动、联通）用户1.39亿户，覆盖全国3.5亿人，占比全国电视总人口的26%。OTT及其他渠道用户近1亿人，占比全国电视总人口的7%（以上用户，特别是在城区用户中，接收渠道有交叉重叠现象，仅供参考）。另一方面，传输网络的价值也在发生变化。因CSM公司对收视样本户的设定与管理方式（只确认样本户而不管样本户的接收渠道）难以统计收视样本收接渠道的占比。因此，只能通过概率的算法来推测，收视样本将随着IPTV、OTT TV用户的增多而增大，随有线电视网络用户的减少而降低。因此，对于卫视覆盖来说，有线电视网络的传输价值不如以前。

具有中国特色的省级卫视覆盖工作主要围绕“宣传、服务”两大任务而开展。一是宣传，通过卫视这扇窗口把本省（市）党委、政府的声音传递给更多的人民群众，实现对外宣传功能。二是服务，服务于平台，给频道节目收视，广告创收提供有效的保障作用以及营造良好的商谈氛围。但近两年来，由于新媒体的野蛮生长，广电行业政策收紧、产业生态环境发生变化等多种因素的交集下，传统电视媒体（省级卫视）整体创收呈下滑态势。特别是二、三线卫视频道的创收呈断崖式滑落，卫视频道入不敷出，为了活着，只能大幅削减落地覆盖宣传费用。因而，作为务实的省级卫视落地覆盖工作，必然在有限的费用内，采用多项指标的评估和测算，力争做到覆盖投入与平台收视、创收所匹配，性价比、边际效益最大化。在“缺钱”的情况下，只能放弃价高的有线电视网络，而另辟蹊径，采用差异化的覆盖方式实现对外宣传。目前，包括一级卫视也提出大幅降低入网传输费的诉求和强烈要求。

当下，由于传统媒体整个行业生态环境、生态系统发生了改变，因而，省级卫视与有线电视网络的发展都受到较大的冲击。如何应对新时期省级卫视覆盖的复杂化？如何妥善解决、处理当前卫视与有线电视网络之间的供需关系和商谈中出现的价差矛盾？个人认为：广电一家亲。卫视与有线网络是同根同源的兄弟姐妹，是一种唇齿相依的关系，卫视的发展离不开有线电视网络的支持，有线电视网络对用户的拓展也离不开省级卫视节目的帮衬。面对新媒体的冲击，双方应当抱团取暖、相互扶持，从行业发展战略的高度去考虑问题，以及处理具体事物。比如：在传输费用收取上，有线电视网络公司，不要把卫视落地传输费作为公司增收的一项强性指标去衡量；而是要善用卫视节目源去吸引用户，甚至可以采用知识产权的办法来拥有节目源头，只有留住内容才能留住用户。又如：卫视频道应当把减少支出的传输费，投入到节目生产与节目创新费用上，生产出更多更好赋有时代气息、贴近百姓生活的节目等等。营造一个双方相互借力、共渡难关、相生相映的合作局面。

三、展望未来

科技改变生活，同样也会改变人们对事物发展过程中的认知，以及在处理事物发展过程中的行为方式和行为态度。在当今多种传媒通路以及多种媒体形态的融合下，特别是随着5G传输时代的到来，智能终端的普及，让“无处不在，万物可连，万物可控”成为可能。上传上百套直播的广播电视节目将不再是广电有线网络的专有优势，摆在家里电视机只是一个屏，接什么样的信源？看什么样的节目？用户自己说了算，也不再是联接某一电视网络运营商的专属用户，而是以人为中心联接多媒体的应用时代，无疑对卫视频道、有线电视网络公司，以及对节目收视、影响力的评估，还有覆盖人口评估等等都是一种全新的挑战，同时也是一种机遇。

省级卫视落地覆盖工作历经风雨二十载，从20世纪90年代初开始至今，每个阶段都有每个阶段的落地要求与覆盖思路，每个阶段都有每个阶段传输条件和技术支撑。明者因时而变，知者随事而制。从最初有的模拟信号传输到数字标清信号的转换，再到数字高清信号的升级。从最初的免费接入到有偿接转，从年年攀升的落地传输费用到如今的下降回落，每一个发展阶段的具体演变，我们都历历在目、铭刻于心。可以说，省级卫视落地覆盖工作的发展史，就是一部卫视与卫视之间，卫视与有线网络之间上演出的一部“弱肉强食、优胜劣汰、适者生存”的年代大戏。如今，未来已来，我们分析：省级卫视覆盖工作，像以往那种，以粗放式的跑马“圈地运动”将一去不返。各家卫视将把有限的经费投入到节目生产和制作中，同时根据频道定位和节目的实际需求，进行不同程度、不同维度、不同区域、不同传媒渠道的定制化覆盖思路。以独有的节目特质和多元的节目形态，去吸引更多渠道的传播与推广，这是一种自信也是一种态度。与此同时，我们更希望卫视节目与有线电视网络在万物互联的年代相遇、交融，碰撞出更大的世界。

今年是中国改革开放四十周年，恰巧也是北京美兰德媒体传播策略咨询有限公司对上星频道在全国覆盖调研的第二十个年头。在这个无比有意义的时间节点里，我谨代表深圳卫视覆盖办全体同仁，感谢北京美兰德公司一直陪着我们一路风雨走来，感谢你们在覆盖工作中给予我们的指导和帮助，感谢你们为省级卫星频道在全国覆盖领域中所做出的努力和贡献。

最后，衷心地祝愿北京美兰德公司各项工作蒸蒸日上，芝麻开花节节高！

同时也衷心地祝愿我们的祖国——繁荣昌盛，人民安康幸福！

新征程、稳探索、向未来

——详解 CCTV-9 纪录频道覆盖传播运营之道

中央广播电视总台央视纪录频道 李艳峰

《2011 年中国纪录片发展研究报告》将 2011 年定位为中国纪录片产业元年，这一年，中国纪录片市场的最大热点当属播出平台建设取得的巨大成就，即国家级专业频道——中央电视台纪录频道（以下简称 CCTV-9 纪录频道）成功开播。作为中国纪录片市场最大的制作与播出主体，CCTV-9 纪录频道立足“全球视野、世界眼光、中国价值、国际表达”的高端定位，目标受众直指具备“高学历、高收入、高职业”特征的高端收视群体，同时在激烈的收视竞争市场中主推“大气、从容、冷静、理性”的频道气质，自开播以来即崭露头角。2018 年，CCTV-9 纪录频道全面精耕传播通路，全国覆盖水平稳步提升，并有力助推全国收视走高，呈现出良好的稳步增长与持续发展态势，频道传播力及品牌影响力日渐强盛。

一、布局全国覆盖，夯实传播基石

综观中国媒体传播市场，电视媒体影响力和传播价值的彰显与释放首先得益于其得天独厚且无可比拟的覆盖优势，稳定、清晰而广泛的频道覆盖保证了电视媒体节目内容和广告信息传播的规模、速度与效益。有鉴于此，电视频道近年来的快速成长乃至崛起亦首先着力于频道的覆盖推广。CCTV-9 纪录频道自开播之日起，即结合频道定位与观众定位精耕细作深入开展覆盖落地工作，已经取得了显著成效。北京美兰德媒体传播策略咨询有限公司（以下简称美兰德）全国电视覆盖与收视状况调研数据显示：2011 年 8 月，CCTV-9 纪录频道，全国覆盖人口达 6.53 亿人，全国覆盖率为 50%，初步形成了全国性的传播价值与频道影响力。六年过去了，截至 2017 年 8 月，CCTV-9 纪录频道全国覆盖人口高达 11.84 亿，全国覆盖率为 89.82%，六年提升近40个百分点，其全国传播价值与影响力进一步凸显。

在布局全国覆盖过程中，CCTV-9纪录频道注重通路精耕，并不断优化覆盖结构。就覆盖人口规模而言，2017年CCTV-9纪录频道覆盖人口主要集中在人口红利与经济价值双优的中南地区和华东地区，其中，中南地区、华东地区覆盖人口分别达3.37亿、3.35亿，均接近全国覆盖总人口规模的三分之一；此外，西南地区、华北地区与东北地区覆盖人口均突破1亿，西北地区覆盖人口规模近9000万。就覆盖人口增幅而言，2017年CCTV-9纪录频道在西北地区最具覆盖增长性，覆盖人口增幅高达13.1%，在中南地区和西南地区的覆盖增幅均超过10%，在其他三大地区也均实现不同程度增长，全国各地区覆盖工作均取得长足发展。分城乡来看，2017年CCTV-9纪录频道在城市市区较具覆盖优势，覆盖人口规模高达4.94亿，占到全国覆盖人口总量的41.8%，呈现较为明显的城市覆盖先导优势；在人口基数较大的农村地区的覆盖规模则迅速增长，覆盖人口规模达4.34亿，增幅达11.5%；CCTV-9纪录频道在城市市区、县城及镇的覆盖率均达90%以上，与自身频道定位、目标受众锁定及营销重心倾斜等策略很好地契合并相互呼应。

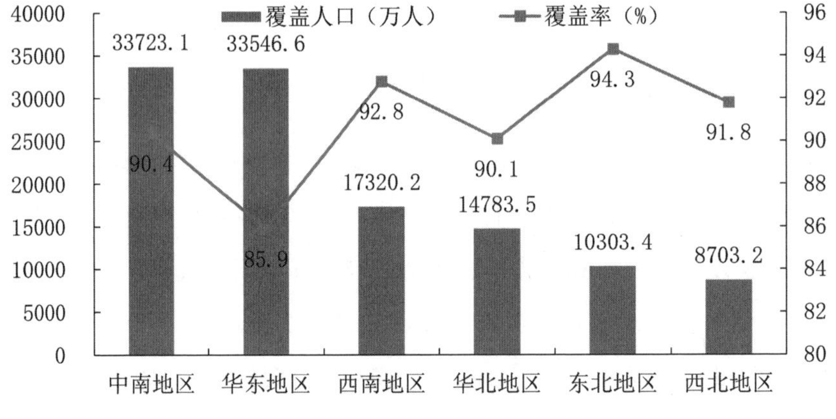

图3-3 2017年CCTV-9纪录频道六大地区覆盖状况

二、通路无缝衔接，部署天罗地网

传播技术的迅速发展与传播手段的不断涌现促使电视节目传输方式日趋多元化，其中，有线电视公共网是我国电视观众使用最为广泛的接收方式，并且随着数字化转换的不断推进呈现逐年递增之势。落实在有线电视公共网的入网状况对于电视频道全面覆盖电视观众、达成全国性发展目标具有决定性意义。2017 年，CCTV–9 纪录频道在全国各级有线电视公共网的入网水平稳步提升。截至 2017 年 12 月，中国大陆地区省、市、区（县）级有线电视公共网共计 2345 张，其中，CCTV–9 纪录频道已在 2302 张网络中成功入网，入网率达 98.2%，较年初提升 0.2 个百分点。具体来看，CCTV–9 纪录频道在省级有线电视公共网的入网率高达 100%，在地市级有线电视公共网的入网率亦达 99.7%，两大级别有线电视公共网的入网水平均相对稳定；在县级有线电视公共网的入网率为 97.9%，较年初提升 0.2 个百分点，并有效带动在全国入网水平的提升。整体来看，CCTV–9 纪录频道正逐步实现在全国省、市、区（县）各级有线电视公共网的全面入网。

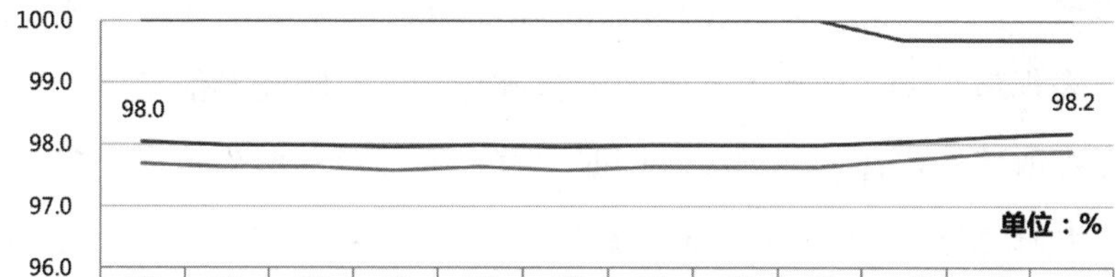

	1月	2月	3月	4月	5月	6月	7月	8月	9月	10月	11月	12月
全国	98.0	98.0	98.0	98.0	98.0	98.0	98.0	98.0	98.0	98.0	98.1	98.2
省级	100.0	100.0	100.0	100.0	100.0	100.0	100.0	100.0	100.0	100.0	100.0	100.0
地级	100.0	100.0	100.0	100.0	100.0	100.0	100.0	100.0	100.0	99.7	99.7	99.7
县级	97.7	97.6	97.6	97.6	97.6	97.6	97.6	97.6	97.6	97.7	97.8	97.9

图 3–4　2017 年 CCTV–9 纪录频道在全国及不同级别网络月度入网状况对比

有线电视数字化转换很大程度上缓解了电视频道一直以来入网难的白热化格局，却又诱发了新一轮的入网难题——优质频点争夺。美兰德研究显示，电视频道在有线数字电视传输网络中所处的位序号及位置，对于频道自身覆盖及其在家庭用户中的信息传播效果具有重大影响，并在一定程度上左右电视观众的收视习惯及选择偏好。省级卫视为了在竞标中获取置身中央电视台或者强势省级台前后堪比“黄金位置”的序列号，通常不惜重金，这对中央电视台频道不可避免地形成破坏和打击。为避免被恶意下架或被人为掐播，CCTV–9 纪录频道与美兰德等专业传播通路调查研究机构密切联系，形成月度入网普查监测机制，通过每月一次的入网数据及时准确地察看频道入网及位序稳定状况，确保 CCTV-9 纪录频道在全国各级有线电视公共网的落地入网及最终传播效果。

随着近年来媒介融合尤其是三网融合的不断推进，媒介种类及数量均呈聚合式增长，我国的媒体传播环境日渐复杂并且多元化发展趋势逐渐显著。互联网的蓬勃发展为传统电视媒体的品牌及影响力打造提供了绝佳平台。行业内电视台与互联网的战略合作形式层出不穷：或联合播出，或合作打造，或寻求更深层次合作，进行联合推广及营销。纪录片与互联网渠道具有天然的亲密联系，近几年 CNTV 纪实台、腾讯、爱奇艺、优酷等视频网站均加大了对纪录片频道的投入力度，展开了激烈的争夺战。作为国家队正规军的 CNTV 纪实台覆盖全球约 200 个国家，且以央视与省级卫视的供应为主要片源，不乏 CCTV-9 纪录频道制作播出的精品纪录片，亦可视为 CCTV-9 纪录频道打造多层次、立体式、多元化传播格局的借力之举。近三年来微博、微信发展成为表现最活跃、传播力最迅速的自媒体，随时随地发信息的优势使得微博正在夺取传统媒体的话语权，同时也在改变传统的舆论传播格局，呈现出强大的生命力与对社会不容小觑的影响力。CCTV-9 纪录频道在频道运营中也积极发挥微博、微信等自媒体核裂变式的传播优势，进行高效率且高质量的新媒体营销及推广。

三、精确锁定受众，实现精准投放

纪录片播出平台创建的好坏与纪录片产业的繁荣与否息息相关，基于国家支持和鼓励的 CCTV-9 纪录频道不同于业已存在的其他专业纪录频道，也并非简单复制 CCTV-10 科教频道的经验模式，而是以“全球视野、世界眼光、中国价值、国际表达”为定位，对内推动中国纪录片产业良性发展，对外多面呈现，更加真实地反映中国现实。但无论何种定位，电视频道最终面对的依然是受众。因纪录片所触及的内容有对“真实性”的特殊要求，纪录片一直被视为精英文化，适用于小众传播，事实上，CCTV-9 纪录频道所触及的受众群体已然超越了“小众”的概念。经过六年的全力运营及大力发展，2017 年 CCTV-9 纪录频道的全国覆盖人口规模高达 11.84 亿，多年来一直被淡化的纪录片收视需求被发掘出来，呈现出强大的观众基础与收视潜力。

作为覆盖全国的纪录片频道与播出平台，CCTV–9 纪录频道已经形成并拥有特定的目标受众人群。美兰德全国电视覆盖与收视状况调研数据显示，2017 年 CCTV–9 纪录频道的受众人群表现出鲜明的“三高”特征，即文化程度高、收入水平高、职业层次高。具体来看，CCTV–9 纪录频道观众的文化程度高于全国电视观众，其初等文化程度观众比例为 48.6%，较全国电视观众对应比例低 1.0 个百分点，其高等文化程度观众比例为 21.5%，较全国电视观众对应比例高 1.2 个百分点。相伴而生的是其受众人群的高收入水平与高职业层次特点。就收入水平来看，家庭人均月收入达 1000 元至 3000 元的 CCTV–9 纪录频道观众比例超过半数，高出全国电视观众对应比例 2.7 个百分点，成为 CCTV–9 纪录频道全国覆盖及收视的主要人群，全面凸显“高收入”特征。就职业层次而言，CCTV–9 纪录频道观众中，公司职员、个体工商业者、老板、专业技术人员、医生、教师等高职业层次人群的收看倾向最为突出。就性别结构来看，CCTV–9 纪录频道的受众人群呈现出男性观众为主的特色；就年龄结构而言，CCTV–9 纪录频道观众主要为中青年人群，超六成观众年龄集中在 20—49 岁之间，其中，35—49 岁青年观众所占比例略高，达 32.9%，20—34 岁中青年观众占比达 27.8%。

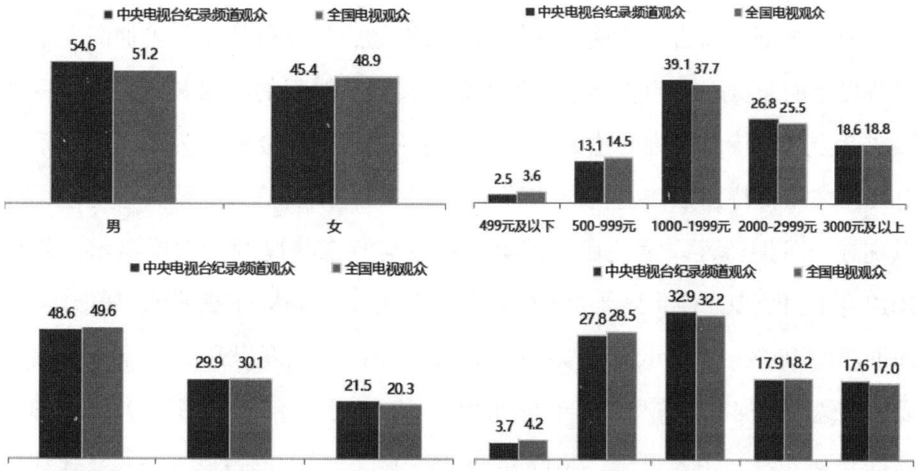

图 3–5　不同属性 CCTV–9 纪录频道观众构成对比（%）

分析 CCTV–9 纪录频道不同属性观众的电视接触时间分布规律发现，35—49 岁高等文化程度男性观众在 18:01—00:00 时段对电视的接触率较高。面对目标人群这一收视分布状态，CCTV–9 纪录频道在内容编排的时段配置上执行了更为精准的投放策略：在争夺晚间传统黄金时间段收视的同时，加强对后夜间时段（21:01—00:00）的争夺。值得注意的是，CCTV–9 纪录频道的这一目标受众人群在 10:01—13:00 时段对电视也有相对突出的接触倾向，CCTV–9 纪录频道可考虑主攻 10:00 至 13:00 的收视竞争，这一时段电视节目竞争力相对较低，电视观众收看习惯相对稳定，适合 CCTV–9 纪录频道大力争取。

总体来看，相较于全国电视观众，CCTV–9 纪录频道观众中具有消费先导能力和话语影响力的高端主流消费阶层与舆论领袖阶层比例较高。特定的受众群体使得 CCTV–9 纪录频道的广告投放产生了不同于其他频道的独属特征：更加重“质”不重“量”，使得高端奢侈品牌找到了更加精准的投放目标。不断优化的覆盖结构层次更将助力 CCTV–9 纪录频道的覆盖传播价值及市场竞争力提升，并终将助推频道未来的品质栏目传播、核心竞争力及媒体品牌影响力打造。

四、打造品牌纪录片，提升频道形象

对电视频道而言，实施品牌战略、塑造频道形象可使观众更加深入地了解节目特色，良好的频道形象虽然需要经过很长时间的积累和沉淀，但一旦形成就会以独特而深刻的感染力在观众与频道之间建立起较为稳定的联系。电视品牌需要特别强调电视产品的知名度、美誉度、信誉度及其稳定性、可识别性与可期待性。美兰德全国电视覆盖与收视状况调研数据显示：截至 2017 年 8 月，CCTV–9 纪录频道的全国稳定观众人数达 3132.0 万，较 2011 年同期净增 1893.8 万，年均增幅高达 16.7%，全国忠诚度提升至 6.5%；全国喜爱人数达 2810.4 万，较 2011 年同期净增 1822.8 万，年均增幅达 19.0%，喜爱率提升至 2.4%。由此可见，2017 年 CCTV–9 纪录频道的传播优势及品牌号召力愈发凸显。

表 3-3　2011—2017 年 CCTV-9 纪录频道全国覆盖及收视状况对比

	覆盖人口（万人）	覆盖率（%）	稳定观众（万人）	忠诚度（%）	喜爱人数（万人）	喜爱率（%）
2011 年	65315.2	50.0	1238.2	3.7	987.6	1.5
2017 年	118379.9	89.8	3132.0	6.5	2810.4	2.4
增量	53064.7	39.8	1893.8	2.8	1822.8	0.9
年均增幅	10.4%	10.3%	16.7%	9.8%	19.0%	8.1%

不同于其他电视节目，纪录片所触及的内容存在对“真实性”的特殊要求，因此纪录片品牌的打造与其他电视品牌的打造有所区别。中国电视纪录片品牌的建构必须打破以往的个人化创作范式，突破精英化、小众化的叙事模式，勇敢面对大众市场，在稳定的优质团队作业和纯熟的工业化流程中，突出中国文化特色。频道品牌的提升落实到细处即纪录片品牌的打造，但树立良好的频道形象、全面打造品牌概念并非各节目的简单相加，各节目在百花齐放的基础上，还需相互支持和协调，在频道运作方面做到有的放矢、有条不紊地塑造频道整体形象，全面提升品牌认知度与频道号召力。

开播六年多来，CCTV-9 纪录频道持续受到社会各界和媒体舆论的高度评价，更受到海内外观众的广泛关注和充分肯定，已迅速成长为中央电视台极具标志性的品牌频道之一，并诱发国内多家卫视频道纷纷开办纪录片栏目，着力提升频道文化品位和品质，纪录片正在走向主流频道播出。一直被认为是小众的、曲高和寡的纪录片，突然之间迸发出如此巨大的感召力，这与 CCTV-9 纪录频道成功运营的示范作用密不可分。

加强电视频道平台价值打造　提升卫视广告投放价值

黑龙江广播电视台　张承东

在半个世纪的长河之中，中国电视走过风雨沉浮的 50 多年。在这风雨沉浮的 50 年中，中国电视从单纯的事业行政体制逐渐向事业编制与产业化运作相结合形式转化，而随着电视频道向市场化运作转型，广告收入成为电视台最主要的经济来源之一。电视广告经济实际上即是对注意力经济的二次售卖，因此，电视覆盖作为吸引注意力的基础先决条件则显得至关重要。

一、电视覆盖基础决定频道广告投放价值

在中国媒体传播和广告投放市场上，电视覆盖和收视的关系就像企业营销渠道和产品的关系一样，始终是媒体广告从业人员困惑纠结并绕不过的现实问题。多年来，由于国内外基于收视率分析的广告投放技术和管理评估体系比较完善，因此，从业人员更熟悉和习惯于基于收视率分析的广告投放专业系统，相关覆盖率对于企业广告投放和品牌传播的重要意义和价值一直没有得到充分的关注与重视。

事实上，一个媒体的市场地位、传播价值和影响力首先由其覆盖范围与传播规模所决定，这是分析和定义一个媒体广告投放价值的基础与前提。很难想象，一个只在某些省份和区域有覆盖的媒体能够拥有跨区域乃至全国的影响力与广告投放价值。纵观国际媒体传播和广告投放市场，也不难得出和印证这样的事实与结论。实际上，近年来中国电视媒体广告市场的持续发展和繁荣也是得益于各级电视媒体在全国和区域覆盖传播方面的不断拓展与加强。在这方面，尤其是作为最具活力和创新精神的省级卫视表现得更为突出。

作为媒体传播价值建设和广告投放管理的一个重要环节，频道覆盖率在贡献和提升媒体广告信息到达率方面发挥着关键作用。而节目广告信息的到达率不仅决定着媒体传播的速度和效率，也决定了广告投放的价值回报和效益，进而决定着广告传播目标的达成效果。在实际的广告媒体选择和投放效果评估中，广告到达率尤其是目标市场到达率的考量和优化也始终是企业传播与媒体投资的首要目标。

在企业品牌传播和市场竞争中，广告传播速度往往起着决定性的作用。广告传播速度不仅决定着市场告知和企业品牌地位强化的时间周期，也决定着占领消费者心智空间的效率和力度，进而决定着产品销售的速度和市场份额。而要加强和提升在目标市场中的广告传播速度和效率，充分而有效的频

道覆盖是广告投放计划首当其冲的参考要素，也是广告媒介选择的成败关键。在广告到达率和暴露频次的双向优化中，到达率的保证和优化始终是前提与基础。

二、2018 年覆盖环境与格局分析

全新传播技术的不断涌现将传统电视置于更具想象力的发展空间，同时赋予其崭新的生命活力与无限广阔的发展前景：一方面，传播技术的深层次融合将使传统电视内容得以通过不同媒介渠道覆盖到更为广泛的受众人群，在内容为王的三屏合一乃至多屏合一时代将更加凸显电视业在媒体产业的核心地位；另一方面，传统电视也将因融合了新传播技术的诸多特征而变得更加海量化、个性化、社交化和互动化。

在中国市场经济地位持续稳固及信息科学技术向着 IT、互联网等多媒体技术并重阶段延伸的双重功效和作用下，电视媒体的覆盖产业链以及附着其上的传播价值链正在被积极重铸并快速扩张。现阶段，传输渠道多元化及通路终端个性化等趋势业已推动电视媒体覆盖传播链条从“电视媒体——传输渠道（有线网络抑或无线微波）——电视观众”的单向传播，向“内容供应（机构或个体）——内容集成——播出媒体（电视媒体或其它视频媒体如互联网等）——内容分发——内容终端（有线网络、无线微波抑或移动多媒体等）——电视观众——信息传播链条上端机构、个体”的互动、双向、个性化的覆盖传播链条衍生发展。

近年来我国电视传播通路多样化格局进一步凸显，有线数字电视多年连续快速增长，发展成为全国第一大电视传播通路，面对来自电信运营商的挑战和网络新媒体的冲击，有线数字电视用户占比连续两年下滑。背靠电信运营商的 IPTV 则呈明显上升态势，年均增长率高达 49%，表现出较为强劲的发展势头。2017 年 IPTV 全国用户规模达 1.9 亿人，成为全国第三大电视传播通路。中星九号直播卫星用户拓展近几年一直都很稳定，始终维持在 2 亿左右规模。同样依托于互联网传输的 OTT TV 则定位于双向互动的全聚合平台，内容更加丰富，更易接入其他互联网服务，成为近年来一匹“黑马”。以上四种接收

方式构筑当前中国家庭客厅电视市场的电视收看格局。

三、黑龙江卫视大力发展覆盖传播，提升收视效果

黑龙江卫视自上星起稳步推进全国覆盖落地工作，覆盖规模不断提升，覆盖结构逐渐优化。2017 年，黑龙江卫视全国覆盖人口达 10.8 亿，再创历史新高。1999—2017 年黑龙江卫视全国覆盖人口增长总量近 9.7 亿，年均增长率达 13.4%，随着全国覆盖规模日益扩大，黑龙江卫视的覆盖人口价值与覆盖经济价值稳步提升，传播影响力和品牌价值不断扩张。

就区域覆盖水平来看，2017 年黑龙江卫视在全国六大地区覆盖表现有所差异，在东北地区覆盖率最高，达 97.6%；在华东、西南、华北地区覆盖率均在 80% 以上；在就城乡覆盖水平来看，2017 年黑龙江卫视在城市市区、县城及中心城镇覆盖率均超过 90%；就各省覆盖水平来看，2017 年黑龙江卫视在本省和上海覆盖率高达 100%，在宁夏覆盖率达 99.9%，在辽宁、海南、天津、北京、重庆、福建覆盖率均超过 95%。

就收视效果来看，2017 年黑龙江卫视在全国月到达观众人数接近 4.3 亿人，月到达率为 32.4%；在全国稳定观众人数达 3634.1 万，忠诚度为 8.5%；在全国喜爱人数为 2920.2 万，喜爱率为 2.8%。2018 年以来，黑龙江卫视省事区县各级有线网入网率不断提升，截止至 2018 年 8 月，最新统计数据显示，黑龙江卫视在全国各级有线电视公共网入网率达 97.7%。

四、黑龙江卫视全力加强内容建设，提升平台核心竞争力

黑龙江卫视不仅对全国覆盖落地工作持续加强和提升，在节目、电视剧制作编播方面亦不断探索创新，不但增强了自身在电视传播市场上的竞争力，也为广大企业进行广告投放和媒介组合提供了很好的平台与价值选择。

2017 年《见字如面》如一股清流打开了黑龙江卫视的新格局、新篇章、新纪元。2018 年黑龙江卫视延续这种情怀，持续“讲好中国故事，释放文化力量”，起势有温度、有力量的中国龙！ 2018 年黑龙江卫视斥巨资打造《中国龙黄金剧场》的平台力量，甄选重磅好剧，揽群星领衔霸屏，打造“经典

续集、年代史诗、都市轻喜、情感演绎”四大主题贯穿全年的季播概念，为品牌传播提供最为黄金的发力平台。除此之外，2018 年是黑龙江卫视内容发力的一年，“讲中国故事，坚守责任与品质，传递正能量” 是频道打磨节目的宗旨所在。全新的节目编排为品牌合作及推广提供了更多样的传播与组合方式。上午时段，大型生活服务类栏目《开课啦》全天资讯信息引领；晚间 920 时段，丰富的内容集群支撑起有情、有感、有故事、有人物，有美味家常，更有企业家读书智慧分享的节目带。受众抓取，终点触达，微信、微博、更龙江、线下活动，是黑龙江卫视电视媒体端的延伸，形成多维矩阵，多维驱动，实效传播。

五、黑龙江卫视顺应互联网时代发展，打造平台网络影响力

随着媒体传播环境的快速变化，以互联网络和移动终端为代表的新兴媒体也在改变着媒体覆盖传播的格局与生态，当然，也在深刻地改变着广告传播的思维和投放模式。研究证明，电视收视和网络收视不仅仅存在着竞争和分流，也存在着双向的补充和加强。2018 年，黑龙江卫视大力加强频道内容互联网传播发展，着力提升频道及各节目网络影响力。据美兰德数据显示，2018 年 1—6 月中旬，黑龙江卫视 16 档重点节目相关视频获近 2 亿次点击，黑龙江卫视所属节目视频点击量居省级卫视第 14 位。2018 年黑龙江卫视微博提及力度上升，1—6 月中旬黑龙江卫视共获得微博提及量 4057 条，较去年同期提升 77.7%，微信公众号“黑龙江卫视”活跃粉丝数超过 11 万人。

在新的媒介传播环境下，广告媒介的立体组合和交叉覆盖，乃至互动、参与和体验传播才真正成为可能。无论是收视的攀升、还是多元的节目设置、抑或是丰富的主题活动都为广告主提供了多样的传播空间。如今，在波涛汹涌的广告商海中，优质的平台资源是合作之本，多元的融合是为客户创造价值的核心，而如何在竞争激烈的融合环境中，科学有效的提升频道的传播价值、平台价值，优化预算分配和广告投放效果成为一个崭新的课题，也是当代电视媒体从业者必须面对和解决的问题。

2018 中国广播电视及网络视听行业发展现状及发展前景分析

北京流金岁月文化传播股份有限公司 熊玉国

一、行业发展概况

1. 广播电视及网络视听行业发展概况

（1）我国居民消费能力不断提升

近年来，我国收入分配制度改革不断深化、社会保障体系不断健全，有利于提升居民消费能力和消费预期。2010—2017 年，我国城镇居民人均可支配收入从 19,109.00 元增长至 36,396.00 元，农村居民人均纯收入从 5,919.00 元增长至 13,432.00 元，年均复合增长率分别达到了 9.64% 和 12.42%，高于经济增长速度。

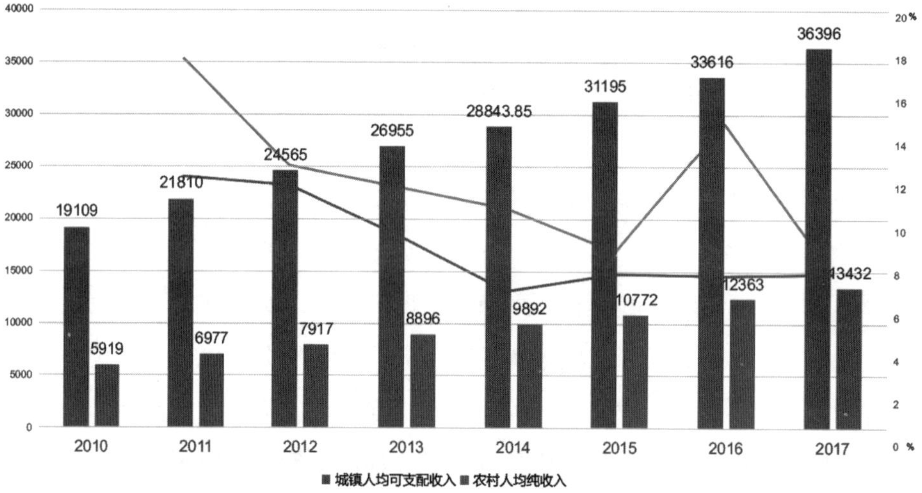

图 3-6 2010—2017 年我国居民收入情况（单位：元）

数据来源：公开资料整理

我国居民收入的增长促进了消费市场规模持续扩大。2010—2017 年期间，我国社会消费品零售总额从 15.70 万亿元增长至 36.63 万亿元，年均复合增长率达 12.87%。目前我国社会消费品零售总额市场规模已位居全球第二，仅次于美国。

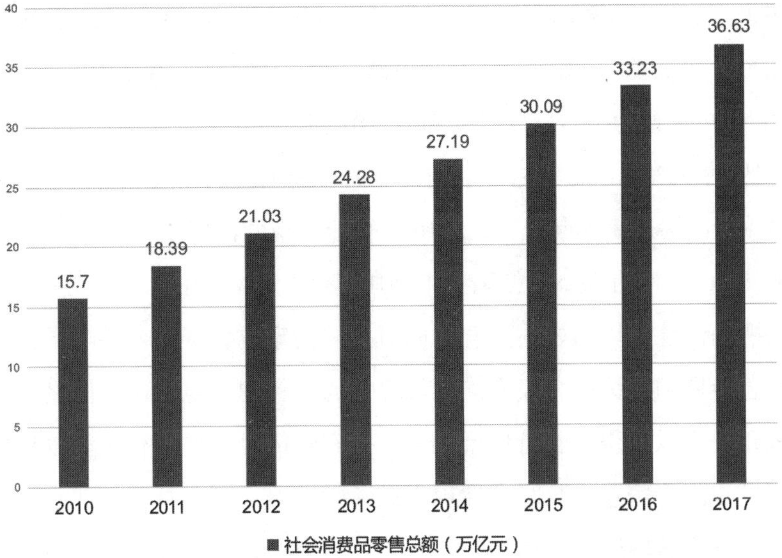

图 3–7　2010—2017 年我国社会消费品零售总额（单位：万亿元）

数据来源：公开资料整理

2017 年我国消费对国民经济增长的贡献率为 58.8%，高于投资和出口，消费正成为拉动经济增长的第一动力。

（2）随着居民消费能力的提升，在三网融合的政策背景下，广播电视及网络视听行业发展较快

在 2008 年全球金融危机爆发后，以绿色能源和低碳经济为导向的技术创新和产业结构调整，已经成为世界各国转变经济发展方式的着力点。近几年来，我国政府出台实施了一系列推进广播电视及网络视听行业改革与发展的政策措施，我国广播电视及网络视听行业正以较快的速度和规模不断发展。广播电视及网络视听行业根据传播载体的不同，可具体分为以传统媒体为代表的广播电视行业和以新兴媒体为代表的包括 IPTV、互联网电视在内的网络视听行业。在三网融合的政策背景下，两个行业相互渗透与融合。2016 年我国广播电视行业总收入达到 5,039.77 亿元，比 2015 年 4,634.56 亿元增加 405.21 亿元，同比增长 8.74%，网络视听行业在广告和付费视频收入方面显示出强势增长势头。我国在线视频广告呈现持续快速增长态势，2017 年整体市场规模预计达到 496 亿元，较上一年增长了 32.30%，2012 年至 2017 年复合增长率

达 38.03%。2016 年我国网络视频付费市场收入达到 108.9 亿元，较 2015 年增长 124.9%，2013 年—2016 年来呈现飞跃式增长。另外，截至 2017 年 12 月我国 IPTV 用户总数为 12,218 万户，相比 2013 年 12 月增长 9,375 万户，年复合增长率达 43.98%。由于具有互联网功能的智能电视的发展和普及，互联网电视的终端产品渗透率不断提升，2016 年智能电视的销售预计为 4,170.1 万台，渗透率从 2012 年的 38.5% 提高到了 2016 年的 85%。在互联网高速发展的时代，电视等传统媒体向媒体融合方向迈进，国家也相继出台各项政策推进现代化信息传播和媒体融合发展。电视媒体通过构建“电视 + 互联网”双受众市场媒介战略以获得全新价值增长点，探索媒体融合的运行规律以规划运营视频节目和广告信息，及时掌握用户最新的消费心理和行为方式，从而抢占传播制高点，赢得广阔市场空间。因此，三网融合传播已成为广播电视及网络视听行业必然发展趋势。广播电视及网络视听行业围绕数字化信息与视频内容的媒体传播核心业务，通过向视频购物、数字营销、电视支付、智慧家庭等多样化的增值业务辐射，使得未来广播电视及网络视听行业的领域范围和衍生业务模式将进一步扩大，加速了广播电视及网络视听行业和其他产业的跨界融合。

二、影响行业发展的有利和不利因素

1. 有利因素

（1）国民经济的持续增长为行业发展奠定了良好的基础

随着我国国民经济持续增长，人民生活水平不断提高，带动了文化产品需求的增长。根据发达国家文化消费的增长经验，当国家人均 GDP 达到 5,000 美元时，文化消费在总消费支出中的比重会急剧增加。2017 年我国人均 GDP 达到 59,660 元，较 2016 年增长了 6.3%。目前，我国文化消费正处于快速增长期，作为文化产品重要传播渠道的广播电视及网络视听行业也会随之快速增长。

（2）国家宏观政策的大力扶持

自 2008 年以来，国家有关部门相继出台了多项政策及指导意见支持包括广播电视网、电信网、互联网在内的三网融合。2008 年 1 月，国务院办公厅转发发改委等部门《关于鼓励数字电视产业发展的若干政策的通知》；2009年7月，国务院常务会议审议通过了《文化产业振兴规划》；2010年1月，国务院发布《关于印发推进三网融合总体方案的通知》；2013年8月，国务院发布《国务院关于印发“宽带中国”战略及实施方案的通知》；2014年8月，中央全面深化改革领导小组第四次会议审议通过《关于推动传统媒体和新兴媒体融合发展的指导意见》；2015年9月，国务院办公厅下发了《国务院办公厅关于印发三网融合推广方案的通知》。国家宏观政策的大力支持将有利于我国广播电视及网络视听行业的长期稳定发展。

（3）卫视覆盖率存在较大的提升空间

全国卫星电视频道累计覆盖人数高速增长，1999—2017年年均增长率达9.7%。2017年49家省、副省、市级卫视的累计覆盖人次达到392.7亿人次，其中湖南卫视、浙江卫视、江苏卫视、山东卫视、北京卫视等10家卫视频道全国覆盖规模均已突破11亿大关。在保持卫星频道数量及电视人口不变的情况下，当各家省、副省、市级卫视的覆盖人口达到11亿时，总体累计覆盖将达到539亿人次，因此省、副省、市级卫视较2017年覆盖规模有至少能增加近37%的潜力。目前，省级卫视、购物频道、卡通频道等的覆盖率仍然存在较大的提升空间，新媒体传播渠道蓬勃发展。2017年12月末IPTV用户总数为12,218万户，较2016年末增长了40.87%；互联网电视（OTT TV）快速发展，截至2017年12月的使用率已达到28.2%；网络视频用户2017年12月末达到5.79亿人，增长6.3%，其中手机网络视频用户规模接近5.49亿，与2016年底相比增长率为9.7%。随着新媒体传播渠道的蓬勃发展，卫视频道对新媒体的覆盖需求将为整个覆盖服务市场打开更大的发展空间。

（4）电视节目制作机构集中度低，宣发需求大

2017年全国共有各类广播电视节目制作机构14,389家，2008—2017年机构数量年复合增长率达到19.60%。目前，电视节目制作机构数量众多并且呈现进一步快速增长的趋势，而各电视台更注重播出电视剧的质量，因此为发行能力较强且发行渠道畅通的服务机构带来较大的发展空间。电视节目制作行业市场集中度较低，呈现小而散的竞争格局，大部分节目制作机构对内

容发行和营销服务有着较大的需求，同时，卫视频道为扩大自身收视影响力，在新栏目上线前和新电视剧开播前，也需要对其进行宣传及推广。

（5）宽带中国战略的实施带动行业进入了快速发展期

无论互联网电视、IPTV、网络视频，还是手机视频等，都高度依赖传输网络的带宽速度。自2013年宽带中国战略实施以来，我国宽带发展水平不断提高，截至2017年12月末，我国固定宽带接入用户为3.49亿户，其中50Mbps及以上接入速率的固定宽带用户总数达到2.44亿户，移动宽带用户（即3G和4G用户）总数达到11.3亿户。我国宽带发展水平的提高，使得广播电视及网络视听行业的信息化服务水平显著提高。目前在数字技术基础上出现的新媒体行业，可通过广播电视网、电信网、互联网三网传播渠道，以智能手机、个人电脑、平板电脑、智能电视等为终端，向用户提供影视、体育、购物等视频内容，以及提供电子商务、游戏、数字营销、T2O等综合服务，传播形式更为灵活、用户覆盖更为广泛、盈利模式更为多样化，我国广播电视及网络视听行业在数字化信息的带动下进入了快速发展期。

（6）新技术的发展加速了行业的跨界融合

在三网融合背景下，包括互动技术、视频云技术、大数据分析等在内的新技术促进了传播内容和形式的多样化，丰富了营销的途径和手段，带来了新的传播业态，显示出传播跨界整合的潜力。同时，广播电视及网络视听行业围绕数字化信息与视频内容的媒体传播核心业务，通过向视频购物、数字营销、电视支付、智慧家庭等多样化的增值业务辐射，使得未来广播电视及网络视听行业的领域范围和衍生业务模式将进一步扩大，加速了广播电视及网络视听行业和其他产业的跨界融合。

2. 不利因素

（1）资金不足的制约

广播电视及网络视听行业属于知识密集型行业，人才的培养、引进，技术的研发，企业的运营需要大量的资金；卫视覆盖、广告代理、内容制作和电视剧发行的前期阶段往往需要企业垫付部分资金。以上因素决定了企业在规模不断扩大中需要持续投入大量资金。由于广播电视及网络视听企业大多属于“轻资产”公司，很难通过银行融资解决资金需要，融资渠道有限，从而对企业的发展产生了一定的限制。

（2）有线电视网络开展一省一网整合

目前全国有数千家有线电视网络运营商，运营主体众多，地域分散，各级网络机构进行区域性经营，广电系统正积极推进地方有线电视网络的整合工作，开展一省一网整合。如果在未来若干年内各省域整合逐步完成，覆盖服务提供商与省有线网络运营商进行卫视频道的覆盖服务谈判时，由于省有线电视网络运营商相对处于较强势的地位，可能会给规模较小、综合服务能力较弱的覆盖服务提供商的业务带来一定的不利影响，而对于规模较大、营运资金充裕、综合服务能力较强的覆盖服务提供商，则可通过对甄选出符合电视台覆盖需求的网络机构落地权的集中购买降低采购成本，提升规模效应，通过整合各省有线电视网络资源推动广电网络业务健康发展。

（3）技术替代快

电子商务背景下的视频购物业具有 IT 行业特征，如技术进步快、产品生命周期短、升级频繁等特点。技术、产品和市场经常出现新变化，要求企业必须准确把握技术和行业发展趋势，持续创新，不断推出新产品和新服务，以满足市场需求，这给企业的发展带来一定的挑战。

三、行业与上下游行业关系

1. 行业产业链结构

广播电视及网络视听行业的市场参与者主要包括内容生产方、内容提供方、服务提供方、集成播控平台、加密传输、传输分发渠道、终端、最终用户、线下产业等。

（1）内容生产方

内容生产方主要包括专业的影视剧内容生产企业，生产电视节目的电视台，以及其他具备资质的网络视听节目制作单位、 PGC 的生产者、直播内容制作单位和 UGC 的生产者用户自身等。

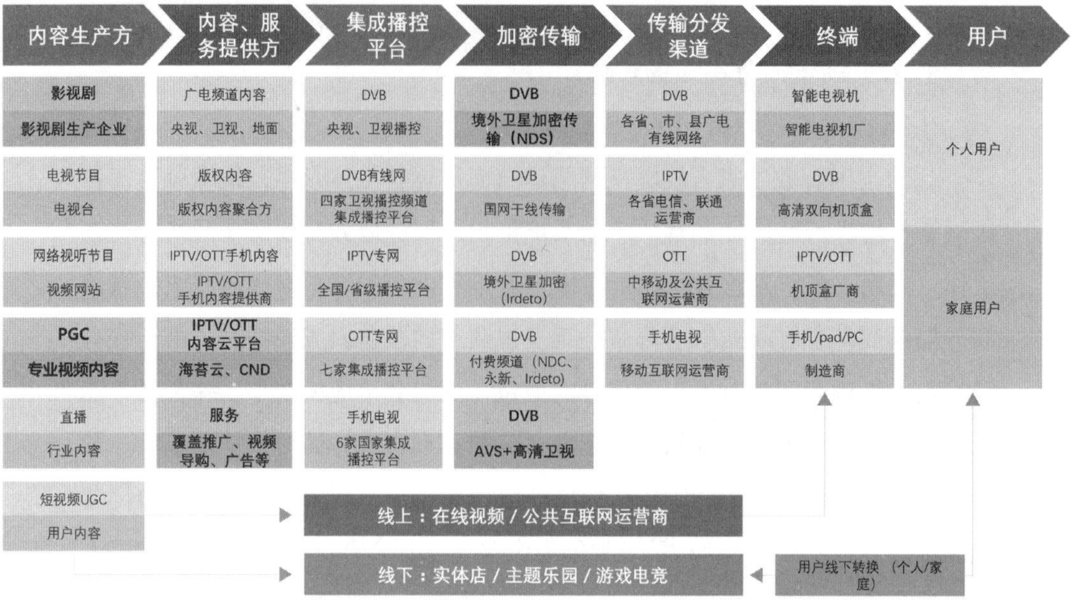

数据来源：公开资料整理

（2）内容提供方

内容提供方主要提供包括影视剧、综艺节目、体育赛事等在内的视频类内容，主体包括中央及各省市广电系统，版权内容聚合方，IPTV、互联网电视手机内容提供商等。

（3）服务提供方

服务提供方主要提供卫视覆盖推广、视频导购、广告、在线教育、游戏、增值电信服务等服务，也提供 CDN、云平台等技术服务。

（4）集成播控平台

央视、各省卫视进行数字视频播控，主要负责数字电视频道的集成和播出控制、版权管理、客户端管理等。目前，广电总局批准的全国性广播电视有线数字付费频道集成运营机构包括中数传媒、鼎视传媒、上海文广、CHC 华诚等 4 家，主要负责集成数字电视付费频道，为全国有线网络运营商提供付费频道内容。IPTV 集成播控平台实行总分两级构架，广电总局共计批准了 10 余张 IPTV 牌照。获得全国 IPTV 集成播控平台牌照的机构包括中央电视台和百视通 2 家，获得省级播控平台牌照的机构包括辽宁广播电视台、广东广播电视台、湖南广播电视台等，另外还向中国电信、中国联通颁发了 2 张全国性的 IPTV 传输牌照。获得互联网电视（OTT TV 专网）集成业务牌照的机构共有包括中国网络电视台、上海广播电视台、浙江电视台和杭州市广播电视台、广东广播电视台、湖南广播电视台、中国国际广播电台、中央人民广播电台等 8 家。获得手机电视全国集成播控平台牌照的机构为中央电视台、中央人民广播电台、杭州市广播电视台、上海广播电视台、辽宁广播电视台、中国国际广播电视台等 6 家。

（5）加密传输

加密传输方负责对节目信号进行加密并通过卫星、广播电视网全国干线传输至各个分发渠道，在此过程中，专业卫星数字接收机的生产商提供卫视频道加密传输过程的解码服务。

（6）传输分发渠道

数字电视通过广播电视网传输，主要由广电有线网络运营商提供。IPTV 通过电信专网传输，主要由电信运营商提供。互联网电视和在线视频（包括移动视频）通过公共互联网传输，主要由公共互联网运营商提供。手机电视主要通过移动通信网络中的手机电视信号专用分发网络传输，主要由移动通信网络运营商提供。

（7）终端

接收终端包括加装了数字电视机顶盒、互联网电视机顶盒、IPTV 机顶盒的普通电视机、智能电视一体机、智能手机、平板电脑、个人电脑等。该环节的参与者为生产上述终端产品的制造商。

（8）线下产业

版权内容线上产业还可以与线下实体店、主题乐园、游戏电竞及其他线下衍生业务结合起来，用户进行线下转换后，将线上优秀内容向线下移植，实现线上线下业务的互动和协同。

2. 上游行业及对本行业的影响

随着居民消费能力的提升，在三网融合的政策背景下，广播电视及网络视听行业发展较快，同一用户可以借助各类网络、终端获取内容供应商提供的各种内容和服务，而按照国家政策要求，各传输分发渠道不可跨区域竞争，因此各传输分发渠道加大了对覆盖落地频道及其他增值服务业务的开发力度；我国影视剧作品在总量上供应充足，但优秀作品在行业内仍是属于稀缺资源。

3. 下游行业及对本行业的影响

电视台是电视剧等视听节目的主要销售对象和播出平台，来自电视台的电视播映权收入目前是视听节目制作及发行企业主要的收入来源。视听节目制作行业与电视台之间相依相存，互相促进。近年来，在三网融合背景下，智能手机各类 APP、视频网站、 IPTV、互联网电视等新媒体的崛起带来了对电视剧、各类电视栏目、短视频、音乐等视听节目新的需求，为视听节目制作行业发展注入了新的活力。电视台、电信运营商与新媒体公司以直接播放的形式将电视剧、各类电视栏目、短视频、音乐等视听节目呈现给观众，并以各种形式向观众投放广告或经营其他增值业务，广告收入或其他增值业务收入的高低主要取决于视听节目收视情况或点击率的高低，因此内容供应商倾向于采购高品质的视听节目，这种需求对于促进视听节目品质提高有很大积极作用。同时，随着 IPTV、 OTT TV 等终端用户数量的持续增长，人们对除视听节目服务之外的增值业务的需求规模越来越大并呈现多样化趋势，广播电视及网络视听行业未来面临着良好的发展机遇。

入网月度监测：频道传播价值晴雨表

北京美兰德媒体传播策略咨询有限公司（以下简称美兰德）历年全国电视频道覆盖调查显示，我国电视观众通过省、市、区（县）级有线电视公共网接收电视节目的比重最高，并且随着有线电视公共网的不断发展呈历年递增趋势。2008 年全国超过 2/3 的电视观众通过省、市、区（县）级有线电视公共网接收电视节目，城市市区更有高达 3/4 的省、市、区（县）级有线电视公共网用户。由此可见，通过有线电视公共网实现对电视用户的覆盖对于各电视频道的全国性发展具有决定性意义。

然而，与电信统一投资搭建全国性网络不同，我国有线电视公共网络的运营主体分散在各级广电部门，全国共计4000多张有线电视公共网，网络结构异常复杂，又因行政或市场化的合并、拆分不断，网络格局处于不断变化状态，更加剧了其复杂程度。很多城市都是多网并存，一个城市里有省网、市网、区网几张网的现象并不罕见。全面了解各地各级有线电视网络的传输价值并实时监测、深入把握自身入网状况对于各电视频道而言意义重大。

同时，频道信息传播具体路径的掌控对于广告主的频道投放选择也极为重要。广告主不仅需要获知该频道在特定投放区域内的覆盖规模总量如何，还需要获知该频道在此投放区域内是通过哪些具体方式加以覆盖的。不同的覆盖渠道对电视频道的覆盖稳定性影响不一，从而间接影响到广告主的投放预期。由此，在电视频道覆盖状况研究体系中引入针对“入网”环节的考察就相当必要。

美兰德自2005年开始启动有线电视公共网络状况调查，从最初对地级及以上城市市级有线电视公共网的季度普查，扩展到当前对省、市、区（县）级有线电视公共网的月度普查，调研方法逐步完善，调查质量不断提升。该项调研有助于全面了解各地各级有线电视公共网的覆盖、整合、发展状况以及数字化进程，并及时监测各电视频道在各地各级有线电视公共网的入网转播状况。电视频道全国各级有线电视公共网入网状况月度监测的调研范围为中国大陆地区30个省（市、区）（西藏地区除外），调研对象为调研范围内的省、市、区（县）级有线电视网络公司和有线电视网络用户。

针对省、市、区（县）级有线电视网络公司，由专业访问员进行电话访问，涉及全国3142个行政单位的网络公司，对于一些网络状况复杂的城市，委托当地调研公司进行面访，访问内容涉及有线网络的整合状况、用户数、覆盖区域、电视节目信号来源、数字化转换进程等一系列网络状况。为获取某一网络更为真实的电视频道转播情况，电视频道转播相关的调研主体确定为有线电视终端居民家庭，采用固定样本组的方法进行月度调查。样本户选取设置多重限制条件，以确保样本户是某网络的用户，且能接收到该网络转播的所有电视频道等。样本户一经确认，每月在固定时间由专业访问员实施电话访问。截至目前，入网月度监测的累计样本户已近二十万户次。

电视频道全国各级有线电视公共网入网状况月度监测能够准确评估各地各级有线电视公共网的传输价值，帮助电视频道实现有所侧重的入网覆盖从而达到覆盖投入产出最大化；对电视频道在各地各级有线电视公共网入网协议的执行情况及自主转播情况进行连续、动态、实时监测，便于电视频道及时了解覆盖情况、沟通覆盖环节并调整覆盖策略；把握竞争对手在各地各级有线电视公共网的入网状况及发展变化趋势，为电视频道制定针对性的覆盖策略提供数据支持等等。

电视频道全国各级有线电视公共网入网状况月度监测及时呈现400多家卫视频道和地面频道在全国省、市、区（县）各级有线电视公共网的入网状况及变化趋势，便于广告主、广告公司详细掌握电视频道在全国各级有线电视公共网的入网状况、节目信号传输质量，随时掌握频道节目和广告观众的实际收看状况，科学、精准地衡量电视频道的传播力与传播价值，最大化广告投放效益。

第四章
电视覆盖研究的应用

媒体融合时代，用户对电视的使用诉求已经由简单的观看功能升级为多功能的媒介终端。近年来 IPTV、OTT TV 等新型传播渠道顺应双向互动潮流与用户娱乐需求，在我国电视传播通路格局中的地位不断崛起。传播格局的持续变化也对电视覆盖研究提出了新挑战与新命题。对电视媒体而言，电视覆盖研究为电视频道拓宽覆盖范围、优化覆盖结构、提升传播价值提供直接支持，以优质覆盖保障收视份额与广告传播效果，实现收视价值与广告价值。对广告主而言，可以通过电视覆盖研究的覆盖率、月到达率、忠诚度、喜爱率等指标来量化频道传播力、影响力以及受众结构，准确评估广告在电视渠道的传播广度与宽度，助力品牌推广从“量”向“质”飞跃。用户思维已经成为媒体融合时代的共识，电视覆盖研究深入挖掘受众对电视频道的满意程度，有利于推动电视频道及时、动态调整覆盖策略及覆盖布局，全面优化覆盖传播效果，进而达成对整个电视传播生态的良性反馈与有效促进。

第一节 理清电视媒体传播渠道

融合传播背景下，电视媒体不仅遭遇了智能手机等新兴媒体的严峻挑战，同时自身传播通路也面临着持续的分化与变革：一方面，随着有线电视数字化整转平移的快速推进，当前有线数字电视一直保持着第一大电视信号传输通路的位置；另一方面，IPTV、OTT TV 等新兴传输通路的崛起又给有线数字电视带来了巨大的分流压力。在愈加复杂的媒体融合新环境下，梳理电视媒体传播渠道对于频道落实覆盖工作意义重大，而覆盖调研体系对于衡量电视频道覆盖工作成果、帮助电视频道发现新市场与新机遇等具有重要的指导意义与实践价值。

一、频道覆盖之于电视传播通路管理的意义

1. 覆盖率是衡量电视频道通路管理水平的重要标尺

有线电视公共网是电视频道最主要的覆盖传播通路之一，因此入网状况在很大程度上决定着电视频道传播质量的高低。近年来，随着各类新兴传播渠

道快速发展，电视传播通路不断分化，单一覆盖有线电视传输渠道已经不能够全面衡量电视频道在各类型传播通路上的覆盖规模。对于电视频道而言，保持对原有优势通路的覆盖，同时提升新兴通路的覆盖水平是下一步覆盖工作的主要方向。而通过对覆盖渠道通路进行细分研究，电视频道可以及时发现在某种类型通路上的覆盖不足与薄弱点，进而有针对性地补齐覆盖短板。此外，频道覆盖规模随着有线电视或 IPTV 等渠道的入网率的增长而提升，电视频道的物理覆盖逐步达到高点，向高层次的内容覆盖、品牌覆盖发展。入网率更要综合考虑频道位序、频道入户率以及频道对受众的吸引力等多个方面，这对电视频道的渠道管理和通路精耕也提出了更高的要求。综合来看，覆盖率则是电视频道入户效果的直接体现，也是衡量电视频道覆盖通路管理水平的重要标尺。

2. 新兴渠道崛起为频道覆盖提供新选择并赋予新价值

随着数字化及网络时代的到来，用户对电视的使用诉求已经不仅仅是简单的观看功能，而是倾向于互动性更强、娱乐属性更强的多功能媒介终端。而近年来快速发展的 IPTV、OTT TV 等新兴传播通路正是顺应并满足了用户从“看电视”到“用电视”的需求转变，成为电视频道覆盖不可忽视的重要渠道。“宽带中国”战略加快我国宽带事业发展，“提速降费”为节目内容传输赢得了良好的市场环境。IPTV 拥有丰富的直播及回看资源、点播内容和娱乐功能，用户可操作性强、内容资源强大；IPTV 在政策层面亦持续受益，特别是“三网融合”等战略政策助推其实现快速发展。OTT TV 是以公共互联网为传输介质，以绑定了特定编号的具备网络接入功能的智能电视机顶盒或电视一体机为输出终端的一种视频业务模式[1]。目前 OTT TV 已经赢得了一定的市场地位，其用户规模也在逐步上涨。概言之，新兴传播通路的快速发展为电视频道覆盖带来了新的选择与机遇，同时赋予了新的价值内涵，只有准确把握新兴传播通路发展趋势，并针对新兴通路的传播特点积极开展相应的覆盖工作，频道覆盖才能抢占先机。

---

1 黄薇莘，《互联网电视发展现状及政策解读》，第 21 届中国数字广播电视与网络发展年会暨第十二届全国互联网与音视频广播发展研讨会，2013 年出版，92 页。

二、电视传播通路的新格局、新发展

1. 有线数字电视依托数字化整转崛起，IPTV、OTT TV 再改电视传播格局

从 2008—2017 年全国电视传播通路发展趋势来看：伴随有线电视公共网数字化整转平移的稳步推进，全国有线模拟网的用户数量逐年下降，与之相对应的是，有线电视数字网连续多年快速增长，逐渐发展成为全国第一大电视传播通路并于 2015 年达到用户规模及用户比例的历史双高点。此后，面对来自电信运营商的压力和网络新媒体的冲击，有线数字电视用户比例连续两年下滑，2017 年跌破 60%，亟需在激烈竞争中寻求转型发展。对比来看，其他接收方式如小区、家属院、单位的有线局域网、自备普通室内（外）天线、自备卫星接收天线等的用户比例均持续萎缩。

与此同时，直播卫星数字电视、IPTV、OTT TV 等传播通路呈现迅猛发展势头。直播卫星数字电视作为有线数字电视的补充和延伸，可以由点到面实现大面积无缝覆盖，且不受地理环境限制，信号接收便利，从而有效解决了我国广大边远地区的收视需求，是市场中不可忽视的重要力量，近四年来用户比例均维持在 15% 上下。IPTV 2013 年起快速发展，并迅速追赶直播卫星数字电视，2016 年已然跃居全国第三大电视信号传输渠道。作为“三网融合”过程中颇具价值的电视传播渠道之一，IPTV 不断整合电视直播、增值服务与互动功能，给以有线电视为代表的传统传输通路带来巨大的竞争压力；同样依托于互联网传输的 OTT TV 则定位于双向互动的全聚合平台，内容更加丰富，更易接入其他互联网服务，成为近年来一匹“黑马”，在 2017 年迎来高速发展，全国用户规模相较上年增长 6000 余万人，增幅达 482.0%。

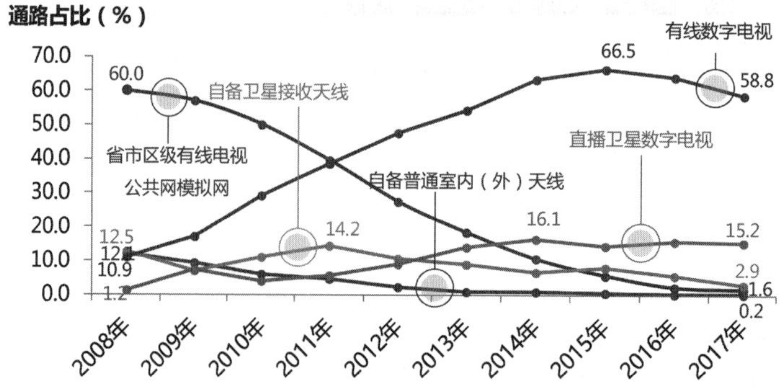

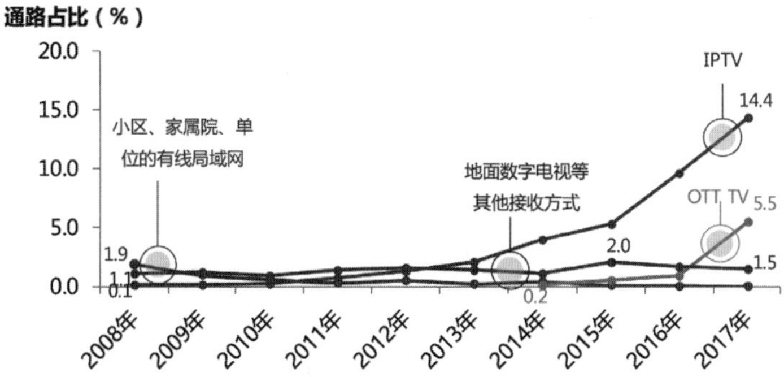

图 4-1 2008—2017 年全国电视传播通路发展状况

数据来源：美兰德·全国电视覆盖与收视状况调查 Source：2008 年 8 月—2017 年 8 月 @ CMMR Co.Ltd

2. 城乡有线用户规模出现下降态势，IPTV、OTT TV 快速发展

自 2015 年以来，我国城乡[1]有线数字电视用户规模连续两年出现下滑，城市区域用户流失愈发明显，而 IPTV、OTT TV 城乡用户规模则均获得快速增长。虽然有线用户规模呈现下降态势，但现阶段有线电视公共网仍然是全国最主要的电视信号传输方式。2017 年，仍有超过六成的全国电视人口通过有线电视公共网收看电视节目，其中有线电视公共网在城市发展较好，用户规模较高，用户比例接近 70%；在广大农村地区，由于铺设难度较大、成本

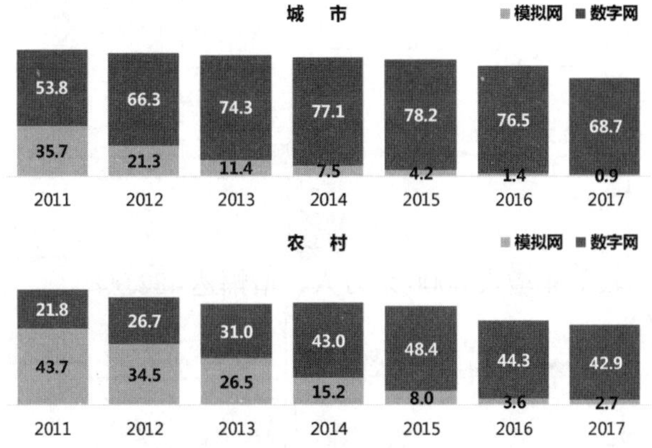

图 4-2 2011—2017 年分城乡有线电视公共网用户比例（%）

数据来源：美兰德·全国电视覆盖与收视状况调查 Source：2011 年 8 月—2017 年 8 月 @ CMMR Co.Ltd

1 城乡划分：其中城市区域包括城市市区、县城及中心城镇，农村区域为各区县的农村地区。

较高等原因，有线电视公共网的发展受限，但仍占据半壁江山，2017 年用户比例为 45.6%。

在城市区域，非有线接收方式的发展空间相对狭小，但 IPTV、OTT TV 凭借政策优势与技术便利，市场份额持续提升。2017 年，城市中 IPTV、OTT TV 用户比例分别达 15.6%、5.8%，其中 IPTV 连续两年稳居城市区域第二大接收方式的位次。

在农村地区，卫星接收电视信号仍然是最重要的非有线接收方式。2017 年农村地区使用直播卫星数字电视和自备卫星接收天线收看电视的用户比例分别为 27.9% 和 5.8%，合计占比超过三分之一。IPTV、OTT TV 在农村地区亦发展迅猛，2017 年用户比例分别为 12.4% 及 5.1%，发展势头不容小觑。

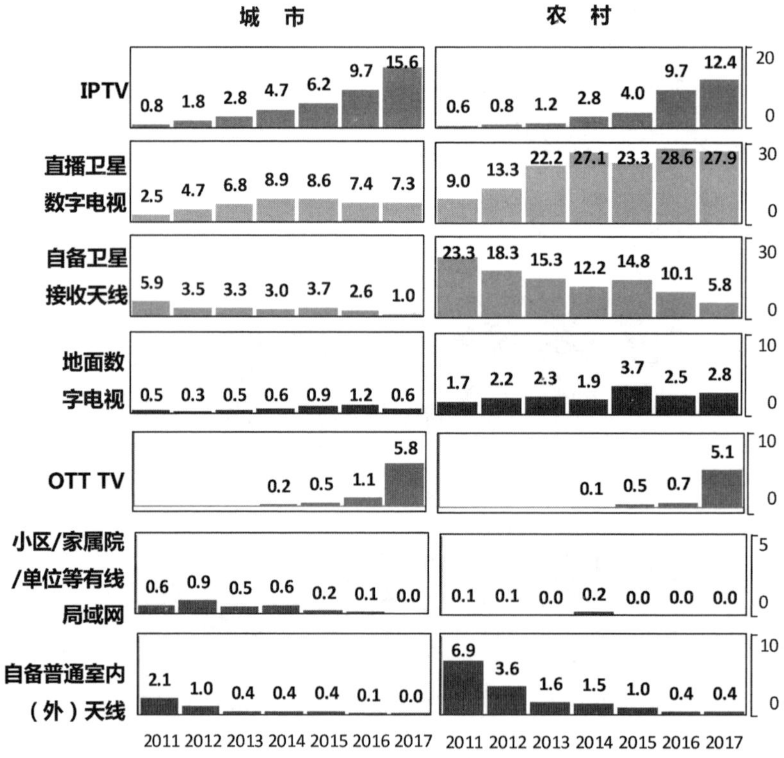

图 4-3 2011—2017 年城市和农村非有线接收方式用户比例（%）

数据来源：美兰德·全国电视覆盖与收视状况调查 Source：2011 年 8 月—2017 年 8 月 @ CMMR Co.Ltd

3. 东部沿海省份有线用户规模较大，中西部省份非有线接收前景广阔

从 2017 年全国有线电视公共网用户各省分布可知：北京、广东、浙江等东部省份有线电视公共网较为发达，用户比例达到八成以上，可见有线电视公共网牢牢地占据了经济发达、人口众多的东部沿海各省；在吉林、江苏、湖北、江西等省份，有线电视公共网亦拥有较大份额，用户比例在 60%—80% 之间；在河南、湖南、广西等中部省份，有线电视公共网与非有线传输渠道用户规模相当，有线用户比例在 40%—60% 之间；而在河北、安徽和大部分西部省份，电视覆盖通路构成较为复杂，非有线渠道占据较大市场份额，非有线用户比例达到 60% 以上。

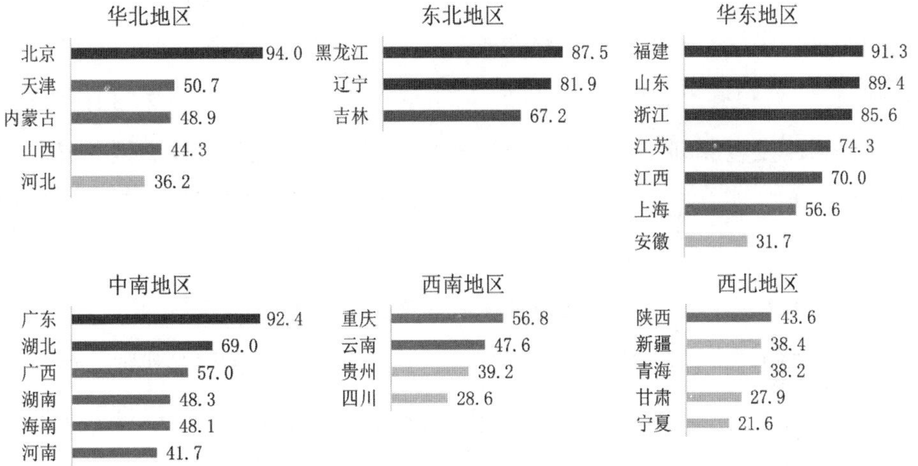

图 4-4　2017 年全国电视人口分省有线网络比例地图

数据来源：美兰德·全国电视覆盖与收视状况调查 Source：2017 年 8 月 @CMMR Co.Ltd

三、电视覆盖研究在电视媒体传播渠道建设中的实际应用

1. 覆盖研究成果指引频道覆盖渠道精耕细作

在电视覆盖研究的实际应用中，以覆盖率及相关指标体系为参考依据进行有针对性的渠道精耕成为一种重要的方式。近年来伴随电视传播通路的不断分化，新媒体持续抢占传统电视媒体的市场份额，电视覆盖工作者面临着覆盖工作由“粗放式”向“精细式”的急迫转型升级之路。在这种

情况下，以覆盖调研为依托的通路精耕对于频道覆盖工作而言则具备了较强的指导意义。

譬如，电视频道可以先根据覆盖调研成果掌握其覆盖工作仍需发力的区域以及尚未完全占有的传输通路等；而后针对这些需要发力的传输通路及地区制定相应的覆盖布局和计划，投入相应的人力和资源并制定翔实的工作内容，结合网络公司、渠道运营商特点设计相应的渠道管理流程；最后将计划实施过程进行数据量化，并通过相关研究数据进一步调整渠道和通路管理的目标以及资源配置，力求实现电视频道覆盖工作的最优化。

这种基于覆盖研究的通路精耕，可以在一定程度上帮助电视台直观地了解自身在通路建设中的不足，并可以对这些不足进行针对性的弥补发力。与此同时这种定量管理可以做到将覆盖工作中所涉及的人、财、物等资源进行合理配置，使频道覆盖在减少隐性成本的同时，大大提高工作效率。换而言之，在传播通路发生深刻变化的当下，通路精耕有助于电视频道以更低的成本、更快的速度对覆盖盲点进行查漏补缺，并助力频道覆盖工作从“入网”“入户”阶段逐渐向“入位”“入心”阶段转变。

2. 覆盖研究成果支撑频道覆盖渠道向多元化发展

对一家电视频道而言，对传播通路进行全面研究、挖掘寻找覆盖渠道中的新机会与下一个增长点，力争以最快的速度发现新渠道并率先进入实现覆盖，是在当前覆盖市场大变革时代下取得频道覆盖效果最大化的重要方式。除通路精耕外，覆盖调研亦可以帮助各家电视频道及时掌握当前电视传播通路的格局和发展趋势，抓住机遇快速拓展自身的传播渠道。例如 IPTV、OTT TV 等接收方式的快速崛起，即为电视媒体建设新兴传播渠道带来了更多的机会。与此同时，楼宇电视、地铁电视、手机电视等媒介形态不仅改变了居民的生活方式，也极大地改变了居民的信息接收方式，电视频道亦需不断拓宽覆盖渠道。在具体应用中，电视覆盖调研中对于传播通路的市场规模及所聚拢的用户特征等指标的研究，可以有效评估某一渠道的传播价值、广告营销价值等，这些指标将是电视频道拓展新通路、抢占市场先机的重要参考依据。

第二节　提升电视媒体传播价值

经过长期的实践研究，美兰德探索出了一套评估电视媒体传播价值的客观、完整的立体评价模型，即主要从覆盖率、收视率和满意度三个维度来衡量电视频道的传播力。美兰德电视覆盖调研体系亦围绕覆盖率、收视状况与满意程度三方面展开。其中，美兰德覆盖调研体系中的覆盖人口及比例，能够反映出电视媒体发布的信息在实际上能触达到的区域范围及受众群体，是衡量电视频道传播力和影响力的极其重要的基础性指标。

电视覆盖研究对提升电视媒体传播价值具有积极意义：一方面，电视覆盖研究为电视频道拓宽覆盖范围、优化覆盖结构、提升传播价值提供直接支持；另一方面，电视覆盖研究为频道收视提供间接支撑与良性保障，确保目标受众的有效到达，提升栏目的收视价值与广告价值。此外，电视覆盖研究有利于电视频道洞察新传播通路发展形势，从而抢占覆盖先机，实现价值转化。

一、频道覆盖助力电视媒体传播价值提升

1. 频道定位影响频道覆盖

对于电视频道而言，处于不同的发展阶段拥有不同的发展特点，不同频道的覆盖优势区域、发展目标设定、市场前景、资源能力等各有不同，电视媒体通常依据自身定位和资源状况制定适合自身的覆盖策略、节目策略及发展策略，实行不同的覆盖管理模式。强势电视频道通常定位全国覆盖，不断加大覆盖投入力度，在稳固当前覆盖优势的同时持续加强对薄弱区域的覆盖，进一步强化全国覆盖竞争优势；聚焦区域发展的电视频道通常深耕锁定的区域覆盖，在其他区域覆盖率相对偏低，呈现区域分布集中态势，区域传播价值较高。

在电视覆盖竞争愈发激烈的当下，精细化的覆盖管理成为提升媒体传播价值的重要诉求。实施精细化覆盖通路管理，摒弃定性的、模糊的、粗放的覆盖管理模式，打造目标明确的、量化的、精细的覆盖管理方式，对覆盖工

作中的人、财、物、资源进行全局统筹与合理分配，实现资源配置最优化，大大提升覆盖效率，降低隐性成本。

2. 频道覆盖影响收视转化

对电视媒体来说，覆盖率不仅决定频道的传播范围，同时也是收视份额、广告传播的先决条件，没有覆盖，收视和广告均无从谈起。一方面，电视频道在某个地区是否覆盖，直接决定了该频道在该地区能否获得收视；另一方面，覆盖率的高低直接影响频道在该地区的收视状况，假设频道在该地区的覆盖率为50%，撇开节目内容及其他因素的影响，理论上就有50%的人口无法收看该频道，即频道观众收视规模将直接减少50%。

从一般意义上讲，电视频道的覆盖范围、覆盖规模和覆盖结构直接影响频道的收视状况。对2017年49家省级卫视的全国覆盖率、月到达率（以覆盖率指标代表覆盖状况，以月到达率指标代表收视状况）进行Pearson相关分析发现：（一）Pearson相关系数达0.855，表明省级卫视覆盖与收视呈现较强的正相关性，频道月到达率随覆盖率上升而上升的趋势明显；（二）省级卫视覆盖率与月到达率趋势曲线类似于一条指数函数曲线，在覆盖率较低阶段月到达率增长缓慢，在覆盖率较高阶段月到达率增长迅速，呈现出“高覆盖，高收视”现象，这一市场现象被称为“双虞效应”（Double-Jeopardy Effect）。

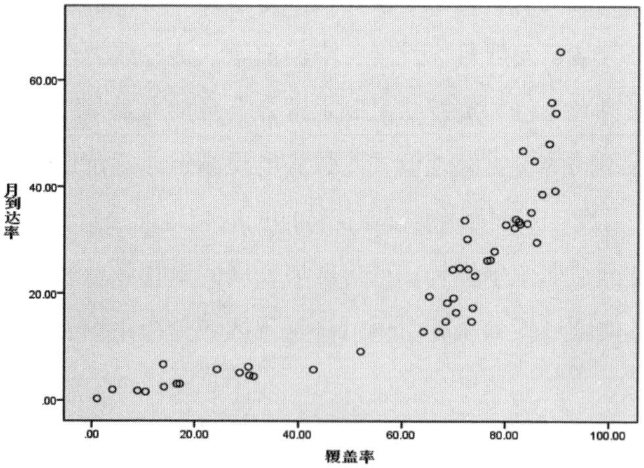

图4–5 49家省级卫视覆盖率、月到达率散点图

数据来源：美兰德·全国电视覆盖与收视状况调查 Source：2017年8月 @CMMR Co.Ltd

3. 渠道创新形成价值创新

在传媒业界，关于“内容为王”还是“通路为王”的争论一直没有平息过，就像企业运营中“产品为王”还是“渠道为王”的纷争一样。事实上，作为媒体运营和企业营销中的两个基本要素与环节，二者之间是相互支撑、相互依托、相辅相成的。在传播通路和营销渠道已经解决或者等同的情况下，内容和产品就得以成为决定竞争成败的关键因素；而在传播内容和产品质量类似或雷同的市场环境下，传播通路和营销渠道的占有与争夺往往又成为决定经营胜负的先决条件。特别是那些能够有效触达社会高端主流人群的特定传播渠道就具有更为显著的媒体内容价值和广告传播价值。这一点，在近年来新媒体的运营创新中表现得尤为突出。

以 OTT TV 为例，其开放、互联的特性不仅吸纳了海量的内容产品，同时也聚集了一大批个性、时尚、自由的年轻用户。一方面，OTT TV 平台化运营模式可以接入丰富的内容资源，开放、智能的内容分发方式亦能将内容匹配给恰当的用户；另一方面，用户只需要一根网线和一台智能机顶盒，就能便捷地自由点播视频内容，极大延伸、拓展并区隔了传统电视的传播渠道、传播空间乃至传播运营方式。特定的传播通路规定了媒体所能触达的传播对象和目标人群，也规定了媒体的传播环境与传播效果，进而规定了媒体的传播价值和广告投放价值。

二、卫视覆盖凸显专业化、区域化、高清化价值优势

近二十年来，卫视频道覆盖发展不断走高，成为电视媒体传播价值转化的基石，现阶段大部分卫视频道已然形成了有效的全国传播影响力。2017 年全国卫星电视频道累计覆盖达 610.0 亿人次，再创历史新高，1999—2017 年十九年年均增长率为 9.7%。其中，中央电视台 21 家频道、中国教育电视台 3 家频道全国累计覆盖共计 217.2 亿人次，十九年年均增长率为 7.8%，单个频道的全国平均覆盖规模达 9.1 亿人，其中 17 个频道的全国覆盖人口超过 11 亿人；49 家省、副省、市级卫视频道全国累计覆盖共计 392.7 亿人次，十九年年均增长率为 11.0%，单个频道的全国平均覆盖规模达 8.0 亿人，其中 10 个

频道的全国覆盖人口超过 11 亿人。

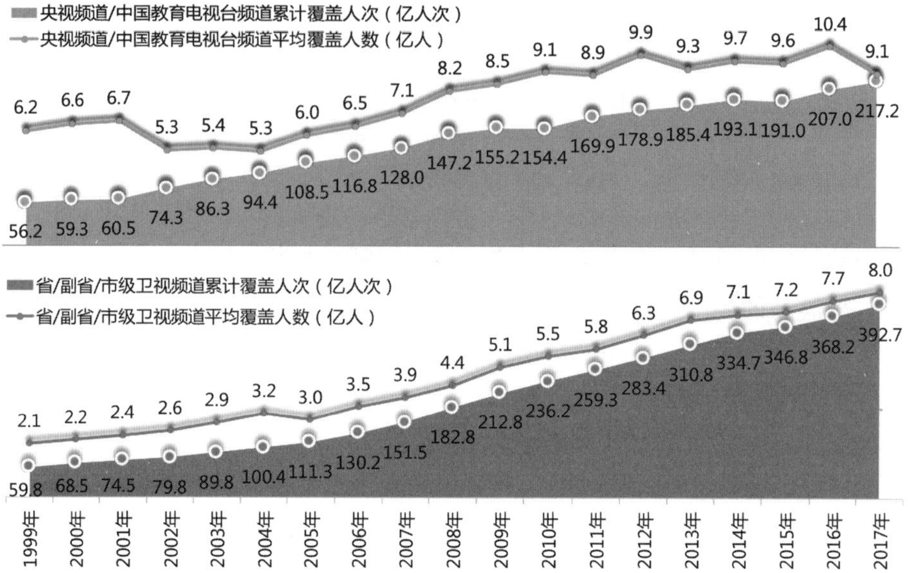

图 4-6 1999—2017 年全国卫视频道覆盖状况

数据来源：美兰德·全国电视覆盖与收视状况调查 Source：1999 年 8 月—2017 年 8 月 @ CMMR Co.Ltd

1. 内容为王，专业频道依托优质内容和特色广告反哺频道覆盖

覆盖解决了通路问题，内容则始终是媒体运营中最重要的环节之一。相较传统卫视强台，湖南金鹰卡通频道、上海纪实频道等专业卫视频道通过引进优质的垂直细分内容，打造独具特色的品牌栏目，并围绕特色节目播出进行有针对性的广告营销，不仅节目收视和广告创收超越某些传统老牌卫视，还对频道覆盖起到了良性反哺的作用。从 CSM 全国网收视数据来看，2017 年 CCTV-14 少儿频道、湖南金鹰卡通频道、北京卡酷少儿频道三大少儿频道在全国上星频道中的收视排名分别为第 6、8、11 位，从而成为内容制胜的赢家[1]。

---

1 《“卫视一哥”为何被少儿频道超越？年轻观众都被什么“抢走”了？》，转自微信公众号“广电独家”，2018-04-24。

2. 发挥地缘优势，丝路国际卫视联盟借势一带一路国家战略践行覆盖新思路[1]

丝路国际卫视联盟由陕西卫视发起，于2017年6月成立，在“一带一路”建设中担负着重要的媒体责任，以全国无缝、复合覆盖叠加出百倍的传播价值。丝路国际卫视联盟充分发挥了地缘优势，响应国家一带一路政策号召，博采众长，以庞大的资源矩阵，合力建立的节目开发体，共同研发、投资、打造、播出“丝路IP集群”。其主打高端群体的丝绸之路品牌万里行活动、大型晚会“丝路春晚”以及年轻化、精准聚焦大学生群体的丝路国际大学生艺术节等不但全方位提升了丝路国际卫视联盟的媒体价值，也为中国电视发展引领了一个新的趋势。

3. 高清频道成为卫视频道新的覆盖增长点

近年来伴随4K、3D等视效技术的推进，高清电视、智能电视发展如火如荼，卫视频道纷纷涉足高清频道建设，高清频道成为其新的覆盖增长点。2017年，超七成（54家）卫视频道已经布局高清频道，全国累计覆盖人口达93.5亿人次，2014—2017年年均增长率高达99.1%；2017年，单个高清卫视频道平均覆盖人口达1.7亿人。其中，央视频道、中国教育电视台高清频道达20家，累计覆盖37.4亿人次，单个频道平均覆盖规模为1.9亿人；省、副省、市级卫视高清频道达34家，累计覆盖56.1亿人次，单个频道平均覆盖规模为1.6亿人。总体来看，2017年全国覆盖超过2亿人的高清卫视频道达26家，接近半数。其中，CCTV-1综合频道、湖南卫视、浙江卫视、江苏卫视、北京卫视、深圳卫视、东方卫视等13家高清卫视频道全国覆盖人口更是超过3亿人。

1《史无前例！“丝路国际卫视联盟”首次以组合形式登中国国际广告节》，转自微信公众号“山西卫视”，2017-10-21。

表 4–1　2014—2017 年各类高清卫星电视频道发展情况

年份	频道数量（个）			累计覆盖人次（亿人次）			单个频道平均覆盖规模（亿人）		
	央视频道/中国教育电视台高清频道	省/副省/市级卫视高清频道	合计	央视频道/中国教育电视台高清频道	省/副省/市级卫视高清频道	合计	央视频道/中国教育电视台高清频道	省/副省/市级卫视高清频道	合计
2014年	6	14	20	3.5	8.4	11.8	0.6	0.6	0.6
2015年	13	25	38	8.0	16.1	24.1	0.6	0.6	0.6
2016年	14	30	44	16.6	29.9	46.5	1.2	1.0	1.1
2017年	20	34	54	37.4	56.1	93.5	1.9	1.6	1.7
趋势	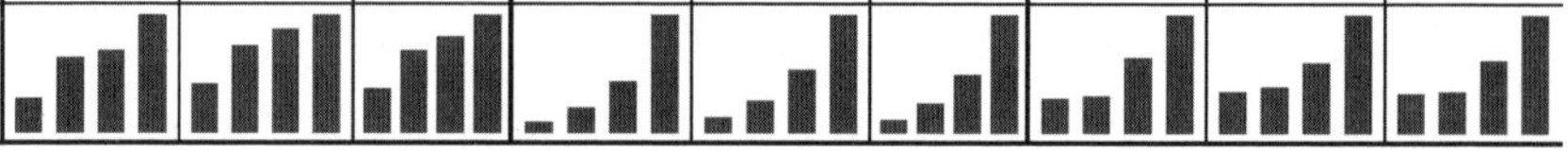								

数据来源：美兰德·全国电视覆盖与收视状况调查 Source：2014 年 8 月—2017 年 8 月 @ CMMR Co.Ltd

第三节　优化电视广告投放效果

对广告主而言，通过对频道的传播力、影响力及受众的喜爱率、忠诚度、人群构成等方面进行细化评估，电视覆盖调研体系可以较为准确地测算出播出广告在电视频道中所达到的传播宽度与广度，并帮助品牌推广实现从关注规模到注重结构的积极转变，从而进入“从量的积累向质的飞跃”的发展新阶段。在广告运营方面，电视覆盖调研体系也深刻影响着广告主在电视大屏上的广告投放行为，并能够针对广告投放行为提供较为准确的风险评估及较为精准的投入产出核算。

一、频道覆盖助力电视媒体广告价值提升

1. 频道覆盖是决定广告传播效果的基础因素

从媒体角度来看，媒体所覆盖的区域范围及所影响的人口结构决定了传

播价值的高低。对广告主而言，提升产品销量是其投放广告的主要目的，因此确定能够为投放广告提供广泛信息传播范围与优质目标受众群体的电视频道，是决定其广告收益回报高低的基础。

现阶段，覆盖率及收视率是衡量广告传播效果的重要指标。其中，电视收视率是指某一时段内收看某电视频道（或某电视节目）的人数（或家户数）占电视观众总人数（或家户数）的百分比，是一套行之已久、并在实践中获得广泛应用的体系，仍是目前大部分广告主衡量电视媒体的广告信息传递能力、传递效果的主要参考指标。从电视媒体的角度来看，频道覆盖率则反映的是电视媒体发布的信息所能触达到的区域范围和受众群体，是衡量电视媒体传播价值的首要指标，也是获取收视的前提及必要条件。

对广告主而言，频道覆盖相当于企业产品的铺货与销售渠道，能够准确反映出频道所搭载广告信息的传播广度及所影响消费者的规模与结构，可以帮助广告主衡量广告投放平台即电视频道的传播力、影响力及其广告投放价值。整体来看，频道覆盖是决定广告可触达范围及广告到达率的基础性要素，广告主需要首先通过频道覆盖率选择出具有广泛传播力与影响力的电视频道，下一步才是通过对广告投放的投入产出核算来精准把控投放平台。

2. 广告目标人群与频道覆盖结构相匹配成为提升广告效果的关键

不同电视频道对同一则广告信息的传播效果不尽相同：一方面，不同电视媒体的品牌特征差异会造成同一受众对同一则广告解读出不同的讯息；另一方面，覆盖结构与广告目标人群相匹配的频道将对广告传播起到正向强化作用，反之则会削弱广告效果。有鉴于此，广告主需从频道覆盖结构及有效覆盖等层面进一步考量如何有效进行品牌推广。借助频道覆盖研究，广告主可合理选择针对性强、有效覆盖率高的专业频道，以最优的资源配置打造出成功的专业品牌。

美兰德电视覆盖调研体系可以帮助广告主评估频道传播对象与目标消费者的匹配程度，涵盖频道覆盖人群构成、收视状况、媒介接触及广告信任状况、受众生活消费态度等细化指标，可综合分析获得不同电视频道在广告传播效果方面的差异。

二、频道覆盖助力电视媒体广告运营升级

1. 新的广告营销生态圈中，电视广告具有最深厚的民意基础

近年来，受互联网的深刻影响，广告行业不断寻求突破和创新，广告营销活动创意十足，已然形成新的广告营销生态圈。整体来看，电视仍是当之无愧的“第一媒体”，其深厚的用户基础与优质的内容资源对广告主形成持续巨大的吸引力。美兰德全国电视覆盖与收视状况调查显示，2017 年电视广告信任度达 51.8%，在各类型媒介广告中居领先地位。在新的广告营销生态圈中，广告商并非将目光锁定在大屏或小屏中的某一端，而是倾向于打通大小屏进行全媒体广告投放，力争最大程度触达目标受众。基于此，美兰德电视覆盖调研体系与时俱进，不断深化电视观众对各类媒介接触行为习惯的研究，非但没有因新媒体的崛起而丧失对于广告投放的参考价值，反而成为在全媒体终端全面衡量广告投放效果的不可或缺的指标，并深刻影响着广告主的广告投放行为。

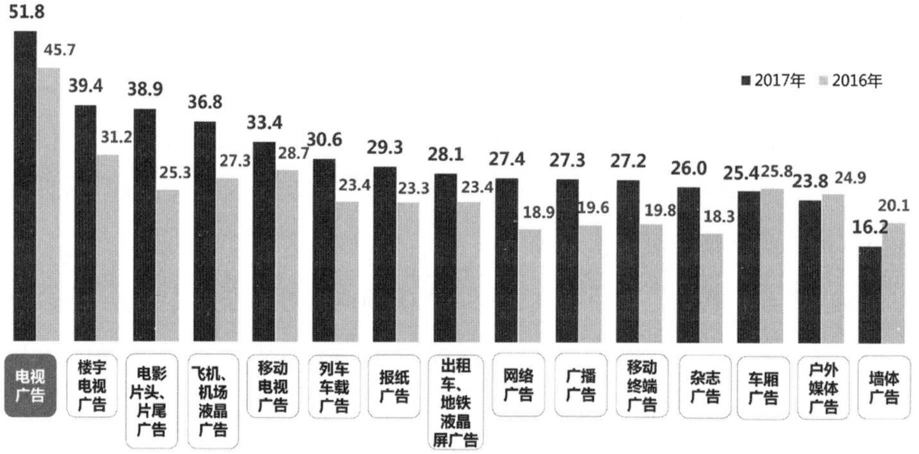

图 4-7 2016—2017 年全国电视人口对各类媒体广告的信任度（%）

数据来源：美兰德·全国电视覆盖与收视状况调查 Source：2016 年 8 月—2017 年 8 月 @ CMMR Co.Ltd

2. 频道覆盖帮助广告主规避广告投资风险

在当前新的广告营销生态下，密集轰炸式投放已非广告主进行广告投放

的首选，控制广告投资风险、追求投资回报已然成为业界共识。而电视媒体以其覆盖范围广、广告信任度高的特性在影响力方面令其他渠道终端难以企及。特别是在整合营销方面，电视媒体具有强大的公信力，在树立广告品牌形象、达成品牌认知等方面具有无可比拟的优势，是跨屏营销中不可或缺的一环。

优质的频道覆盖资源是协助广告主规避电视广告投资风险、提升投资回报的强有力“武器”。选择高覆盖率并拥有优质受众的频道，对广告主而言就等同于拥有了产品、品牌被消费者广泛接触以及强势认知的机会。以美兰德电视覆盖调研成果为基础，广告主可以快速掌握不同频道对相关广告信息的传播广度、宽度、影响规模以及受众结构等信息，形成广告收视预期及目标人群触达预判，从而在一定程度上帮助广告主规避其在大屏端进行广告投资的风险，实现营销效果的有效提升。

第四节　提升大众对电视媒体的满意度

在互联网尤其是移动互联网快速发展的当下，电视媒体打赢媒体融合发展之战的关键点在于受众。如何在稳固主流媒体地位的同时增强受众黏性并提升满意度，成为电视媒体提升平台价值亟待解决的难题。就电视媒体发展的社会环境与竞争环境而言，我国不同省市县乡的居民生活习惯差异较大，区域经济发展不平衡，民风民俗等文化意识形态方面也存在较大差异，由此导致各地区电视观众的收视规模、收视偏好以及媒介接触习惯、广告信任情况等不尽相同。各家电视频道需因地制宜调整、优化覆盖策略，分步骤有策略地提升目标受众对频道的忠诚度与满意度。

美兰德电视覆盖调研体系能够清晰洞察受众规模、收视习惯、收视偏好，在提升频道覆盖水平、收视水平及优化受众结构等方面均具有积极意义。该调研体系立足于全国范围内的电视家庭及电视人口，推出具有“媒体货币”意义的电视频道覆盖率指标，并借助电视频道的“月到达人口、月到达率、稳定观众、忠诚度、喜爱率”等丰富的指标体系来详细评估频道收视质量，结合频道观众的“媒体接触频次、媒体接触时长”等指标阐述电视媒体的传播效果及广告价值，为提升电视频道的大众满意度提供了重要的数据支持。

一、频道覆盖与观众满意度的关系

互联网时代，传播主体增多，居民闲暇时间和注意力稀缺，电视频道运营思路也应当与时俱进并加以拓展深化。美兰德长期实践研究发现，电视频道传播力主要包含三大关键维度：覆盖率、收视率和满意度。从媒介经济学的角度来看，收视率相当于电视媒介信息产品的销量，覆盖率相当于电视媒介信息传播的渠道通路，而满意度则代表了电视观众对媒介信息产品消费后的评价与喜爱状况[1]。

从电视覆盖的发展历程来看，各家电视频道覆盖提升主要有两大方向：一是不断扩大覆盖范围实现覆盖规模的最大化，二是不断提升特定目标受众的覆盖水平实现覆盖结构的最优化。对比来看，前者需要不菲的花费且投入产出效果难以精确评定，仅少数强势频道才有足够的资源支持来操作；后者可从提升观众满意度角度对电视媒体受众进行精耕且便于控制覆盖成本，因此成为电视频道价值提升的极佳策略。美兰德电视覆盖研究体系致力于帮助卫视频道在稳固提升频道覆盖规模的同时全方位优化受众结构，赢得更多目标受众的喜爱。

受到互联网的强势推动与倒逼，各行各业越来越重视用户思维和提升用户满意度。就传媒行业来说，用户满意度的高低不仅是各大媒体发展壮大的重要基础，更是媒体在互联网冲击下赖以生存的关键。从传统的广电媒体到时下的“智慧广电”，其变革过程更多是从以自我为中心的宣传灌输到以受众为中心的传播沟通。传播生态在改变，受众属性在改变，内容生产的逻辑及方式都在改变[2]。媒体融合的成果最终都会落实到“用户”，只有以“用户”为中心的广电改革，才可能依据市场发展规律获得竞争优势。

---

1 崔燕振：《电视覆盖率调研的理论、方法与应用》，北京，新华出版社，2008。

2 崔燕：《新形势下广电传媒的“用户思维”论》，山西新闻网 – 山西经济日报，2015。http://www.sxrb.com/sxjjrb/qiban_0/5833573.shtml

二、频道覆盖与观众满意度研究的实践探索

近二十年来，美兰德与时俱进、多角度、立体化开展了观众满意度研究与实践，历年的全国电视覆盖与收视状况调研都得到了学界专家、业界同仁的大力支持与高度认可，美兰德也不断丰富、完善、提升并优化电视覆盖调研体系。

1. 关注时代之变，不断扩大调查范围，为提升观众满意度打下扎实基础

美兰德密切关注全国电视频道的发展形势，根据每年电视频道上星动态积极更新卫视频道调研范围，与时俱进洞察各大视频网站的发展态势并重点跟进。美兰德电视覆盖研究不仅呈现电视频道的观众满意度状况，还详细分析观众对视频网站的认知、喜爱状况，立足媒体融合发展大势深入探究全面提升观众满意度的方法。

2. 洞察行业新动态，持续优化调查内容，积极探索观众满意度研究的新视角

在不同的时代背景下，电视观众的收视习惯、收视偏好、媒介接触、生活消费形态以及对电视广告的收视偏好和信任度等情况有所差异。美兰德顺应移动互联网潮流，及时增加电视观众对社交媒体、网络视频、网络直播等互联网媒体渠道的使用及态度、付费状况等调研，以互联网思维为电视频道优化节目质量、提高观众满意度提供方向。

3. 覆盖调研兼顾城乡受众，为电视媒体融合发展做好准备

智能手机的普及有力带动了城乡网民数量的大幅增长，超七亿城乡网民将成为电视媒体融合发展创新、提升平台价值的强大支撑。CNNIC 第 41 次《中国互联网络发展状况统计报告》显示，截至 2017 年 12 月，我国农村网民占比 27.0%，规模为 2.09 亿；城镇网民占比 73.0%，规模为 5.63 亿。美兰德覆盖调研作为国内规模最大、最全面的电视覆盖调查之一，以全国 30 个省（直辖市、自治区）作为调查范围（不包含西藏和港澳台地区），不仅加强对重点城市的抽样调查同时兼顾广大农村地区，以便更加真实地反映城乡居民以及城乡网民的媒介接触状况，有利于电视频道采取最佳的媒体融合策略服务

于城乡居民以及城乡网民。

4. 积极利用新科技新渠道开展调查工作

近年来美兰德深刻洞察互联网发展重大机遇，积极拥抱互联网，不断探索技术创新之路。美兰德极为重视依托科技力量来创新工作实践，结合当下拥有庞大用户基础的社交媒体微信打造美兰德微信互动调研平台。该平台成立至今，已经快速成长为成熟的线上调研工具。目前平台注册用户数量保持稳定增速，拥有较高的用户活跃度。美兰德微信调研平台专门设置了客服在线解答用户操作等问题，当前针对会员注册、问卷填写、项目介绍等一系列操作已经十分成熟。美兰德微信互动调研平台拥有稳定用户积累，为电视观众满意度调研开拓了更多可能。

第五节　电视覆盖研究的应用及调研专题

媒体多元化时代对电视覆盖工作提出了新的要求。庞大的覆盖人口规模是频道品牌价值建立的基石，持续的品牌扩张反作用于覆盖水平的提升。全国有许多家卫视已经在巩固并发展已有传播通路的同时，尝试将新媒体与传统媒体资源整合，在更大范围内提升覆盖率与覆盖价值，构建全媒体、多网络的立体交叉覆盖格局。

中央电视台频道国内落地覆盖工作情况概述

中广影视卫星有限责任公司　杨晔

2013年10月，中央电视台召开国内落地覆盖工作会议，宣布增加中央卫星电视传播中心（简称：卫传中心）的职能，负责中央电视台主频道（即CCTV-1至15、CCTV5+和CGTN多个频道）在国内的落地覆盖管理。五年来，卫传中心致力于推动中央电视台各频道在国内的落地覆盖，扫除频道落地盲点，优化频道排序情况，联手地网推介频道，多方位谋求合作，推进央视频道立体传播，扩大中央电视台的传播力、引导力、公信力和影响力。

一、现状

中央电视台目前形成了由CCTV-1综合频道、CCTV-2财经频道、CCTV-3综艺频道、CCTV-4中文国际频道、CCTV-5体育频道、CCTV-6电影频道、CCTV-7军事农业频道、CCTV-8电视剧频道、CCTV-9纪录频道、CCTV-10科教频道、CCTV-11戏曲频道、CCTV-12社会与法频道、CCTV-13新闻频道、CCTV-14少儿频道、CCTV-15音乐频道、CCTV5+体育赛事频道，及CGTN中国国际电视台新闻频道、CGTN-E中国国际电视台西班牙语频道、CGTN-F中国国际电视台法语频道、CGTN-A中国国际电视台阿拉伯语频道、CGTN-R中国国际电视台俄语频道、CGTN-DOCUMENTARY中国国际电视台纪录频道等频道组成的频道矩阵。

央视主频道依靠其强大的资源优势和作为国家级频道的特殊地位，在全国的覆盖率上仍然保持较大优势。据美兰德收视数据：2017年，全国上星频道覆盖人口前20的席位央视占据15席，其中前15席中央视占据14席，覆盖人口均达11.8亿以上。央视七套在2017年全国覆盖人口达12.94亿，覆盖率高达98.2%，高居全国上星频道覆盖排名榜首之位。

二、工作思路

依托中央电视台是党和国家的宣传喉舌和主流媒体的定位，自上而下的政策保障和各级广电部门对频道落地覆盖的大力支持，明确各频道属性和定位的划分，充分发挥央视自身政策优势、内容优势、牌照优势、资源优势，努力建设完善央视频道的现代传播体系，不断扩大覆盖，提高目标收视人群的满意度，提升央视的传播力、引导力、公信力和影响力。

1. 明确频道的不同定位，有针对性的做好落地覆盖工作

与省级台为推广省级卫视单一频道落地工作不同，中央电视台各频道的定位不尽相同，在尽量扩大所有的频道 “最大化覆盖”的同时，提高目标收视人群的“最高满意度”为目标。依据不同频道，不同的目标观众，制定落地覆盖工作的总体规划和细化实施方案，全台一盘棋，分批次、分步骤、有

重点、多层次地推进央视各频道的落地覆盖工作。

（1）按照国家政策，分为免费频道和收费频道。

免费频道侧重于公益性，是保证全体国民的基本电视文化生活需求，因此，免费频道的落地覆盖，应该追求广覆盖。央视的综合频道、军事农业频道、新闻频道、少儿频道等频道属于侧重公益性频道。而央视体育、电影、电视剧、综艺等频道，可以划分为收费频道。评估收费频道，不应该简单比较覆盖率，而是应该以收视份额和观众对频道的依赖度和忠诚度来进行总体评估。

（2）按照频道定位划分，区分不同的目标收视人群，从而设定不同的频道覆盖目标，提高落地覆盖工作的针对性和实效性。

综合频道的定位是全体国民，应追求最大化覆盖。财经频道应该更多关注商务人士的收视满意度，农业频道应该更多关注农村观众的收视满意度，少儿频道应该更多关注青少年观众的收视满意度。

2. 充分发挥央视自身优势扩大频道落地覆盖

中央电视台作为国家电视台，拥有全中国其他任何电视机构都无法比拟的各种优势，主要表现在内容、政策、资金、资源及市场管理方面。在加强落地覆盖工作中，我们要真正发掘出自身具备的各种优势，用好用足自身优势。

（1）内容优势。做好落地覆盖工作，节目质量是根本。只有集央视人才优势，制作出真正贴近观众收视需求的精品节目，通过各种方式宣传推广央视优秀频道和亮点栏目，形成自下而上的观众强烈收视需求，才能推动各运营商主动传输央视频道。

（2）政策优势。央视代表中央和政府的主流声音和主流文化，得到了中宣部、广电总局等相关部委、地方政府及各级广电网络公司的大力支持，推动出台有力政策，自上而下推动央视各频道在全国的有效落地覆盖和有利的频道排序。如中央和总局先后出台众多政策文件要求地方完整转播央视频道，对央视一套综合频道、七套军事农业频道、十四套少儿频道的落地覆盖工作起到了决定性的作用。此外，央视还有新闻频道、纪录频道、社会与法频道等多个频道在开播后得到了广电总局科技司、传媒司等相关司局对频道落地覆盖工作的大力关心与支持。

（3）资金支持。以全国无线覆盖为例，中央财政每年拿出数亿元专门用于全国无线广播电视覆盖，同时各级地方财政设置专项支出保证地方的无线传输覆盖，从中央到地方有数以万计的工作人员在为央视频道落地覆盖提供保障。根据总局科技司提供数据，目前全国无线覆盖，主要转播中央电视台一套、七套，部分地区转播了二套，全国转播中央电视台以上频道的无线发射台近 16000 座。这些转播台站的日常设备更新维护需要大量的人力和财力。这些投入目前主要是依靠来自中央和地方的财政支持。

（4）资源优势。中央电视台是国家级新闻宣传报道机构，拥有遍布全国的记者站，了解各地的社情民意，同时与各地政府和宣传部门有密切直接的合作关系。在落地覆盖工作的推进上，可在尊重新闻宣传规律和节目制作规律的前提下，与央视节目宣传资源充分联动，促使节目宣传资源成为推进频道落地覆盖工作的助推器。

（5）市场管理优势。遵循市场规律，建立央视与全国各级传输与覆盖机构的有效联络，加强互通、互信、互助、互利，采取高效、贴近、深入、多样的合作和公关模式，打开央视各频道在全国落地覆盖之门。

三、主要工作成效

五年来，卫传中心致力于推动中央电视台各频道在国内的落地覆盖，扫除频道落地盲点，优化频道排序情况，联手地网推介频道，多方位谋求合作，推进央视频道立体传播，扩大中央电视台的传播力、引导力、公信力和影响力。

1. 全力推进频道入网

（1）深挖狠抓，逐步扫除标清落地盲点

截止至 2017 年底，共扫除盲点 645 个，其中地市 55 个，县级 590 个。央视标清主频道已实现 CCTV-1 至 14 在全国地市以上有线网络全覆盖，其中 CCTV-1、2、5、6、7 五个频道实现全国县级以上有线网全覆盖。北京、天津、河北等 22 个地区实现 16 个标清主频道全网全覆盖。

（2）顺势而为，推进高清频道落地覆盖

全面实现高清化，提升电视节目品质，是央视提高传播力、影响力和竞

争力的重要手段。目前已经开通高清频道的有CCTV1、2、3、4、5、6、7、8、9、10、12、14、5+十三套高清频道，尤其是CCTV-3、5、6、8、5+五套高清频道落地覆盖范围继续扩大。CCTV-3、5、6、8高清频道全国未覆盖的县网由2013年的1850个减少至475个。CCTV-5+全国未覆盖的县网由2013年的665个减少至360个。目前卫传中心在与纪录频道合作，协助纪录高清频道在有线网内落地。

2. 协调优化频道排序

协调优化频道排序，提升央视频道的“曝光度”是卫传中心的一项重点工作。频道排序是有线网络公司的重要收入来源之一，各卫视频道、购物频道及付费频道为了争取更优的排序，向有线网络公司支付了高额费用。排序过度商业化，造成频道排序混乱，没有统一标准，央视频道在不少省份更是被打乱次序，与其他频道混排在一起，严重影响央视节目的传播力、影响力和国家电视台地位形象。

目前，以北京歌华为代表的排序情况最理想，将央视所有主频道全部集中、按顺序、排在最前列；河北、陕西、宁夏、青海、海南、西藏、新疆排序也较好，将央视大部分频道排在最前列。

3. 推动CGTN落地

经过与中国国际电视台的共同努力，实现央视英、西、法、阿、俄语等国际频道成功落地辽宁有线电视网“北方云”平台、陕西有线电视网“智慧酒店”平台等融媒体平台；G20会议前夕成功将西、法、阿、俄四个频道落地浙江杭州；完成法语频道落地湖北襄阳，西法阿俄四个频道落地新疆，俄语频道落地内蒙古自治区部分边境市县等。

4. 加强台网合作促频道宣推

落地是频道收视的硬性要求，频道宣传推广却让央视节目争取更广泛的关注和支持。卫传中心一是抓住国际大型体育赛事举办契机，台网联动，开展深度合作。充分利用央视独有的国际大型体育赛事优势资源，与体育频道、各地有线电视网联手，通过体育频道主持人录制为有线网络量身定做的口播语的形式进行宣传推广，获得了一举多得的良好效果。二是依托常规赛事资源，借助渠道优势，打造常态固定推广模式。我们通过国际青年足球锦标赛、世界女子冰球世锦赛等赛事，分别与河南、四川、吉林、黑龙江等网络公司开展合作，通过数字 EPG 广告、开机广告等形式，大力为频道和网络公司进行了推广活动。三是建立与网络公司常态模式。将中央电视台的王牌栏目和特色栏目的宣传片分发到地方，在当地导视频道播放，有助于引导观众收视，提高节目收视率。

四、未来工作方向

央视频道落地覆盖，必须坚持用好国家电视台的有力身份，继续巩固与各级广电机构的密切合作促进落地覆盖，建立台网联动常态机制，拓展新媒体传播渠道和模式，筹划建设融媒体落地覆盖专业数据平台，为各频道提供及时、准确的频道覆盖数据服务。

1. 继续巩固与各级广电机构的密切合作

有线电视用户目前是我国收视观众的主体构成，各级有线电视网络公司则是央视频道落地覆盖的主渠道。全国各级广电网络公司为转播央视陆续开播的众多频道，不但没有“落地费”收入，还需要各级网络公司自己花钱购买接收设备，投入大量人力财力维护传输，将央视各频道传至千家万户。

未来，卫传中心将进一步巩固与各级有线网络公司的合作关系，一是加强重点省份、重点频道的落地覆盖工作。主要是盲点较多的标清 CCTV-11、15、NEWS 和 CCTV-5+ 等高清频道在西藏、新疆、河南、广东等省份的落地工作，提供必要资金、技术等各方面的支持，力争老少边穷地区看到、看好央视所有节目。二是继续竭力推动央视频道排序优化工作。三是以大型赛事、重要节日为契机，为有线网定制宣传片、主持人口播问候语等，加强台网联动、促进频道覆盖和节目推广，助力收视率的提高。

2. 拓展新媒体传播渠道和模式

近年来，以 IPTV、OTT TV 为代表的新型媒体发展迅速，建立“引导收视，促进收视，延续收视”为导向的台网联动，以新媒体的资讯导向和个性化服务来促进电视台的多渠道传播。卫传中心将充分重视新媒体领域的版权保护，避免优秀的频道和栏目资源被随意侵权使用和低价授权，树立“版权就是价值”的理念，拓展新媒体传播渠道，规范新媒体传播模式，扩大央视频道的传播范围和品牌效应。

3. 创新大数据调查模式，反馈全面科学的收视情况。

卫传中心自有落地覆盖信息数据库管理系统，涵盖卫传中心已经掌握的全部 4000 余家有线网络客户信息，央视所有主频道的落地覆盖情况，频道序号排序情况，未落地覆盖原因，各地落地覆盖联系人员信息、网络技术传输数据和指标等各类数据信息，所有数据库信息均可以实现查询、统计和分析功能。下一步，我们将适时介入大数据收视调查模式的试点工作。探索专业落地覆盖数据平台的建设。与专业数据调查公司合作，充分利用互联网、大数据等先进技术手段，填补空白，筹划建设央视频道融媒体落地覆盖专业数据平台，为各频道提供及时、准确的频道覆盖数据服务。

大视频时代卫视传播覆盖面临的机遇与挑战

山东广播电视台电视卫星频道　季 桦

大视频时代的卫视传播覆盖，面临着传输渠道多元化、接收终端多屏化的新趋势，如何应对这一趋势，拓展传播广度，挖掘覆盖深度，是卫视传播覆盖面临的机遇与挑战。

一、从大屏到多屏，卫视传播覆盖面临战略转型新契机

大视频时代，从大屏发展到多屏，电视屏、PC 屏、平板屏和手机屏提供的海量内容，提供了多种接收渠道，可以满足不同人群的多样化、个性化需求。在这个发展过程中，我国电视用户高达 12.87 亿，电视依然是最具传播力、公信力和影响力的传统主流媒体之一。

1. 有线电视仍然是传播的主要渠道。家庭客厅是电视大屏的主战场，传统的广电有线网络仍然占据传播覆盖优势。电视频道的线性播出方式，

在有线电视不断提升服务质量的发展过程中，也从单一的直播，迎来了从直播、回看、点播到与观众互动的华丽转身，进一步拓展了传播的广度和深度。

2. IPTV 视频发展为卫视传播覆盖提供全新通道。从中国 IPTV 的发展中就能看出目前的发展趋势，据国家工业和信息化部数据统计显示，截至 2018 年 6 月，我国 IPTV 用户规模保持稳步扩大，基础电信企业发展的 IPTV 用户总数达 1.42 亿户，上半年净增 2002 万户[1]。新兴的传输渠道，为电视大屏观众提供了更多的收看选择，也为传统的卫视传播提供了更多的覆盖通道，增加了被观众发现、与观众互动的机会。

3. OTT TV 真正颠覆了视频收看在时间、空间上的束缚。视频传播已经从固定收视转向不受时空限制的个性观看，互联网电视真正使内容和渠道之间的利益和关系发生了质的变化，内容提供商可以直接向用户收费，网络运营商的渠道功能变得更加单纯。

4. 手机短视频已经成为电视传播的重要载体。截至 2018 年 6 月，我国移动互联网用户总数达到 13.4 亿户，同比增长 14.5%，上半年净增 7188 万户。其中，手机上网用户占比稳定，用户数已达 12.3 亿户。

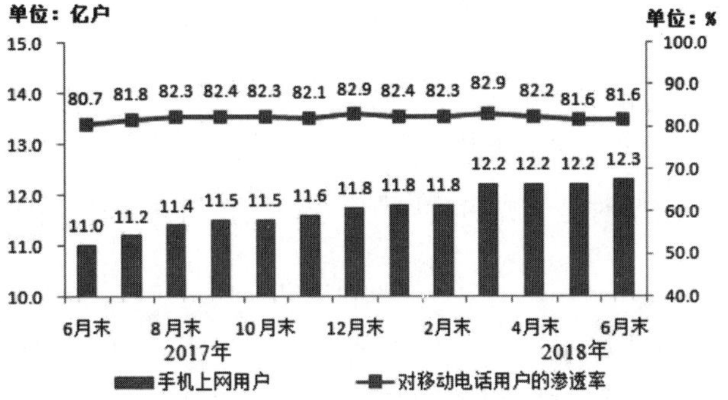

图 4-8　2017 年 6 月— 2018 年 6 月手机上网用户情况

数据来源：工信部《2018 年上半年通信业经济运行情况》

国家版权局网络版权产业研究基地 2018 年 4 月 23 日发布的《中国网络

---

1 《2018 年上半年通信业经济运行情况》，转自工信部，2018-07-19。

版权产业发展报告（2018）》显示，2017 年，中国网络视频用户付费市场规模为 218 亿元，同比增长翻了一番，预计未来两年仍会保持超过 60% 的高速增长。短视频产业实现迅猛增长，用户规模突破 4.1 亿人，同比增长 115%。短视频市场用户流量与广告价值爆发，预计 2020 年短视频市场规模将超 350 亿元。手机短视频传播速度快、可接收人群广，卫视版权节目、电视剧宣传推广依托手机终端，通过手机短视频形式营销推广，可以触达更多潜在的卫视观众，激活沉默的大多数，进一步拓展卫视传播的影响力。

卫视传播覆盖面对从大屏到多屏的战略转型和受众收视习惯的改变，既有机遇也有挑战，如果能抓住新的契机精准覆盖，从直播到点播到短视频全方位组合覆盖，策划好、运用好、执行好新的传播覆盖战略，必将迎来新的发展空间。

二、传播方式转变，卫视传播覆盖需要建立完善新体系

高宽带、低延时和低丢包率，为大视频业务和网络视频用户提供了有力的技术支持。PC、IPAD、手机等终端的便捷、可移动性，带动了视频流量业务的不断增长。

在电视与新媒体融合发展的过程中，电视剧播出方式已由先台后网、网台同步发展到现在的先网后台，这种根据受众需求、广告价值发生的传播覆盖改变，也是大视频时代卫视传播覆盖发展现状的间接体现。2015 年电视连续剧《花千骨》播出时是“先台后网”，先在湖南卫视播出后再在芒果 TV 播出。到了 2016 年，《兰陵王妃》播出时已变成了“先网后台”的播出方式，当《兰陵王妃》在湖南卫视上星时，已在芒果 TV 网站上线播出 20 多集，芒果 TV 会员尊享的点击量已经突破 3 亿次大关。《青云志》也是这种“先网后台”的播出方式，腾讯视频付费会员和芒果 TV 付费会员最多早于电视观众提前收看 4 集，网快台慢的播出模式，使《青云志》网络播放量超过 230 亿次。“先网后台”的播出方式，既让卫视平台通过网络检验了电视剧的受关注度，也通过网络热议吸引普通电视观众观看电视，当然剧目在视频网站提早释放，电视收视率会受到一定影响。但视频网站通过卫视播出电视剧，扩

大了剧目影响，用卫视播出平台吸引更广泛的电视观众成为他们的付费会员，从而拉动网络付费用户增长。2016 年 11 月 4 日腾讯公司宣布视频付费会员突破 2000 万，一年内增长近 300%。“先网后台”以及网络反向输出电视平台播出，这种现象将来会更加普遍。

纵观全球运营商发展经验，大视频的发展需要高带宽的传输系统，无疑光纤网是最适合的选择，它为 IPTV、4K、8K 等业务的发展提供重要的基础保障。目前，我国光纤宽带网络加速建设，光纤接入端口占比达 86.3%，截至 2018 年 6 月底，互联网宽带接入端口数量达 8.32 亿个，同比增长 12.6%，比上年末净增 5312 万个[1]。随着光纤网络的发展，视频业务必将会从运营商的增值业务战略转型为基础业务，技术的突破必将带来 IPTV 业务、互联网电视的进一步发展。

传播方式和传播身份的转变，对卫视传播覆盖提出了全新的思路，卫视节目传播已经从内容的生产者转换成产品的提供者，为了更好地营销推广自有版权电视节目和电视剧，需要建立完善多渠道、全屏覆盖的完整传播覆盖体系。

三、精准粉丝定位，提升卫视传播覆盖的竞争力

体验文字感受的读者、体验听觉感受的听众和体验视觉感受的观众，他们都是内容传播的参与者，但是体验的参与和粉丝的互动有着本质的区别，传统媒体更多的是依赖内容本身吸引读者、听众和观众。

2004 年，山东电视台为纪念上星十周年编辑出版了《我与山东卫视的故事》，书中观众用发自内心的声音，表达了对山东卫视的真情实感，像《与山东卫视一起走过》《心在，梦就在》《一段情缘》《走进山东》《卫视人精神》《快乐共鸣的日子》等，一篇篇文章、一段段文字，记录了观众与山东卫视共同成长、共同经历的日子。通过山东卫视，他们看到了山东，了解了山东，感受到了山东。这是十几年前，观众与卫视之接最真挚的互动表达。今天传输方式变化了，接收方式改变了，观众的互动参与方式更直接更多样，受众也逐步完成了从观众到用户、再到粉丝的转变。

1 《2018 年上半年通信业经济运行情况》，转自工信部，2018-07-19。

粉丝有着明显的分群分类方向，与崇拜的偶像、喜爱的频道直接对应，粉丝在参与过程中投入了更多的时间、经历和情感，他们与关注对象的关系更为紧密。粉丝的消费惯性可预测度高，他们改变了传统意义上的转瞬即逝的大众文化的性质，使文化实践、大众消费变得更持久。同时粉丝的持续参与，也为节目生产、传播提供了不胜枚举的话题、观点、文字和视频等，从而达到反哺节目传播的效果，使收视黏性不断提升。2017 年 10 月山东卫视的《国学小名士》3 分钟 49 句含“月”诗词，最强飞花令刷爆朋友圈，短视频传播过亿，粉丝积极互动参与，成为关注的焦点，获得广泛认可。

如何通过多渠道留住观众，如何增加与观众互动，解决观众群稳定、忠实度、不流失的问题，需要根据频道、栏目、剧场的观众构成，考虑观众的持续关注度，找准目标观众，有针对性地加以订制，确定针对不同渠道的节目播出样式，有针对性地剪辑，再输送分发给不同渠道，完成了从以媒介为中心的 B2C 到以市场为导向的 C2B 转变，提高用户不同接收渠道的消费需求，为他们创造出多种多样的感官体验的消费情境，从而不断提高他们的参与度。

从观众到用户，从使用者到消费者，体现了传播方式的进步。电视卫星频道作为主流媒体，传播覆盖更应该依托现有实力，提升传播力，维护公信力，扩大影响力，在从覆盖范围到覆盖内容再到覆盖品牌的推进提升过程中，逐步增强传播覆盖的竞争力。

新常态下河南卫视覆盖策略探索

河南广播电视台 张 谛

在当今信息社会中，电视媒体同质化竞争、特别是内容同质化竞争日趋激烈，在这种情况下，各大卫视除了要不断提高节目质量、持续优化经营管理外，更要注重节目覆盖。因为对于电视行业而言，节目覆盖，不仅是收视的基础、创收的平台，更是频道建立传播优势的开始，是电视台提升品牌影响力、彰显传播价值的起点。

作为面向全国展示河南新形象、新发展的主要宣传窗口，河南卫视一直努力扩大传播范围、提升传播质量，使优秀的电视节目可以传播到越来越广泛的地区、传达给全国更多的电视观众。经过多年的拓展和积累，目前，河南卫视实现在全国 96% 以上城市网络的入网传输，覆盖人口近 9.5 亿。

覆盖新常态

各家卫视由于受到广告创收、节目收视、品牌价值等多方面因素的影响，存在天然竞争关系，对覆盖阵地的争夺愈演愈烈。近年来，随着网络整合的推进和公司上市需求的增加，公共有线电视网络公司垄断经营加剧，涨价之风兴盛，卫视要在某一省份按自己意愿选择覆盖区域的可能性越来越小，电视台进一步丧失话语权，传统覆盖市场的交易天平进一步向网络公司倾斜。另一方面，IPTV、OTT TV、地面数字电视发展迅速，企业、院校有线局域网、自备卫星接收天线、无线微波数字电视、卫星电视无线转播等几类非有线电视公共网传播接收方式也拥有相对稳定的收视用户，都成为卫视覆盖竞争不能忽视的非主流传输渠道。传统公共有线电视网络居高不下的入网费用已经让很多家卫视不堪重负，面对进一步拓展传输渠道的巨大资金压力，卫视节目覆盖更加举步维艰。

河南卫视在全国省级卫视中处于第二阵营，相比“家大业大”的一线卫视，没有雄厚的覆盖资金支持；相比台网合一的卫视，缺少制衡网络的有力砝码；相比争取到专项财政经费的卫视，又缺乏政策扶持。屋漏偏逢连夜雨。去年，由于受到实体经济不景气和互联网冲击等多方面不利因素的影响，河南卫视广告创收遭遇 “断崖式”滑坡，今年广告缺口持续扩大，严重影响着覆盖协议的签订与合同费用的支付。高额的入网费用、紧缺的覆盖经费和迫切的入网需求之间矛盾凸显，供需比例严重失衡成为河南卫视覆盖工作的新常态，造成了前所未有的困难和挑战。面对日益严峻的覆盖形势，河南电视台覆盖管理部紧紧围绕“卫星频道覆盖效益最大化”这一工作中心，就“如何利用有限经费获得较高的投入产出价值”这一基本原则，积极展开覆盖策略研究和探索。

有效推进科学覆盖

长期以来，卫视覆盖一直致力于不断扩大入网范围，同质化竞争严重，要想突破重围，必须颠覆传统覆盖策略，开启科学化、精细化覆盖模式，做有意义的覆盖。河南卫视进一步加强与专业数据调查公司的交流与合作，利用大数据，充分研究各地网络的入网价格、覆盖范围、用户组成、收视贡献、广告回馈等多方面因素，仔细分析覆盖率、到达率和收视率之间的关系，实时监控已入网区域的覆盖效果，认真比较投入产出价值。同时，积极与台内各相关部室进行多方位的沟通和配合，从企业的角度认识市场、了解消费者以及营销诉求方面的优势；从媒体的角度发挥对节目内容的把控、对观众收视心理与收视需求的深刻理解等方面的内容，将频道的覆盖发展目标与频道的品牌打造、节目编排和广告经营相结合，努力寻求精准的覆盖投放点，突出传播价值和传播特色，有效推进科学覆盖。例如，河南卫视将周边省份作为覆盖重点，就是考虑到“地域文化相近、节目内容认同度高”，可以有效稳定收视数据、提升覆盖结构与覆盖质量、构筑频道独特的核心价值、深入扩大卫视品牌影响力。

大力开展形象覆盖

在群雄逐鹿的覆盖竞争中，河南卫视既缺乏资金与传统的覆盖强台抗衡，又缺少品牌节目带动自然接收、促进覆盖的优势，要想寻求发展，就必须改变覆盖总量取胜的陈旧观念，积极开拓少投入甚至零投入的覆盖平台或宣传窗口，开展形象覆盖，通过节目营销或品牌推广，树立卫视形象，提升媒体价值，实现“四两拨千斤”的覆盖效果。例如，河南卫视聚焦流动人口密集的高铁站，开启以郑州东站、济南高铁站为代表的“米”字型高铁覆盖项目；积极配合省、局、台各项重大活动，配合频道广告招商会和重点栏目推介会等，提供良好的覆盖服务和专业的覆盖建议，做好活动驻地河南卫视的信号传输工作，确保每一位与会人员都能及时、清晰地收看河南卫视；注重与外省网络、电视台等合作单位建立并保持良好沟通机制，不断寻求宣传、展示河南卫视的平台和机会，实现在友好省份自办栏目导视频道及自办期刊中播放河南卫视宣传片、介绍节目内容等免费宣传，并协调河南卫视及其重点栏目积极参与外省电视用户节等大型活动，提升收视关注、深化收视体验，更好地宣传并维护河南卫视的品牌形象。

灵活进行入网谈判

现阶段，传统的公共有线电视网络依然是电视传播最主要的传输接收渠道，直接影响到收视数据和广告创收，所以即便入网价格持续走高，各大卫视仍然不遗余力地进行争夺。相反，虽然传统覆盖渠道一直处于卖方市场，既缺乏国家层面的指导，又缺乏明确的行业规范，但电视台作为其最重要的合作客户，同样掌握着网络公司的经济命脉。据了解，近两年，全国有许多家卫视都不同程度地受到了广告滑坡的冲击，给频道的经营和发展带来了巨大的危机和不利的影响。“祸兮福之所倚，福兮祸之所伏”，面对广告缺口严重、覆盖经费紧缺的严峻形势，河南卫视迅速调整思路，在危机中寻找机遇，利用网络公司对卫视入网的大量需求，将经费紧张这一普遍存在的困难灵活转变成入网谈判的砝码，不断加大攻关力度，向地市网络寻求低价入网或者优惠配送，协调合同签约付款的方式，最大限度地拉长付款时限、增加付款次数，有效节约覆盖费用，努力打破覆盖困境，既保障河南卫视的覆盖利益，又大大减轻了现阶段的签约付款压力，化解卫视覆盖的燃眉之急。

积极尝试新媒体覆盖

在“三网融合”的背景下，互联网电视用户正在急剧增加，移动终端实现了海量音视频内容在不同媒体介质上的传播，而电视机也不再仅仅是我们观看电视节目的媒体介质，而是实现互联互通、交互使用的一个集资讯、娱乐、服务于一身的平台，挑战的不仅仅是公共有线电视网络，还严重威胁到了电视的传播介质和播出方式。媒体多元化时代对电视覆盖工作提出了新的要求，全国有许多家卫视已经在巩固并发展已有的传播通路的同时，开始不同程度地向新媒体发力，实现与新媒体的对接和合作，利用新媒体的传播通路优势促进本频道多渠道、多方位、多层次地发展，最大程度拓展传播价值。河南卫视由于受到政策、经费等多重制约，在新媒体覆盖探索方面稍显落后，但随着互联网和新媒体的飞速发展，我们不能再局限于与广电网络公司进行落地费谈判的传统工作模式，而要积极进军新媒体领域，尝试将新媒体与传统媒体资源整合，开拓新的覆盖渠道，统筹不同业务、不同方式、不同技术的传输覆盖手段，在更大范围内提升覆盖率与覆盖价值，构建全媒体、多网络的立体交叉覆盖格局。

总而言之，收视用户在哪儿，节目覆盖才会在哪儿，收视用户的关注点在哪儿，节目覆盖的重点也会在哪儿。在这样的发展过程当中，传统电视覆盖领域接受新媒体的冲击，面临诸多变革与挑战，但挑战与机遇总是并肩而行。河南卫视不仅要继续稳固传统广电网络覆盖资源，同时也要积极开拓和深入互联网覆盖、移动电视覆盖等新传播领域覆盖，融合多种媒体资源进行整合覆盖，形成混合覆盖、协调发展的新格局，实现覆盖价值最大化，全方位满足收视用户和广告客户的需求，为频道发展铺平道路、夯实基础，展现河南卫视全媒体传播竞争力。

大视频时代下江苏卫视的覆盖运营与融合传播探索

江苏省广播电视总台 戴晓俊

江苏卫视，前身“南京电视实验台”，1997 年 12 月 28 日，江苏电视台第一套节目上星，呼号“江苏卫视”。从江苏卫视上星传播那一刻起，江苏卫视在全国 31 个省、市、县的覆盖工作也正式拉开序幕。

一、何谓电视频道覆盖

电视频道覆盖通俗来说即通过有线电视公共网、直播卫星、IPTV 等各种电视信号传输方式将电视信号传输至全国电视观众的电视机中，从而使得观众能够清晰的收看到节目内容。由此可见，电视覆盖就是指做电视媒体的通路建设，反映了电视媒体发布的信息在实际上能触达的区域范围。

从市场营销的角度来看，电视媒体通过售卖观众注意力以获得广告主对于电视广告时段的购买依然是目前重点电视媒体的主要收入来源。那么，电视频道的覆盖则成为频道收视基础性保证条件，是广告到达率的决定性因素。因此，时至今日电视频道覆盖率已经发展成为评估电视频道传播效果及广告投放价值的“通用货币”，被广告主及广告公司广泛认可与关注。

二、江苏卫视覆盖发展状况

纵观全国电视频道上星二十年，全国电视频道覆盖大致分为三个阶段：第一个阶段，上星初期由于节目内容稀缺，全国各级有线电视网络公司处于用户拓展期，自然将卫视节目纳入网络传输，产生自然落地；第二阶段，随着节目资源的丰富以及传输带宽的限制，各省级卫视进入花重金“圈地”的疯狂阶段，这期间经历了从过去的模拟网络向有线电视数字化转换、广电总局颁发了第一张 IPTV 牌照 2008 、全国第一个高清频道开播等历史性事件，同时各省级卫视的覆盖人口实现了人口大规模增长。根据美兰德全国电视覆盖与收视调查状况数据显示：截止至 2017 年，大批卫视频道迈进覆盖人口“十亿级”阵营。第三阶段，互联网时代下，新媒体的迅猛发展对传统的电视媒体带来的冲击在一定程度上使得各卫视频道的覆盖经费出现不同程度的缩减。IPTV、OTT TV 等多种新的传输方式的崛起使得目前的卫视覆盖运营面临更复杂多样的环境，同时经过“野蛮生长的圈地时期”，各卫视频道重新回归理性，更加重视覆盖机构及有效覆盖，重视投入产出比，加强覆盖数据信息化管理。

伴随省级卫视覆盖发展历程，江苏卫视自上星开始即稳步推进全国覆盖落地工作，近年来江苏卫视在各种传播通路的覆盖上精耕细作，不断优化传播渠道，覆盖水平节节攀升。自 2008 年—2017 年十年间，江苏卫视全国电视覆盖人口从 7.7 亿增长至 11.8 亿人，覆盖率为 89.7%，在全国省级卫视中位列第二，覆盖人口同比净增 4918.2 万人。从广告经营的角度来看，频道覆盖人口越多，广告的千人成本就越低，同等金额的广告投放就会获得更多的价值回报。江苏卫视频道覆盖的不断扩容，亦不断助力自身平台的广告传播价值提升。

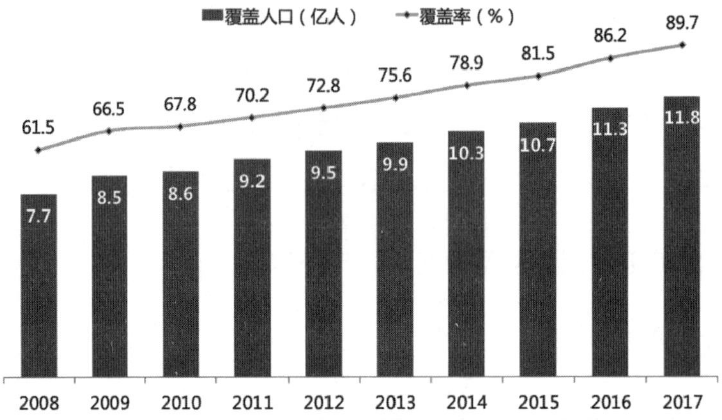

图 4–9　2008 年— 2017 年江苏卫视全国覆盖人口及覆盖率走势

三、大视频时代下电视频道覆盖趋势与覆盖运营

新媒体时代，数字技术、互联网络带来了更多快速、高效的传播方式和介质，媒体竞争格局日益激烈。“大屏收看，小屏互动，大屏连小屏，内容连多屏”的电视收看新模式逐渐取代传统的客厅收视模式，电视媒体影响力和传播价值受到前所未有的挑战和冲击。同时面对新兴媒体的冲击，围绕电视开展的媒体融合得到进一步深化。在技术整合、终端融合、内容共享的大视频时代下，电视频道覆盖工作则面临更多样的机遇与挑战。

1. 电视频道覆盖高位竞争继续白热化，高清频道成为新的工作重点

根据美兰德咨询 2017 年 11 月第十九届全国电视覆盖调研成果发布会上发布的数据显示：2017 年全国卫星电视频道累计覆盖达到 610.0 亿人次，相较上年增长近 35 亿人次，再创历史新高。其中，49 家省、副省、市级卫视频道中，包括江苏卫视在内的 10 家省级卫视全国覆盖人口均达 11 亿人以上。由此可见，卫视覆盖将继续面临愈加白热化的高位竞争。

近年来伴随4K、3D 等视效技术的推进，高清电视、智能电视发展如火如荼，电视频道纷纷涉足高清频道建设，高清频道成为新的覆盖增长点。2017 年超七成（54 家）卫星电视频道已经布局高清频道，其中江苏卫视全国高清覆盖

人口达 3.73 亿。根据总局要求，截至 2020 年，高清频道将成为主流播出模式，标清播出的付费频道基本关停，大屏高清会成为下一个引导时代的播出模式。因此 2018 年至 2020 年，高清覆盖通路建设将成为覆盖工作的发力重点。

2. 电视传播通路格局进一步分化，新兴传播渠道强势崛起成发展机遇

随着三网融合的持续推进，2017 年我国电视传播通路分化格局进一步加剧：有线数字电视用户比例连续两年下滑，背靠电信运营商的 IPTV 与具有互联网基因的 OTT TV 强势崛起，表现出较为强劲的发展势头和上升空间。同时，受到政策影响，直播卫星作为有线数字电视公共网的强力补充，依然存在较大规模电视人口，因此，在可预见的较长一段时间里，有线数字电视、直播卫星、IPTV、OTT TV 是最主要的四大电视传播通路。

IPTV、OTT TV 等新兴覆盖通路凭借高效灵活的传输方式、形式多样的增值服务以及满足个性化需求的互动功能逐渐受到受众的青睐，并不断积累扩大用户规模。据不完全数据统计，在我国的部分省份已经出现 IPTV 用户规模超过有线数字电视，成为本省最大的电视传播通路。另一方面，对于落地覆盖工作也是十分重要的一点则是，与有线数字电视相比，IPTV 的入网成本基本为零，且由于其依托互联网进行传输，提升了信号传输的稳定性，能够更好地保证从入网到入户的效果。因此，IPTV、OTT TV 已经成为现阶段各卫视频道的覆盖工作的机遇与发力点。

3. 移动终端串联用户碎片时间，全媒体覆盖与跨屏传播成为新的增长点

近年来，伴随着人们生活形态碎片化以及智能终端迅猛发展，媒介产业形态不断分化，形成新媒体形态飞跃发展与传统电视媒体面临更加严峻竞争环境的良机格局。2017 年电视媒体接触率持续下滑，但仍以 97.0% 的绝对优势领先，并且可以预见电视媒体将在相当长的时间内保持着主流媒体的地位，新兴媒体对电视媒体虽有冲击，但从宏观层面来看二者已然形成了不可替代且互补的共生关系；手机、PAD 等移动终端接触率持续增长，电脑网络接触率再度萎缩，与移动端的快速发展形成此消彼长的竞争关系。此外，超市等楼宇电视、户外电视、公交等移动电视均凭借突出的场景化特点融入人们生活，成为接触率亦较高的媒体。

移动互联网的出现大大地改变了用户的媒介接触习惯，大视频时代下，若想最大化的传输频道内容，深化频道形象，建立频道品牌，仅仅依靠电视传播通路进行覆盖传输是远远不够的。新形势下的频道覆盖工作应该掌握用户媒介接触的习惯及喜好，打通不同媒介传播通路，挖掘不同通路用户喜好特征，将内容资源与渠道特征个性化匹配，打造跨屏传播，从而在最大限度上实现频道内容与受众群体在全媒体范围内有效触达与覆盖，真正意义上的促进传统媒体与新媒体深度融合。

四、大视频时代下江苏卫视融合发展与传播探索

大视频时代下，江苏卫视将始终秉承“责任塑造形象，品质成就未来”的办台理念，以用户需求为核心，不断顺应产业发展趋势，坚持“只引领、不跟随”用追求极致的精神积极探索新的产业发展道路。

1. 深化推进媒体融合发展，助力打造全国一流新型媒体集团

党的十八大以来，以习近平同志为总书记的党中央高度重视传统媒体和新兴媒体融合发展，习总书记多次在不同场合强调要利用新技术新应用创新媒体传播方式。江苏卫视集全台之力，配合集团着力打造“云·组团·多终端”新型传播体系，在新的传播格局下巩固提升主流地位。扎实建设荔枝云平台，推动全台内容制作发布的云端化。加快建设少儿主题全媒体组团，推动多屏互动、线上线下融合协同。积极拓展 IPTV、移动电视、互联网电视、地面数字电视、户外媒体等新兴传播渠道，构建立体化传播格局。

2. 加大节目内容创新研发，四大节目类型创优击破

在“轻品质，重流量”的泛娱乐时代，江苏卫视“不忘初心，匠心打造”，在节目内容研发与打造的过程中，始终坚持传播核心价值观，坚持传播正能量，坚持高品质高品位，打造出《最强大脑》《一站到底》《芝麻开门》等一系列获总局评选的广播电视创新创优栏目。2018 年，江苏卫视将持续打造现有的益智类、服务类、音乐类、文化类等几大节目带，继续创新创优。同时，调整节目编排与布局，将周五档定位为“现象级和爆款策源地”，周六《非诚勿扰》档期前置，叠拼十点档优质季播；周间布局上，周一和周二常态冠

军《一站到底》和《芝麻开门》双线升级，周三和周四精耕小而美的垂直类综艺纷纷进驻，共同夯实节目带全线优势。

3. 积极拥抱互联网技术发展，创新节目跨屏传播模式

江苏卫视顺应时代发展，积极拥抱互联网技术，不断探索跨屏传播新模式。从早期《非诚勿扰》的风靡即是通过“话题 + 人物”的营销方式，将社会问题借助微博舆论场的力量不断发酵，引发众多关注，成为传统电视媒体通过互联网力量成功打造现象级栏目的经典案例。随后的《一站到底》节目播出期间，同步授权推出《一站到底 PK 版》，为普通玩家提供对战往届“站神”的平台，成为参加《一站到底》节目的一种途径。节目对游戏的大力宣传促进了游戏玩家数量的提升，同时，游戏影响力的扩大也为节目的传播开辟了新的道路，达到良好的互动营销效果。2018 年，江苏卫视再起抢占直播答题新风口，1 月 8 日《一站到底》与直播网站花椒展开了独家合作，成为火热的直播答题平台中首个实现直播与电视综艺合作的案例。新型的跨屏互动手段推动节目收视，1 月 8 日播出的《一站到底》CSM52 城收视率 0.563%，市场份额 2.337%，成为近期高点。

4. 优化人才梯队建设，加强数据信息化管理

为顺应大视频时代的发展，江苏卫视将媒体融合发展的要求融入人才梯队建设中，尤其是对于年轻队伍以及骨干队伍的选拔及培养。建立完善的新媒体人才选拔、区分、培养、激励与考核体系。截至目前，江苏卫视拥有近 200 人团队，平均年龄为 26 岁，且基本上控制资深骨干或者有经验的老干部转岗。

信息化时代，信息与数据成为指导频道工作的重要支持与工具。尤其是作为互联网发展产物的大数据为频道精准定位受众人群、挖掘潜在需求、打造个性定制化服务带来机遇。未来，江苏卫视进一步深化本台数据信息化管理，加强与专业数据调查公司合作，充分利用数据力量及大数据技术，满足频道精细化运营，将江苏卫视打造成高品质、高品位的旗舰店，为提升江苏广电总台的影响力做出更大贡献。

湖南卫视频道覆盖传播与品牌打造的共生之路

湖南广播电视台卫视频道　范海红

众所周知，覆盖对电视媒体的发展起到的作用是不言而喻的，覆盖水平的高低直接影响到电视频道市场影响力的大小，也影响到各频道的收视率乃至广告价值。而在媒体传播融合加速的背景下，电视频道作为重要的传播媒介面临着来自内部和外部的双重挑战，一方面，各个频道之间尤其是一线阵营的竞争已日趋白热化，另一方面，新媒体的崛起给电视媒体带来的媒介融合压力亦不容小觑。在“内外夹击”的客观形势下，扩大自身的品牌影响力、建立并巩固品牌价值成为电视频道增加覆盖优势并实现可持续发展的必经之路。经过多年的经营和发展，湖南卫视覆盖水平在全国省级卫视中一直名列前茅，这与其精准的频道定位和创新的内容布局密不可分；换言之，鲜明的品牌形象和特有的品牌价值对湖南卫视保持并巩固覆盖优势具有很大的驱动作用。

一、电视频道品牌的建立

1. 电视频道品牌的内涵

品牌是一个经济概念，指企业通过生产、营销和广告等一系列策略在市场和消费者心中建立起来的产品形象，是产品的内在质量和外在表现的综合呈现[1]。当品牌的概念延伸到电视频道中时，品牌既是高收视的象征，也是广告收入的重要保障，还是体现频道独特公众形象的无形资产。在用户导向、内容为王的时代，电视频道的品牌实际上是频道的经营管理者对受众所作出的一种承诺，用清晰的频道品牌定位传达出代表自身风格特色的一套价值主张，通过品牌节目内容的建设和品牌形象的塑造建立起具有辨识度的电视频道品牌。

1 周朝琦，侯文龙．品牌经营 [M]．北京：经济管理出版社，2000.

（1）频道定位和价值主张

清晰准确的定位是建立电视频道品牌的基础，即针对某一收视人群的特定需要对电视频道的节目内容和外在形式进行整体设计，在媒体市场上树立一个有别于竞争对手的频道形象，从而在市场竞争中占领一个有利位置[1]。在进行品牌定位时，电视频道要认真分析市场形势，结合经济、地理位置和文化等因素深度挖掘不同受众的需求，快速抓住观众的眼球。

正如每个企业有自己的企业文化和主导价值观一样，任何优秀的电视频道品牌也都具有良好的文化底蕴和价值主张，向公众展示自身最核心的频道理念，拉近受众与电视频道之间的距离。只有当受众接受一个电视频道的内在价值观念时，才是其品牌价值真正发挥作用的开始。

（2）内容建设和公众形象

在电视频道品牌建立的过程中，频道的内容建设是成功的关键，代表性的王牌节目可以说是一个频道立于不败之地的看家法宝，例如湖南卫视的两档周播综艺《快乐大本营》和《天天向上》被誉为综艺圈的“常青树”。通过品牌内容的打造培养受众的忠诚度，从而促进频道品牌的长久发展。

电视频道在外界的公众形象关乎自身频道品牌能否成功建立，这不仅包括通过广告、宣传片、后期包装等手段塑造凸显频道特色的媒介形象，还包括主持人的知名度和社会影响力，具有粉丝效应的明星主持人对电视频道整体形象的提升起到重要的推动作用。

2. 电视频道的品牌效应

（1）提高收视率，增加广告收入

建立品牌的最终目的是吸引更多的观众收看该频道的节目内容，因此电视频道品牌的建立对频道整体及所属节目的收视率和市场份额都大有裨益，从而带来可观的广告收入和盈利空间。当观众认可一个频道的品牌价值时，就会对其节目形成一种自发的信任感，尤其是对新节目的收看概率相对较大。以湖南卫视为例，凭借多年来的经营积累的庞大粉丝基础，湖南卫视在综艺

1 陈妍妍 . 湖南卫视娱乐品牌研究［D］. 郑州大学，2009.

市场中的地位十分稳固，因而在开辟新的细分领域时大都能获得较为理想的收视效果，在广告招商时也占据有利的竞争地位。

（2）帮助观众作出放心的收视选择

随着电视节目的不断增加和同质化趋势越来越明显，电视频道品牌的号召力越来越大，频道品牌在观众收视行为中起到了重要的影响作用，能够帮助观众做出放心的选择。选择的过程在一般情况下是存在不确定性的，而一个良好的电视频道品牌则能够帮助观众在更短的时间内做出确定的选择。可见，电视频道品牌的建立是频道与受众之间信任感互相增进的过程，电视频道努力打造让更多观众信赖的品牌，观众的放心选择保障了电视频道的收视效果。

二、电视频道品牌价值与电视覆盖的关系

1. 覆盖优势是建立电视频道品牌的基础

电视覆盖率是指某个电视频道或电视台所能覆盖到的地域范围在所考察的整个地域范围内的人口比例[1]。电视频道覆盖率作为衡量电视频道传播价值的“通用货币”，在电视频道覆盖水平评估方面有着十分重要的意义和价值。作为收视的基本前提和保障，电视覆盖率成为各家电视台不断追逐的目标，是衡量该频道传播力、影响力和广告投放价值的重要参考指标。随着全国各级有线电视网的不断发展，各家电视台的覆盖工作均达到一定水平，因此，现在的电视频道覆盖已不仅仅是简单的物理覆盖，建立独具特色的频道品牌成为题中之义。在品牌价值日益凸显的情况下，覆盖优势仍是重要基础，电视频道在全国范围内的覆盖水平越高，覆盖人数越多，该频道被收看到的可能性越大，从而围绕着其品牌定位而制作的节目内容和树立的媒介形象才能更有效地到达观众的眼中和心里。

2. 电视频道品牌价值反哺电视频道覆盖水平

电视频道通过准确的定位和优质的内容建立起自身品牌之后，观众对该

---

1 北京美兰德媒体传播策略咨询有限公司著. 电视覆盖率调研的理论、方法与应用 [M]. 新华出版社 ,2008.

频道的认可程度会随着其品牌价值的提高而逐渐加深，电视频道与用户之间的关系也将由被动变为主动；换言之，当一个频道被观众所需要的时候，用户家中转播该频道就会成为刚需。在这种形势下，尽管有线网络公司会收取频道落地费，但仍会由于其需求量大、用户呼声高等原因通过优惠政策为其实现落地，从而该频道在全国范围内的覆盖水平也因此得到提升。与此同时，IPTV、OTT TV 等新兴传播通路以及互联网视频的崛起和快速发展对电视频道的覆盖工作也提出了更大的挑战与机遇，受众观看视频内容的渠道不再局限于传统的有线电视网，而依靠品牌价值这一硬指标有利于 IPTV、OTT TV 等其他渠道的优先覆盖，从而优先吸引更多的用户，将频道的覆盖水平维持在较高水平甚至更上一层楼。

三、湖南卫视频道品牌打造之路

从 1997 年 1 月 1 日正式上星至今，湖南卫视已经走到了第 21 个年头并发展成为省级卫视中最具竞争力的电视频道之一，无论是覆盖水平、频道收视还是广告收入均名列前茅，这很大程度上得益于其长期以来其施行的精准品牌战略和强大的品牌价值。

1. 湖南卫视频道品牌定位与内容布局齐头并进

（1）“快乐中国”的品牌定位精准清晰

早在 2002 年，湖南卫视就开始了品牌经营之路，当年 9 月，湖南卫视将频道定位于“娱乐、资讯为主的个性化综合频道”；2003 年初，湖南卫视又提出“锁定娱乐，兼顾资讯；锁定年轻，兼顾其他；锁定全国，兼顾湖南”的品牌定位战略；从 2004 年 6 月至今，湖南卫视推出并秉承着“快乐中国”的核心理念，最终形成了“中国最具活力的电视娱乐品牌”[1]。在这一频道理念的指导下，湖南卫视从内容编排、形象包装、受众定位等各个方面都与其相适应，在内容上深耕王牌综艺和独播剧场，新闻节目兼顾真实性和通俗性；在形象设计上从台标、宣传片到后期包装再到主持人风格形成了一套完整的

1 尹良润，向菊梅．湖南卫视：十年品牌创新之路 [J]．广告人，2012.

视觉识别体系；在受众定位上则瞄准年轻人群体并培养了一批稳定的年轻粉丝，成为诸多广告商争相投放的首选频道之一。

（2）王牌内容铸就品牌频道

在明确了自身的发展方向后，湖南卫视一直发扬创新精神在内容建设上推陈出新，在综艺节目、电视剧、新闻节目等不同内容领域均推出了具有鲜明品牌特色的代表性节目，尤其是综艺节目版块在各大省级卫视中独树一帜，周播、季播、晚会系列均实现了品牌化运营，既有《快乐大本营》《天天向上》此类传统元老级周播综艺紧跟潮流不断升级改版，也有《我是歌手》《爸爸去哪儿》《花儿与少年》等不同细分题材的“综N代”引领综艺市场新趋势，还有跨年晚会、小年夜春晚、元宵晚会等晚会系列在重大节日期间掀起收视高潮。同时，湖南卫视在电视剧的编播策略上也坚持走差异化路线，在其他一线卫视纷纷实行大剧联播背景下，湖南卫视将独播策略一以贯之，并先后开创了金鹰独播剧场、钻石独播剧场[1]、青春进行时剧场等，针对不同收视时段的受众特点播放不同类型的剧集。此外，在新闻节目方面，湖南卫视在内容的真实性和趣味性之间寻求平衡，例如《新闻大求真》《新闻当事人》两档节目分别将新闻性同科学实验和人物访谈相结合，在此类节目中占据了一定的市场份额。由点及面的品牌节目铸就了湖南卫视数十年来积累起来的品牌价值。

2. 湖南卫视品牌价值对覆盖的驱动作用

经过20余载的长足发展，湖南卫视在覆盖人口规模和收视率水平上均形成了很大的领先优势，这为其在维护和推广频道品牌价值奠定了稳固的受众基础，并进一步得到越来越多广告商的青睐和投资；反过来，持续增强的品牌效应也能帮助湖南卫视吸引到更多的潜在受众，促进其覆盖水平再上一个新台阶，让更多地区的用户能够收看到湖南卫视的节目，从潜在用户转化成新用户。国内权威覆盖通路调研机构美兰德咨询调研数据显示：2008—2017年，湖南卫视覆盖人口稳定增长，年均增长率为5.3%；截至2017年10月，湖南

1 2018年4月起“钻石独播剧场”停播，与“青春进行时”正式合并。

卫视全国覆盖人口规模达 11.93 亿，较上年度覆盖人口净增 4200 万人，蝉联全国省级卫视第一。在这些覆盖优势的基础上，湖南卫视总编室覆盖团队在 2017 年实现了香港澳门落地、“洋背景”五星级酒店查漏补缺、监播网优化、IPTV 掌控布局等方面的重大突破。覆盖工作取得的成绩得益于湖南卫视长期以来在全国范围内形成的品牌影响力，在美兰德咨询调查报告中，湖南卫视已多年蝉联“年度全国观众最喜爱的省级卫视”称号，可见湖南卫视这一电视品牌已经深入人心，当频道品牌价值到达一定高度时，湖南卫视不仅仅能走进更多用户的家庭，而且还能走近更多观众的心里。

湖南卫视电视覆盖和品牌建立之路让我们看到二者之间的共生共哺，庞大的覆盖人口规模是频道品牌价值建立的基石，持续的品牌扩张反作用于覆盖水平的提升。我们有理由相信，未来的电视覆盖之路与频道的品牌建设将更加密不可分。

省级卫视覆盖传播力的进阶之路

河北广播电视台　刘盼舟 李振龙

广播电视数字化是广播电视发展的必经阶段，亦是信息技术发展的重要组成部分，历年来我国广电部门亦相继出台了多项相关政策，我国广播电视传输网络的数字化不断向前推进。在国家广播电视总局政策和广播电视市场的双重推动下，广播电视网络数字化进程不断提速，并取得了实质性进展，当前广播电视网络数字化进入扫尾阶段。

有线数字电视是当前我国占据主导地位的电视信号接收方式。据美兰德媒体咨询调查数据显示，截至 2017 年，我国有线数字电视用户总量覆盖 7.75 亿电视人口，大幅领先于其他各种接收方式。2008 年至 2017 年的 10 年间，我国有线数字电视用户规模总体呈现快速增长之势，有线数字电视的用户比例由 2008 年的不足 10.9%，提至 2017 年的 58.8%，增速斐然。

有线数字电视网络覆盖面的持续扩大，有力推动了中国省级卫视的整体发展。而从提升卫视传播价值的角度再出发，省级卫视覆盖传播力正在历经从网络覆盖到内容覆盖、再到品牌覆盖的进阶之路。

一、网络覆盖体现频道“硬实力”

打通网络覆盖渠道是省级卫视竞争的先决条件。要参与全国竞争，省级卫视必须占有全国覆盖，才能在频道影响力、收视率及品牌价值方面奠定坚实基础。

卫星电视频道覆盖纷纷向全国发展，卫视频道全国覆盖人口逐年增长，特别是省级卫视覆盖人口增速明显。美兰德媒体咨询的调查数据显示，2017年全国卫星电视频道累计覆盖规模达到610亿人次，较2016年增加近35亿人次，再创历史新高；1999年至2017年，十九年间保持高速增长，年均增长率达9.7%。2017年，覆盖十亿级省级卫视数量达19个，接近四成，其中10家省级卫视覆盖人口突破11亿人,竞争程度空前激烈。覆盖竞争白热化的背后，是高额的覆盖预算和支出。

针对省级卫视覆盖发展问题，有个提法是“上星容易落地难”，从而折射出省级卫视网络覆盖需要硬实力的深层次问题。2003年12月电视业界出现了第一次落地招标，随后很多城市纷纷效仿，很短的时间内落地费水涨船高。除少数西部城市以外，省会城市和计划单列市每年收取每家卫视的覆盖费大都在200万元至400万元，并呈逐年递增趋势。而卫视频道要实现全国范围内普遍覆盖的传播效果，除了要对中心城市、地级市、县级市以及乡镇等的基础覆盖外，还需要积极打造车站、学校、企业、宾馆等各种覆盖渠道的特色覆盖，从而形成一个立体、系统、全方位的覆盖网络。以上种种几乎都需要支付不菲的费用，并且频道落地之后还要有后续的跟踪、维护等，需要获得源源不断地人、财、物的支持。

据相关统计，仅在2009年，全国各家省级卫视中，覆盖经费上亿元的就已超过8家，某东部沿海省级卫视全国覆盖投入更是达到1.2亿元。2010年，全国各省级卫视均大幅度加大了覆盖力度，计划投入覆盖经费1亿元以上的有9家，一些中西部省级卫视每年覆盖投入也高达8000万元到9000万元。

时至今日，巨大的覆盖费用，使得卫视的覆盖传播更像是一场竞争游戏。有媒体称，如果卫视在覆盖“战役”中没有足够的“子弹”，在收视竞争战场上就会很快出局。

二、内容覆盖是频道“生产力”

“媒体竞争、内容为王”，这已经是电视行业公认的生存法则。省级卫视在打通了网络覆盖的渠道资源之后，愈发突显出内容生产者作为媒体竞争的核心地位。

北京师范大学博士生导师胡智锋教授曾梳理中国电视的内容生产历史，他将中国电视发展划分为三个阶段：1958 年到 1978 年是以“宣传品”为主导的阶段；改革开放后，进入了以“作品”为主导的阶段；九十年代中后期到现在，中国电视进入了产业化阶段，“产品”的生产变成了中国电视内容生产最强势的潮流和趋势。

这三个阶段也就是三个时代：宣传品时代、作品时代和产品时代。在宣传品时代，新闻是宣传品，连最娱乐的文艺、综艺节目也同样是宣传品。在作品时代，电视的内容生产由一个整体型宣传品向着个人化的作品转变，新闻节目、专题节目、少儿节目、法治节目应运而生，极大地提升了电视的魅力。进入到产品时代，对电视工作者就提出了更高的要求，“坚守原创能力、打造内容高地”成为电视媒体打造竞争力的核心资源，也成为省级卫视最重要的品牌载体。

在新媒体时代，媒介资源极大丰富，电视媒体依然有它独特的不可替代的优势。

1. 信息发布的权威性和主流化

虽然目前的资讯渠道纷繁复杂，但电视媒体信息发布的权威性依然还在，其权威性是新媒体不可比拟的。电视人必须清楚地掌握这一点，而且越是权威越主流，越能吸引受众的目光。

2. 电视直播的聚焦和引爆

线性直播是电视媒体的主要特点和杀手锏，其他媒体的聚焦和引爆能力弱于电视媒体。现在重大新闻、突发事件，还有世界级大型比赛、大型活动，最强势的还一定是电视直播。所谓的全球同步，也是看电视直播。以2018年俄罗斯世界杯为例，6月14日俄罗斯对战沙特的揭幕战，整场比赛平均收视率4.43%、收视份额44.13%，有5300万观众守着央视直播收看了这场比赛。在俄罗斯世界杯的拉动下，当日CCTV-5收视份额达到8.38%，在所有电视频道中位列第一，频道收视份额是开赛前的3.35倍，这充分印证了电视直播的强大魅力。

3.“现象级”高端制作的爆款

数十年积累的内容生产实力和经验，奠定了电视媒体“现象级”高端制作的独特优势。大型新闻片、专题片、纪录片、庆典晚会以及大型的电视剧、综艺节目，依然是电视媒体主导大型制作。而真正“现象级”的爆款节目，带来的不仅是大投入、大回报，更是由此而生的高收视、高影响、高话题度。

北京大学新闻与传播学院副院长陈刚曾表示：“归根结底，传播力还是来自于传播内容。只有原创的、富有个性的、有吸引力的传播内容才是对受众有价值的，才能产生好的传播效果。”有鉴于此，信息的主流权威、直播的聚焦引爆和爆款的高端制作，使得省级卫视依然保有独特的地位，充分发挥出它的力量，在内容生产上寻找到爆破口，并获得不可撼动的竞争优势，而这正是省级卫视覆盖面广、引爆内容传播的优势所在。

三、品牌覆盖反映频道“引导力”

过去几年，广告界高估了所谓互联网新媒体的广告效果，低估了电视媒体的强大影响力。据测算，电视广告的长期回报率依然要好于网络广告。这其中，媒体品牌力对广告传播的效果拥有重要的影响作用，品牌力越强，广告效果就越好。

群邑（英国）公司在2015年对电视广告、电视直销、广播纸媒、户外、邮件、网络展示、付费网络搜索等多种传播途径的短期、中期、长期营销效果进行的比较分析结果显示，在中短期即3个月左右的传播周期中，媒介传播带来的销量大概是39%，其中33%来自于电视广告，高于其他媒介传播。同时，电视媒体广泛的到达率、覆盖率所带来的规模效应，使得电视广告成本更低、效率更高。这份报告还显示，电视媒体直接或间接地提升了其他媒体传播渠道的效率，电视媒体促成的销售最终通过手机购买方式实现，占到所有手机购买商品总量的25%；同样，实体店销售的45%、网站销售的29%都源自于电视媒体带来的影响。

这正是品牌覆盖引导力的直接体现。碎片化时代，互联网不缺用户、不缺流量，真正缺少的是品牌与信任，而具有高权威性的电视媒体是能够提高品牌美誉度、公信力的最佳宣传渠道。互联网媒体、新媒体能够将品牌宣传直接转化为销量，但并不具备普适性，而品牌影响力才是在市场立足的根本，这也是优势省级卫视频道树立强势品牌发展之道的重要原因。

2017年，央视推出“CCTV国家品牌计划”。经过历时一年的创新实践，这个超级计划交出了令人瞩目的答卷：合作伙伴企业在产品销量增长、品牌资产强化、品牌价值提升等几个方面都得到明显收益，公益扶贫广告更是直接帮助了45万余人的脱贫，彰显主流媒体强大的社会价值。

湖南卫视等频道更是以品牌节目促进覆盖增效的代表频道。这类卫视着力打造频道品牌和精品节目，由先进的经营理念和高品质的节目收视带来巨大的经济收益，再反哺频道覆盖，使得覆盖规模高速增长。目前，湖南卫视仍在源源不断地推出新节目，策划新颖的节目形态，以及探索与观众紧密互动的娱乐节目和电视剧。

因此，以精品节目打造强势品牌，再依靠强势品牌促进频道覆盖，才能从最大限度上提升省级卫视的覆盖传播力，从而提升电视媒体的整体传播价值。

鉴于无数优秀中国企业正处于跨越制造合格、走向品牌优秀的特殊阶段，省级卫视应着力推进“品牌覆盖、有效覆盖、重点覆盖”，将自己独有的品牌形象资产加持到优秀企业品牌上去。因此可以期待，电视媒体品牌传播影响力和传播价值强有力的引领，将会引发全社会对于民族精华产品和服务的进一步呼唤，从而引发更为强大深远的品牌回声。

媒体融合背景下天津卫视覆盖发展策略

天津广播电视台 孟令全

在媒体融合发展的市场环境下，媒体融合政策为广播电视的融合发展带来了广阔的空间，天津卫视作为优秀的传统电视媒体，在既有的用户规模优势、品牌价值优势、内容优势基础上，把握三网融合的市场机会，加强网络化、多元化的覆盖推进，以 IPTV、OTT TV 等新兴渠道通路补充有线网络的覆盖空白或不足，进一步扩大覆盖影响力。当下天津卫视亟需规避融合转型过程中的技术壁垒和体制约束，与新媒体渠道积极开展运营合作，创新覆盖发展模式，将传统渠道覆盖与融合覆盖相结合，打造全媒体多位一体的覆盖矩阵。

笔者基于 SWOT 分析法“发挥优势、克服劣势、利用机会、应对威胁”的原则，在媒体融合发展的背景下，简要梳理天津卫视覆盖发展的可循路径。

表 4-2 天津卫视覆盖发展的 SWOT 分析

天津卫视覆盖发展 SWOT 分析	优势： · 用户规模优势 · 品牌价值优势 · 节目、内容优势	劣势： · 覆盖发展瓶颈 · 技术壁垒 · 体制约束
机会：	SO：	WO：
· 三网融合发展 · 媒体融合发展 · 媒体融合政策支持	· 凭借自身媒体品牌影响力和内容优势，覆盖发展向 IPTV、OTT TV 等新媒体延伸	· 创新覆盖发展模式，打通新媒体渠道合作运营，探索全媒体融合之路
挑战：	ST：	WT：
· 省级卫视竞争激烈 · 新媒体冲击	· 深耕品质节目和爆款内容反哺天津卫视覆盖发展，抵御来自内部和外部的竞争压力	·传统覆盖渠道精细化管理，加强覆盖投资管理，在覆盖发展瓶颈期，加强有效覆盖，降低经营成本从而抵御竞争

一、覆盖发展向 IPTV、OTT TV 等新媒体延伸是当务之急

天津卫视在既有的用户规模优势、品牌价值优势、内容优势基础上，把握三网融合的市场机会，加强网络化、多元化的覆盖推进。近两年 IPTV 顺势而为，成为三网融合的最佳切入点，各大电视台极为重视 IPTV 业务推进，一方面积极争取获得 IPTV 播控平台牌照，为 IPTV 业务推进赢得先机；另一方面与移动、联通等运营商合作，接入运营商 IPTV 平台，天津卫视也积极以 IPTV、OTT TV 等新兴渠道通路补充有线网络的覆盖空白或不足，进一步扩大覆盖传播力和影响力。

2017 年我国电视传播通路分化格局进一步加剧：有线数字电视用户比例连续两年下滑，2017 年跌破 60%，面对来自电信运营商的压力和网络新媒体的冲击，有线数字电视亟须在激烈竞争中寻求转型发展；相较而言，背靠电信运营商的 IPTV 与具有互联网基因的 OTT TV 则呈现明显上升趋势，表现出较为强劲的发展势头和上升空间。在有线电视网络落地费用"水涨船高"的当下，加强 IPTV、OTT TV 新型渠道的覆盖，有助于推荐天津卫视多元化覆盖发展，且当前 IPTV、OTT TV 处于市场开拓期，卫视频道的进入不需要收费，对天津卫视的覆盖扩张来说无疑是大有裨益。

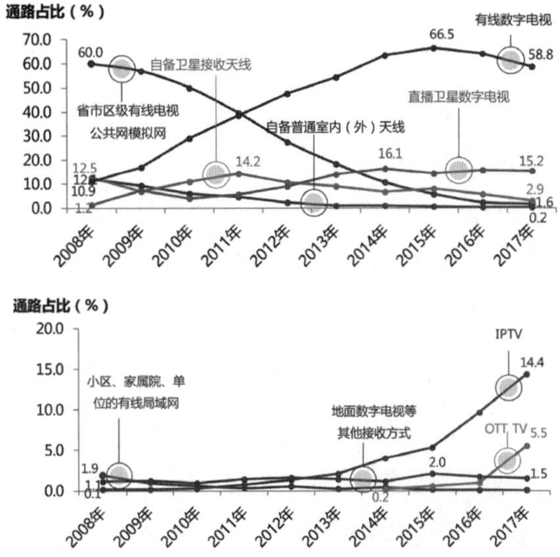

图 4–10　2008—2017 年全国电视传播通路发展状况

在当前我国全面推进三网融合的重要时期，IPTV、OTT TV 新型传播渠道快速发展，同时将长期成为政府、电视媒体、内容供应商、广告主及电视观众等多方关注的重点渠道，在新型渠道发展推广期，对于天津卫视覆盖通路延伸而言，有更多的机会和发展空间，天津卫视 IPTV、OTT TV 覆盖发展可根据以下策略进行：

1. 与牌照商、运营商开展战略合作

因我国 IPTV 和 OTT TV 受政策管控更加严格，用户和内容运营均必须由获得相应的网络视听许可证的机构进行运营，即牌照商和运营商，与牌照商和运营商建立良好的战略合作关系可以有效提升天津卫视 IPTV、OTT TV 渠道覆盖水平。战略合作可以用较低的成本维持长期稳定的共赢合作关系，对于天津卫视而言，其拥有一批优质的节目资源和一定规模的受众资源，可以成为渠道运营商丰富平台内容吸引用户的重要筹码，而 IPTV、OTT TV 牌照商和运营商亦掌握了一部分电视观众和内容的分发，天津卫视可以借此延伸、拓宽传播渠道，提升媒体传播价值。

2. 优质内容输出促进新型通路的覆盖

天津卫视的几档品牌节目收视表现优异，获得了良好的口碑和市场反响，如情感节目《爱情保卫战》和职场栏目《非你莫属》，这样的优质节目内容有一批忠实的观众，是渠道运营商看重的稀缺资源，加强节目宣推促进运营商对频道内容的自然转播，同时需加强优质内容的生产，以提升频道整体品牌价值获得更多运营商的自然转播。

3. 加强 IPTV、OTT TV 覆盖管理，消除覆盖盲点

美兰德调查数据显示 2017 年天津卫视对 IPTV、OTT TV 新兴覆盖通路的占有率较高，为 86.9%（此处的占有率为天津卫视 IPTV、OTT TV 覆盖人口占全体 IPTV、OTT TV 用户规模的比例），在全国大部分省（市、区）的新兴覆盖通路覆盖状况良好，但这并不等同于天津卫视在各省（市、区）的 IPTV、OTT TV 覆盖通路上都达到了较高的占有率，仍然存在一些覆盖盲区需要加强和提升。这就需要天津卫视加强 IPTV、OTT TV 渠道覆盖管理，逐步消除覆盖盲点。

鉴于各省（市、区）IPTV、OTT TV 分布状况的差异，天津卫视需根据各省（市、区）覆盖通路的构成情况及目前已达到的覆盖水平，开展有针对性的覆盖工作。如下图所示，对于IPTV、OTT TV分布率较高的青海、四川等省(市、区），天津卫视还需加强 IPTV、OTT TV 的覆盖工作来全面提升天津卫视的覆盖水平。

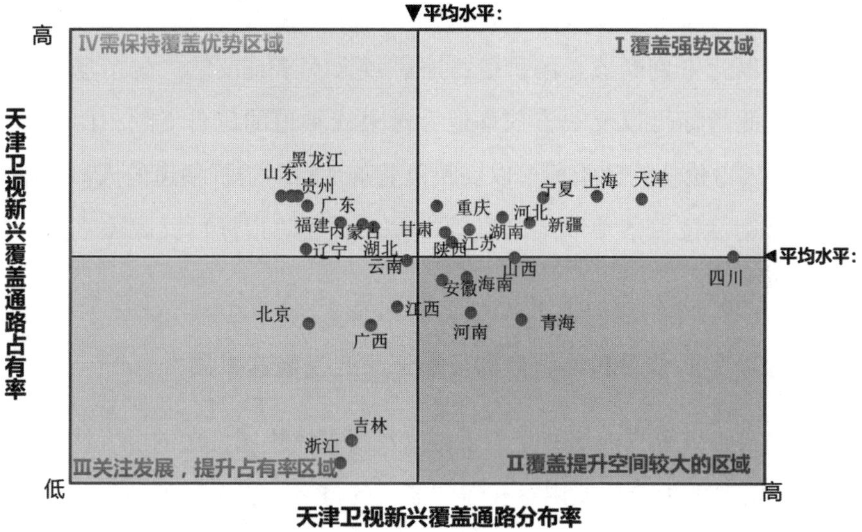

图 4-11　2017 年天津卫视 IPTV、OTT TV 新型覆盖通路分省覆盖状况

数据来源：美兰德 2017 年全国电视覆盖与收视状况调查

二、电视媒体传统覆盖渠道的精细化管理与运维

广播电视有线网络是传输广播电视节目、开展信息服务的重要基础设施，是当前电视覆盖最重要的渠道，2017 年美兰德调查显示我国电视观众利用有线电视公共网接收电视信号的比例达 60.4%，有线电视公共网毋庸置疑是全国电视观众接收电视节目信号的首要来源。我国有线电视网络先天带有强烈的“政治色彩”，采用自下而上的模式先后建立，其运营主体分散在全国各级广电部门，在同一个城市中也会存在省、市、区县等多张有线电视网交叉覆盖的状况，这使得我国的有线电视网络结构异常复杂，地域性亦十分明显。随着有线网络的整合推进，行政或市场化的合并、拆分不断，网络格局仍处

于不断变化的状态，亦加剧了其复杂程度。

对有线电视网络覆盖的精细化管理一方面有赖于对复杂的网络公司进行梳理分类，另一方面则需要根据投入预算加强覆盖投资管理，综合评价网络价值，并优化覆盖结构。当下，综合评价网络价值主要有以下几个指标：网络当地频道收视率、网络当地的居民收入水平、网络用户规模、网络落地价格。其中覆盖是为收视服务的，收视率可反映覆盖落地后对卫视频道的收视贡献，以此来判断覆盖的价值；居民收入水平是反映广告市场情况的重要指标，此指标可以反映覆盖落地后对卫视频道的广告贡献；网络用户规模反映了人口价值，此指标可以反映覆盖落地后对卫视频道的人口贡献；落地价格是衡量覆盖落地成本的直接指标，通过此指标可反映覆盖落地的户均成本。

三、深耕品质节目和爆款内容反哺天津卫视覆盖发展

面对来自省级卫视内部的竞争压力以及新媒体快速发展的巨大冲击，天津卫视仍然需要致力于优质内容和爆款节目的打造，提升频道品牌价值，提高市场竞争地位，以优质内容反向驱动频道覆盖来反哺天津卫视的覆盖发展，从而有效抵御来自内部和外部的竞争压力。

在时下互联网、移动互联充分发展，自媒体大规模兴起并不断发展繁荣的时代，优质内容、爆款节目已经成为我们的稀缺资源，正是因为渠道、内容的竞合关系，在渠道极度发展的时候内容则显得越来越重要。因而，在媒体融合发展过程中，优质内容对于省级卫视来说尤为重要，重要程度甚至要超过所有渠道，天津卫视应该着力打造频道品牌和精品节目，由先进的经营理念和高品质的节目收视带来的巨大的经济收益，以此来反哺频道的覆盖，形成“覆盖——收视——覆盖”渠道和内容互相促进的双向回路。深耕优质节目内容，提升优质节目的数量和质量可以通过以下路径来实现：

1. 集中资源打造品牌栏目

电视媒体自市场化运营之后，开始摆脱臃肿的机构设置，保留一部分节目的制作团队，部分节目如电视剧、综艺节目等通过市场采购的方式进行。

对于天津卫视而言，需要集中资源打造《爱情保卫战》《非你莫属》等一批已经成功的品牌节目，对于频道品牌的打造有重要保障，同时一大批的忠实粉丝对于频道的覆盖亦有一定的反向推动作用。需要大力引进优秀人才和制作团队，确保这些传统品牌节目的品质，同时推出一批符合频道定位的一批新的优质节目。

2. 推进制播分离丰富节目来源和样态

推进优质内容的生产，还需要进行体制改革的根本变化，仍然需要大力推进制播分离，除了部分品牌栏目自制之外，可以通过市场手段采购一批“优款”或“爆款”节目，通过提升频道节目影响力和广告价值来反哺频道覆盖。天津卫视需要在优秀人才、优秀制作团队和制作公司方面大力引进并加强业务合作，丰富节目来源和节目样态。

四、探索天津卫视全媒体融合之路

在媒体融合发展的市场环境下，媒体融合政策为广播电视的融合发展带来了广阔的空间，天津卫视作为传统电视媒体亟须规避融合转型过程中的技术壁垒和体制约束，与新媒体渠道积极开展运营合作，创新覆盖发展模式，将传统渠道覆盖与融合覆盖相结合，打造全媒体多位一体的覆盖矩阵。

面对即将到来的省级卫视全国覆盖瓶颈，以及来自新媒体的广告分流、市场争夺，全媒体融合是天津卫视新的覆盖增长点，更是天津卫视覆盖发展实现突破的有效路径。融合覆盖是未来省级卫视长期的覆盖课题，对于融合覆盖的探索需要经过较长的时间，亦需要大量的经费投入。

1. 融合覆盖延伸覆盖边界

随着通信技术和网络技术、数字技术的不断更迭发展，未来带宽资源紧张和稀缺程度得到缓解，经营状况良好的省级卫视有更多的资金进行覆盖投入，省级卫视频道可覆盖绝大部分的电视人口，而频道间的覆盖规模差异将很小，而融合覆盖可延伸传统覆盖的边界，可通过网络传播、社交化传播实现多维、立体的融合传播。因此，融合覆盖是天津卫视打破传统覆盖边界新的覆盖增长点。

2. 优质内容新媒体分发抵御新媒体冲击

电视媒体作为传统媒体一方面面临新媒体的巨大冲击，市场竞争空间被挤压，另一方面电视媒体进入新媒体运营存在技术壁垒，对新媒体运营需要长期的摸索，因而天津卫视可以凭借自身的内容优势规避技术壁垒，以优质内容向新媒体分发进行全媒体融合，来抵御新媒体的市场威胁。

总之，全新传播技术的不断涌现将传统电视置于更具想象力的发展空间，在面临挑战的同时也赋予其崭新的生命活力与无限广阔的发展前景，IT、互联网与广电信息化等多媒体技术发展下，电视媒体的覆盖产业链以及附着其上的传播价值链正在被积极重铸并快速扩张，在这一轮新的发展与变革浪潮中，天津卫视定要把握改革时机，运营好卫视广大用户渠道与平台资源，打造全媒体多位一体的覆盖传播体系与生态，为国家的党政声音与天津卫视的优质节目内容传播发力。

蓄势待发

内蒙古广播电视台　霍利峰

中国电视覆盖调研自 1999 年创始至今，已历经了二十载春秋。二十年，是一个孩子长大成人的时间，也是我们从青年到中年的变迁过程。在这二十年里，广大覆盖人艰苦创业谋发展，务实创新求振兴，走出了一条从无到有，从小到大，从弱到强的复兴之路。二十年，足以让一颗小苗成长为一棵参天大树，荫泽一片！

六十年前，当一台老式收音机将党的声音通过电波传送到全国人民耳际时，那份按捺不住的惊喜点燃了电视人最初的创业激情。伴随着共和国的成长，广电事业不断发展，至 1970 年基本实现了广播网的全面覆盖。沐浴在改革的春风里，广电事业异军突起！ 1983 年实现了微波传输的基本覆盖，让全国人民收看到了电视画面。

伴随着改革开放的号角，市场经济快速发展，我国广播电视事业开始从最初的事业化发展转向产业化。首先其带动了我国影视产业，为电视事业开阔了广阔的空间。虽然我国广播电视事业起步较早，但是在发展中速度十分缓慢，人们对广播电视的认知并不高。在当时的时代背景下，收视率只是一个不为大多数人所认知的名词。收视率作为概念进入中国，始于20世纪70年代末国门开启之初。作为市场指标进入电视业日常运作，则是在20世纪90年代中后期。随着1997年中共“十五大”的胜利召开，会议对社会主义市场经济的再次确认和坚持，以及此后召开的九届人大一次会议均明确提出了对包括电视台在内的大多数事业单位将实行“断奶”政策。自谋生路，自食其力成为电视台的首要问题。星网结合的覆盖方式促使多频道电视时代速度来临，电视竞争日趋常态化。伴随中国加入WTO的步伐不断加快，与世界通行的市场规则接轨的要求也日益迫切。最为重要的是，以4A广告商为主的广告公司视收视率为行业货币。他们带给电视台时段买卖，以点论价的压力也在不断加码。这些，都将中国电视台不由分说地推向了风险与机遇并存的市场。由此引发了中国电视界对于收视率的强烈关注。使电视收视率这个一度被视为另类的市场指标，在短短十年间由边缘推向主流！

往后十年间，乘着科技的翅膀，电视覆盖传播通路格局重构。我国传播通路仍以有线数字电视为主导，但同时直播卫星数字电视、IPTV、OTT TV新型覆盖通路快速发展，形成覆盖通路新格局。IPTV由电信、联通运营商参与运营，与互联网联系密切，并搭上“三网融合”高速快车，几乎席卷全国，2016年IPTV用户规模高升至1.27亿人（3545.7万户）。具有“互联网基因”的OTT TV同样表现出强劲发展势头，用户倍速增长，2016年用户规模增至近1250万人（348.8万户）。北京美兰德媒体传播策略咨询有限公司今年尤其注重IPTV和OTT TV的调研，在保持以往对IPTV、OTT TV用户的接收频道、使用频次、用户使用的IPTV机顶盒及OTT TV盒子品牌、运营商分布、付费意愿、回看及点播功能使用时间分布等多项内容调研的基础上，拓宽了IPTV和OTT TV的调查范围，增加多个IPTV和OTT TV直播调查问题及评判指标，深入调查电视频道在新型传播通路的覆盖与收视状况，为电视频道提供补充新型传播渠道的用户数据，增加频道价值。细化网络视频节目调查。中国网民近年来连续大幅增长，众多用户喜欢用移动端收看电视节目，网络视频是所有电视人关注、学习、借鉴的重要对象。2018年北京美兰德媒体传播策略咨询有限公司更加细化网络视频认知和使用方面的调研问题，对网络视频上的节目、广告进行更细致的分析，这次调研增加了观众对网络视频中的广告数量和时长的最大接受程度等问题，同时收看节目的类型选择及其他指标选择更为细致。

未来，三网融合的脚步将快马加鞭，意味着可预见的未来看电视的方式一定会有所改变。那么，与传统电视行业相辅相成的收视率调查方式，是否也做好了改变的准备。要看清基于“三网融合”变化的收视率调研前景，就需要从三网融合所带来的改变作为切入点。对于我们来说，三网融合带来的改革一定是颠覆性的，可以概括为五大融合：技术融合，网络融合，终端融合，产业融合，内容融合。技术融合和网络融合带来的是运营商的版块重组和利益调整；终端融合则是改变受众媒体使用方式和使用习惯；内容融合是为目前鱼龙混杂的内容制作商提供了一次洗牌的机会；而产业融合则是终极意义的变革。作为与内容生产者密切相关的电视收视率调查，在产业布局变革的大浪潮中自然也无法独善其身，必须改变和适应。未来的收视率调研究竟会怎样发展？转型虽然艰难，但已经在孕育一场同样可颠覆的革新。众所周知，目前收视率调研普遍采用的方式有两种，一种是入户人员测量仪设备进行数据采集，另一种则通过传统日记卡填写方式完成。从发展趋势上看，测量仪设备是目前的主流，能够更及时、迅速又精确反映收视情况。但如果以基于互联网传输的三网合一的收视环境来看，目前的测量技术仍显落伍。目前我们广泛使用的测量仪调研实质上是模拟了一个经过甄别的“点收视”环境，以往的广电有限网络并不能提供的测量环境，如今经由互联网技术可以直接实现。那就意味着网域内的每一个点的收视行为都可实时记录并且进行分析计算。这意味着今后的收视调研技术很可能需要从模拟点收视环境转换为全样本环境的收视监测。如何实现全样本的收视监测。从目前世界范围来看，这个问题并没有切实的解决办法。已有试行的多为在海量样本范围内再进行小样本框的抽取监测。这种监测可能更接近模拟电视时代的收视监测，并没有技术上的突破。因此，在三网融合时代的海量样本环境下，如何实现样本甄别突破是目前行业发展的一个关键点，一旦实现，那么将迎来一场飞跃。

作为电视信号传播的重要一环，中国电视覆盖调研在20年间经历了一段难忘岁月，青春不留白。长风破浪会有时，直挂云帆济沧海。展望未来，新的征程即将开启，新的蓝图即将续写。龙非池中物，乘雷欲上九霄，覆盖调研——蓄势待发！

2017年度中国家庭收视市场入户调查

中国广播电视网络有限公司联合北京美兰德媒体传播策略咨询有限公司（美兰德）共同发布2017年度中国家庭收视市场入户调查。

本期调查执行时间为2017年7月至8月，调查范围覆盖全国30个省、自治区、直辖市（西藏和港澳台地区暂缺）的12—74岁常住电视人口；该项调查采用分层多阶段不等概率抽样方法，2017年确定抽样点数587个，获得有效问卷20737份。

2017年全国电视人口基数为13.18亿人，3.64亿户。

一、中国家庭整体收视格局

1. 有线数字电视仍占主导，但占比持续下滑，IPTV等新型传播通路快速增长

2017年我国电视覆盖传播通路中有线数字电视仍占据主导地位，用户规模最为庞大，占比达58.8%。其次分别是直播卫星数字电视、IPTV，收视市场份额分别达15.2%和14.4%，位居中国家庭收视市场的第二、三位。

自2015年达到用户规模的高点后，有线数字电视用户比例连续两年出现下滑，2017年首次跌破60%。直播卫星数字电视发展相对稳定，近五年来用户比例维持在13%—17%之间。

相较而言，新型覆盖传输通路用户规模正在稳步快速提升。其中，通过电信运营商开展的IPTV业务呈现明显上升趋势，2017年全国IPTV用户规模同比增长48.9%，用户覆盖的比例增至14.4%，成为第三大电视节目信号传

输渠道，与直播卫星数字电视用户规模差距进一步缩小；具有互联网基因的 OTT TV 同样发展迅速，2017 年全国 OTT TV 用户规模增长迅猛，年增幅达到了 482.0%。

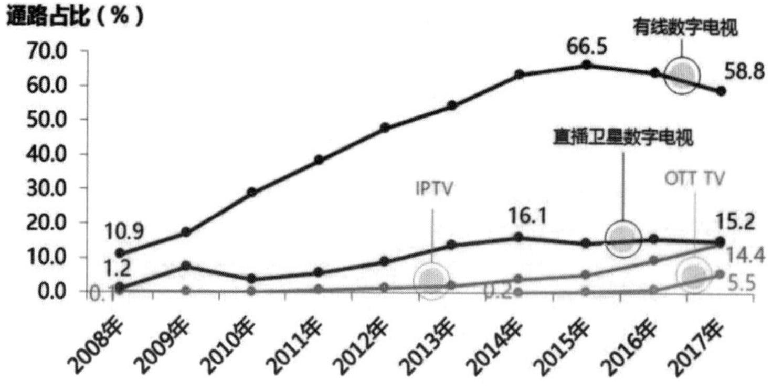

图 4-12　2008—2017 年全国主要类型电视传播通路发展状况（%）

数据来源：美兰德·全国电视覆盖与收视状况调查 Source：2008 年 8 月—2017 年 8 月 @ CMMR Co.Ltd

与此同时，2017 年地面数字电视用户比例仅为 1.5%，省市区级有线电视公共网（模拟网）、小区、家属院、单位的有线局域网、自备普通室内（外）天线、自备卫星接收天线用户比例也持续萎缩，2017 年合计占比不足 5%。

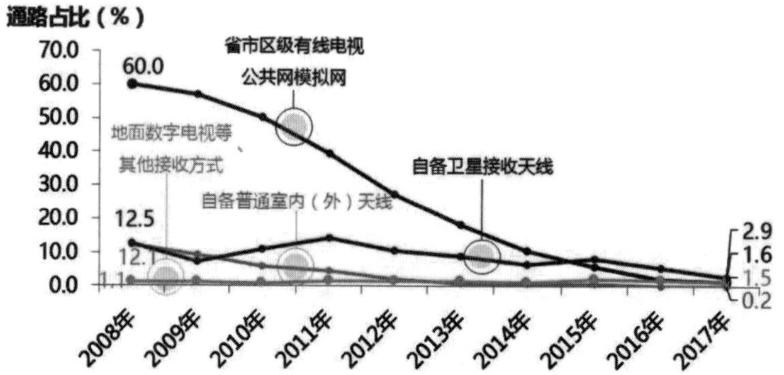

图 4-13　2008—2017 年全国其他类型电视传播通路发展状况（%）

（注：2017 年电视传播通路中小区、家属院、单位的有线局域网全国占比不足 0.1%，故在图中省略）

数据来源：美兰德·全国电视覆盖与收视状况调查 Source：2008 年 8 月—2017 年 8 月 @ CMMR Co.Ltd

2. 有线数字电视和卫星在城乡覆盖各有侧重，IPTV、OTT TV 城乡发展均衡

有线数字电视在农村和城市地区的覆盖率总体处于较高水平，但是在农村地区的覆盖率显著低于城市地区。2015 年以来，有线数字电视覆盖率在城乡均出现了不同程度的下滑，其中，在城市区域有线数字电视覆盖率同比降幅更大，达到 7.8 个百分点。

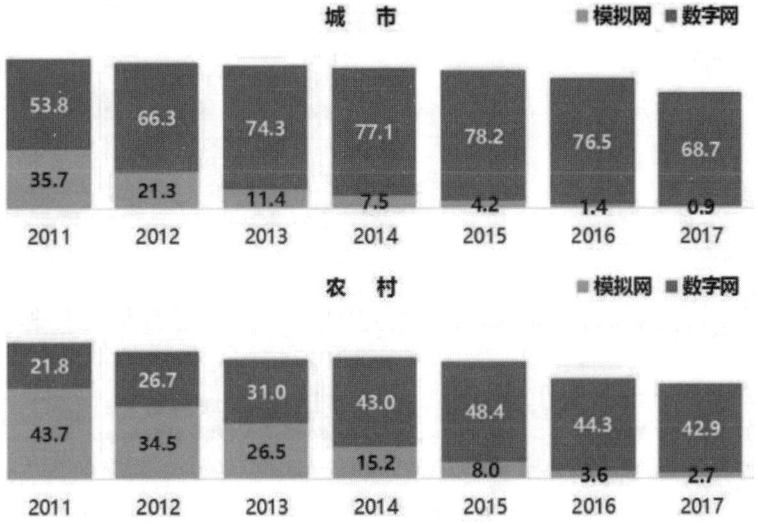

图 4-14　2011—2017 年城乡有线电视公共网用户比例（%）

数据来源：美兰德 · 全国电视覆盖与收视状况调查 Source：2011 年 8 月—2017 年 8 月 @ CMMR Co.Ltd

在农村地区，卫星仍然是除了有线数字电视以外用户最重要的收视方式。2017 年，在农村地区使用直播卫星数字电视和自备卫星接收天线收看电视的用户比例分别为 27.9% 和 5.8%，两者合计的收视份额超过三分之一。

相对而言，IPTV 和 OTT TV 的用户在城乡分布较为平均。2017 年，在城市地区，IPTV、OTT TV 的用户比例分别为 15.6% 及 5.8%，在农村地区两者的用户比例也达到了 12.4% 及 5.1%。

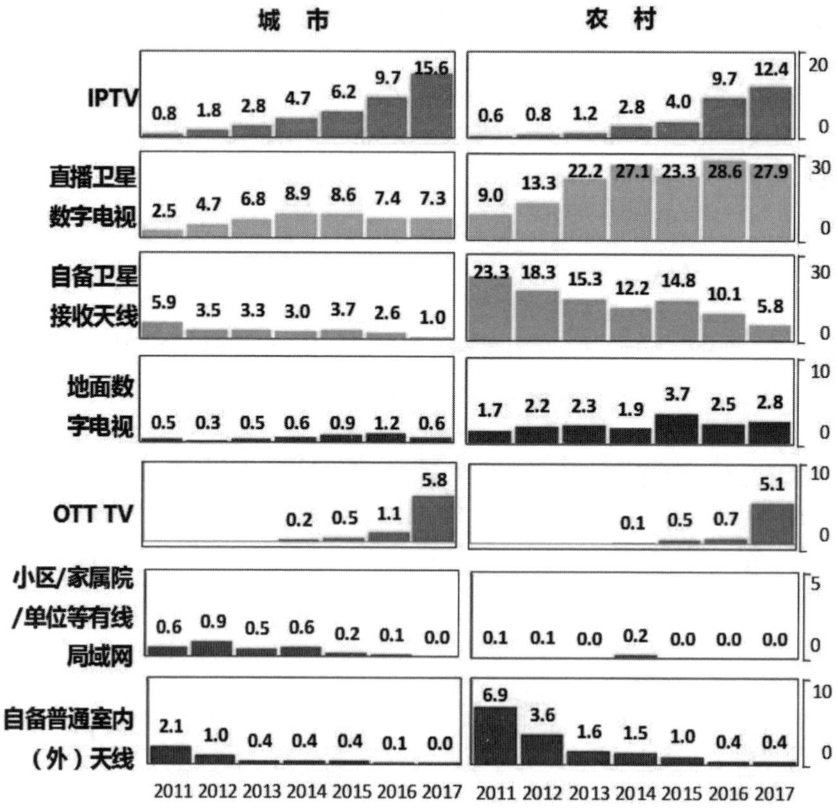

图 4–15 2011—2017 年城市和农村非有线接收方式用户比例（%）

数据来源：美兰德·全国电视覆盖与收视状况调查 Source：2011 年 8 月—2017 年 8 月 @ CMMR Co.Ltd

3. 有线电视用户地区分布差异较大，中西部省份有线电视用户市场份额处于较低水平

根据入户调查的结果：有线电视网络在全国各省用户覆盖情况呈现较大的差异。在北京、广东、浙江等我国东部大部分省份，有线电视公共网的用户覆盖率达到八成以上；而在河北省、安徽省和大部分西部省份，电视覆盖通路的构成较为复杂，非有线电视网络占据较大市场份额，有线电视网络用户覆盖比率不足 40%。

4.“一户多终端”逐步成为新的发展趋势，其中超三成用户选择同时使用 IPTV 与有线数字电视的组合

随着多种新型传输通路的快速发展，全国电视人口中使用两种及以上接

收方式收看电视节目的用户呈现逐年增长的态势。分地域来看，浙江省“一户多终端”的用户规模比例为全国第一，江苏省及江西省紧随其后。河南省、重庆市、湖北省、湖南省、贵州等5省的“一户多终端”用户比例处于第二梯队。

在“一户多终端”用户的终端选择上，从排名前十的多种终端组合方式可以看出，有超过三成用户同时使用IPTV与有线数字电视，其次是选择有线数字电视搭配OTT TV的组合，占比达24.0%；选择有线数字电视搭配直播卫星数字电视的用户占比为16.6%，而IPTV与直播卫星数字电视这两种接收方式的组合也受到了将近10%的用户青睐。可见，有线数字电视和IPTV、直播星用户之间的用户存在较大的交叠，且能够在一定程度上起到相互补充的作用。

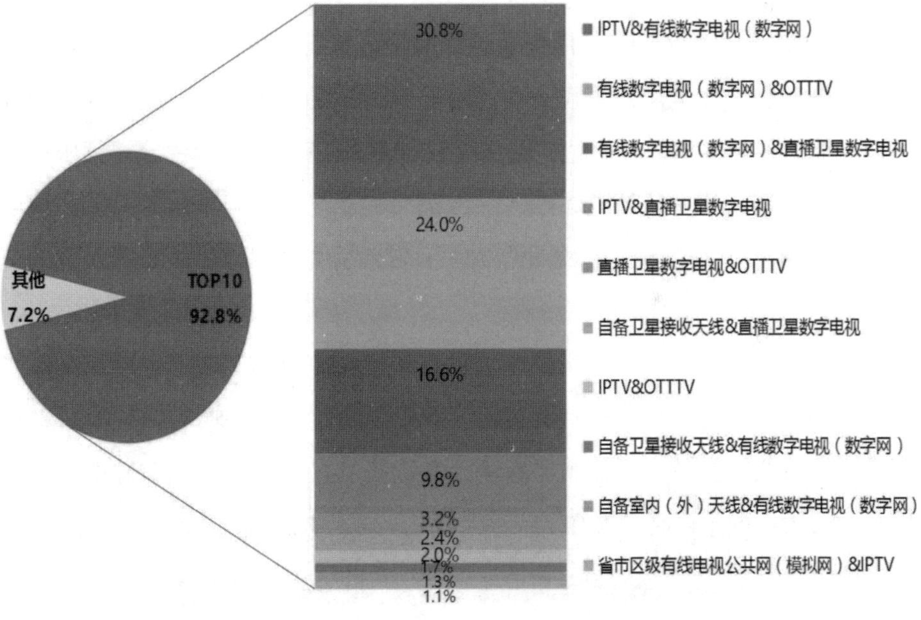

图4–16　2017年多种接收方式组合分布情况（TOP10）

数据来源：美兰德·全国电视覆盖与收视状况调查 Source：2017年8月 @CMMR Co.Ltd

5. OTT TV的产业集中度逐步提升，产业生态逐步形成

2017年，OTT TV集成播控牌照商之间的角逐同样愈发激烈。华数TV、芒果TV、百视通等牌照商的市场份额均超过20%，CIBN（国广东方）的用户

占比也达到了15.4%。华数TV、芒果TV、百视通及CIBN已然形成第一阵营，丰富的资源和良好的用户体验是抢夺用户并提高黏性的关键。

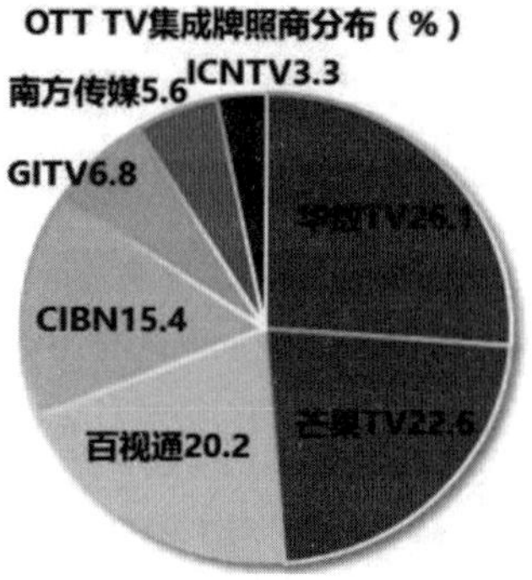

图4-17　2017年全国OTT TV集成播控牌照商分布情况（%）

数据来源：美兰德·全国电视覆盖与收视状况调查 Source：2017年8月 @CMMR Co.Ltd

从2017年全国OTT TV用户通过互联网电视集成播控平台安装使用的点播软件来看，总体上用户更喜欢使用有内容资源的点播软件。在有内容资源的前五名点播软件中，爱奇艺、腾讯视频、芒果TV、优酷等主流视频服务商的点播软件用户比例均超过10%。一方面，在总局近几年来相关政策法规的引导下，越来越多的主流视频网站加大了与互联网电视集成播控牌照方的合作，成为电视大屏上合法的“正规军”，丰富了互联网电视的节目内容供给；另一方面，主流视频网站在积累了大量优质版权节目的基础上，也加大了节目内容的自制，创作出一批具有良好市场反响的爆款电视剧和综艺节目，从而满足了收视观众的点播需求。在聚合各家内容的第三方点播软件中，电视猫视频的用户占比较高，为9.7%，其余点播软件占比均不高于5%。

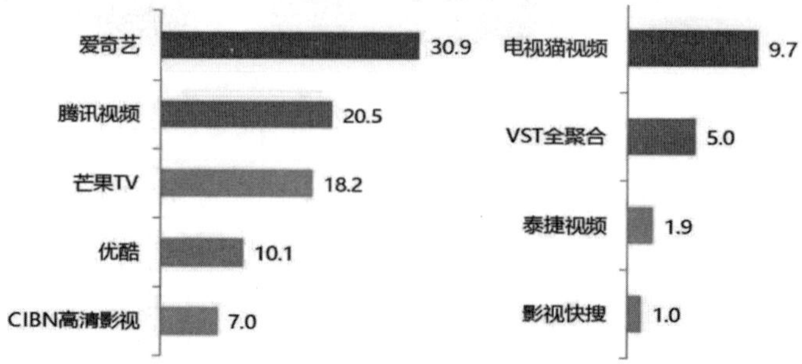

图4-18　2017年全国OTT TV用户安装使用的点播软件分布（%）

数据来源：美兰德·全国电视覆盖与收视状况调查 Source：2017年8月 @CMMR Co.Ltd

二、中国家庭收视满意率

1. 收视用户满意率总体较高，但是有线数字电视和 IPTV 用户满意率同比出现下滑，OTT TV 满意率略有提升

调查显示，2017 年绝大多数用户对有线数字电视、IPTV 和 OTT TV 的服务表示满意，满意率均超过了 80%，其中 IPTV 的满意率最高，达 86.9%。随着电视覆盖传输通路多样化快速发展，用户有了更多的选择，良好的用户体验和低廉的资费标准显得愈发重要，这也直接决定了用户的满意程度。

与去年同期相比，2017 年有线数字电视及 IPTV 用户整体满意率均有所下滑，分别下降 3.9、3.1 个百分点。究其原因，节目数量、资费问题等因素成为有线数字电视满意率下滑的主要原因，而操作复杂，网速慢则是 IPTV 满意率下滑的最大原因，有线数字电视与 IPTV 应在内容之外更加注重资费水平并提升自身的服务水平；OTT TV 由于直播延迟，盒子死机等问题的改善以及多样化的增值业务增强了用户黏性，其用户满意率相较去年提升了 2 个百分点，成绩可圈可点。

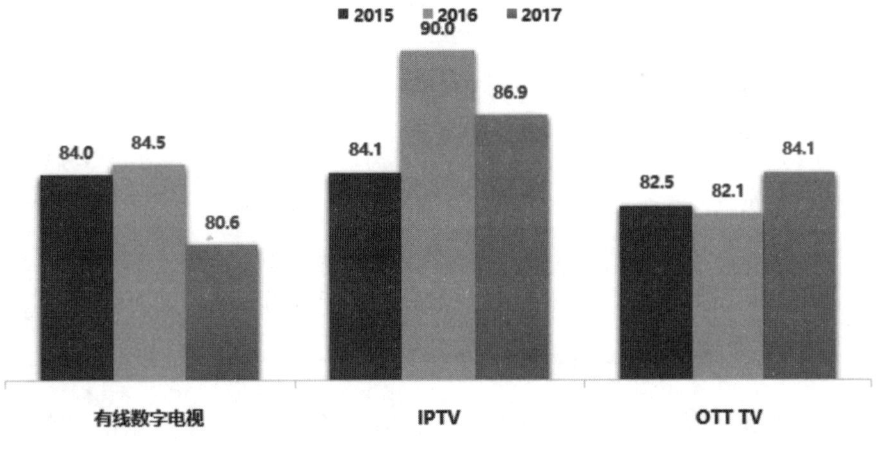

图 4-19　2017 年有线数字电视、IPTV、OTT TV 用户满意率（%）

数据来源：美兰德·全国电视覆盖与收视状况调查 Source：2017 年 8 月 @CMMR Co.Ltd

2. 有线数字电视用户对节目内容丰富、收视画面清晰表示满意，资费过高是影响用户满意率的首要原因

有线电视用户满意与不满意的原因如下表。其中，位列有线数字电视用

户满意原因前三位的分别是“收视更清晰，画面效果更好”“节目数量增加，选择性更多”以及“增加了节目预告，非常方便”，50% 以上的用户对前两项表示了满意，这是有线电视吸引用户的主要原因；位列不满意原因前三位的分别是“有线数字电视资费太高”“信号不稳定，突然中断或出现马赛克”以及“一台机顶盒只能配一台电视机”，其中“资费太高”仍然是有线电视用户不满意的核心原因，占比达 48.2%。

表 4-3　2017 年全国有线数字电视用户满意与不满意原因（%）

满意原因	占比（%）	不满意原因	占比（%）
收视更清晰，画面效果更好	65.6	有线数字电视资费太高	48.2
节目数量增加，选择性更多	56.5	信号不稳定，突然中断或出现马赛克	29.7
增加了节目预告，非常方便	25.2	一台机顶盒只能配一台电视机	28.4
整体服务质量更好	24.3	比较好的电视节目要付费才能收看	21.7
收费水平相对合理	14.9	操作复杂，需要用两个遥控器	21.2
娱乐功能增多	14.5	开机、进入电视菜单、换台时反应迟钝	17.9
信息量很大，可享受到更多信息服务	12.9	机顶盒容易出问题(死机，异响等)	13.2
可以购买并收看自己喜爱的频道	10.3	节目内容不够丰富，不能满足收视需求	11.6
其他	0.0	营业厅少，缴费、办理业务不方便	11.3
		办理有线数字电视的手续繁琐	10.9
		服务水平差，服务热线打不进去等	10.0
		节目形式、内容太接近	8.7
		服务态度不好，售后效率低	8.0
		其他	1.6

数据来源：美兰德·全国电视覆盖与收视状况调查 Source：2017 年 8 月 @CMMR Co.Ltd

与 2016 年相比，有线数字电视用户对于“节目内容丰富，满足收视需求”满意率提升最高，提升 5.3 个百分点，另外“整体服务质量”和“收费的合理性”也一定程度上更加得到用户认可。虽然用户对“节目数量增加，选择性更多”满意率较高，但与去年同期相比降幅最大，表明用户认为电视节目质量提高的同时节目数量未能同步提高，可选择性仍显不足。此外，“一台机顶盒只能配一台电视”限制了用户的使用，满意率下降，用户对于智能化、跨屏跨终端的家庭收视体验需求趋于明显。

IPTV 用户满意与不满意的原因如下表。其中，位列 IPTV 用户满意原因前三位的分别是“收视更清晰，画面效果更好”“节目数量增加，选择性更多”以及“可以回看错过的电视节目”“收视更清晰，画面效果更好”“节目数量增加，选择性更多”是用户满意的主要原因，满意用户占比高于 60%；不满意原因前三位的分别是“网速太慢，收看电视节目卡顿、延迟”“月收视费太高”和“操作复杂，需要用两个遥控器”，其中“网速太慢，收看电视节目卡顿、延迟”是 IPTV 用户不满意的核心原因，占比达 44.6%。

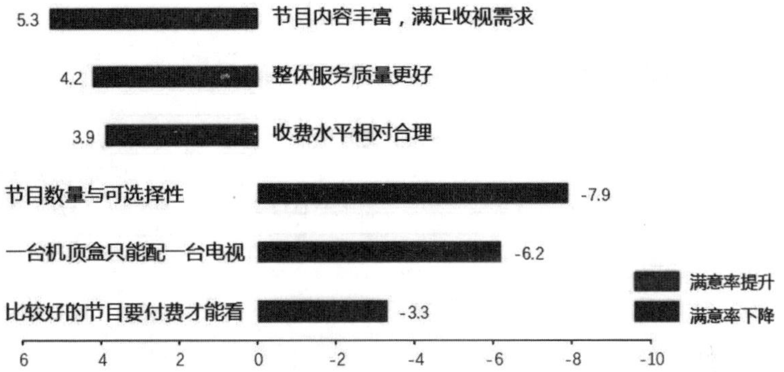

图 4–20　有线数字电视用户满意率同比变化情况

数据来源：美兰德·全国电视覆盖与收视状况调查 Source：2017 年 8 月 @CMMR Co.Ltd

表 4–4　2017 年全国 IPTV 用户满意与不满意原因（%）

满意原因	占比（%）	不满意原因	占比（%）
收视更清晰，画面效果更好	65.0	网速太慢，收看电视节目卡顿、延迟	44.6
节目数量增加，选择性更多	61.7	月收视费太高	24.2
可以回看错过的电视节目	26.3	操作复杂，需要用两个遥控器	17.7
操作更简单	17.1	信号不稳定，突然中断或出现马赛克	12.5
信息量很大，可享受到更多信息服务	15.1	比较好的电视节目要付费才能收看	10.8
收费水平相对合理	14.8	办理IPTV的手续繁琐	9.3
回看节目中高清频道数量多	11.8	机顶盒容易出问题	8.6
娱乐功能增多	9.5	服务热线不易接通，效率差	8.6
开机速度快	7.9	一台机顶盒只能配一台电视机	7.6
很多点播节目，可选择喜爱的收看	7.3	收费不透明，有乱收费的感觉	7.6
服务态度好、沟通方便	5.3	其他	6.5
对服务需求反馈及时、效率高	3.8	节目内容不够丰富，不能满足收视需求	5.8
其他	0.4	营业厅少，缴费、办理业务不方便	4.6
		服务态度不好，沟通方式待改进	3.5

数据来源：美兰德·全国电视覆盖与收视状况调查 Source：2017 年 8 月 @CMMR Co.Ltd

与去年同期相比，在 2017 年“提速降费”措施快速推进的背景下，IPTV 用户对于“收费水平相对合理”的满意率提升达到 24.6 个百分点，增长幅度明显。另外 IPTV 用户也同样认为 IPTV 存在节目内容丰富而节目数量不够的问题，同时用户认为“操作复杂，需要两个遥控器”以及“网速太慢，收看电视节目卡顿，延迟”等问题影响了用户体验，满意率下降较多。

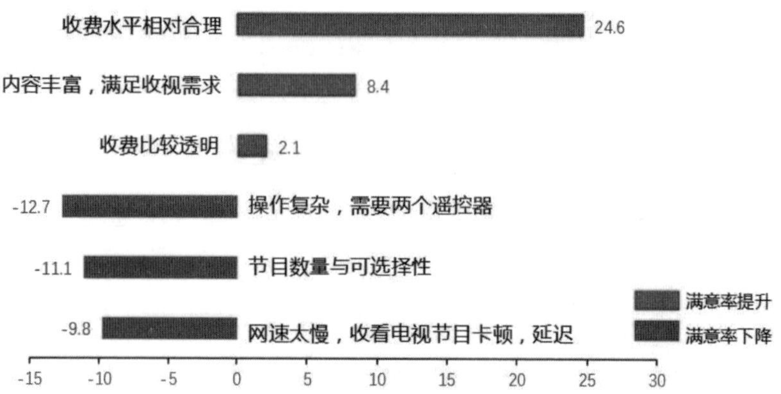

图 4-21 IPTV 用户满意率同比变化情况

数据来源：美兰德·全国电视覆盖与收视状况调查 Source：2017 年 8 月 @CMMR Co.Ltd

OTT TV 用户满意与不满意的原因如下表。其中，位列 OTT TV 用户满意原因前三位的分别是“视频内容丰富、选择性更多”“在线看电影，更新速度快”以及“高清播放，视觉效果更佳”，而“视频内容丰富、选择性更多”是 OTT TV 用户满意的核心因素，占比达 61.4%；不满意原因前三位的分别是“网速太慢，收看电视节目卡顿、延迟”和“操作复杂，需要经常升级”和“不能直接看直播”，其中“网络太慢，收看电视节目卡顿、延迟”仍然是用户不满意的主要原因，占比达 51.2%。

表 4-5 2017 年全国 OTT TV 用户满意与不满意原因（%）

满意原因	占比（%）	不满意原因	占比（%）
视频内容丰富，选择性更多	61.4	网速太慢，收看电视节目卡顿、延迟	51.2
在线看电影，更新速度快	39.5	操作复杂，需要经常升级	27.6
高清播放，视觉效果更佳	28.6	不能直接看直播，需安装第三方软件	24.6
可自行管理电视频道或节目库	18.2	很多高清资源是收费的	12.3
娱乐功能增多	17.6	直播时间有延迟	10.5
可以回看错过的电视节目	15.3	对带宽要求高，看高清需在10M以上	10.5
信息量很大，可享受到更多信息服务	10.7	经常死机	9.8
机顶盒性价比较高	4.2	智能电视价格高	6.2
经常升级，获取更多视频资源	3.3	智能机顶盒价格高	5.7
支持离线下载	2.6	点播内容基本雷同，节目内容不够丰富	5.5
可播放本地视频	2.4	其他	4.8
可以自行安装软件	2.1		
其他	0.4		

数据来源：美兰德·全国电视覆盖与收视状况调查 Source：2017 年 8 月 @CMMR Co.Ltd

相比去年同期，OTT TV 用户整体满意率较去年有所提升，其中“直播延迟”和“经常死机”现象的改善成为满意率提升最重要的原因。究其原因，在互联网“直播元年”和“IP 版权”等概念的热潮下，OTT TV 服务提供商在搭建自有直播平台或者直接购买热门体育赛事、电视电视剧首播版权等方面已积累了丰富的运营经验，另起炉灶向用户提供直播频道以外的优质内容，改善了以往用户对于 OTT TV“直播有延迟”方面的诟病。此外，随着软硬件技术的发展，OTT TV 盒子产品不断改进，性能不断优化，也减少了“经常死机”情况的发生，从而用户满意率也得到大幅提升。与此同时，“操作复杂，需要经常升级”“不能直接看直播，需要安装第三方软件”等问题也是目前影响 OTT TV 用户满意的主要原因。

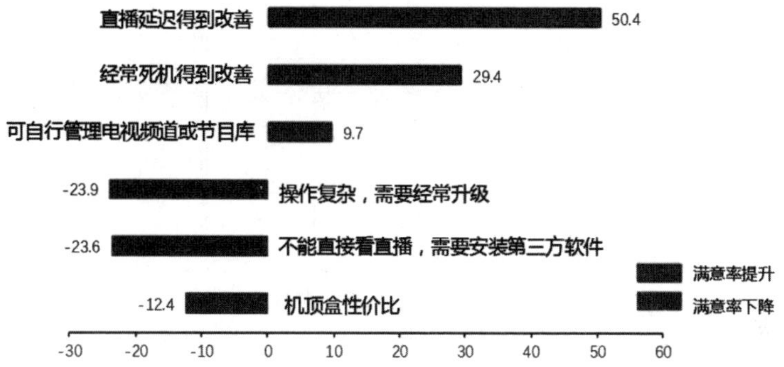

图 4-22　OTT TV 用户满意率同比变化情况

数据来源：美兰德·全国电视覆盖与收视状况调查 Source：2017 年 8 月 @CMMR Co.Ltd

整体而言，有线数字电视、IPTV 主要对于收看的画面效果均表现出较高的满意率，OTT TV 用户则更满意于其提供的海量的节目内容；不满意方面，有线电视的资费过高、IPTV 和 OTT TV 的信号传输质量仍然是用户不满意的核心因素，而 OTT TV 通过加大自有版权内容投入等手段，大幅改善了用户对于其“直播存在延迟”的不良体验，因此 2017 年度 OTT TV 的用户满意率相比竞争对手出现了明显的上升。对于有线电视网络运营企业来说，在各类型传输渠道建设快速发展的当下，必须要针对用户需求，进一步补足短板、增强自身竞争力。因此，在确保优质的收视质量的基础上，进一步丰富节目播出内容、降低基础收视资费、优化用户使用体验是未来首要解决的关键问题。

三、中国家庭收视偏好

1. 电视直播仍是第一诉求，有线数字电视用户尤为明显

从 2017 年全国有线数字电视、IPTV、OTT TV 用户经常使用功能的选择比例来看，有线数字电视、IPTV、OTT TV 用户均以看电视直播为主，有线数字电视用户这一特征尤为明显，而 IPTV 和 OTT TV 用户使用增值服务比例相对较高。

表 4-6 2017 年全国有线数字电视、IPTV、OTT TV 用户经常使用功能和付费意愿（%）

功能	有线数字电视		IPTV		OTT TV	
	使用比例	愿意付费用户比例	使用比例	愿意付费用户比例	使用比例	愿意付费用户比例
看电视直播	97.6	11.9	94.7	6.9	63.4	3.1
节目搜索	5.7	0.1	11.2	0.0	16.4	0.2
电视节目时移和回看	3.8	0.6	26.9	1.6	7.0	0.2
在线视频点播	3.3	0.9	15.9	0.6	36.5	1.4
节目推荐	3.3	0.1	4.7	0.0	5.6	0.0
信息资讯服务	2.8	0.2	3.3	0.1	2.4	0.0
个性化频道管理	2.1	0.1	4.0	0.2	2.8	0.0
离线下载	2.0	0.1	2.5	0.0	1.7	0.1

数据来源：美兰德·全国电视覆盖与收视状况调查 Source：2017 年 8 月 @CMMR Co.Ltd

具体来看，“看电视”仍然是用户第一诉求，有线数字电视用户对“看电视直播”功能使用比例高达 97.6%，略高于 IPTV 的 94.7%，明显高于 OTT TV 的 63.4%；“节目搜索”“电视节目时移和回看”“在线视频点播”“节目推荐”等功能也逐步开始拥有一定的用户基础。IPTV 和 OTT TV 在点播节目内容及功能设定上相较有线数字电视具有更高的灵活性，因此，其用户选择“电视节目时移和回看”“在线视频点播”等功能的使用比例均明显高于有线数字电视用户。

与此同时，从用户的付费意愿来看，有线数字电视用户的付费意愿总体高于另外两种收视方式。从具体的付费内容来看，有线数字电视、IPTV、OTT TV 用户对“看电视直播”功能的付费意愿比例均最高，IPTV 用户对“电视节目时移和回看”、OTT TV 用户对“在线视频点播”也具有较高的付费意愿。

2. 观众喜爱的节目仍然以娱乐节目为主，并且更倾向于在电视大屏收看新闻资讯类节目

对比 2017 年电视观众与网络视频用户喜爱的节目类型可知，电视剧类节目再度以超高喜爱率成为两大用户群的最爱，新闻资讯、评论类、综艺娱乐类、电影类均冲进前四。其中，观众更喜爱在电视大屏收看新闻资讯、评论类节目，喜爱率为 62.8%，相比之下，网络视频用户的喜爱率仅为 30.7%，表明了电视大屏在新闻资讯方面有着更高的权威性和公信力，其时效性也更强；而网络视频用户更钟爱综艺娱乐类、电影类节目，喜爱率分别为 46.4%、36.7%，呈现明显的泛娱乐化消费偏好。

图 4–23　2017 年电视观众与网络视频用户喜爱的节目类型 TOP10（%）

数据来源：美兰德·全国电视覆盖与收视状况调查 Source：2017 年 8 月 @CMMR Co.Ltd

3. 回放频道央视普遍受到欢迎，湖南卫视雄踞榜首

回放时移功能是中国家庭用户除看电视直播节目以外，最经常使用的功能之一，也具有较高的付费意愿。在用户经常回放的节目内容中，最主要的仍然是央视频道及部分优质的省级卫视频道，包括中央一套、三套、五套、六套以及中央八套，与观众喜爱的节目类型基本保持一致；而湖南卫视及浙江卫视两家省级卫视近年来致力于打造精品电视剧和爆款综艺节目，成为有线数字电视、IPTV 和 OTT TV 用户最为热衷回放的电视频道。此外，用户对高清频道收视习惯的逐渐形成也使得中央一套高清频道、湖南卫视高清频道等同样成为经常回放的电视频道。

表 4–7　2017 年全国有线数字电视、IPTV、OTT TV 用户使用回放功能经常回放的电视频道 TOP10（%）

有线数字电视		IPTV		OTT TV	
频道	用户比例	频道	用户比例	频道	用户比例
湖南卫视	29.3	湖南卫视	28.0	湖南卫视	34.7
浙江卫视	14.4	浙江卫视	15.7	中央六套	21.0
中央三套	13.7	中央一套	13.4	浙江卫视	16.5
江苏卫视	13.6	中央六套	11.6	中央五套	12.3
中央六套	13.1	中央五套	9.4	东方卫视	11.8
中央一套	12.9	江苏卫视	9.0	中央八套	11.5
中央八套	11.0	湖南卫视高清频道	8.5	中央一套高清频道	7.5
中央五套	10.5	中央三套	7.3	江苏卫视	7.0
东方卫视	8.4	东方卫视	6.9	中央一套	6.8
中央新闻频道	8.4	中央新闻频道	6.8	湖南卫视高清频道	6.7

数据来源：美兰德・全国电视覆盖与收视状况调查 Source：2017 年 8 月 @CMMR Co.Ltd

第五章
大视频市场格局的形成

受益于信息技术的飞速发展与三网融合的全面推进，我国视频传播格局已经由传统的电视时代全面进入由互联网主导的大视频时代，大中小三屏联动盛行、一云多屏内容分发已成主流，视频 + 支付、社交、电商等新业态不断出现，媒体传播格局、舆论生态和消费模式等均已发生重大变化。从传统广播电视到网络视频，再到互联网电视、移动视频、IPTV 等诸多视听形态，视频成为连接平台、内容、终端、应用和用户的核心因素[1]。时下，各大媒体平台与视频平台均展开以强 IP 视频内容为核心入口的视频生态与大文娱产业布局，形成一种连接共享、融合共生、合作共赢的全新竞合关系。

第一节　大视频时代媒体传播特点

互联网与移动互联网全面颠覆并深刻重构传播逻辑，以移动化、社交化、智能化三大特质助推我国视频传播进入无所不在、随时随地、海量多样、个性传播的大视频时代。有别于传统电视时代线性、单向、孤立的传播模式，大视频时代的内容传播更多是双向互动、多维分享和裂变式的传播。各个视频端、屏幕播出端交互发挥作用，用户以“视频”为核心恣意在各个屏幕间切换、游走。用户也因此从传统的单向传输内容的接受者变成了多维度互动的参与者、体验者，乃至创造者、传输者[2]。

一、移动化：移动端观看视频成主流，电视媒体展开平台化布局

近年来我国手机网络视频用户规模逐年递增，特别是自政府在 2013—2015 年正式提出全面实现三网融合阶段性目标以来，手机网络视频用户规模增速尤为明显。中国互联网络信息中心（以下简称 CNNIC）发布的历次《中国互联网络发展状况统计报告》显示：2013—2015 年我国手机网络视频用户

1　汪文斌：《大视频时代的创新与变革》，转自中国新闻第三届中国网络视听大会官网，2015-11-23。

2　汪文斌：《大视频时代的创新与变革》，转自中国新闻第三届中国网络视听大会官网，2015-11-23。

规模从1.34亿上升到4.05亿，其中2013年度实现跨越式增长，手机端收看或下载视频的用户数为2.47亿，同比增长1.12亿，增幅高达83.8%；2017年我国手机网络视频用户规模突破5亿，达5.49亿。从手机网络视频用户占手机网民的比例来看，已由2012年32%提升至2017年72.9%，视频移动化观看已成主流。近五年我国手机网络视频用户规模快速增长主要得益于两个方面：一是智能手机的普及与手机视频使用环境的成熟，为手机视频的快速发展提供了用户基础和技术支持；二是国内视频网站着力加强对移动端的布局，不断完善视频内容的丰富性。

面对互联网与移动互联网的汹涌大潮，同时顺应人们信息消费升级的需求，传统广播电视媒体开始借力互联网与移动互联网提升传播力及影响力，除了在电视屏向大众输出优质的内容外，也将视频业务重心投向新媒体领域。2009年12月27日中国网络电视台开播，开启了电视台兴办网络电视台的热潮。不过在很长一段时期内，各家网络电视台仍停留在将电视节目照搬到网络的模式。直到2014年4月，湖南广电集团做出不再对外出售湖南卫视节目版权的断臂壮举，以湖南卫视众多品牌综艺全力护航新媒体平台“芒果TV”，独播战略惊动业界，最终在百度、阿里、腾讯三大巨头环绕之下谋得视频行业一席之地，成为广电系媒体融合的典范与标杆。芒果TV不仅仅是一个播出平台，还利用牌照优势构建了“一云多屏”总平台，全面开创互联网视频、互联网电视、手机电视、IPTV、移动客户端（含直播APP）等新兴网络视听业态，并联手创维、国美、光大瑞华发布“爱芒果”品牌互联网电视机，同时在游戏业务、短视频等方面密集部署。

二、社交化：视频社交成潮流，全力构建互动传播

移动互联网时代，社交形态发生明显改变，涌现了以直播、短视频为基础的视频社交潮流。直播平台因具备实时互动元素，为用户提供一种虚拟的在场感，从而激发社交兴趣。纵观视频直播行业发展历程，大致分为四个阶段：视频直播1.0时代为PC端秀场直播，以9158、YY、六间房等为代表；视频直播2.0时代为游戏直播，以虎牙、斗鱼、龙珠、熊猫直播等为代表；视频直

播 3.0 时代是移动直播的主战场，以映客、花椒、易直播等为代表，因较强的社交属性备受用户青睐；视频直播 4.0 时代将是 VR 直播的风口，以微鲸科技、花椒直播等为代表，通过技术加持使用户随时获得沉浸式体验和互动乐趣。就行业发展的关键节点来看，2016 年网络直播市场真正进入全民直播时代，被行业冠以“直播元年”称号。CNNIC 第 39 次《中国互联网络发展状况统计报告》显示，截至 2016 年 12 月，我国网络直播用户数达 3.44 亿，直播平台超过 200 家，直播产业备受各路资本青睐。过度的资本追捧也滋生了一定的直播乱象，相关部门进行了严厉规范，2017 年网络直播用户规模仍呈上升趋势，达 4.22 亿，直播行业前景可期，未来发展模式会朝更加精品化、垂直化、科技化的方向迈进。

相较直播视频需要用户花费大量时间和精力去关注，短视频这一传播形态很大程度上满足了用户对碎片化视频信息的快速获取。纵观短视频行业发展历程，始于 2011 年的短视频并没有引起足够关注，直到 2013 年以秒拍、微视为代表的平台类机构出现，才真正引领用户进入移动短视频时期，其中“秒拍”获得投资方新浪微博力撑，一时间自带粉丝力量的明星纷纷入驻，用户量迅速破千万，短视频初绽锋芒。2014 年众多短视频应用涌现，gif 快手和小咖秀、美拍、小影等工具类视频 APP 成为短视频重头类型。2015 年，以“美拍”为代表的工具平台模式和以“秒拍”为代表的社交媒体模式竞争格局凸显。2016 年，短视频进入爆发阶段，内容创造者纷纷涌入，各大巨头全面布局短视频领域，投融资数量持续增长。2017 年短视频依旧火热，但竞争格局相对稳定，并且伴随行业监管机制的完善，运作方向更加规范化，盈利模式更加稳定。

未来，在高涨的投资热情和用户强烈的社交需求下，视频与社交结合的新平台还会不断涌现，如何保持用户对平台的粘性，成为视频行业关注的重要课题。

三、智能化：技术驱动促进视频行业发展模式创新

随着科研技术不断取得重大突破，AR/VR 技术、人工智能、裸眼 3D、大

数据挖掘、无人机拍摄、移动直播等新技术与视频生态圈深度结合，带来娱乐感、在场感兼具的双重用户新体验。有业界人士在《2017 年全球电视业十大趋势》中直指：虚拟现实技术融入多类型电视节目，互联网科技巨头瞄准 VR 产品市场，语音指令、动作识别等 AI 技术将深入影响视频内容传播[1]。

传统电视媒体不断通过技术加持与创新提升节目魅力。目前，各种类型的电视节目都已经融入了 VR、AR 技术。综艺方面，2016 年《中国好声音》同时推出高清版 AR、VR 和 3D 裸眼版，带给观众全面沉浸式体验，满足观众对高科技媒介产品的需求。重大事件方面，2017 年央视在建军 90 周年阅兵特别节目中首次启用了世界上最先进的摄像系统——万向鹰眼，为用户提供花式看阅兵的独特视角。新技术在大小屏互动引流和用户体验升级上亦有出彩表现：2017 年央视春晚现场布置 30 个云摄像头，实时收集视频信号，观众可以自由切换想看的信号源和场景，使每一个观众成为自己的春晚“导演”；同年，北京春晚现场借助 AR 技术完成红包发放，让“财神”置身于 AR 异次元空间中向现场和全国观众抛撒红包。

互联网视频在智能化领域的深造对用户亦有重要意义，譬如“人脸识别技术”让用户在追剧过程中只看某一人物的相关视频情节；“以图搜剧”弥补用户对遗忘视频名称的识别；“智能剪辑”生成用户最感兴趣的短视频剪辑，这些技术的运用极大节约了用户寻找及观看视频的时间。

综合来看，形式单调的内容呈现方式已经无法充分满足人们日益升级的信息消费需求，新鲜、有趣的内容和形式才能吸引用户注意力。未来，更富现场感、懂用户、多样化的内容产品将成为视频行业长远发展的关键所在。

第二节　视频网站十年崛起与颠覆之路

近年来，大视频行业在相关政策、技术、资本和市场多方推动下，不断

---

1 吴东，黄鑫，张琼子，辛悦：《2017 全球电视业 10 大趋势：颠覆性改变正在悄然发生》，转自《收视中国》，2017-03-04。

涌现出新产品、新服务和新业态，市场空间持续拓展。整体来看，对传统电视媒体形成直接竞争与颠覆的大视频形态非视频网站莫属。追根溯源，视频网站对传统电视行业的颠覆真正开始于2009年。这一年，视频网站先锋军优酷、搜狐视频等皆转向正版视频，试水高清、正版理念与发展模式，开启了与电视台分发内容及网台联动的局面。随后两年，背靠百度的爱奇艺与背靠腾讯的腾讯视频相继上线，均以正版高清长视频定位面世。2014年，湖南广电集团以湖南卫视独播资源全力打造芒果TV，在一众互联网企业中谋得席位，成为广电系视频网站标杆。2009—2018十年间，视频网站在正版高清视频的道路上阔步前行，历经版权购买、整合并购、内容自制、会员吸纳、大文娱及视频生态布局等若干发展阶段之后，最终颠覆了传统电视行业的发展逻辑，全面开启了视频生态发展模式与用户为王时代。

一、高清、正版视频理念开启视频网站新时代

早在2007年，乐视前瞻性预判内容将会成为视频网站的核心竞争力，开始低价购买电影电视版权。之所以将视频网站对传统电视的颠覆开端定格在2009年，缘于这一年两大领军视频网站以影视剧作为切入口布局高清、正版长视频：2月搜狐“高清影视剧”频道上线，独家首播千余影视剧；3月优酷首推“热播剧场”模式，引入高清、正版理念。接下来五年，爱奇艺、腾讯视频、芒果TV相继入局，上线时间分别为2010、2011与2014年，均在4月份；视频网站之间的整合与并购同步持续进行，2012年优酷网与土豆网合并为优酷土豆，2013年百度收购PPS视频业务并将其与爱奇艺合并，2014年搜狐视频收购56网，直至2016年优酷土豆完成私有化正式成为阿里全资子公司，最终形成了当下BAT（百度、阿里、腾讯，以下同）三足鼎立、芒果TV和搜狐视频为第二梯队的视频网站竞争格局。

版权采购是视频网站高清、正版内容的重要来源。十年来视频网站版权采购大致经历了野蛮生长、理性回归、战略布局三个阶段。具体来看：野蛮生长阶段集中在2009—2011年，视频网站对高清、正版内容的战略部署引发版权价格高涨。网络公开资料显示，2009年影视剧的新媒体单集版权尚为数

万元，2011 年暴涨至几十万甚至上百万元，多家视频网站争抢一部剧独播权的现象屡见不鲜。版权价格暴涨造成视频网站运营成本大幅上涨，2012 年搜狐视频、腾讯视频、爱奇艺共同组建“视频内容合作组织”，携手对国内外优质视频版权内容进行采购，使版权价格回归理性价值区间，视频网站进入竞合阶段。2014 年，湖南广电集团旗下芒果 TV 上线，并以湖南卫视独播内容资源全力护航，不再对外分销节目版权。作为电视节目版权供应方重头的湖南卫视这一举措，掀起了视频网站新一轮的独家版权竞赛。与之前不同的是，此轮独家版权竞争更趋理性，视频网站基于自身战略布局，一方面加强对现象级内容版权的独家买断，收揽独家版权“硬通货”，一方面对更多优质内容采用联合购买方式分摊成本。

2014—2016 年湖南卫视综艺版权收紧期间，视频网站竞相追逐浙江卫视、东方卫视、江苏卫视、北京卫视等一线、准一线卫视的优质综艺：爱奇艺是浙江卫视《奔跑吧（兄弟）》唯一六季连播的视频平台，曾在 2016 年独揽《奔跑吧兄弟第三季》的网络播放权；优酷在 2016 年运作了东方卫视《极限挑战第二季》的网络独播权，并将东方卫视《欢乐喜剧人》第二到四季的网络独播权收入囊中。2016 年芒果 TV 在逐渐稳固行业地位后开始释放部分优质节目版权，《爸爸去哪儿》《我想和你唱》《花儿与少年》《快乐男声》《歌手》《妈妈是超人》等品牌综艺在优酷、爱奇艺等平台联合播出。综合来看，近五年来优质内容版权在视频网站之间辗转游移，轮流坐庄。如《蒙面唱将猜猜猜》在 2016、2017 年分别由乐视视频、优酷独家播出，湖南卫视《歌手》在 2017、2018 年分别锁定爱奇艺、优酷作为合作播出平台。

二、视频网站内容自制由最初自救转变为颠覆、超越式发展

网络自制内容的崛起与视频网站版权采购野蛮生长阶段相吻合。因难以承受高昂的版权购买成本，视频网站开始寻求内容自制。网络公开资料显示：2010—2011 年，优酷、爱奇艺分别发布“优酷出品”“奇艺出品”战略，搜狐视频推出“搜狐制造”品牌，2012 年乐视视频出品《东北往事之黑道风云

20年》，使得网络自制剧第一次成系统、专业化地被大量受众所熟知[1]。2014年，“一剧两星”政策利好与美剧《纸牌屋》第二季全球热播触发网络剧制作热潮，国内各大主流视频网站纷纷将内容自制提高到战略层面，迎来业界公认的“网络自制元年”。2014年底爱奇艺出品的《奇葩说》堪称全网第一档现象级纯网综艺，不仅在影响力、变现力方面达到了新高度，更从语态、风格、制作几个层面定义了纯网综艺的基本准绳[2]。2015年以后，各大视频网站内容自制走向与电视节目比肩的高投入和大制作发展模式，与制作机构、大牌明星的互动与合作越来越密切，并且节目类型呈现多元化发展趋势，越来越多的网络自制内容反哺到电视平台，视频网站由“平台提供方”向“平台提供方+内容出品方”转型。2017年爱奇艺、腾讯视频、优酷、芒果TV发力暑期档网综，联袂上演音乐选秀类节目盛况，成为名副其实的“超级网综年”。近十年间，视频网站内容自制已经由原来的自发自救发展成为对电视节目的超越与颠覆。

1. 网络自制对电视节目的超越与颠覆

网络自制进入高投入、大制作、精品化时代。承上所述，2015年起网络自制内容迎来井喷式发展，视频网站对标电视制作标准，不断加大投入并寻求与当红明星、专业制作团队合作。2015年《盗墓笔记》第一季耗费6000万制作经费，每集投入成本达500万左右；演职阵容向大牌明星、专业机构倾斜，主演李易峰、杨洋、唐嫣等均为当红流量艺人，剧目改编由曾担任《天龙八部》《雪山飞狐》等编剧的白一骢操刀，导演由香港新生代导演领军人物郑保瑞和罗永昌担任。2017年超级网综《中国有嘻哈》《明日之子》制作团队均来自电视领域：《中国有嘻哈》制作阵容由中国金牌制作人陈伟、《蒙面歌王》系列总导演车澈、《跑男》三季总编剧岑俊义、《跨界歌王》总导演宫鹏等组成，《明日之子》总监制马昊、总导演黄洁曾执导过《快乐男声》《快乐女声》《燃烧吧少年》等热门选秀综艺。

网络自制内容类型多元化发展，IP化、季播化、系列化成潮流。网综方面，

1 张亦弛：《我国网络自制剧的发展历程及现状研究》，《东南传播》，2015(9)：90—91页。

2 《诞生七年，内容经历三个阶段，视频上半场爱奇艺怎么打对了内容战？》，转自中国网，2017-04-21。

爱奇艺《奇葩说》完美演绎“综艺＋辩论”类型，已连续推出四季；腾讯视频自制“综艺＋美食”类型《拜托了冰箱》，已连续上线三季；优酷自制“综艺＋会议”类型《火星情报局》，已上线三期，并推出同类IP衍生综艺《火星研究院》；芒果TV“综艺＋破案”类型《明星大侦探》也已上线三季，并由同类IP衍生出《我是大侦探》反向输出到湖南卫视。网剧方面，搜狐视频深耕玄幻类题材《无心法师》，腾讯视频打造悬疑类题材《暗黑者》，优酷土豆推出喜剧类题材《万万没想到》等，均以IP化、季播化、系列化模式运作。

网综黄金时段上线与电视争锋。2015年，爱奇艺《奇葩说》锁定每周五、六晚21:21上线，开启与电视综艺的正面竞争。2016年主流视频网站密集部署品牌综艺在周间黄金档上线，打造周间黄金档网综带，如腾讯视频集中开发晚间20:00时段:《拜托了冰箱第二季》《约吧大明星》《饭局的诱惑第一季》，分别锁定周三、四、日20:00上线。2017年暑期三大超级网综上线时间均直指周末黄金档，《2017快乐男声》锁定每周五晚八点更新，《中国有嘻哈》《明日之子》上线时间均为每周六晚八点，剑指电视综艺，正面交锋。

自制综艺反输电视台，节目流通在台网之间频繁展开。2015年网络自制内容开始规模化反向输出到电视台：综艺方面，腾讯视频向东方卫视、星空卫视分别输出《我们15个》《大牌驾到》，爱奇艺向湖北卫视、深圳卫视分别输出《爱上超模》《偶滴歌神啊》，优酷土豆向北京卫视输出《歌手是谁》；剧目方面，搜狐视频《他来了，请闭眼》反哺东方卫视周播剧场，腾讯视频《如果蜗牛有爱情》反哺东方卫视、江苏卫视。随后两年，电视台与视频网站作为内容出品方和平台提供者的双重身份，互相进行节目流通，打破了内容出品和播出平台的刻板界限，网台深度融合联动成为主流，其中不乏电视制作机构专门为视频网站量身定做网综节目，如上海东方娱乐传媒集团有限公司为腾讯视频专属打造明星萌娃真人秀《放开我北鼻》。

网络自制综艺多平台贯通打造传播矩阵。网络综艺背靠强大的视频平台资源不断开发新的营销方式，并打通各种类型社交平台，全面加持节目传播力与品牌影响力。如《中国有嘻哈》精心炮制明星制作人吴亦凡的freestyle梗，短时间内迅速触发网络病毒式传播，在各种时尚品牌及消费品牌营销推广中都能看到freestyle的身影，使嘻哈热成为一种火爆的社会现象。爱奇艺与新浪微博首次进行联合会员开发，会员用户在享有双平台会员权益的同时，额外享有《中国有嘻哈》投票加权、节目相关衍生品抽奖、微博专属皮肤等众多福利，并展开与映客、唱吧、抖音、碎乐等平台的合作，深度打造网络传播矩阵版图。

2. 视频网站对影视人才的吸附与引流

电视大咖纷纷“触网”。随着视频行业的崛起以及大文娱布局的深化，电视大咖纷纷拥抱互联网：湖南卫视王牌主持人何炅、谢娜、汪涵等纷纷投身网络综艺，带动《拜托了冰箱》《偶滴歌神啊》《火星情报局》等一大批网综迅速蹿红；电视导演、制片人、高管等亦出走视频平台，央视制作人马东加盟爱奇艺担任首席内容官，“超女”之母、湖南台前副台长王平入职优酷，《爸爸去哪儿》总导演谢涤葵联合腾讯和华谊打造明星网友互动综艺《约吧！大明星》，金牌制作人侯鸿亮从体制内出走，带领团队打造《他来了，请闭眼》《鬼吹灯》等一系列网络自制剧。娱论派、脉脉联合发布的“文娱产业人才流动数据”显示：2016年传统影视人才66%流入互联网文娱公司[1]。

当红流量明星积极拥抱互联网，成为网综爆款的重要支点与制胜法宝。以2017年三大网综爆款为例，《2017快乐男声》邀请李健、罗志祥、陈粒担任音乐召唤师；《明日之子》力邀杨幂、薛之谦、华晨宇担任星推官，其中#薛之谦怒摔话筒#、#盛世魔音华晨宇#等微博话题登上微博热搜；《中国有嘻哈》由潘玮柏、吴亦凡、张震岳和热狗担任明星制作人，吴亦凡成为当之无愧的话题担当与流量担当，“freestyle”梗刷屏网络。当红明星加盟网综，凭借自身的号召力与品牌价值为节目带来高关注度与高话题度，成为节目当之无愧的流量入口。

造星经济日趋成熟，网综与网剧成为新一代造星平台。网络自制剧《太子妃升职记》堪称2015年最大黑马，上线后单日播放量最高超过2亿，收官

---

1 《诞生七年，内容经历三个阶段，视频上半场爱奇艺怎么打对了内容战？》，转自中国网，2017-04-21。

之际即取得26亿播放量，连续10天霸居新浪微博话题总榜之首。此剧短时间内火爆网络，迅速为各位主演打响知名度，造星能力令人瞩目，主演张天爱在此剧之前默默无闻，此剧播出后微博粉丝量飙至600万以上，后续参与了湖南卫视王牌综艺《快乐大本营》与湖南卫视元宵喜乐会，并于2016年初接拍改编自小说《华胥引》的古装电影《鲛珠传》。2017年超级网综《中国有嘻哈》《明日之子》分别成就了GAI、毛不易等高能流量选手，截至2018年4月两人微博粉丝量均达400万以上，并分别参与了《歌手》《快乐大本营》等湖南卫视王牌综艺节目。

3. 网络自制节目吸金能力比肩甚至赶超电视节目

高水准网综吸金力不亚于电视综艺。以爱奇艺《奇葩说》为例，2014年第一季上线时，美特斯邦威以5000万元夺得冠名权。随后网综市场迅速爆发，第二、三季节目的网络影响力成倍放大，受到各大品牌广告主的青睐和追投，广告投放额度频频被刷新，第二季超过1亿，第三季超过3亿，第四季突破4亿，连续刷新行业纪录。2017年超级网综《中国有嘻哈》《明日之子》亦表现不俗：爱奇艺投资2亿打造《中国有嘻哈》，吸引了农夫山泉、麦当劳等品牌赞助，并在中途加入了小米手机等赞助商；王老吉独家冠名腾讯视频《明日之子》，深度互动聚合线上线下流量，并为《明日之子》量身定制3亿罐装、瓶装凉茶，打造“一瓶一码、一罐一码”扫码得道具为选手加油的创新玩法。

网络节目商业化模式渐行渐明，互联网公司加速流量变现。2017年暑期档，网络综艺表现出超强的变现能力与超快的变现速度，商业模式不断完善。《中国有嘻哈》上线第一期并无广告商赞助，第四期时小米作为新的赞助商出现，嘻哈的商业价值开始被市场认可并发掘。因节目走红的多位选手化身流量担当，众多互联网公司积极借“嘻哈”东风推进选手流量变现：《中国有嘻哈》开设自己的潮牌“R!CH”，支付宝在8月1日—8日的“无现金城市周”活动中邀请说唱歌手MCJin欧阳靖和Tizzy T推出名为《无束缚》的说唱MV；节目与全球最大规模的音乐盛事Ultra Music Festival达成战略合作。

4. 视频网站内容部署及投入力度远超电视平台

视频网站秉持开放心态吸纳各方内容生产者。爱奇艺推出网剧多元分账模式、网大分甘同味计划，以开放姿态拥抱制作公司，《余罪》《老九门》《盗墓笔记》等优质剧目背后不乏华策影视、新丽传媒、慈文传媒、欢瑞世纪等国内一线影视制作公司的身影[1]；2016 年启动 iPARTNER 合伙人计划，投入 5 亿扶持 PGC 内容。腾讯视频 2014 年宣布"V+ 原创平台"计划，面向专业视频用户、明星、名人、机构、工作室等建立内容合作平台，吸引 200 多家核心媒体、机构类合作伙伴入驻；2015 年加速 PGC 产业布局，联合万合天宜、暴走漫画、胥渡吧等百家 CP(内容提供商) 启动"惊蛰计划"，签约并重点支持 100 个优质 PGC 项目，从平台、产品、内容、商业等方面全方位支持原创者，并打通 PGC 行业上下游产业链，打造产业共赢的内容生态[2]。

视频网站倾力打造超级综艺与超级剧集。2017 年优酷先后提出"超级网综"理念与"超级剧集"概念。超级网综发力头部版权打造定制番（基于引进的爆款 IP 以定制方式进行内容二次深耕，打造网络版节目）、开计划升级合制综艺（吸纳优质合作伙伴打造爆款综艺，与合作伙伴融合共生）、自组局打造自制爆款三大方向，打通版权、合制、自制的综艺闭环[3]。超级剧集意在打破网络剧与电视剧的界限，视频平台由单纯播出转变为全链路深度参与，致力于推动超级剧集的跨媒体联播[4]。同在 2017 年，爱奇艺一次性发布"海豚"（针对爱奇艺出品超级网剧项目进行定价招标，以"保底 + 发行分成"方式与合作方建立以内容 IP 为核心的紧密联系）、"幼虎"（为制片人、包括有制片能力的导演和编剧创业提供资金及平台资源支持）、"天鹅"（培训潜力艺人，打造影视行业未来之星）三大计划孵化超级网剧，从机制、资金、资源、商业模式搭建等层面全力助推影视产业创新升级[5]。

---

1 《诞生七年，内容经历三个阶段，视频上半场爱奇艺怎么打对了内容战？》，转自中国网，2017-04-21。

2 《在 PGC 的风口，看腾讯视频如何实现产业共赢》，转自中国网，2016-02-15。

3 《优酷"超级网综" 自组局重新定义综艺玩法》，转自重庆晚报网，2017-01-06。

4 《优酷春集剧宴：这五款热剧值得拥有》，转自媒介 360，2017-04-21。

5 《一场"世界 · 大会"看视频行业的风口和未来》，转自网络传播杂志，2017-06-08。

三、视频网站颠覆传统电视盈利模式，价值变现方式更多元

视频网站历经多年市场培育和用户积淀，积累了巨大的用户流量，可以通过视频广告、视频增值服务、版权分销、游戏联运、电商等多种方式实现价值变现，相较传统电视盈利模式更加灵活、多元。与此同时，视频网站得益于大数据的积累与技术创新的便利，能够进行深度用户挖掘，与合作伙伴打通整合进行营销产品开发，从而提升广告投放的精准性，优化广告营销的互动性与趣味性，实现更多层次的价值转化。

1. 植入广告成为网络广告投放及品牌营销的重要手法

随着移动通讯技术的进步与全媒体时代的到来，在线视频传播不再受时间和空间限制，并且具有强大的互动营销特性以及丰富的视频内容和良好的信息植入能力，植入广告逐渐走俏。视频网站能够精确把握用户的喜好和关注点，将视频情节、背景和道具等都与品牌主张和产品信息高度结合，通过潜移默化的高度整合式的广告植入，大幅增加品牌曝光度，向目标用户传达品牌文化。《奇葩说》携手品牌广告主开创一系列内容主导营销的植入广告新玩法，既有插科打诨风格的“马东的广告植入”口播植入广告，也有参赛选手“有意无意”将广告语融入辩词，亦不乏现场摆放产品、节目嘉宾携带产品出场、将情景剧主角设定为与广告主近似的名字等深度植入方式，广告价值转化率惊人。

2. 用户付费成为主要的视频增值服务形式

近年来各大视频网站着力推动用户付费业务的价值转化，随着视频网站对付费会员业务的持续布局和用户消费习惯的培养，用户对视频付费的态度不断转变。2016 年视频网站依靠爆款自制剧或者独家版权带动了上百万付费用户的增长，如《太阳的后裔》拉动爱奇艺付费会员增长 500 万，《太子妃升职记》为乐视视频直接转化了 220 万付费用户。此外，“先网后台”播排策略、“会员免广告”特权等也带动了一大批视频网站用户购买会员。2017 年美兰德全国调查数据显示：用户对网络视频的付费意愿为 47.8%；截至 2017 年 8 月，我国视频网站付费用户规模累计达 1.45 亿人。网络公开资料显

示，截至2018年2月底，爱奇艺与腾讯视频均宣布会员规模突破6000万人。付费会员收入将成为视频网站重要的营收增长点。

3.“视频+电商”模式提供视频购物新渠道

视频网站与电商平台的合作常态化，“视频+电商”的营销模式为用户提供了视频购物的良好渠道。视频购物打造“边看边点”购物模式，通过技术手段在视频中嵌入电商元素，用户在观看视频时可以随时购买视频场景中的物品[1]。2015年合一集团（优酷土豆）提出视频电商“边看边买”概念，以“屏幕即渠道、内容即店铺”为核心宗旨，将销售闭环、品牌效应和场景购物全线打通[2]。爱奇艺推出广告产品营销新模式“随视购”，依托Video out技术识别视频内的商品，并在商品出现时提示观众到电商平台购买。这种形式不仅使品牌和产品获得高曝光，还将产品与视频内容有机深度结合，形成内容即广告、广告即内容，与消费者需求实现有效关联和互动[3]。

4.优化用户体验提升广告契合度

2015年合一集团（优酷土豆）推出“享看广告”营销战略，将广告观看自主权交给用户。与传统的前贴片广告不同，采用“享看广告”模式的广告开始播放后，用户会在画面中看到一个“5秒钟后可跳过广告”的提示并开始倒计时，5秒钟后会出现“免费跳过广告”的按钮，用户可以关闭广告，也可以继续观看[4]。“享看广告”赋予用户观看广告的选择权，在高质量内容与目标受众之间架起桥梁，进一步催化用户对品牌的兴趣，助力品牌建设，开创广告营销新格局。

5.技术创新驱动广告营销模式创新

2016年芒果TV联合原生视频广告平台“影谱”共同开发视频营销产品“易植”，首创让个性化元素无缝嵌入视频的技术，在无损任何视频的情况下，

---

1 苏落：《视频+电商那些可能与不可能》，转自《V-MARKETING成功营销》，2014-12-17。

2 《视频电商落地 合一导购节目<看购>曝光》，转自亿邦动力网，2015-12-24。

3 徐延章：《网络时代视频广告的情感创意营销》，载《青年记者》，2012(18)：102—103页。

4 《优酷土豆推“享看广告”：5秒后用户可选择是否跳过广告》，转自DoNews，2015-06-12。

可以实时、自动、无缝嵌入、更改视频中的任意元素，实现与节目内容的完美结合。“易植”改变了传统电视台植入广告的方式，不需要在前期拍摄中完成广告植入，而是通过技术在后期完成。芒果TV上线节目大量运用“易植”，如《偶像来了》引入广告商吉普，《全员加速中》引入蒙牛和康宝莱，《一年级》引入部落冲突，《我是歌手》引入韩束等[1]。

6. 充分利用大数据精准营销

视频网站能够根据各类品牌客户的不同营销需求，利用大数据分析实现目标人群的精准投放，在保障广告覆盖效果最大化的同时，实现流量高变现。近年来各大视频网站致力于提升精准营销的力度和准确性，实现用户良好的观看体验与客户更好的商业价值的统一。如腾讯视频基于用户观看行为对用户大数据进行追踪，对用户进行标签化筛选及过滤匹配，为广告定向投放提供底层的数据接口及应用匹配，同时依托大数据分析打造多元化的互动营销产品，搭配优质化内容与定制化服务[2]。2014年腾讯视频将人工智能运用到广告投放中，推出“图灵：TA智能优化系统”以帮助品牌商找到营销中的“奇点”[3]。

四、视频网站致力于构建大视频生态圈，成为泛娱乐产业链的重要一环

十年来，大视频行业的生态之路渐行渐明。视频网站基于互联网的平台属性，能够以强连接、强互动的高维媒介特质整合各方资源及要素，重构社会传播的全新范式。当视频行业整合内容、终端，打通全产业链，形成生态化运作之时，用户将获得更大的内容满足，品牌方也将打开潜力巨大的营销新时代。

1. 优酷：阿里大文娱生态的核心引擎[4]

优酷作为视频网站的先驱，在历经视频行业各种洗牌之后，最终归于阿里巴巴集团，成为阿里大文娱生态的核心引擎。2016年优酷融入阿里大文娱

---

1 《影谱携手互联网视频巨头 打造视频营销新生态》，转自千龙科技，2016-01-18。

2 张磊：《腾讯视频如何做精准营销？》，载《经理人》，2012(10)：114—115页。

3 周文：《腾讯视频“图灵”智能系统亮剑》，转自比特网，2014-12-04。

4 《阿里大文娱联动 优酷释放协同势能》，转自华西都市报，2017-11-10。

生态后，一方面通过自身巨大的用户流量催化阿里大文娱各类业务，如优酷与淘宝、天猫出品的合作，观众由优酷的内容进入阿里生态，通过业务合作，观众又转化为淘宝、天猫上的消费者，并且通过优酷、淘宝、天猫等多个端口的链接，使参与项目的品牌完成商业转化，达到阿里、商家、用户三方共赢；一方面受益于“一个大文娱”的生态赋能，得以打通剧集、动漫、游戏、小说、音乐等多领域消费壁垒，种种外延生态流量在优酷垂直核心流量的引领下集中引爆。虽然融合尚不足两年，优酷与阿里大文娱已经形成了较为良好的生态共振，各业务间的联动得以产生更大的商业效应和价值影响力。

2. 爱奇艺：以 IP 开发为核心的娱乐生态系统[1]

作为一家综合视频平台，爱奇艺围绕超级 IP 内容进行全产业链生态布局，以“一鱼多吃”的策略，建立并持续丰富由广告、用户付费、出版、发行、衍生业务授权、游戏和电商组成的独家矩阵，力促超级 IP 内容价值的商业变现。优选付费内容促成 VIP 会员转化，广告商基于内容价值进行商业合作和 IP 商业化运营，一直是爱奇艺商业变现发展过程中的重要途径。相对头部内容，爱奇艺依托强大的分发能力，开发视频流观看方式 + 信息流广告，以短视频形式激活视频内容的长尾效应。此外，爱奇艺打造娱乐生态开放平台，内容生产者通过爱奇艺号接入平台，获取多维度数据和用户画像，以共享式创作方式为内容生产机构和个人生产者赋能；与此同时，爱奇艺开放平台扩展多元商业模式，合作方可以获得版权、广告和会员等多方收益，一点接入多点分成，推动内容创意从生产售卖的传统模式向“赋能 – 生产 – 分发 – 多维变现”的生态型商业模式转变。

3. 腾讯视频：腾讯娱乐生态的重要一环[2]

背靠中国最大的互联网娱乐生态和社交生态，腾讯视频天然自带巨额流量：腾讯大生态为腾讯视频提供了各个方面的强大支撑，微信、腾讯新闻、阅文集团、腾讯游戏、腾讯动漫等各个板块均与腾讯视频进行了流量导入、

---

1 《爱奇艺的“一鱼多吃”大 IP 好生意：开放平台 升级付费战略》，转自中国新闻网，2017-06-08。

2 信海光：《腾讯视频 vs 爱奇艺 从数据窥探下半场发展轨迹》，转自百家号，2018-03-28。

社交传播、IP 开发等方面的生态合作。腾讯视频亦秉承生态运营理念：打造集电视剧、综艺、电影、动漫、少儿、纪录片等于一体的内容矩阵；进军产业上游，加强自有 IP 储备，发力自制内容，打造“头部内容”+“细分受众”的自制内容生态；以全年持续不断的爆款内容布局为平台贡献流量，有效拉动付费会员业务的高速增长；以“场景、数据与技术”三大核心引擎赋能广告营销，依托腾讯各大平台的海量覆盖提供多维营销场景，助力广告主实现用户的真实触达，打通垂直平台、广告主等多方数据，为广告主提供更加精准的用户画像，并以技术迭代升级助力合作伙伴提升营销效率。

4. 芒果生态：“湖南卫视 + 芒果 TV+ 快乐购”营销大闭环

芒果生态经历了由“湖南卫视 + 芒果 TV”的双核驱动到“湖南卫视 + 芒果互娱”的影游互动，再到“湖南卫视 + 芒果 TV+ 快乐购”营销大闭环的跨越，打造跨界链接、融通共生的芒果生态，显示出整个湖南广电的宏观战略[1]。目前，芒果生态在互联网视频、电视、电影、综艺、游戏、电视购物、电商、广告等多个领域融会贯通，充分发挥生态圈协同效应。芒果 TV 作为重要引擎，与湖南卫视构筑了广电融合发展的“双子星座”，在内容布局、广告议价、版权采购、节目发行、海外战略等层面双向联动；利用牌照优势构建“一云多屏”总平台，全面开创互联网视频、互联网电视、手机电视、IPTV、移动客户端（含直播 APP）等新兴网络视听业态；“软”“硬”件合力布局，深度开发 IP 全产业链，充分发挥内容价值，并以“软”驱“硬”，联手创维、国美、光大瑞华发布“爱芒果”品牌互联网电视机，同时在游戏业务、短视频等方面密集部署。

十年来，我国视频网站不断进阶，经历了从“平台提供方”到“平台提供方 + 内容出品方”再到“娱乐生态建设者”的多重角色进化，并一步步颠覆了传统电视的内容生产、传播与广告营销模式，打造出一个可以无限连接、融合共生、赋能共赢的大视频生态运作模式。十年来，视频网站基于互联网

---

1 《“芒果生态”怎么玩？》，转自深壹，2017-08-12。蔡怀军：《芒果 TV“(1+N)X”模式的营销实践》，载《新闻战线》，2018(5)：27—30 页。

的连接属性不断打破各种壁垒与行业界限，以前所未有的资本支撑与全新的技术变革推动我国视频内容生产、传播的大繁荣与大发展，融合共赢的生态发展理念使得内容方与平台的关系正在从短期、简单的产购走向长期、更紧密的共生，从中受益最大的无疑是已经摆脱了单纯电视“观众”身份的广大视频“用户”，而用户大数据的深度发掘又能够进一步丰富并优化内容创造与创新。接下来，媒体融合与视频生态建设的康庄大道仍将继续延伸，更多新技术的出现将带给用户越来越多的惊喜和越来越好的体验。

第三节　中国大视频格局下的网络视频传播研究专题

十九大以来，如何准确把握广大人民群众对文化生活的新需求、解决广播影视发展中存在的不平衡不充分问题成为当前广播影视工作的重中之重。重大活动事件的宣传报道、一年一度的大型节庆晚会、每日晚间黄金档播出的电视剧、周末重头综艺等纷纷及时把握时代新脉搏发挥视频传播价值，不断呈现创新内容，成为响应党和国家、人民号召的实践前锋。

传播中国议题，传递中国声音

——G20 杭州峰会网络融合传播大数据监测与分析报告

2016 年 9 月 3 日—5 日，二十国集团（G20）领导人第十一次峰会在中国杭州举办。三天时间，杭州峰会成功吸引了全社会眼球，“办好 G20，当好东道主”成为当地人民的口号，从传统媒体到新媒体，从官方媒体到社交平台，从电视屏到移动客户端，传播渠道日新月异；峰会议题、元首会晤、国宴菜单、文艺晚会、峰会红人，热议话题层出不穷。

美兰德作为国内视频内容大数据提供商，基于目前已有的“网络视频内容传播监测数据库”，全景呈现 G20 杭州峰会传播盛况，展示中国在世界舞台上烙下的“中印记”。

一、网媒报道盛况空前，日均报道量近 2 万条

2016 年 9 月 3 日至 5 日，举世关注的 G20 峰会成为众网络媒体关注焦点，作为今年中国最重要的主场外交，吸引大量媒体争相报道，人民网、央视等中央级重点媒体与新浪、搜狐等重点商业门户齐发力，网媒报道盛况空前。G20 杭州峰会期间，网媒关注度持续居高不下，参与报道的网媒超 1400 家，原创报道内容达 8826 篇，累积网媒关注度近 6 万条，三日网媒关注度日均近 2 万条。其中，4 日当晚的文艺晚会成功吸引网民关注，当天网媒关注度超过 2.2 万条。

二、中央级重点媒体发文给力，地方网媒、重点门户网站表现突出

此次 G20 峰会是吸引全球媒体记者人数最多的国际会议，近 70 个国家和地区的 5000 余名记者参与杭州峰会报道。中央电视台、中央人民广播电台、

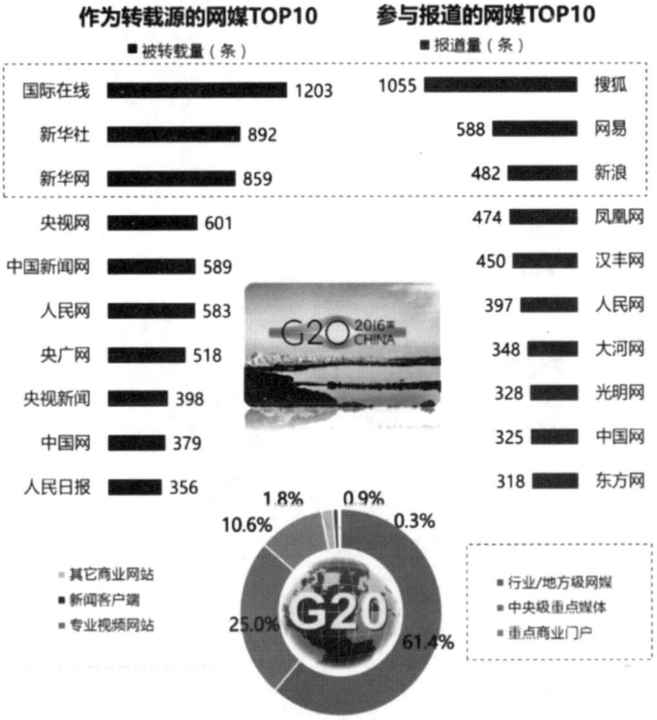

数据来源：美兰德·视频网络传播监测与研究数据库 Source：2016 年 9 月 3 日 -9 月 5 日 @ CMMR Co.Ltd

美联社、英国广播公司等海内外知名媒体纷纷设立独立工作，我国中央级媒体、地方媒体、行业媒体、重点门户网站、新闻客户端、商业网站等多种类型的媒体，积极参与G20峰会报道。其中，中央级重点媒体、行业、地方级网媒、重点商业门户三大类型网媒贡献了近97%的报道量。此外，虽然其他商业网站、新闻客户端、专业视频网站也起到了一定的宣传作用。国际在线、新华社、新华网、央视网、人民网等中央级重点媒体起到主力宣传作用，发表的权威性与峰会相关的报道得到了大量转载，传播力度最大；搜狐、网易、新浪、汉丰网等重点商业门户和地方级媒体积极参与报道的热情同样很高；参与报道网媒TOP10榜单中的媒体，报道量均在300条以上，搜狐位居榜首，报道量超过1000条，为峰会带来较高的关注度。

三、微博话题广泛热议，网民参与热情高涨

此次G20杭州峰会持续占领、引爆微博话题榜，吸引了政府官微、媒体类官微、微博达人、签约自媒体等各层级微博用户发布微博、参与转发和评论，话题涉及各项议题、领导人活动、G20晚会、走红保镖等。网民参与热情十

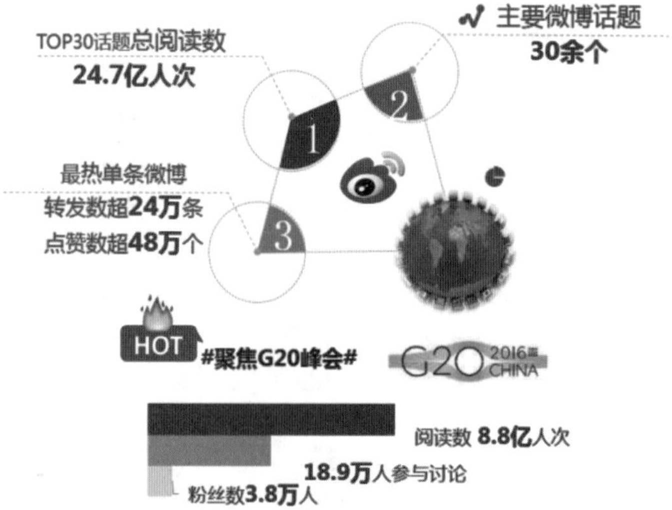

数据来源：美兰德·视频网络传播监测与研究数据库 Source：2016年9月3日-9月5日@CMMR Co.Ltd

分高涨，与峰会相关的主要微博话题超过 30 个，阅读数排在前 30 的话题累计阅读数超过 24.7 亿人次。其中，“央视新闻”9 月 3 日发布的微博【48 小时不间断峰会直播，转发关注！】传播力度最大：截至 5 日，转发量超 24 万条，点赞量超 48 万个，成最热单条微博。# 聚焦 G20 峰会 # 成最热话题，3 日至 5 日期间，阅读数已达 8.8 亿人次，有近 19 万人参与该话题讨论，粉丝数持续增加，达 3.8 万人，足以彰显 G20 峰会在微博上的热议程度。

四、官微、大 V 踊跃发文，引爆社交媒体传播

峰会期间，以微博为主的社交媒体及时更新、评论 G20 峰会的最新动态，

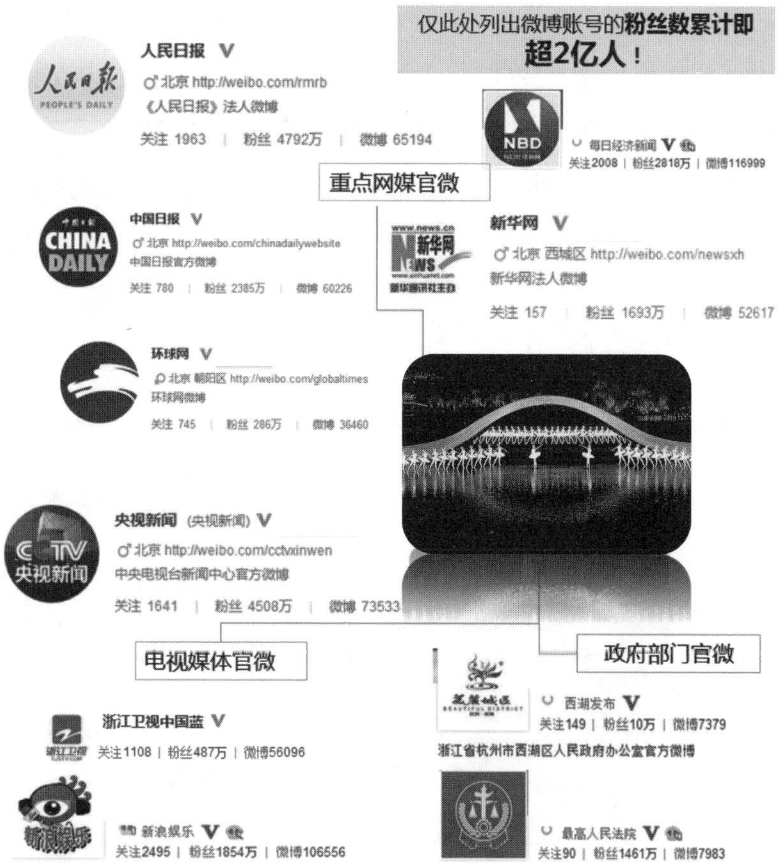

数据来源：美兰德·视频网络传播监测与研究数据库 Source：2016 年 9 月 3 日 -9 月 5 日 @ CMMR Co.Ltd

成为宣推 G20 峰会的最有效渠道之一。以人民日报、中国日报、环球网、每日经济新闻、新华网为代表的重点网媒官微、以浙江卫视为代表的电视媒体官微、以西湖发布为代表的政府部门官微，频繁更新微博，踊跃发文，推动 G20 峰会在微博上的热度迅速走高；此外，仅以上微博账号的粉丝数累计超过 2 亿，受众群体广泛，传播效果明显。

五、G20 资讯着力融合传播，视频点击量表现惊人

G20 国集团在引领和推动国际经济合作方面具有举足轻重的作用。在全球经济形势复杂多变、中国经济发展速度放缓的背景下，G20 国峰会提出的各项愿景，都深深地吸引着民众。从传统电视节目来看，来自全国各级电视台的 257 档电视节目对该事件进行了报道或评论，其中，新闻直播间、中国深度财经、寰宇大战略等节目成为报道 G20 杭州峰会的主力，相关报道或评论比较突出。从视频网站来看，CNTV、凤凰视频、腾讯视频、爱奇艺等主流视频网站均设置“G20 杭州峰会”专题页，相关视频达 2829 条，累计点击量过亿次。其中，与峰会相关的短视频更受网民欢迎，占视频点击量的比例超 95%。

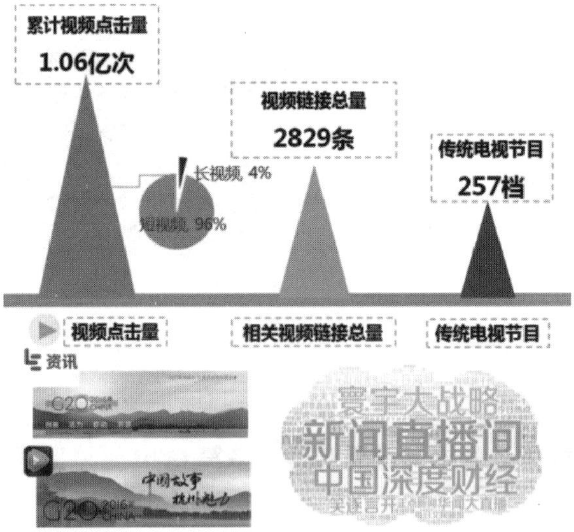

数据来源：美兰德·视频网络传播监测与研究数据库 Source：2016 年 9 月 3 日 –9 月 5 日 @CMMR Co.Ltd

六、微信公号积极发声，从大主张到小菜品网民照单全收

G20 峰会不仅在微博、视频方面能量巨大，表现惊人，也成功吸引众多微信公号积极发声，且传播范围较广，力度较强。9 月 3 日至 5 日，微信公号刊发与峰会相关的文章超过 1.4 万篇，文章累积阅读数超过 3245 万次；其中阅读数过十万次的文章有 60 余篇。与“习大大开幕式致辞”“G20 杭州峰会领导人合影”等热议话题相关的微信文章受到网民的追捧，国宴菜品、G20 文艺晚会同样吸引了很多微信用户眼球。

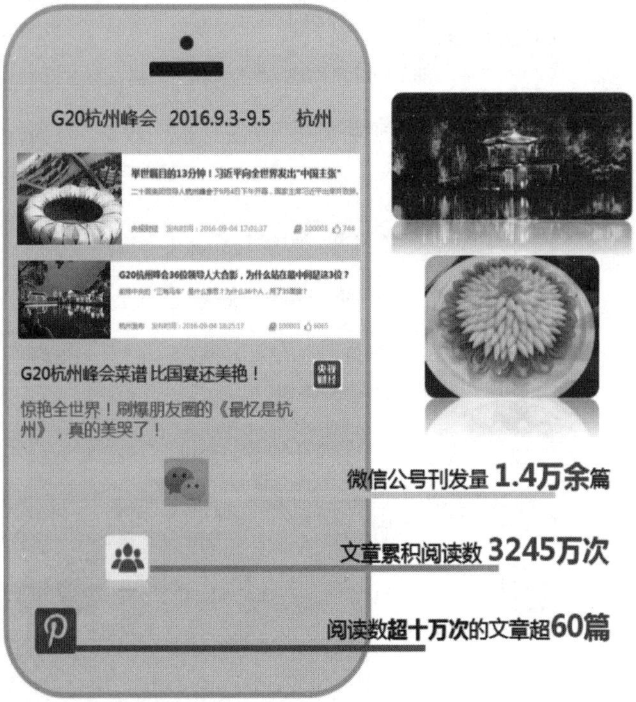

数据来源：美兰德·视频网络传播监测与研究数据库 Source：2016 年 9 月 3 日 -9 月 5 日 @ CMMR Co.Ltd

七、主流媒体公号推文最受欢迎，多篇 G20 报道阅读超 10 万

借 G20 峰会东风，各类微信公号发力，刊发大量文章，多角度解析此次峰会。从点赞数 TOP10 文章来看，文章内容集中在“G20 峰会文艺晚会”“开

幕式”“领导人合影”等话题。网民对“峰会文章”积极点赞，钱江晚报 3 日推送的“G20 峰会文艺演出定名 " 最忆杭州 "，万众期待的节目单来了！”获赞超 7700 人次；人民日报推送的标题为“G20 刚刚闭幕，习近平宣布取得了五大成果”的文章也获得超 7000 的点赞量，受到网友喜爱。从微信公号来源看，中央级媒体、地方级媒体占比较高，人民日报、央视新闻、钱江晚报对应的微信公号发文较多，且这些微信公号活跃粉丝较多，传播广泛。

G20杭州峰会微信阅读10万+文章点赞数TOP10

序号	文章标题	发文日期	点赞数（人次）	微信公号
1	G20峰会文艺演出定名 " 最忆杭州 " ，万众期待的节目单来了！	2016/9/3	7704	钱江晚报
2	G20刚刚闭幕，习近平宣布取得了五大成果（文末有惊喜）	2016/9/5	7418	人民日报
3	G20今天开幕，习近平与奥巴马提前干了件大事，潘基文点赞	2016/9/4	6779	人民日报
4	张艺谋钦点，杭州7岁小女孩今晚放歌G20峰会文艺演出！她究竟是谁	2016/9/4	6756	钱江晚报
5	G20杭州峰会36位领导人大合影，为什么站在最中间是这3位？	2016/9/4	6065	杭州发布
6	峰会晚会美图大全！幕后大揭密：难度堪比北京奥运开幕式	2016/9/4	5105	杭州日报
7	早啊！新闻来了〔2016.09.05〕	2016/9/5	4786	央视新闻
8	惊艳|昨晚，G20晚会用美刷爆了朋友圈！九大节目看点都在这	2016/9/5	4447	央视新闻
9	G20头条|朋友圈已刷爆，惊艳全世界！《最忆是杭州》美爆了！	2016/9/4	3833	都市快报
10	回看|G20领导人站位照相有啥讲究？晚宴哪些领导人带了夫人？看视频，亮点多多！	2016/9/4	3747	央视新闻

央视新闻 活跃粉丝：100万+

人民日报 活跃粉丝：100万+

杭州发布 活跃粉丝：72万+

数据来源：美兰德 · 视频网络传播监测与研究数据库 Source：2016 年 9 月 3 日 -9 月 5 日 @ CMMR Co.Ltd

八、移动新闻客户端发力，G20 汇聚掌上阅读

随着“融合媒体”时代的来临，越来越多的媒体转战移动端抢占高地，APP 移动客户端成为媒体发布、推动新闻的重要渠道。数据表明，APP 客户端有效抓住了受众的碎片化时间，移动碎片化传播起到较好的效果。同时，主流媒体借助重大事件也提升了自身客户端的影响力。G20 杭州峰会期间，

人民网新闻客户端共推送相关网媒报道 546 条，央视新闻、一点资讯、凤凰新闻等主流新闻媒体也过百条。

数据来源：美兰德·视频网络传播监测与研究数据库 Source：2016 年 9 月 3 日 -9 月 5 日 @ CMMR Co.Ltd

九、权威媒体特色报道 G20，实现多渠道跨屏传播

此次杭州峰会通过平面媒体、新闻网站、电视台、视频网站、新闻客户端、社交媒体等多种平台，实现了全媒体多渠道广覆盖传播。美兰德选取了人民网、央视新闻、凤凰网为例展开说明。整体来看，人民网手机客户端设置“G20”专题页，共发布 546 篇文章，突出权威特色，注重会议解读；央视新闻着力微博互动，3 天发布 81 条微博，总转发量超过 13 万人次，视频链接“生产力”足，327 条短视频内容受热点击；凤凰卫视突出国际化视野，新闻网站表现优异，相关文章报道量达 463 条，《寰宇大战略》《一虎一席谈》等节目参与报道，113 条视频在其视频网站备受关注。

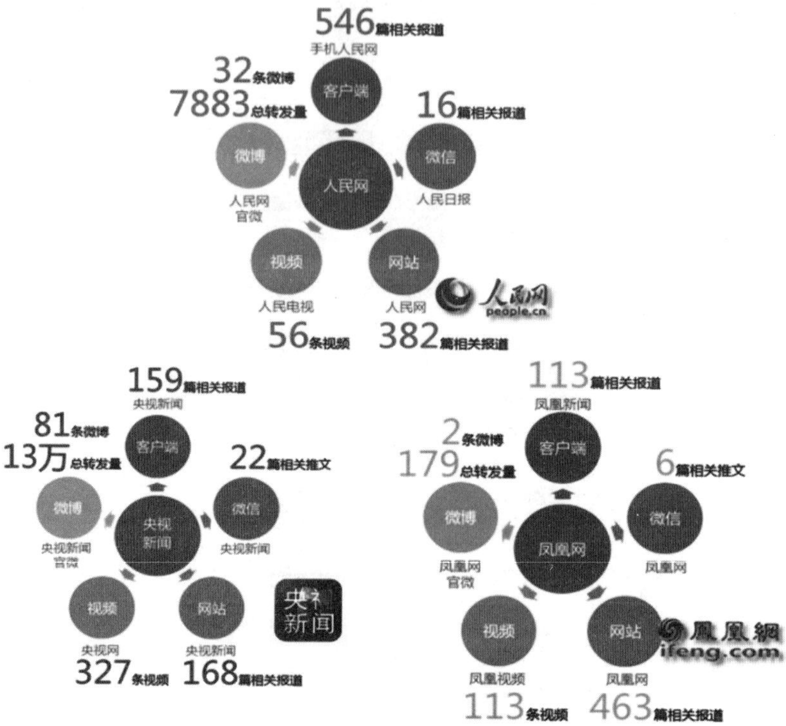

数据来源：美兰德·视频网络传播监测与研究数据库 Source：2016 年 9 月 3 日 -9 月 5 日 @ CMMR Co.Ltd

十、习近平十大金句、五大药方彰显“中国方案”，引发全网解读

杭州峰会期间，习近平主席在 G20 峰会开幕式致辞时，提到十大金句，开出五大药方，向全世界发出“中国主张”；联合国秘书长潘基文对此次杭州峰会高度赞赏，赞赏中国政府的高瞻远瞩，赞赏本次 G20 是历史上首次 G20 峰会关注更多世界问题，吸引各路媒体报道。

此外，习近平主席每次讲话均能掀起各路媒体热点解读。“中国良方”“中国智慧”“中国方案”“中国信心”“5+4+3”等是网媒报道内容的关键词；习近平主席成为网媒、微信公号重点报道对象，网媒报道标题中含关键词“习近平”文章达 828 篇，累积网媒关注度超过一万条；微信公号同样将重点聚焦习近平主席，微信文章标题中含关键词“习近平”的超过 6650 篇，文章受到网友追捧，累积阅读数超过 1220 万人次；微博和视频网站对习近平主席的致辞、讲话的解读、传播力度也十分强大，相关的微博超 3600 条，视频点击量达 3453 万次。

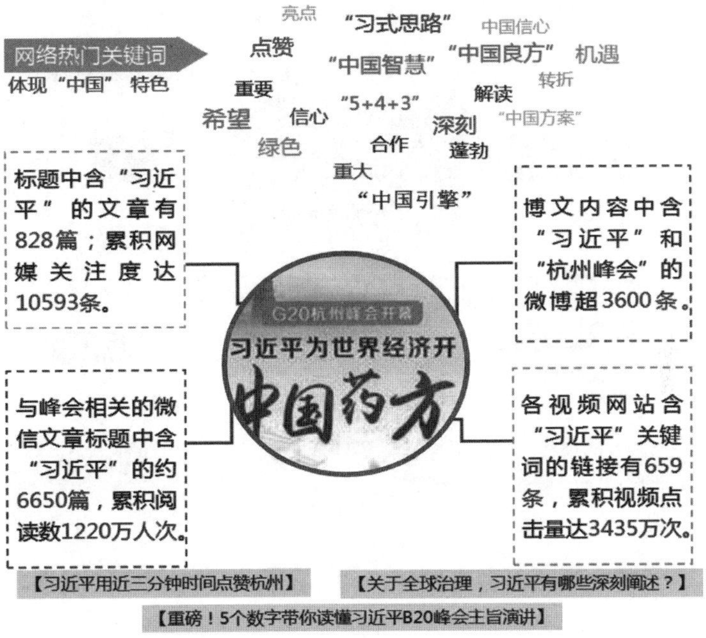

数据来源：美兰德·视频网络传播监测与研究数据库 Source：2016 年 9 月 3 日 -9 月 5 日 @ CMMR Co.Ltd

十一、G20 杭州峰会议题多，全球治理期待"中国方案"

此次峰会议题较多，提出了加强政策协调、创新增长方式、更高效的全球经济金融治理、强劲的国际贸易和投资、包容和联动式发展等多项影响世界经济的问题，其中"全球经济治理"成为核心议题，相关报道网媒关注度达 2165 条；作为当今世界最重要的双边关系之一，中美关系、习奥会成为本次峰会的重要内容之一，吸引众多网媒报道，网媒关注度达 1901 条。除以上议题外，"亚投行""全球化""宏观经济政策协调""贸易保护"等议题也是网媒热衷报道的内容。"展现大国担当""高度赞赏""实现六大成果"等词汇频频出现，成为网媒报道的关键词。

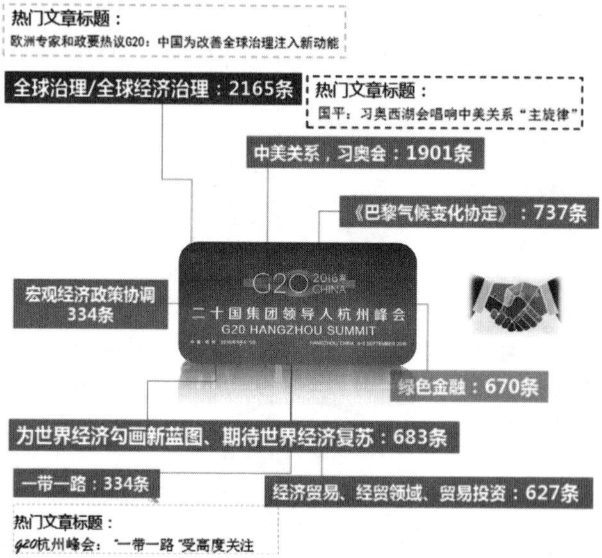

数据来源：美兰德·视频网络传播监测与研究数据库 Source：2016 年 9 月 3 日 -9 月 5 日 @ CMMR Co.Ltd

十二、元首会晤吸引各方眼球，“习奥会”“中俄会”成果丰硕引关注

数据来源：美兰德·视频网络传播监测与研究数据库 Source：2016 年 9 月 3 日 -9 月 5 日 @ CMMR Co.Ltd

习近平主席会见各国领导人也成为焦点话题。其中，中美互动作为本次G20峰会的重要“风向标”，中国国家主席习近平与美国总统奥巴马的会晤最为引人注目。9月3日，备受瞩目的G20杭州峰会“习奥会”相关文章获得259条网媒关注度，经济领域话题是核心议题；习近平主席与俄罗斯总统普京的会晤排在第二位，话题涉及“安全与全球治理”“经贸合作”等，中俄深入落实全面战略协作，被网媒广泛关注，网媒报道量达157条。此外，习近平主席与阿根廷总统马克里、新加坡总理李显龙、意大利总理伦齐等人的会晤，也斩获大量网媒报道。

十三、G20活动丰富多样，“最忆是杭州”晚会受网民称赞

会议期间，网媒密切关注外长代表团到达、工商峰会、文艺晚会、开幕式等活动。其中，9月4日的文艺晚会热度最高，晚会节目单、主题、演员、内容等相关的内容受到网媒追捧，网媒关注度高达1107条；习近平开幕式致

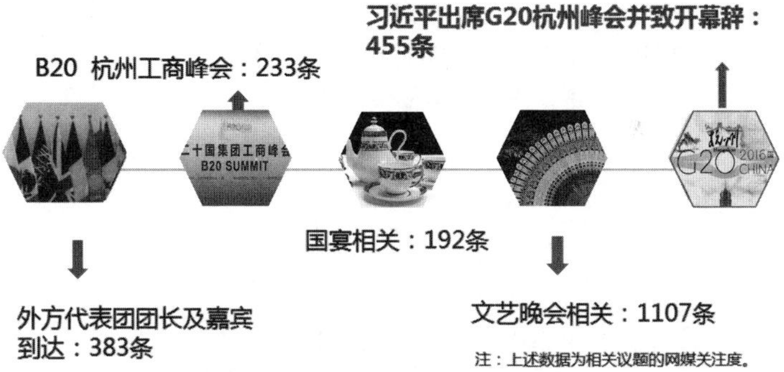

《最忆是杭州》热门视频点击量TOP5

序号	视频标题	视频点击量（万次）
1	G20杭州峰会文艺晚会：《春江花月夜》	81.9
2	《G20峰会文艺晚会》20160904：最忆是杭州西湖上的诗情画意	65.8
3	G20峰会文艺晚会：最忆是杭州	59.6
4	2016-09-042016中国杭州G20峰会文艺晚会二十国集团领导人第十一次峰会文艺晚会	52.4
5	G20杭州峰会文艺晚会：《采茶舞曲》	19.4

数据来源：美兰德·视频网络传播监测与研究数据库 Source：2016年9月3日-9月5日@CMMR Co.Ltd

辞引发网媒解读，相关网媒报道超450条；外方代表团团长及嘉宾到达、国宴菜品、用具等话题也备受网媒青睐，获得较高网媒关注度；G20峰会《最忆是杭州》因西湖元素、杭州特色、江南韵味等备受好评，《春江花月夜》节目最受喜爱，单条相关短视频点击量超过80万次。

十四、G20杭州峰会异彩纷呈，官微、网民聚焦不同话题

峰会期间，与峰会相关的多个微博话题持续火爆，成为网民对峰会参与、评论的有效渠道。在微博社会性话题中，#聚焦G20#、#G20#两个话题阅读数均超过了8亿人次，占据微博话题TOP20冠亚军位置；#G20F峰会#阅读数达2.2亿，位居第二阶梯；其余的话题阅读人数均超过1千万次。与峰会相

数据来源：美兰德·视频网络传播监测与研究数据库 Source：2016年9月3日–9月5日@CMMR Co.Ltd

关的阅读数前 20 的话题大部分发起人以央级媒体、地方媒体等各类型官微或微博大 V 为主，重点媒体在宣传中起到了主力军的作用。“国宴”“走红保镖”“最帅警察”等话题也应网民热情关注成为峰会和谐伴奏曲。

十五、网民热议杭州峰会趣事，最帅警察和 90 后保镖成 G20 网红

峰会期间，多件趣事成为网民热议焦点，吸引大量网友在微博上转发、评论，以一种新的角度解读 G20 峰会。90 后美女保镖舒心一时成为各镜头下的焦点，之后正在执勤的杭州警察也被赞“迷倒网友”，微博贡献度超过 10.7%，晋升为 G20 期间的网红。国宴菜谱引发网民的好奇心。G20 晚会美哭网友，大获成功，导演张艺谋求点赞，成为网友热议对象，微博贡献度均超 5%。另外，国宴器具、各国领导人大合照、马云让买肯德基等也被网民整理成多起段子。在重大新闻时政面前，有趣的议题使得网民参与更加轻松、积极。

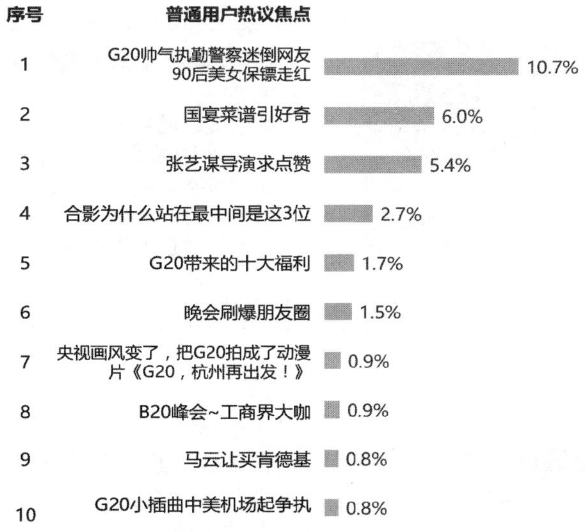

数据来源：美兰德 · 视频网络传播监测与研究数据库 Source：2016 年 9 月 3 日 -9 月 5 日 @ CMMR Co.Ltd

十六、境外主流媒体聚焦杭州峰会，突出报道中国议题

G20 峰会是今年中国外交的亮点，中国为世界经济发的顶层设计贡献中国智慧，展现了勇于承担责任，彰显大国担当，中国主张吸引海外多家媒体

报道。俄罗斯媒体认为“世界经济发展的新模式或在杭州诞生”；美国媒体制作 G20 峰会特别节目，对此次峰会进行了大篇幅报道，重点关注习近平主席提到的“反对贸易保护主义”等话题；中印关系近日处于微妙状态，中国议题成为印度媒体关注的重点内容，印度媒体为此次峰会制作了专题节目，足见其重视。此外，许多发展中国家的主流媒体也对中国提出的经济、贸易、安全等多项议题进行了大量报道。

美国媒体：制作G20峰会特别节目

美国有线电视新闻网(CNN)对峰会进行了大篇幅报道，报道关注了习近平主席在开幕辞中强调反对贸易保护主义，倡导“建设开放型世界经济，继续推动贸易和投资自由化便利化”。

印度媒体：为峰会制作专题节目

印度国家电视台
——全印电视台专门制作播出了七分钟的专题，介绍这次G20峰会的议程和议题，以及印度总理莫迪抵达杭州参加峰会的内容。

数据来源：美兰德·视频网络传播监测与研究数据库 Source：2016 年 9 月 3 日 -9 月 5 日 @ CMMR Co.Ltd

十七、欧美媒体关注“气候协定”和杭州印象，中国方案吸引眼球

“气候协定”和杭州印象成为欧美媒体关注的焦点。2016 年 9 月 3 日，中美两国正式联合批准气候变化《巴黎协定》，作为世界上两个最大的经济体，中美两国此举在全世界产生了重要影响，展示了中美两国共同应对全球性问题的雄心和决心。这一决定受到了国际社会的高度关注和赞扬，成为欧美各大媒体报道的焦点。杭州作为此次峰会主办地也受到众多欧美媒体的关注，杭州深厚的文化底蕴和优美的人文环境给此次来杭的中外记者留下了深刻的

"初次印象"。

数据来源：美兰德·视频网络传播监测与研究数据库 Source：2016 年 9 月 3 日 -9 月 5 日 @ CMMR Co.Ltd

十八、亚非拉媒体盛赞中国引擎作用，强调经济发展重要意义

与欧美媒体不同，亚非拉国家的媒体重点关注与经济发展相关的议题。峰会取得的一系列成果有助于发展中国家的发展，得到亚非拉媒体的盛赞。结构性改革、鼓励创新和创业等途径在内的"中国方案"，中国经济新常态及中国改革发展理念和经验等内容得到亚非拉国家的认可，高度赞扬中国在世界经济发展中的引擎作用，提升了中国在亚非拉国家的影响力。

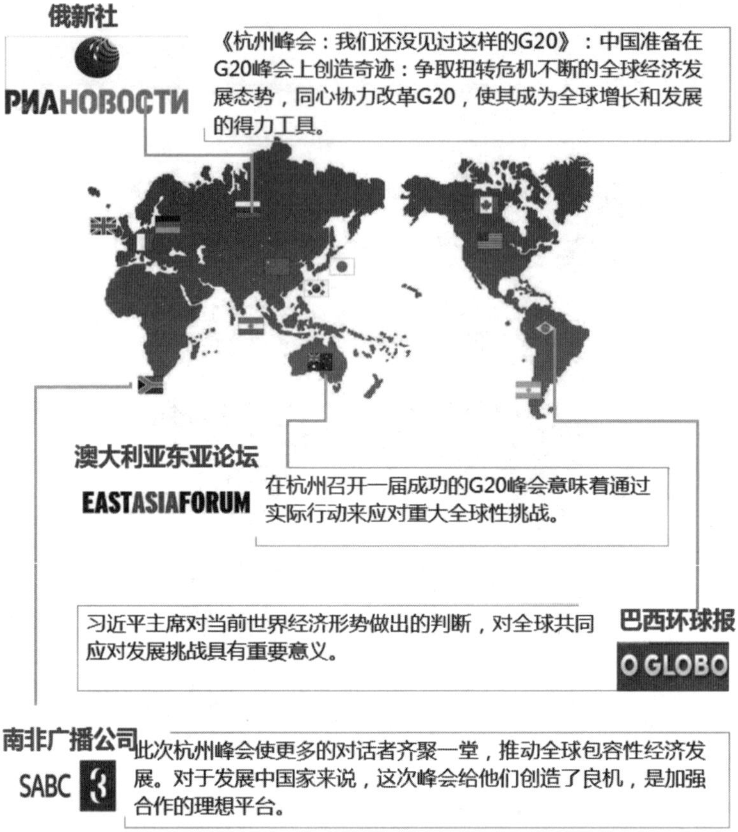

数据来源：美兰德·视频网络传播监测与研究数据库 Source：2016 年 9 月 3 日 9 月 5 日 @ CMMR Co.Ltd

十九、全球政要专家齐赞誉，中国经济话语权进一步提升

中国成功举办 G20 杭州峰会，各国政要、主流媒体和相关专家均给出正面评价。从国外相关评论文章网媒关注度 TOP10 可知，各国政要均给予中国高度赞扬。其中，联合国秘书长潘基文盛赞 G20 杭州峰会，吸引大量网媒的注意，网媒关注度最高，达 188 条。澳大利亚前总理陆克文认为中国关于全球治理的主张非常重要，为峰会议题提前预热，引发网媒争相报道，获得了 136 条的网媒关注度。另外，法国、俄罗斯、老挝、沙特等国家政要、专家对评论此次 G20 峰会的文章均获得超高热度，得到大量网媒报道、转载。

G20杭州峰会国外相关评论文章网媒关注度TOP10

序号	热议话题	网媒关注度（条）
1	潘基文盛赞 G20杭州峰会	188
2	陆克文:中国关于全球经济治理的主张非常重要	136
3	欧洲专家和政要热议G20：中国为改善全球治理注入新动能	124
4	【老外谈G20】中国外交“共赢观”为世界带来新希望	100
5	澳大利亚G20问题专家高度评价中国供给侧改革	94
6	法专家：中国将以创新和魄力推动G20峰会取得积极成果	91
7	俄专家：G20杭州峰会将提升发展中国家经济话语权	86
8	老挝专家：G20杭州峰会体现中国的大国担当	80
9	沙特代表团谈G20峰会:期待中国为世界经济复苏贡献力量	71
10	印尼投资协调委员会主席：学习中国经验 共享包容	62

俄罗斯总统普京：中国为G20峰会做了大量的筹备工作，组织得非常好，这都是我发自内心的感受。有组织性，成果丰硕。

法国前总理拉法兰：中国的绿色金融理念值得称赞。

意大利驻华大使：“创新”为意中合作提供更广阔空间。

G20杭州峰会国外相关评论文章网媒关注度TOP10

序号	热议话题	网媒关注度（条）
1	潘基文盛赞 G20杭州峰会	188
2	陆克文:中国关于全球经济治理的主张非常重要	136
3	欧洲专家和政要热议G20：中国为改善全球治理注入新动能	124
4	【老外谈G20】中国外交“共赢观”为世界带来新希望	100
5	澳大利亚G20问题专家高度评价中国供给侧改革	94
6	法专家：中国将以创新和魄力推动G20峰会取得积极成果	91
7	俄专家：G20杭州峰会将提升发展中国家经济话语权	86
8	老挝专家：G20杭州峰会体现中国的大国担当	80
9	沙特代表团谈G20峰会:期待中国为世界经济复苏贡献力量	71
10	印尼投资协调委员会主席：学习中国经验 共享包容	62

数据来源：美兰德·视频网络传播监测与研究数据库 Source：2016 年 9 月 3 日 -9 月 5 日 @ CMMR Co.Ltd

二十、G20 展现中国全球治理主张，彰显大国风范赢国民赞誉

G20 杭州峰会，习近平主席向全世界发出“中国主张”，为世界经济领航，

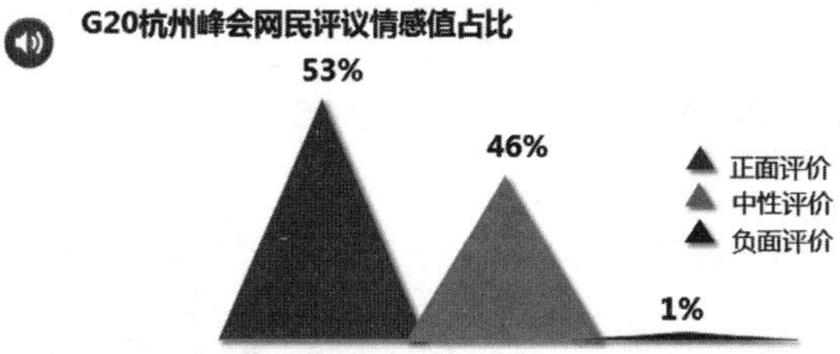

G20峰会微博内容正中负评价举例

正面评价：晚会精彩及中国地位增强、自豪大国影响力等

Eudora_朵：开头很有张艺谋风，吕思清的小提琴梁祝让人动情，小天鹅的出现又很国际，伴随着友谊地久天长，为今夜杭州之美动容，烟花绚烂，最忆是杭州~

热线村村通：#聚焦G20峰会#习大大B20讲国际国内经济发展，全程脱稿，大国气质霸气外漏！也说明习总对中国的发展思路很清晰，了然于胸。

中性评价：宣传晚会内容及播报峰会内容

晶报：【“最忆是杭州”:梁祝】对很多外国友人来说，梁祝应该是他们最熟悉的中国古典爱情故事。而一场融汇了越剧与现代舞的梁祝，无疑是全球化时代诠释中国故事最好的配搭。

负面评价：晚会不足以表现中国形象、有些不方便等

洪榴：看“最忆是杭州”演出，感觉张郎才尽（哈，也许是我的期待太高）。一次展现中国文化、中国智慧、中国创意、中国想象力的绝佳机会，很遗憾没有能完美的抓住，很幸运可以有更理性的反思。

数据来源：美兰德·视频网络传播监测与研究数据库 Source：2016 年 9 月 3 日 -9 月 5 日 @ CMMR Co.Ltd

彰显出大国风范，在国内赢得一片赞誉。从网民评议情感值占比来看，正面评价、中性评价占比和达 99%，负面评价仅占 1%，表明此次峰会的成功举办获得国民的一致认可与盛赞。众网友对习大大脱稿演讲、文艺晚会美轮美奂、中国地位增强、大国影响力等多方面内容进行高度评价。

二十一、文艺晚会美轮美奂，网民为之惊叹热议如潮

G20 峰会的微博用户活跃度集中于中间级别用户之中，分布整体呈现中间大，两头小的“橄榄形”。其中，一般活跃用户占比最大，达 30%，其次是偶尔活跃用户占比达 23%，超活跃用户和极低频次发布用户占比均很小。总体来看，此次 G20 峰会引起了网民普遍兴趣，参与者众多，其中官微和普通用户中的活跃分子成为主导峰会传播的中坚力量。G20 峰会微博转发量 TOP100 话题中，晚会播报占据半壁江山，比例高达 56%，足以证明此次峰会晚会“最忆是杭州”带给国内民众的惊艳之感；其次，开会地点“杭州”也成为网友热议的重点内容之一，占比达 24%；此外，晚会评价、各国首脑、会议内容、会议评价等话题的微博也得到了网民的积极转发。

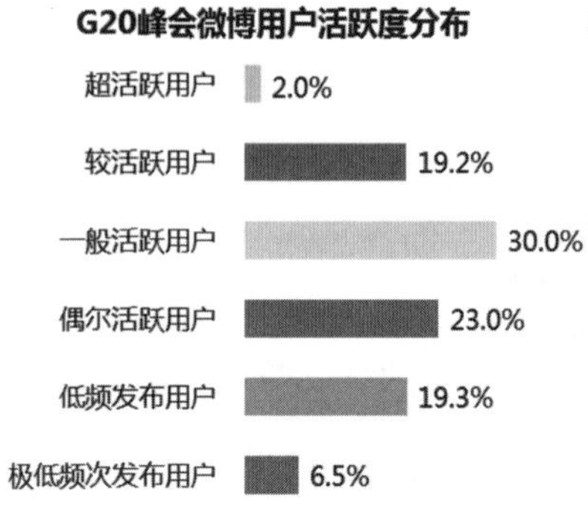

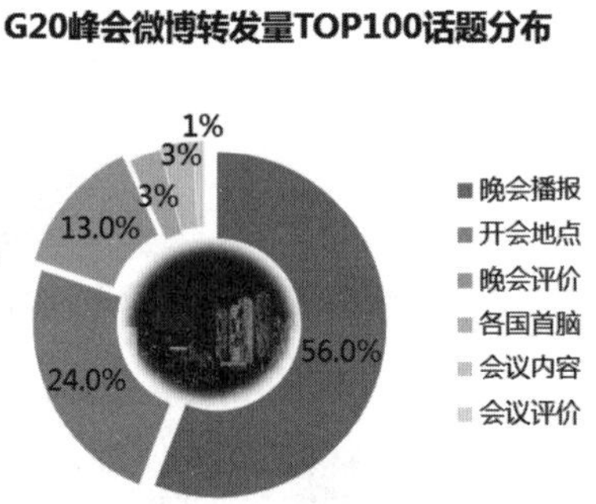

数据来源：美兰德·视频网络传播监测与研究数据库 Source：2016 年 9 月 3 日 –9 月 5 日 @ CMMR Co.Ltd

二十二、男性关注议题内容，女性青睐文艺晚会

从性别维度看，G20 峰会期间，男女关注焦点大为不同。G20 峰会微博用户中，男性比例占比近 80%，远超女性用户占比；相反的是，在 G20

晚会微博用户中，女性占比超 6 成，远超男性用户占比，表明男性关注议题内容，女性青睐文艺晚会。从地域维度来看，G20 峰会和 G20 晚会用户地域分布差别较大，G20 峰会微博用户集中分布在全国政治文化、媒体集中的北京，北京占比近 3 成；G20 晚会微博用户集中分布在开会地点浙江，占比也接近 3 成。

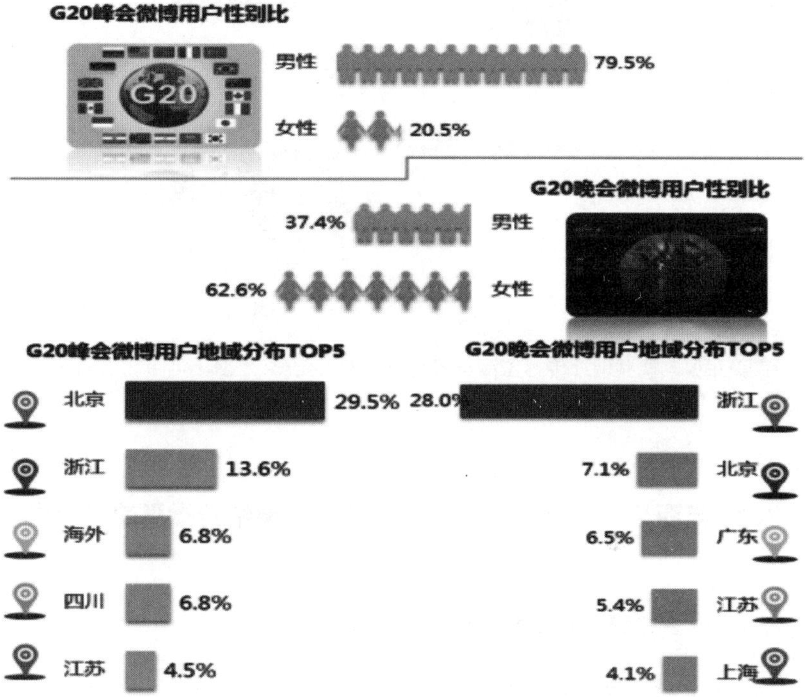

数据来源：美兰德·视频网络传播监测与研究数据库 Source：2016 年 9 月 3 日 -9 月 5 日 @ CMMR Co.Ltd

二十三、新闻读者紧跟峰会内容，文青们被文艺晚会吸引

从粉丝兴趣爱好看，旅游、音乐、娱乐是 G20 峰会和 G20 晚会微博参与用户的共同特点。G20 峰会内容粉丝更喜欢关注新闻、舆情、绿色传媒等方面的内容，G20 晚会粉丝则更青睐电影、时尚、文艺等方面的内容。整体来看，粉丝与内容气质十分相符，新闻读者实时关注峰会议题，文艺青年则更青睐于唯美的晚会。

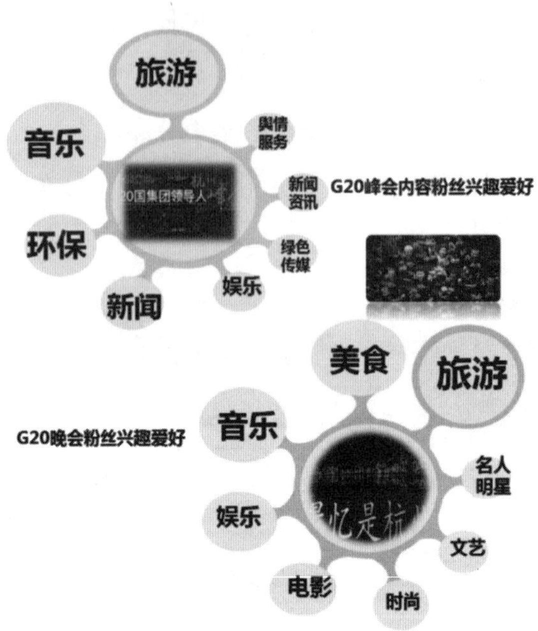

数据来源：美兰德·视频网络传播监测与研究数据库 Source：2016 年 9 月 3 日 -9 月 5 日 @ CMMR Co.Ltd

2017 年两会、一带一路、香港回归晚会网络传播影响力盘点

一、2017 年两会网络传播状况专题分析

1. 2017 年两会网络传播概况

两会作为观察中国的重要窗口，不但备受世界舆论瞩目，更是各家媒体展示融媒体创新成果、比拼传播实力的竞技场。在 2017 年的两会报道中，央视、人民日报、新华社三家央媒“撸起袖子加油干”，在各自优势基础上以多样化的形式、多角度的内容积极传递两会现场声音、回应百姓关切。

其中央视在 2017 年两会报道中，创新运用多种融媒体手段，充分发挥渠道优势，传播效果可圈可点。如在两会特别专题页面中打造“两会声音”“两会追追追”等专栏，以短视频为主打，融合移动直播、VR、H5 等多种形式同步展开传播；@ 央视新闻的直播报道较为强势，微博平台中的《十二届全国人大五次会议开幕　李克强作政府工作报告》的直播观看次数达 500 万次以上；在微信传播方面，央视报道推送的相关文章总量虽偏少，但文章品质极高，共有 37 篇文章阅读量超过 10 万 +，累计点赞量超 13 万次。

图 5-1 两会报道中央视新闻微信公众号表现

数据来源：美兰德·视频网络传播监测与研究数据库 Source:2017 年 3 月 3 日 -3 月 15 日 @ CMMR Co.Ltd

2017 年人民日报的两会报道以“砥砺奋进”为主题，沟通、互动成果最多。结合其微信公众号粉丝众多的优势，人民日报官方微信推送的近百篇文章中有 61 篇达到 10 万 + 阅读量。此外，人民日报客户端采用 RAP 动画、微纪录片及原创视频等方式花式解读两会，也受到了网民的热烈欢迎。

新华社发挥通讯社信息渠道的优势，第一时间通过微博、客户端、网站等终端发文报道，在时效性和成稿数量上最具优势。2017 年新华社客户端的两会专题分为 18 个版块，将海量两会报道分门别类，形成热点全覆盖，方便用户获取与了解信息内容。同时还引入实习机器人记者参与两会报道，新奇感十足的形式，吸睛效果显著。

2. 2017 年两会传播亮点分析

有趣的短视频、采编一体的“钢铁侠”、现场感十足的 VR、激发参与热情的 H5、无人机航拍等创新技术的运用，成为本年度两会报道的一大亮点。诸如央视为年轻人定制的《小 V 说两会》将漫画和短视频结合起来，将虚拟主持和新闻真实画面进行穿插配合，视频点击量走高；新华网推出《无人机航拍：换个姿势看报告》，这款横屏 H5 全程将航拍画面、可视化数据、总理音频无缝融合，备受年轻用户喜爱。

媒体深度融合背景下，对各媒体终端的有机统筹成为报道新常态。央视打造的首款跨媒体实时互动节目《两会有啥事　我们帮你问》，以直播形式打通大小屏，让网民与代表、委员在线实时互动，使节目更具参与感、更加场景化；人民日报启用“中央厨房”运行机制，以“融两会”形式报道新闻。其在报纸显著位置植入二维码，将报纸与新媒体打通，扫描后可获得更多两会融新闻。

2017 年两会报道中各家媒体接地气、年轻化的表达语态也吸引了大批年轻人关注。@ 央视网微博《亲，你的小目标实现了么？》，用亲切的淘宝体关心百姓的小目标与获得感，其附带视频《我想要的小目标，祖国都会帮我实现》也以年轻人流行的自拍形式来呈现，播放量达 60 万次；新华社微信公众号发布原创文章《讲真，这可能是你看过最萌的两会报道了！》以熊猫团团的口吻讲述两会生态文明建设的问题，萌化的语态给网友带来耳目一新的感觉。

二、2017 年“一带一路”高峰论坛网络传播状况专题分析

1. 2017 年“一带一路”高峰论坛传播大数据

2017 年 5 月 14 日至 15 日，第一届“一带一路”国际合作高峰论坛在京举行。论坛旨在通过加强国际合作，进而对接彼此发展战略，实现优势互补，促进共同发展，受到各方普遍欢迎和积极参与。

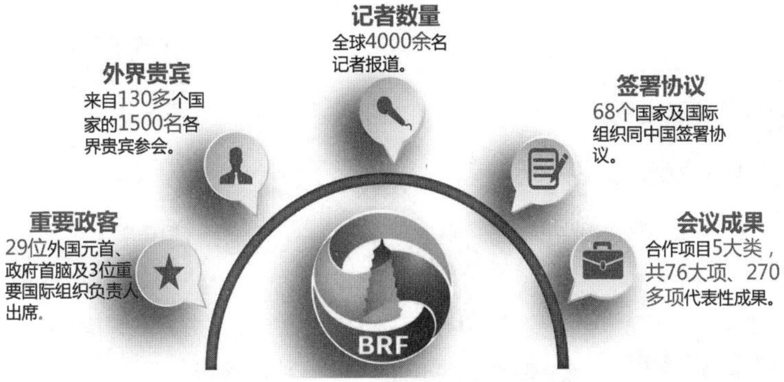

图 5-2　2017 年“一带一路”高峰论坛盛况

注：以上数据来源于公开资料整理。

监测数据显示，以“一带一路”为关键词的相关微博提及量达 44.1 万条，相关微博话题阅读总量约 20 亿次；18543 家、24 种不同类型的微信公号刊发“一带一路”相关文章 39387 篇；“一带一路”相关视频点击总量达 2.2 亿次，短视频点击量超 2 亿次；今日头条平台中，有关“一带一路”论坛的文章阅读总量达 478.0 万次；2500 余家网络媒体跟进报道，网媒报道量

累计高达42650条。

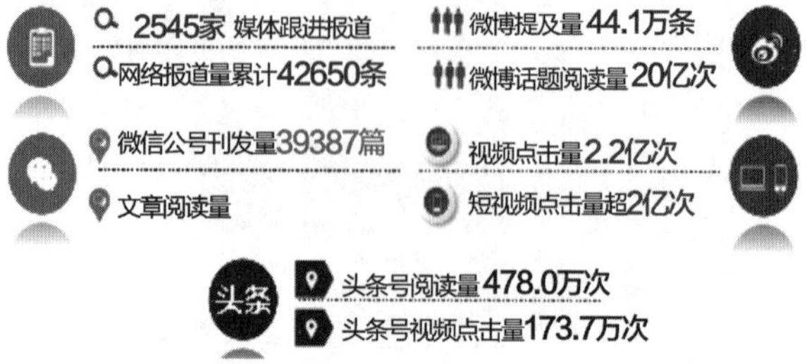

图5-3 2017年“一带一路”网络传播表现

数据来源：美兰德·视频网络传播监测与研究数据库 Source:2017年5月8日-5月15日@CMMR Co.Ltd

2. 2017年“一带一路”高峰论坛传播亮点分析

“一带一路”是中国首倡、各国共同受益的重要国际公共产品，2017年“一带一路”国际合作高峰论坛相关动态牵动多国人心，包括英、俄、美、日、澳、肯等国家在内，覆盖6大洲的国外媒体对此次论坛进程及相关成果进行积极报道。

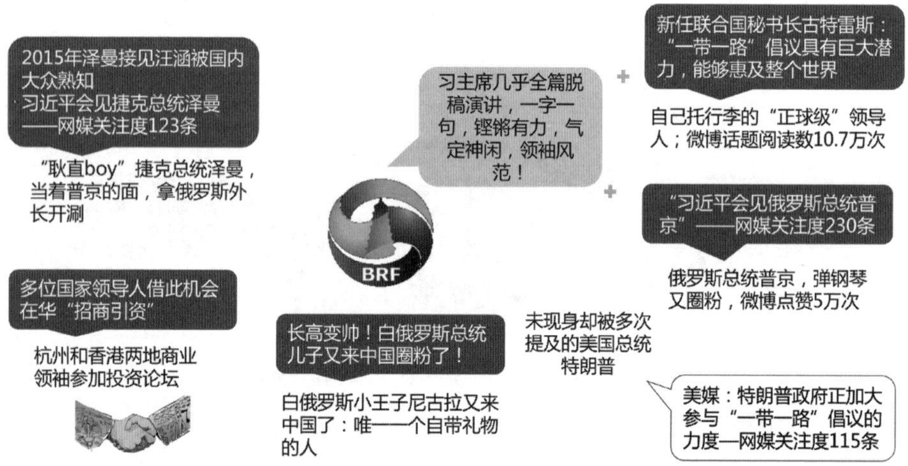

图5-4 2017年“一带一路”高峰论坛部分传播亮点

数据来源：美兰德·视频网络传播监测与研究数据库 Source:2017年5月8日-5月15日@CMMR Co.Ltd

论坛期间，一些国家领导人、国际政要等成为媒体和网民关注的焦点：几乎全篇脱稿演讲的习近平主席；自己托行李的新任联合国秘书长古特雷斯；弹奏钢琴的俄罗斯总统普京；自带礼物的白俄罗斯小王子尼古拉；“耿直

boy”捷克总统泽曼等都在网络上广泛吸引媒体报道和网友讨论。

“一带一路”国际合作高峰论坛期间，网友对论坛进程和论坛议题高度关注。如向丝路基金新增 1000 亿人民币以及论坛的“五通”议题引起网友广泛热议；中方关于 2018 年举办国际进口博览会的倡议在获得各参与国热烈响应的同时也点燃网友期待，相关话题的网络热度持续居高不下。此外，诸如外国留学生选出中国“新四大发明”、炫酷动画解读“一带一路”等场外话题，也引发网友广泛讨论。媒体对政府相关部门和机构的会议布置进程等方面的报道，亦备受关注。

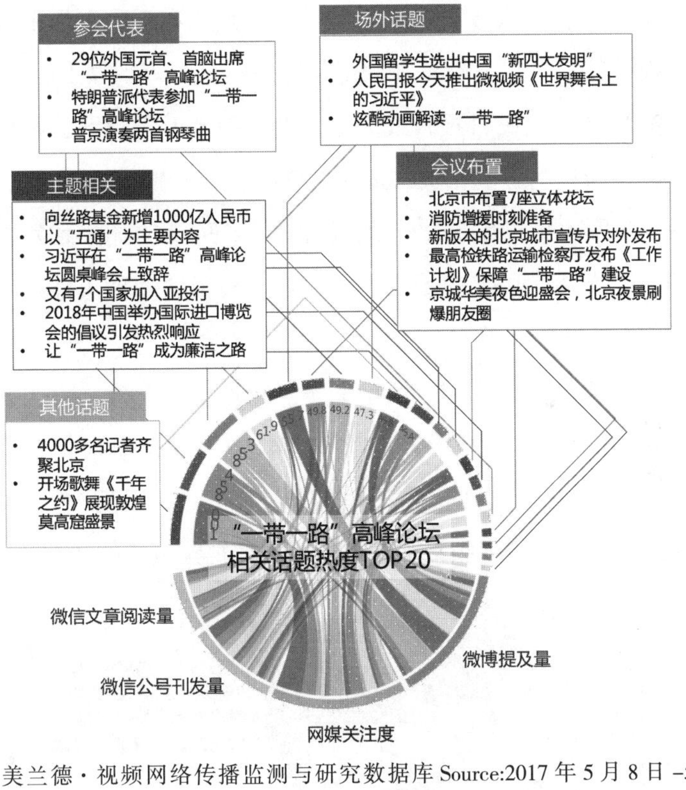

数据来源：美兰德·视频网络传播监测与研究数据库 Source:2017 年 5 月 8 日 –5 月 15 日 @ CMMR Co.Ltd

三、2017 年“香港回归祖国 20 周年庆典”网络传播状况专题分析

1. 2017 年“香港回归祖国 20 周年庆典”网络传播概况

2017 年 6 月 29 日至 7 月 1 日期间，“香港回归祖国 20 周年”庆祝活动

全面铺开，国家主席习近平亲赴香港参加一系列重大庆祝活动，以中央电视台、人民日报、新华社为代表的主流媒体积极跟进报道，奉上了一场新闻盛宴。

庆典期间，央视、人民日报和新华社三大媒体在不同媒体平台的表现各有所长：央视及其下属官方媒体在微博及微信平台中分别以 105 篇和 34 篇的报道量力压新华社与人民日报，成为“两微”平台上最活跃的媒体；全网中来自于新华社、新华网等的相关报道达 2090 篇，居三大媒体之首；人民日报客户端在预热阶段主打视频内容推送，推出“香港回归 20 周年系列微纪录片”，掀起一波热评高潮。人民直播推出的“习近平检阅驻港部队”等直播视频，平均每条在线人数达 210 万。

从中央三家媒体的报道看，其中新华网报道量为三家之首，累积报道量达 4593 条；阅读量以人民网居首，累计达 4160 万次；短视频点击量以央视网居首，达 1850 万次。央视新闻发挥视频资源优势，以近 10 万次的文章平均阅读量和超 8 万次的短视频平均点击量，占据视频报道的领先位置。

图 5–5 三家央级媒体在微博平台中对“香港回归祖国 20 周年庆典”的报道

数据来源：美兰德 · 视频网络传播监测与研究数据库 Source:2017 年 6 月 29 日 –7 月 1 日 @ CMMR Co.Ltd

2. 2017 年“香港回归祖国 20 周年庆典”新闻报道亮点分析

“香港回归祖国 20 周年庆典”是全球华人关注的盛事，央视、人民日报和新华社积极履行新闻传达使命，创新新闻报道方式，形成了各自的报道亮点。

中央电视台凭借渠道优势，投入 CCTV1、CCTV3、CCTV4 等九个频道对香港回归 20 周年纪念活动做现场直播。借助数十个直播单元全景展现庆典活动，移动直播成为此次央视报道形式的亮点。

中央电视台　　新华社　　人民日报

花式直播、组合报道　　形式多样、话语活泼　　特辑专刊、深度报道

央视在庆典报道中进一步深化台网联动，突出融媒体矩阵优势，如创新采用 1+N 组合报道方式，电视端邀请嘉宾解读习近平主席讲话及香港回归 20 周年的丰硕成果；新媒体端推出组合微视频与时政报道互相补给；社交媒体平台及时梳理重要资讯，碎片化摘取精华要点，辅以历史珍贵影像递推宣传。值得关注的是，央视在电视播出中还首次引入“直播弹幕”，由主持人即时呈现小屏用户的评论留言，成功拉近与网友间的距离。

新华网以及新华社 APP 灵活运用数据新闻、地图故事、动漫 MV 等新颖形态，在确保香港回归 20 周年重大活动全面报道的基础上，细数香港回归 20 周年来的繁荣与发展，生动形象尽显人文关怀。同时，“刚刚体”成为新华社微信传播的一个标识，爆红于朋友圈受到众多网友欢迎，含有“刚刚体”的报道文章，阅读量均突破十万次。

《人民日报》则借助数据图表梳理了香港回归 20 年来的重大事件及香港从抗战至今的发展历史，并且设立了“香港回归 20 周年特刊”和“国防周刊”等版面为读者呈现新角度新内容。人民网集中推出“紫荆花开 20 年”特稿专辑，开设“人民电视”频道和“20 年・亲历”板块进行相关报道的呈现。此外人民

日报APP首推竖屏全景长卷“一镜到底穿越香港20年”,通过漫画加动图的方式,融合穿越寻宝的故事情节，别样展现香港的不同地标风貌，令人耳目一新。

2018 中央电视台及省级卫视元宵晚会网络影响力大数据分析报告

正月十五元宵夜，央视及各大省级卫视纷纷在当晚推出一台又一台特色各异、目不暇接的元宵晚会：央视的“欢乐吉祥闹元宵”，湖南卫视的“创新跨界混搭闹元宵”，北京卫视的“以跨界创新打造暖心的元宵节盛宴”，江苏卫视的“荔枝灯会”，安徽卫视的“人文风情”，亮点多多，话题满满。美兰德视频网络监测大数据基于 3 月 1 日零点至 3 月 3 日 24 点期间各家元宵晚会的互联网传播动态，从网媒报道、社交平台热议、视频点击等多个维度反映各台春晚在网友们中的传播效果，为 2018 狗年春晚系列报告画上圆满句号。

一、“欢乐吉祥闹元宵”2018 中央电视台元宵晚会

1. 中国风 + 国际范年味儿浓，民俗文化薪火相传惊国人

央视元宵晚会既有浓厚中国传统色彩，又具有国际范儿，奥运健儿演唱歌曲引发受众热议。# 元宵晚会 # 监测时间内新增阅读量 4000 万人次，“武大靖”被热议，霸占微博热搜榜 11 小时，冬奥健儿《真心英雄》短视频 689 万次最受欢迎，《薪传者》《看今朝》彰显传统文化创新融合被微博网友集体点赞。

2. 冬奥军团燃情献唱感动国人，武大靖被网友热搜达 11 小时

武大靖携冬奥健儿齐唱《真心英雄》感动国人，相关媒体报道 264 条，霸占微博热搜榜达 11 小时，歌曲《真心英雄》成为网友回看率最高的节目。武大靖唱歌 播出当晚上榜，挺进 TOP10，持续霸榜 11 小时。冬奥健儿 真心英雄 播出次日凌晨上榜。

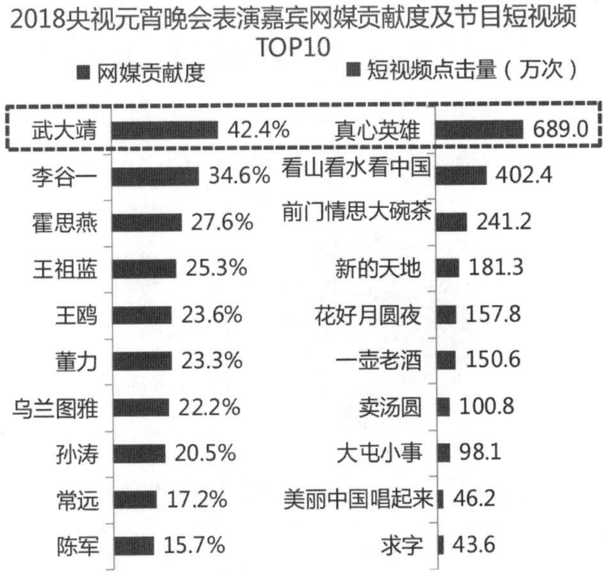

数据来源：美兰德·视频网络传播监测与研究数据库 Source:2018 年 3 月 1 日 -3 月 3 日 @ CMMR Co.Ltd

3. 传统文化创新融合彰显文化魅力

元宵晚会上传统文化和非遗相关节目备受关注，《看今朝》和《薪传者》引发微博网友盛赞，《前门情思大碗茶》体现文化灯火相传受欢迎。

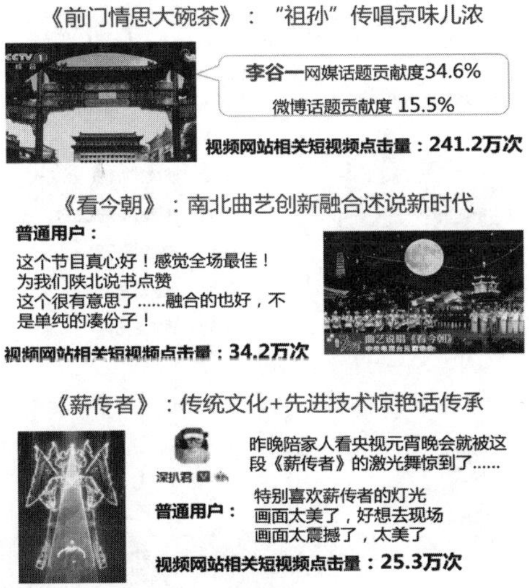

数据来源：美兰德·视频网络传播监测与研究数据库 Source:2018 年 3 月 1 日 -3 月 3 日 @ CMMR Co.Ltd

4. 歌舞类节目最受欢迎，中国风 + 国际范掀朋友圈热议

3月1日至3日，央视元宵晚会相关视频在主流视频网站上共获得3482.3万点击量，其中短视频2014.7万次，歌曲类节目片段最受欢迎，贡献61.8%的短视频流量。央视元宵晚会中国风与国际范并存，在朋友圈掀起热议无数。

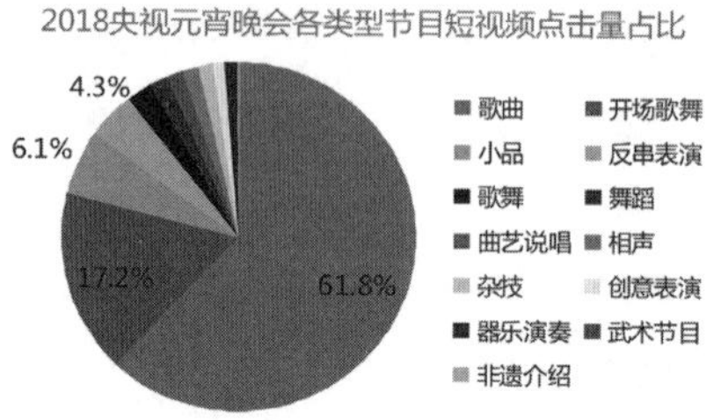

2018央视元宵晚会热门微信文章

微信文章标题	阅读数（次）
2018央视元宵晚会延续年味，非遗唱出传统文化勃勃生机	10W+
冬奥会被羽生结弦圈粉了，但我更感兴趣的是张艺谋的黑科技	56786
刚刚，苏州评弹登上央视元宵晚会。文化部都点赞了！	40560
2018央视元宵晚会节目单大揭秘！武大靖现身舞台！	32632
央视元宵晚会欢乐迎新春 兼具“中国风”与“国际范”	25388

数据来源：美兰德·视频网络传播监测与研究数据库 Source:2018年3月1日－3月3日@CMMR Co.Ltd

5. 激发体育、音乐爱好者热评年轻人纷纷为元宵晚会点赞

2018央视元宵晚会吸引了热爱体育、音乐、科技的年轻人的观看和热议，男性占比过半，90后和00后群体占比57.7%，拥有大学学历者占比超八成。

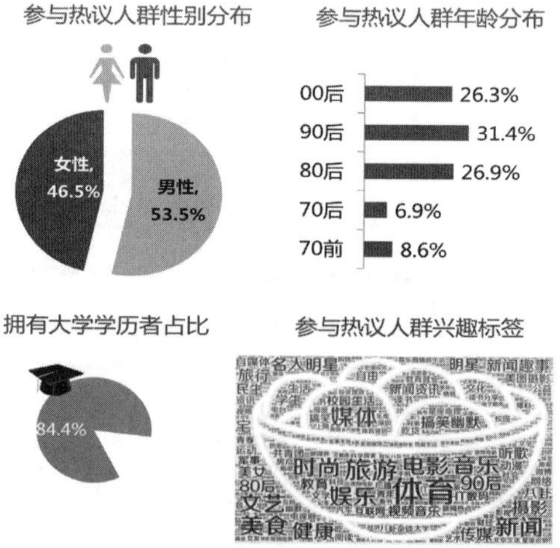

数据来源：美兰德·视频网络传播监测与研究数据库 Source:2018年3月1日－3月3日@CMMR Co.Ltd

二、“创新跨界混搭闹元宵”2018 湖南卫视元宵喜乐会

1. 新意满满花样百出，主持人、演员、笑星大胆混搭创造欢乐新惊喜

湖南卫视元宵喜乐会创意不断，花式混搭制造惊喜，引发网友热情互动。# 湖南卫视元宵喜乐会 # 监测时间内新增阅读量 1.0 亿人次。全新中国风舞美带来极致体验 、花式串场打造炫酷心动新玩法。华晨宇曲风多变新意频出，个人微博贡献度达 23.3%。

2. 晚会节目亮点十足吸引网媒关注，新老明星共闹元宵贡献晚会流量

湖南卫视元宵喜乐会邀请众多新老明星共闹元宵，节目特色十足亮点众多，在联排期间就受到了网媒的广泛关注。此外，潘粤明、李谷一、任嘉伦等一众新老明星的表现也助推了晚会的网媒关注热度。

2018湖南卫视元宵晚会相关网媒热门报道TOP5（篇）

2018湖南卫视元宵喜乐会联排高清现场抢先看！	39
任嘉伦湖南北京“闹”元宵 粉丝直呼“换台忙”	20
湖南卫视元宵喜乐会 华晨宇李谷一欢乐闹元宵	18
华晨宇震撼空降湖南卫视元宵喜乐会 再秀魔力高音	11
任嘉伦湖南北京“闹”元宵 粉丝直呼“换台忙”	8

2018湖南卫视元宵晚会嘉宾网媒贡献度TOP10

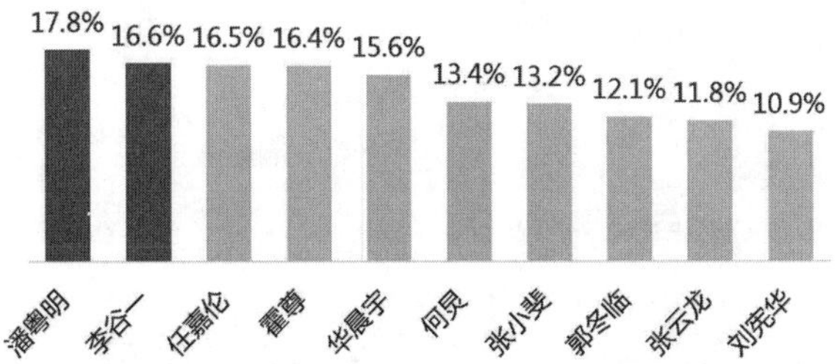

数据来源：美兰德·视频网络传播监测与研究数据库 Source:2018 年 3 月 1 日 –3 月 3 日 @ CMMR Co.Ltd

3. 官微主持的话题 # 湖南卫视元宵喜乐会 # 掀起社交平台热议潮

从微博话题阅读增量来看，湖南卫视元宵喜乐会相关微博话题均有较大幅度提升，可以看出在播出前后，晚会在微博平台中的影响力迅速走高。此外与晚会登台的明星相关的话题也掀起了网友的议论热潮。

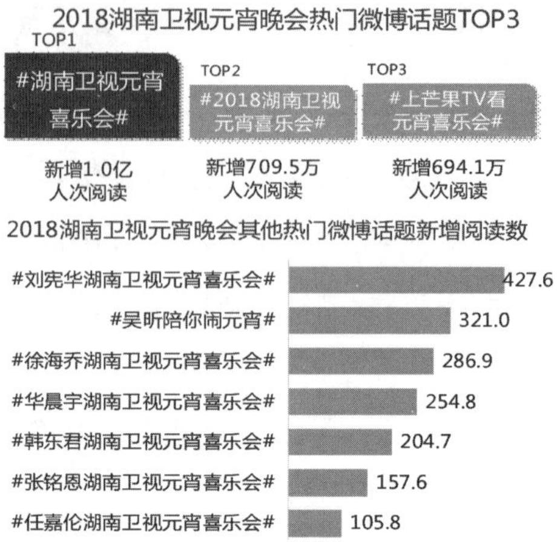

数据来源：美兰德·视频网络传播监测与研究数据库 Source:2018 年 3 月 1 日 -3 月 3 日 @ CMMR Co.Ltd

4. 华晨宇魔性改编神曲魅力爆棚，带来大量相关微博热议

湖南卫视元宵喜乐会中，华晨宇、张新成、任嘉伦等流量鲜肉均受到粉丝的重点关注，其中华晨宇魔性改编《我的滑板鞋》嗨翻全场，迅速在微博中引发网友围观，在一定程度上提升了晚会的微博话题热度。

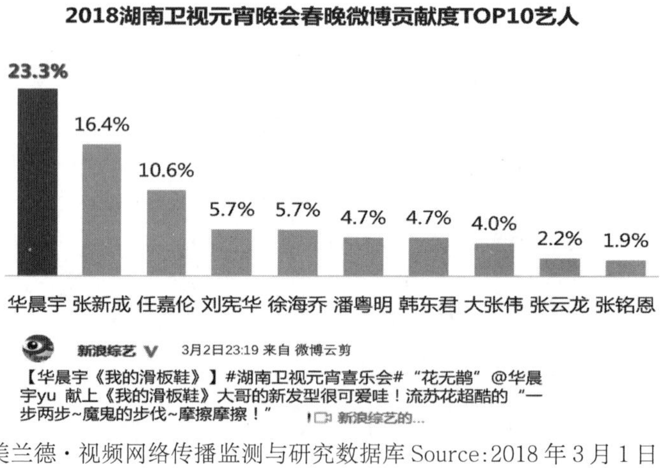

数据来源：美兰德·视频网络传播监测与研究数据库 Source:2018 年 3 月 1 日 -3 月 3 日 @ CMMR Co.Ltd

5. 湖南卫视王牌主持表现受关注，何炅、靳梦佳、吴昕等持续被热搜

何炅、靳梦佳、吴昕等湖南卫视王牌主持人在元宵晚会的表现受到网友极大关注，相关热词均登上了热搜榜单，其中“何美男”更强势登上了热搜榜单 TOP1。

轮番登上微博热搜榜单的部分热搜词及霸榜时间

序号	热搜关键词	最高排名	持续霸榜时间
1	何美男	1	288分钟
2	靳梦佳 台风	2	719分钟
3	华晨宇 我的滑板鞋	11	288分钟
4	何欢 肤色	14	735分钟
5	吴昕	17	631分钟

数据来源：美兰德·视频网络传播监测与研究数据库 Source:2018 年 3 月 1 日 -3 月 3 日 @CMMR Co.Ltd

6. 动感舞曲燃爆舞台引观看热潮，芒果 TV 为长视频点击量主要来源

湖南卫视元宵喜乐会充满青春元素，华晨宇、任嘉伦、张云龙等新生代人气偶像带来动感活力，圈粉年轻群体。从地域构成来看，喜乐会还受到北京、广东等发达省市及海外用户的关注，具有广泛的影响力。

2018湖南卫视元宵晚会相关短视频点击量TOP10（万次）

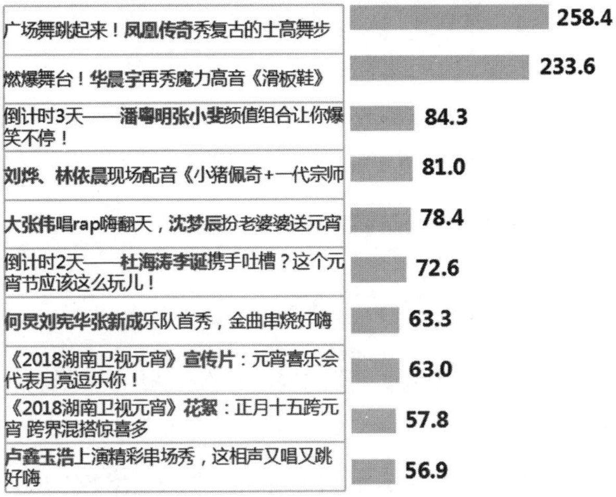

2018湖南卫视完整版元宵晚会视频来源及点击量（万次）

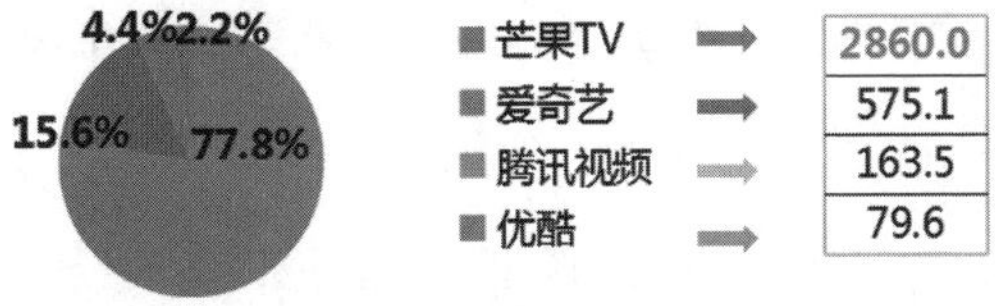

数据来源：美兰德·视频网络传播监测与研究数据库
Source:2018 年 3 月 1 日 -3 月 3 日 @CMMR Co.Ltd

7. 晚会洋溢青春活力圈粉年轻群体，受到京、粤等发达省份用户关注

湖南卫视元宵喜乐会充满青春元素，华晨宇、任嘉伦、张云龙等新生代人气偶像带来动感活力，圈粉年轻群体。从地域构成来看，喜乐会还受到北京、广东等发达省市及海外用户的关注，具有广泛的影响力。

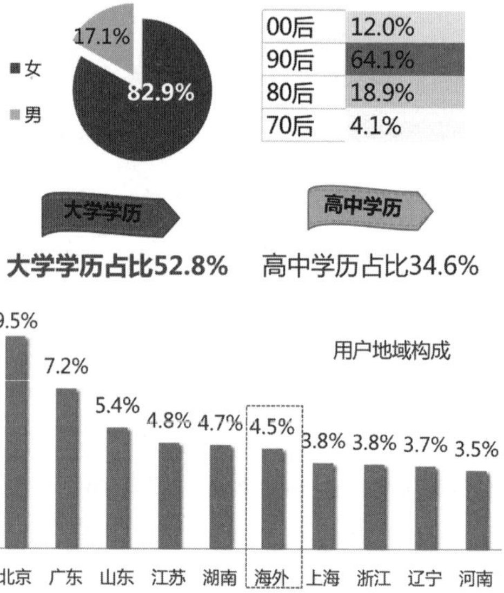

数据来源：美兰德·视频网络传播监测与研究数据库 Source:2018 年 3 月 1 日 -3 月 3 日 @ CMMR Co.Ltd

三、2018 年北京电视台元宵晚会

1. 以跨界创新打造暖心的元宵节盛宴

北京卫视继续“跨界”理念，花式混搭引发网友好奇心，暖心盛宴令人惊喜。其中明星跨界引发用户关注，任嘉伦、关晓彤跨界对唱《让快乐多些色彩》视频点击量达 130.3 万次。流量明星助推晚会微博平台圈粉，任嘉伦微博话题贡献度为 66.0%。

2. 当红小生、实力唱将、新老笑星齐聚，打造看点十足的元宵节盛宴

北京卫视元宵晚会明星阵容强大，集结众多当红小生、实力唱将、新老笑星等，使整台晚会看点十足。其中任嘉伦、关晓彤两人成为“流量收割机”，在网媒贡献度及微博贡献度两榜单中均位列前二。

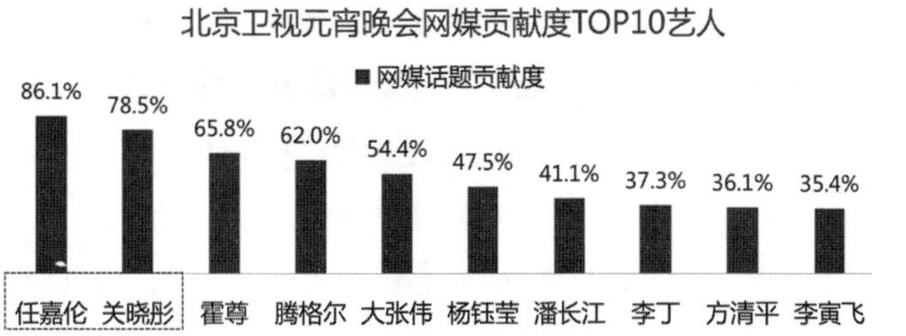

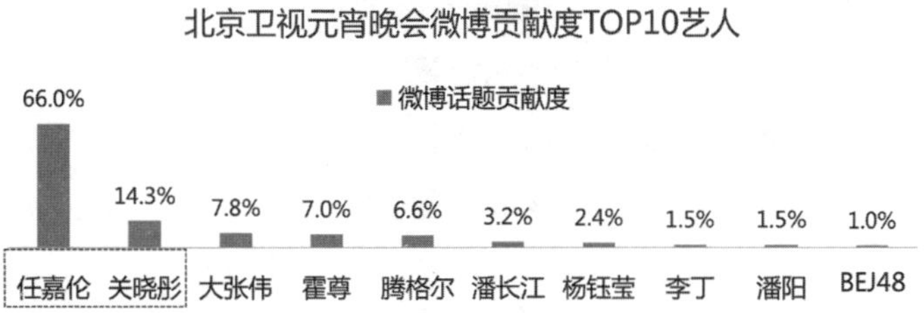

数据来源：美兰德·视频网络传播监测与研究数据库 Source:2018 年 3 月 1 日 -3 月 3 日 @ CMMR Co.Ltd

3. 任嘉伦自带庞大粉丝群，成为晚会的话题流量担当

任嘉伦作为自带流量的青春偶像，在本次元宵晚会中与关晓彤的甜蜜对唱受到众多粉丝的关注，有力助推晚会话题热度的提升。值得一提的是，与其相关的话题阅读量在监测时间内快速提升，而“任嘉伦”“任千面”等相关热词也被网友频繁搜索。

数据来源：美兰德·视频网络传播监测与研究数据库 Source:2018 年 3 月 1 日 -3 月 3 日 @ CMMR Co.Ltd

4. 跨界创新吸引用户眼球，暖心小品烘托喜庆气氛

从北京卫视元宵晚会与节目相关的短视频点击量来看，跨界创新的节目受到用户好评，如任嘉伦与关晓彤的跨界对唱，以及《我们不一样》中腾格尔与霍尊演唱风格的互换等；小品类节目主打合家欢主题，也颇受用户关注。

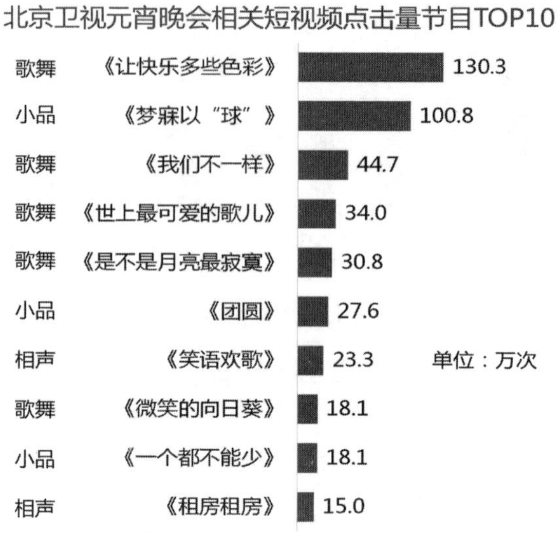

数据来源：美兰德·视频网络传播监测与研究数据库 Source:2018 年 3 月 1 日 -3 月 3 日 @ CMMR Co.Ltd

5. 地域特色突出深受本地用户喜爱，高颜值小鲜肉俘获女性用户芳心

北京卫视元宵晚会地域特色突出，受到本地用户的重点关注；此外任嘉伦、霍尊等高颜值小鲜肉的登台，更俘获大量女性粉丝芳心。

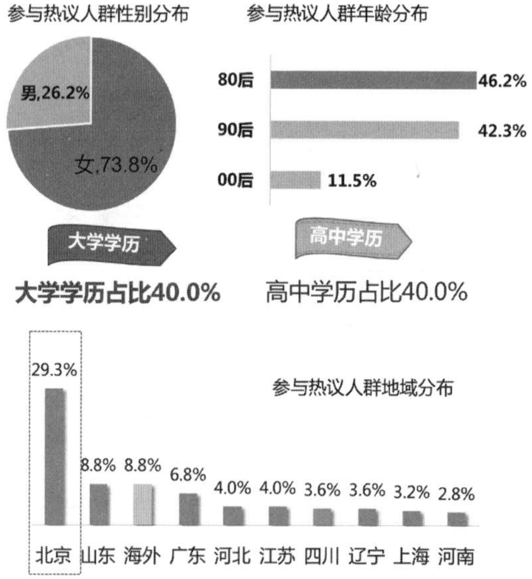

数据来源：美兰德·视频网络传播监测与研究数据库 Source:2018 年 3 月 1 日 -3 月 3 日 @ CMMR Co.Ltd

四、“荔枝灯会” 2018 江苏卫视元宵晚会

1. 实力歌手聚人气，爆曲联唱引狂欢

江苏卫视延续自身音乐类节目优势，邀请众多实力歌手演唱大热金曲，打造音乐盛宴。# 江苏卫视元宵晚会 # 监测时间内新增阅读量 3955.7 万人次，花式混搭亮点频出，腾格尔、大张伟倾情演绎的《倍爽儿》《天堂》点击量接近 150 万次，人气歌手助推晚会微博话题，薛之谦微博话题贡献度高达 92.9%。

2. 薛之谦人气爆棚，实力歌手打造音乐盛宴

江苏卫视元宵晚会中，歌手薛之谦获得众多粉丝助力，微博贡献度超过 90%，话题热度居高不下，成为名副其实的人气王。汪苏泷演唱《小幸运》也获得了诸多微博网友的支持。

江苏卫视元宵晚会相关热门微博话题TOP3

序号	话题	阅读量增量（万次）	评论量增量（万条）
1	#江苏卫视元宵晚会#	3955.7	11.2
2	#薛之谦江苏卫视元宵晚会#	1746.0	5.2
3	#汪苏泷小幸运#	885.2	5.6

江苏卫视元宵晚会嘉宾微博贡献度TOP10

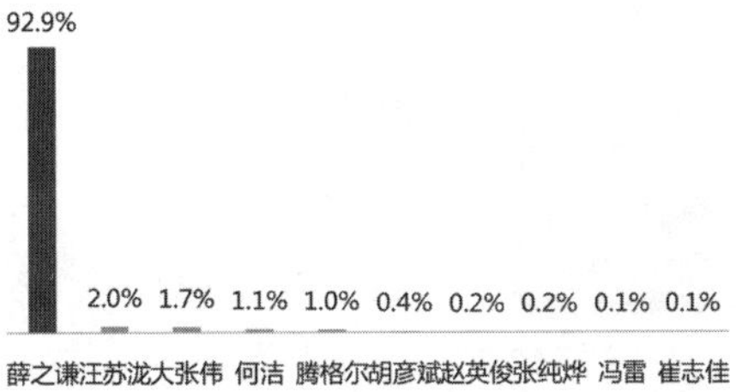

数据来源：美兰德 · 视频网络传播监测与研究数据库 Source:2018 年 3 月 1 日 -3 月 3 日 @ CMMR Co.Ltd

3. 荔枝灯会唱将齐聚，音乐盛宴备受媒体关注

江苏卫视为观众奉献了一场音乐盛宴：大张伟与腾格尔跨界合作吸引眼球无数，何洁演唱《稳稳的幸福》登上热搜第 3 位，胡彦斌、汪苏泷等歌手也颇受媒体关注。

热搜关键词	最高排名	持续霸榜时间
何洁 稳稳的幸福	3	12小时51分钟

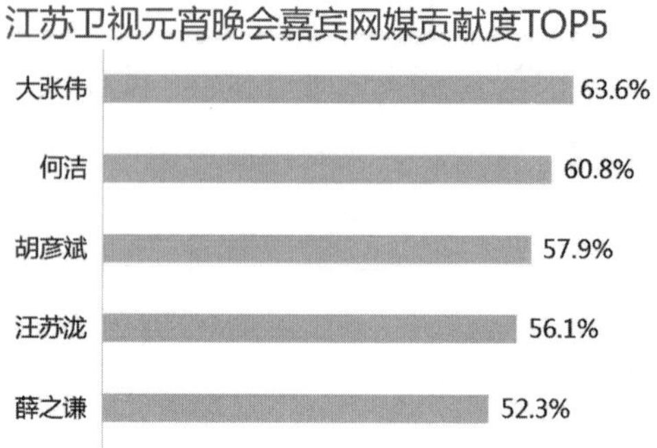

数据来源：美兰德·视频网络传播监测与研究数据库 Source:2018 年 3 月 1 日 -3 月 3 日 @ CMMR Co.Ltd

4. 爆款金曲大联欢 官微助力微博传播

江苏卫视元宵晚会众多金曲在微博平台获得热议，其中《暧昧》人气最高。汪苏泷演唱的《小幸运》、何洁演唱的《稳稳的幸福》同样具有较高关注度。

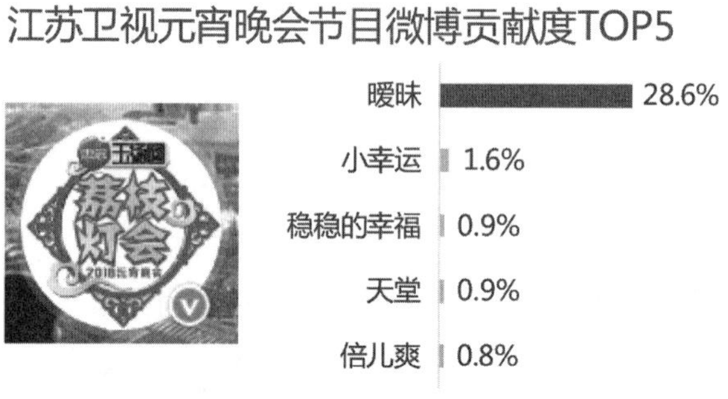

数据来源：美兰德·视频网络传播监测与研究数据库 Source:2018 年 3 月 1 日 -3 月 3 日 @ CMMR Co.Ltd

江苏卫视元宵晚会官方微博 @ 江苏卫视春节晚会 发布的多条节目相关微博转发过万，助力节目话题持续走高。

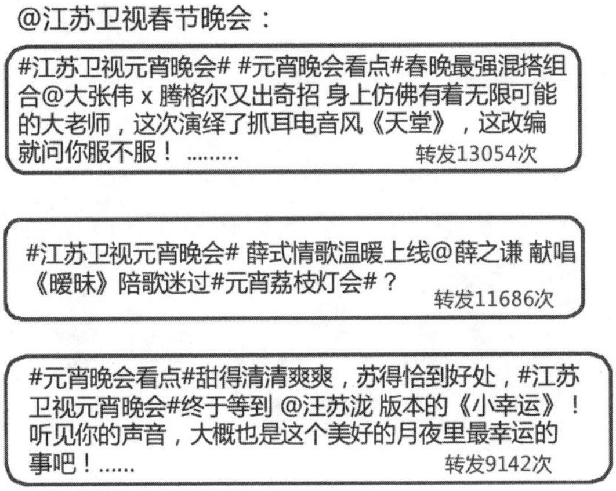

数据来源：美兰德·视频网络传播监测与研究数据库 Source:2018 年 3 月 1 日 -3 月 3 日 @ CMMR Co.Ltd

5. 跨界混搭受欢迎，金曲联唱嗨不停

由歌手大张伟、腾格尔混搭合作的歌曲《天堂》《倍儿爽》获得网友热评，短视频点击量接近 150 万次；经典歌曲《小幸运》《暧昧》等同样颇具人气。

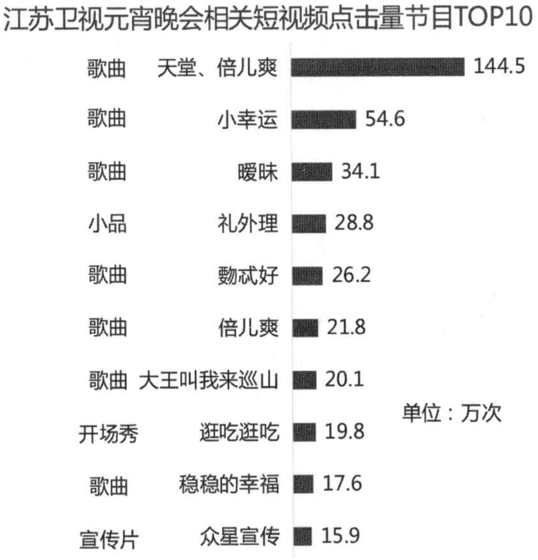

数据来源：美兰德·视频网络传播监测与研究数据库 Source:2018 年 3 月 1 日 -3 月 3 日 @ CMMR Co.Ltd

6. 人气歌手吸引 90 后及女性群体，广东、北京用户热情高

江苏卫视多首金曲联唱，薛之谦、汪苏泷等人气歌手演绎经典歌曲吸引

大量女性用户观看，占比达 83.2%；90 后用户占比超 6 成；广东、北京用户更为偏爱江苏卫视元宵晚会。

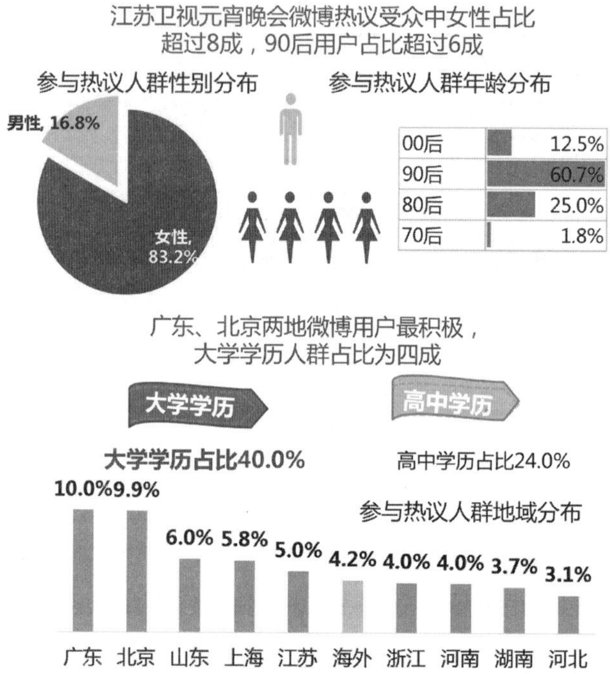

数据来源：美兰德·视频网络传播监测与研究数据库 Source:2018 年 3 月 1 日 -3 月 3 日 @ CMMR Co.Ltd

五、2018 年安徽卫视元宵晚会

1. 解读元宵人文风情，打造有文化、有温度、有个性晚会

安徽卫视元宵晚会富有人文色彩，邀请学者现场解读元宵节，各路明星花式秀才艺引发受众狂欢。# 许魏洲安徽卫视元宵晚会 # 在监测期间内新增阅读量 8692.1 万人次，歌曲《甜蜜盛典》最受网民喜爱，节目相关短视频点击量超 50 万次。

2. 文化学者郦波全场解读元宵节人文，风情，话题嘉宾持续引爆网络热度

安徽卫视元宵晚会邀请著名文化学者郦波解读元宵节相关，转发近千。更有偶像歌手许魏洲演唱《荣耀》获得网友热烈互动。

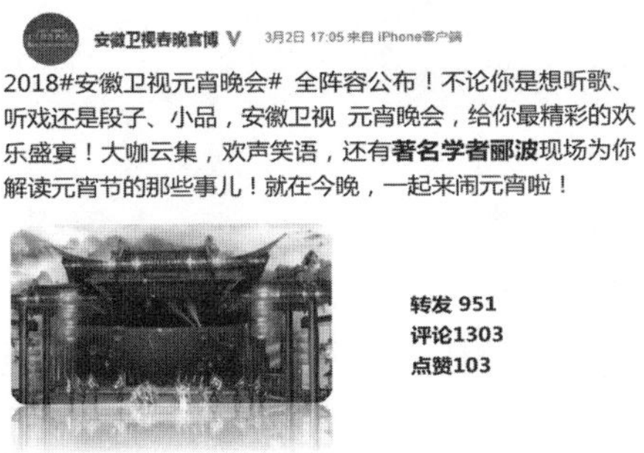

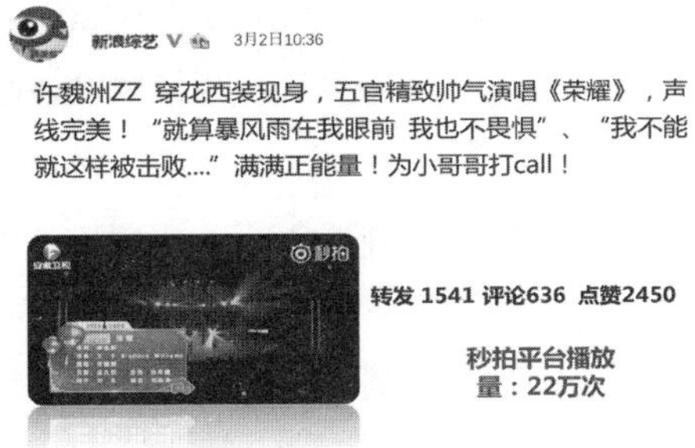

数据来源：美兰德·视频网络传播监测与研究数据库 Source:2018 年 3 月 1 日 -3 月 3 日 @ CMMR Co.Ltd

3. 青春力量再集结，许魏洲、潘玮柏成微博关注焦点

青春偶像许魏洲、酷帅男神潘玮柏实力领衔安徽卫视元宵晚会相关话题热度，成为微博用户热议嘉宾前二。

#许魏洲安徽卫视元宵晚会#
新增8692.1万阅读

#安徽卫视元宵晚会#
新增1891.9万阅读
新增5.7万讨论

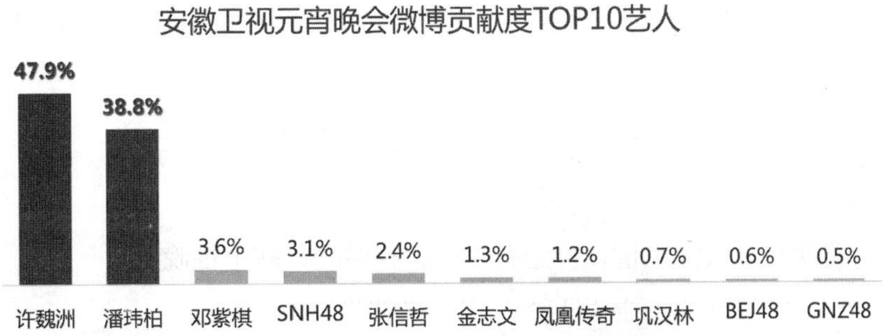

数据来源：美兰德·视频网络传播监测与研究数据库 Source:2018 年 3 月 1 日 -3 月 3 日 @ CMMR Co.Ltd

4. 新生代女团献唱安徽元宵晚会，歌曲类节目视频传播效果更佳

从安徽卫视元宵晚会节目相关的短视频点击量来看，歌曲类受欢迎程度较高，其中《甜蜜盛典》凭借空前强大的女团阵容、活泼靓丽的表演特色获得 50 万次以上的视频点击量。

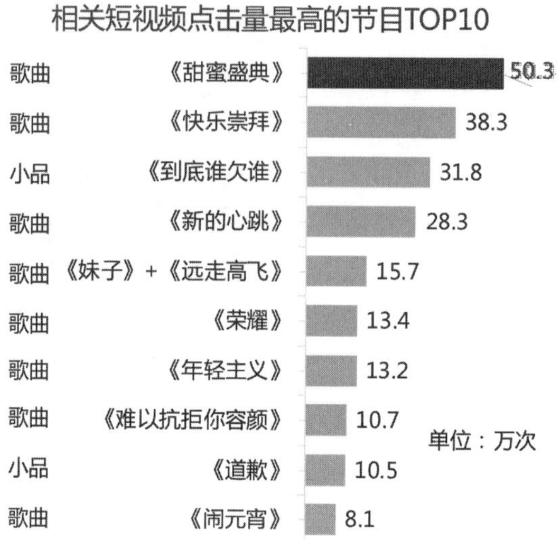

数据来源：美兰德·视频网络传播监测与研究数据库 Source:2018 年 3 月 1 日 -3 月 3 日 @ CMMR Co.Ltd

5. 青春与文化兼具，吸引年轻、女性用户积极关注，北京地区用户最为活跃

安徽卫视元宵晚会的微博讨论用户中，女性参与热情明显高于男性；90 后、大学学历的网民均占据半壁江山；在地域上，北京用户呈现出最高的活跃度。

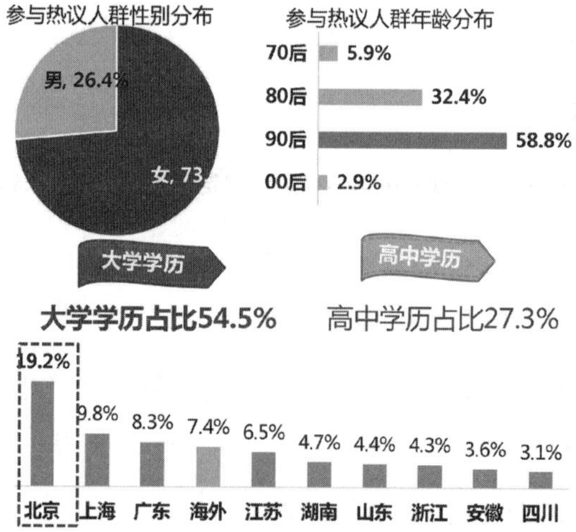

数据来源：美兰德·视频网络传播监测与研究数据库 Source:2018 年 3 月 1 日 -3 月 3 日 @ CMMR Co.Ltd

中国电视剧网络传播大数据特征与趋势

十九大以来，如何准确把握广大人民群众对广播影视的新需求、解决广播影视发展中存在的不平衡不充分问题成为当前广播影视工作的重中之重。随着我国电视剧[1]和网剧[2]的快速发展，正确认知我国电视剧与网剧的网络传播影响力新态势，对于进一步提升电视剧竞争力，建立并维护电视剧行业良好的市场秩序意义重大。

作为最受我国居民喜爱的节目类型，电视剧永不过时。

电视剧是国人平凡生活的缩影，是一个民族性情的展示，是一个个小社会的缩影。据美兰德 2017 年统计数据显示，我国网络视频用户中喜爱观看电视剧类视频的用户数量达 4.69 亿人，占全部网络视频用户的 60.3%，反映出中国网络视频用户对电视剧具有超高的热情。

2018 年第一季度已经结束，全网电视剧流量达 1912.6 亿次，低于 2017 年同期表现（1989.7 亿次）。在市场、政策等因素影响下，2018 年第一季度中古装大剧缺席，都市情感剧与年代谍战剧轮番登场，台网双赢的现象级爆款电视剧尚未出现。具体来看，2018 年第一季度在播电视剧点击总量为 1170.1 亿次，低于 2017 年同期表现（1460.2 亿次），但仍贡献了全网唯一一部点击量破百亿剧目《恋爱先生》；2018 年第一季度网剧引流能力相对在播电视剧依然较弱，但其贡献的 463.0 亿次点击总量相对于 2017 年同期表现（263.9 亿次）来说增长稳健。

站在 2018 年初回望 2017 年的中国电视剧市场，更能感受到中国电视剧的迅猛发展。2017 年全网视频点击总量高达 12170.6 亿次，其中电视剧类视频点击总量为 8167.4 亿次，占比达到 67.1%，连续多年成为全网视频点击量最大的内容品类。电视剧类视频之所以具有强大的引流能力，主要在于一方

---

1 电视剧：指仅在电视媒体播出或者以电视台播出为主，分销网络播出版权的剧目。

2 网剧：随着视频网站崛起，以网络为主要播出渠道的剧目。包含网络自制剧（由网络公司出品投资或参与制作的剧目）、网络引进剧（网络自由引进的境外剧目）、网络反向输出剧（在网络渠道播出后，又在电视媒体上播出的剧目）。

面电视台积极推进媒体融合发展，适应信息技术和媒体变革趋势，加快媒体改革创新，提升传播力、引导力、影响力、公信力；另一方面，各大商业视频网站不断整合资源，从人才、分红、用户等方面入手，吸引了专业制作团队、大量资本、优秀演员等进入网剧市场，网剧质量得到不断提升。

当下，受众在电视和网络上的观剧习惯均具有不容忽视的价值，台网受众存在一定程度的交叉和重叠。有鉴于此，电视台自 2017 年以来愈发重视在年轻市场上持续发力，排播年轻演员作品或新鲜题材作品，推动受众结构年轻化；视频网站则加大在版权上的投入，争夺热门版权剧，同时亦专注自制剧制作，积极打造具有高口碑、高品质的超级网剧。整体来看，台网双方需通力协作打造高品质剧目、发挥跨平台传播的优势才能充分满足受众需求，从而实现优质剧目价值最大化，达到优势互补、合作共赢的效果。在视频平台与电视媒体两股力量竞争、合作的大背景下，中国电视剧产业已经踏上了融合发展的新征程。

一、2017 年中国电视剧网络影响力整体特征

纵观 2017 年中国电视剧市场表现可见：受众跨屏观看视频的行为日益普遍，带动媒体融合继续深化；电视剧题材丰富，尤其是现实主义风格电视剧颇有亮点；卫视周播剧场持续发力，季播剧热度不减；社交媒体凭借互动性强、分享便捷等特点备受瞩目，成为热门大剧营销必备；原创高质量好剧不断涌现，IP剧发展趋于理智。湖南卫视大剧运作实力不容置疑，多个独播剧目名列前茅；东方卫视、浙江卫视、江苏卫视、北京卫视带来的多部联播剧亦颇具吸引力。随着多方资源流入网剧市场，网剧质量不断提升，推动视频网站付费会员规模扩大。网剧进入平稳发展期，优质作品不断赢得认可。

在美兰德 2017 年电视剧网络传播影响力综合得分 TOP30 中，上榜电视首播剧 24 部，低于 2016 年的 27 部及 2015 年的 28 部；上榜网剧 3 部，高于 2016 年的 1 部及 2015 年的 1 部；先网后台播出的剧有 3 部，高于 2016 年的 1 部及 2015 年的 1 部。海外引进剧数量则受政策影响急速收缩，2017 年无引进剧上榜。

就 2017 年涌现出的优秀电视剧来看，其普遍具备品质上乘、关注现实生活的特点，不但能够引发观看狂潮，更能在社交媒体中形成刷屏之势。而借助社交媒体对内容进行宣推、互动等一系列做法，更是在剧目的网络影响力传播方面发挥了不容忽视的作用。

排名	类别	剧名	网络影响力综合得分	首播平台
1	电视首播	楚乔传	90.3	湖南卫视
2	电视首播	人民的名义	89.4	湖南卫视
3	电视首播	三生三世十里桃花	88.9	东方卫视；浙江卫视
4	电视首播	择天记	79.3	湖南卫视
5	电视首播	我们的少年时代	78.2	湖南卫视
6	电视首播	欢乐颂2	77.1	东方卫视；浙江卫视
7	电视首播	我的前半生	74.0	东方卫视；北京卫视
8	电视首播	孤芳不自赏	73.0	湖南卫视
9	电视首播	那年花开月正圆	71.4	东方卫视；江苏卫视
10	电视首播	猎场	66.6	湖南卫视
11	电视首播	醉玲珑	64.9	东方卫视
12	电视首播	思美人	61.8	湖南卫视
13	电视首播	夏至未至	61.1	湖南卫视
14	先网后台	军师联盟	60.0	江苏卫视；安徽卫视；优酷
15	电视首播	大唐荣耀	58.3	北京卫视；安徽卫视
16	先网后台	春风十里不如你	55.1	山东卫视；优酷
17	网络首播	九州·海上牧云记	54.8	爱奇艺；腾讯视频；优酷
18	网络首播	白夜追凶	54.8	优酷
19	电视首播	漂亮的李慧珍	54.7	湖南卫视
20	电视首播	外科风云	54.2	北京卫视；浙江卫视
21	电视首播	射雕英雄传	53.9	东方卫视
22	电视首播	因为遇见你	51.3	湖南卫视
23	电视首播	急诊科医生	49.7	东方卫视；北京卫视
24	网络首播	热血长安	49.5	优酷
25	电视首播	白鹿原	49.2	安徽卫视；江苏卫视
26	电视首播	求婚大作战	48.1	东方卫视
27	电视首播	深夜食堂	47.5	北京卫视；浙江卫视
28	电视首播	守护丽人	47.4	深圳卫视；东方卫视
29	电视首播	人间至味是清欢	46.4	湖南卫视
30	先网后台	秦时丽人明月心	45.7	浙江卫视；优酷

图 5–6　2017 年电视剧网络影响力综合得分 TOP30

数据来源：美兰德·视频网络传播监测与研究数据库 Source：2017 年 1 月 2 日 –12 月 31 日 @CMMR Co.Ltd

1. 受众跨屏观看行为日益普遍，电视剧跨屏传播成共识

随着内容分发渠道增多，内容跨屏传播成为一种“新常态”。互联网环境下新的用户行为习惯改变着传统电视剧市场格局，也重塑了电视剧的基本传播形态。2017 年，受众在晚间黄金时段对电视的平均接触率高达 71.0%，远超其他媒体；在 10:00—22:00 时段对移动终端的接触率均超过 24.0%，具有持续性的传播价值与营销优势。全国电视人口移动终端接触率连续 4 年稳步上升，表现出渗透并影响我国居民日常生活的巨大潜力。以“跨屏”为纽带，利用电视屏与网络屏的互补性，展开多元化内容传播及品牌营销，将是电视剧市场发展的重要趋势之一。

从 2017 年热播电视剧来看，其均在电视端、移动端上拥有极强的传播能力。近代传奇女性励志大剧《那年花开月正圆》凭借精心打磨的原创剧本、扎实走心的演员演技，卫视联播收视率持续走高，腾讯视频独播点击量破百亿，引发全民热议。而《三生三世十里桃花》《人民的名义》等则以其精良制作和实力主创团队为基础，在卫视联播及多家网络平台播出后覆盖人群广泛，成为高口碑、高收视和高播放量的“三高”爆款。电视剧跨屏联动传播有助于实现多屏用户互补、地域互补、传播周期互补，对充分挖掘电视剧传播优势和商业价值意义重大。

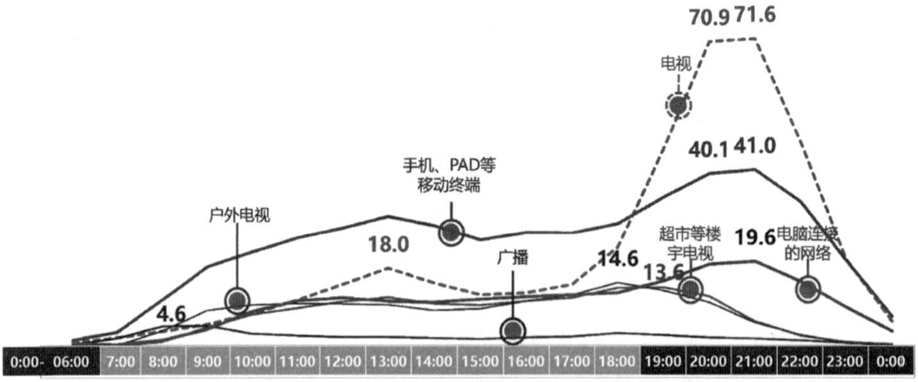

图 5–7 2017 年全国电视人口近一个月接触主要媒体的时间段分布（%）

数据来源：美兰德·全国电视覆盖与收视状况调查 Source：2017 年 8 月 @CMMR Co.Ltd

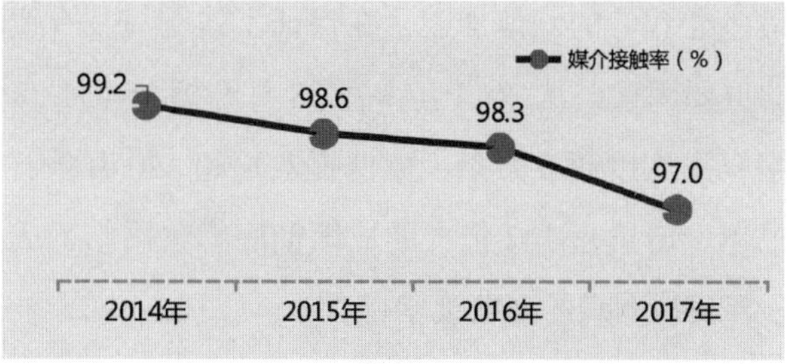

图 5-8　2014—2017 年全国电视人口对电视的接触率（%）

数据来源：美兰德·全国电视覆盖与收视状况调查 Source：2014 年 8 月—2017 年 8 月 @ CMMR Co.Ltd

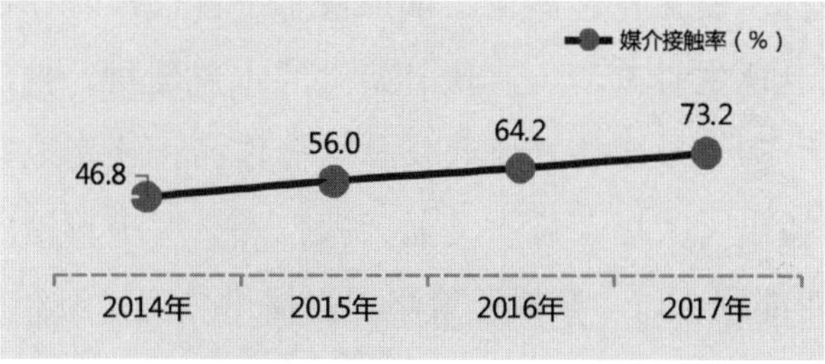

图 5-9　2014—2017 年全国电视人口对手机、PAD 等移动终端的接触率（%）

数据来源：美兰德·全国电视覆盖与收视状况调查 Source：2014 年 8 月—2017 年 8 月 @ CMMR Co.Ltd

2. 剧目题材丰富，现实题材剧颇有亮点

在 2017 年全网电视剧视频点击量 TOP30 榜单中，当代都市剧和古装剧均占比 40.0%，最受欢迎；偶像言情剧以 13.3% 的占比排名第三，年代剧和当代反腐剧则分别占比 3.3%。以传奇、言情、玄幻、宫廷为主要元素的古装剧持续获得受众青睐，具有现实主义风格的剧目亦表现出彩，其通过探讨当下社会婚恋形态、职场两性关系、医患纠纷、正风反腐等现实问题，表现出对当下中国社会的深刻体察和感知，引发受众的思考和共鸣，从而带来无数社会热点话题。

在近年来良好的反腐舆论环境下，湖南卫视顺应形势推出反腐剧目《人民的名义》，在 2017 年形成了燃爆荧屏之势。该剧重视打磨品质、演员表演到位，以真实案例为蓝本，直面当下中国政坛的现实及官场生态。剧中张丰毅、吴刚、侯勇等诸多老戏骨的倾情加盟，在保证了该剧演技在线的同时也成为引爆网络话题的重要因素。从 2017 年 3 月 28 日开播至 4 月 28 日结束，《人民的名义》以网媒关注度超 8 万条、微博提及量超 120 万条、微信公号刊发量近 2 万篇、视频点击量超 142 亿次的成绩彻底燃爆网络，成为近年来不可多得的内容精彩、演技上乘的现象级剧目。

3. 周播剧场持续发展，季播剧热度不减

2017 年卫视周播剧数量较去年有明显增加，其中湖南卫视“青春进行时”周播剧场聚焦年轻受众，推出《择天记》《楚乔传》和《浪花一朵朵》等大量精彩剧目，覆盖青春偶像、都市情感、古代传奇、古装玄幻等多种题材；东方卫视主打玄幻、武侠、架空的古装题材，推出《醉玲珑》《射雕英雄传》和《琅琊榜之风起长林》等作品；北京卫视和安徽卫视周播剧场共同播出《大唐荣耀》《通天狄仁杰》《琅琊榜之风起长林》《青云志 2》四部剧，以“联播”策略增强播出热度；浙江卫视正式开辟中国蓝周播剧场，加入卫视周播剧场战局，其暑期档《秦时丽人明月心》表现出彩。

2017 年多部季播剧先后开播，吸引了较多网民关注。分季制播电视剧优势明显，不但有助于培养较为稳定的受众基础、提升后续剧目的市场价值，还能在保持剧目新鲜度和吸引力的同时使制作资源得到最大化的利用。古装大剧《大军师司马懿之虎啸龙吟》和《琅琊榜之风起长林》均因首部作品积累的好口碑收获了较高的关注及期待；都市情感大戏《欢乐颂 2》作为曾掀起舆论热潮的《欢乐颂》的续作，在 2017 上半年一经播出便迅速蹿红。该剧从现实出发打造女性群戏，以当代都市女性的友情、爱情、亲情和理想作为切入点，直击当下都市女性的痛点、笑点、泪点，微博中正面评价占比为 45.2%。刘涛、蒋欣、杨紫、王子文、乔欣所组成的性格、年龄各异的“欢乐颂五美”，完美契合剧中角色的不同气质。该剧的网络传播四项指标均表现抢眼，仅在 2017 上半年即斩获网媒关注度 44866 条、微博提及量 398.2 万条、微信公号刊发量 33010 篇、视频点击量 176.9 亿次。

4. 原创高质量好剧不断涌现，IP 剧发展趋于理智

相较于 2016 年，2017 年的 IP 剧市场趋于理智更注重品质。在 2017 年全网电视剧视频点击量 TOP30 榜单中，上榜的 IP 改编剧共 17 部且流量合计占比近七成。古装剧《特工皇妃楚乔传》改编自潇湘冬儿的《11 处特工皇妃》，剧目整体制作精良、演员表演到位获得强烈反响，截 2017 年底收获近 400 亿点击量的优异成绩；《择天记》根据猫腻同名小说改编，画风唯美清新，并传递了平等、自信、奋斗和向上的价值观，亦引发社会热议；《大秦帝国之崛起》拒绝戏说、尊史重实，严谨地还原史实并关照当下获得网民高度认可。

与此同时，2017 年也涌现了一批高质量的原创剧。其中《那年花开月正圆》《外科风云》和《猎场》等剧以强内容、强演员和强制作，夺得不俗的点击量和好口碑；《因为遇见你》以刺绣为主题，在时尚的青春剧中加入厚重的文化底蕴，成功打造出原创国粹精品；网剧《热血长安》《白夜追凶》等虽无大 IP 的加持，但剧情紧凑、质感十足。

以 2017 年 CCTV-1 播出的历史题材剧《大秦帝国之崛起》为例，该剧避开了历史正剧宏大叙事的惯性，更加注重历史事实和制作品质，创新进入 B 站及豆瓣等垂直渠道，赢得众多年轻网友的喜爱。该剧播出期间，吸引大量 80 后、90 后通过弹幕留言创造话题进行互动。诸多网友对剧目的自发传播不仅带动了该剧迅速走红，也在一定程度上改变了网民对于“正剧太正”的刻板印象。

5. 多方资源流入带动网剧质量再度提升，台网合作共赢仍需探索

随着网剧市场开始实现由数量到质量的转变，网剧在投资、制作、营销和发行等多个环节创新升级，审核监管的标准持续提升，优秀网剧开始涌现。2017 年《热血长安》《春风十里不如你》和《双世宠妃》三部网剧成功跻身全网电视剧视频点击量 TOP30 榜单。越来越多的优秀导演、编剧、演员和制作团队进入网剧市场，如知名电影人韩三平、唐季礼、知名电影机构工夫影业以及天池表演工坊等均积极为制作高水平的网剧提供助力。未来 IP、网剧、动漫、游戏等多方联动发力，将成为推动影视内容价值最大化的

重要运作模式。

2017 年，网剧频频由网络端向电视台进行反向输出，如优酷首播的《春风十里不如你》、爱奇艺首播的《云巅之上》、腾讯视频首播的《狐狸的夏天》和《警察锅哥》分别在山东卫视、深圳卫视、四川卫视和安徽卫视播出。2017 年底，爱奇艺首播的《你好，旧时光》也出现在四川卫视 2018 年备播剧中，并得到台网联合宣传。尽管“先网后台”甚至“只网不台”或被认为是视频网站的胜利，但传统电视媒体依然是目前受众覆盖面最广的媒体，其竞争潜力仍在。视频网站只有在联合优质内容并积极携手电视媒体跨屏传播的基础上，才能使剧目具有更强的引爆能力。

二、2017 年中国网剧网络影响力状况分析

2017 年我国网剧在数量和质量上都有新突破，多部高品质网剧引起网络热议，斩获好评。整体来看，一方面，依托 BAT 资源优势，优酷、腾讯视频、爱奇艺不但拥有大量优质网剧，还采取热剧会员抢先看、会员独享模式等策略发展付费会员，使得网剧市场竞争激烈；另一方面，视频网站重视网剧质量提升，创新、完善平台方和内容方的合作模式、分成制度，从而形成以内容创作为核心的利益共同体，为用户提供了更多观剧选择。与此同时，各视频平台亦意识到 IP 剧系列化开发的重要性，开始酝酿系列网剧的“品牌效应”。

排名	剧名	得分	视频点击量（亿次）	网媒关注度（条）	微博提及量（万条）	微信公号刊发量（篇）	播出平台
1	春风十里不如你	★ 55.06	52.4	26550	148.1	8342	优酷
2	九州·海上牧云记	54.76	73.0	21658	31.5	9225	爱奇艺;腾讯视频;优酷
3	白夜追凶	54.75	40.7	32301	19.5	8400	优酷
4	热血长安	49.46	86.6	5193	92.5	2003	优酷
5	鬼吹灯之精绝古城	45.02	35.2	16224	12.0	8682	腾讯视频
6	双世宠妃	42.38	41.4	9101	83.6	3059	腾讯视频
7	将军在上	42.13	42.9	8037	95.5	2191	优酷
8	河神	41.7	23.8	15068	27.6	5356	爱奇艺
9	天泪传奇之凤凰无双	40.27	59.3	2348	4.6	392	爱奇艺
10	致我们单纯的小美好	36.3	26.0	6801	101.3	2729	腾讯视频

图 5-10　2017 年网络自制剧网络影响力综合得分 TOP10

数据来源：美兰德·视频网络传播监测与研究数据库 Source：2017 年 1 月 2 日 -12 月 31 日 @CMMR Co.Ltd

各大视频网站在创新商业盈利模式的道路上，均积极发展付费会员业务。美兰德统计数据显示，未来半年内打算为视频网站会员、影视资源点播付费的用户比例由 2016 年的 41.5% 提高到 2017 年的 47.8%。网络视频用户付费意愿的提升除了得益于多类型优质视频内容的推动，也得益于视频网站所属生态体系引发协同效应以及“全明星代言”引流吸引粉丝等策略。

1. 优酷、腾讯视频处于领先地位，网剧流量居高不下

2017 年全网网剧视频点击量高达 1277.2 亿次，相比 2016 年同期表现（402.0 亿次）增长迅猛。其中优酷表现最佳，以 478.9 亿次网剧视频点击量成为最吸睛的网剧播放平台，腾讯视频紧随其后以 422.0 亿次视频点击总量位列第二，两者在 2017 年全网网剧视频点击总量中的占比分别为 37.5%、33.0%，累计占比超 7 成。爱奇艺在第一季度播出的网剧数量相对较少，收获 266.6 亿次视频点击量。

从 2017 年网剧视频点击量 TOP20 上榜剧目看，优酷独播网剧颇具竞争优势，共有 6 部独播网剧上榜，视频点击总量达到 274.2 亿次，在网剧 TOP20 视频点击总量中的占比为 37.7%。腾讯视频和爱奇艺分别有 8 部和 3 部独播网剧上榜，在网剧 TOP20 视频点击总量中的占比依次为 31.0% 和 14.1%。

2017 年各大视频网站在运营定位和策略上各有侧重，涌现出一系列高品质网剧。优酷主打 3+X 剧集策略，聚焦欢乐喜剧、热血青春、纯美绝恋三大类型剧，重点打磨《春风十里不如你》《白夜追凶》等超级剧。在获得阿里影业、阿里文学等阿里大文娱资源大力支持的基础上，优酷继续深化“文娱 + 电商”的生态融合模式，从剧目的单一播出升级到剧目“全链路营销”；腾讯视频 2017 年加大了自制剧方面的投入，围绕 IP 与影视制作公司打造多部精品自制剧，将企鹅影视和腾讯游戏、小说、动漫等组合在一起全方位布局影游联动；爱奇艺继续倡导精品化、现象级内容理念，打造对标美剧的超级网剧，在自制剧方面更注重其“故事性”，并启动“海豚计划”“幼虎计划”和“天鹅计划”，保障导演、编剧、制片人等影视核心人才的发掘培养和供给，助推网剧向电影工业化水准靠近。

2. 题材多元丰富，满足网生代不同观赏口味

与电视平台相比，网剧题材涉猎更加广泛多元，有利于满足不同受众的兴趣。在2017年网剧视频点击量TOP20榜单中，古装剧占比45.0%位列第一，偶像言情剧占比25.0%排名第二，现代传奇剧占比10.0%跻身第三，而近代传奇剧、当代悬疑剧、当代农村剧、涉案犯罪剧也均有5.0%的占比。细分来看，网剧各题材持续创新勇于突破。就古装网剧而言，多元素混搭较受欢迎，为网剧增加了卖点和吸引力。例如，点击量居高不下的《热血长安》虽是古装探案题材，但也融合了喜剧、偶像、科幻等年轻人喜爱的元素；VIP付费观看的《双世宠妃》打通了甜宠、穿越、玄幻、喜剧、宫廷等多个元素，获得了较高的关注度。

作为最受欢迎的网剧题材，古装网剧制作精良、网感十足，竞争力不断提升。《海上牧云记》斥资4亿，由著名导演曹盾执导，强大主演阵容和超百人特效团队成果显著；《热血长安》跨时3年、投资近亿，通过大手笔视效再现初唐盛世；《颤抖吧阿部》将古装和科幻题材相结合，融合穿越、外星人、萌宠元素；《双世宠妃》由“七小福”之一的香港导演元德执导，凭借鲜明的“甜宠”风格成为2017暑期档网剧黑马。随着超强制作班底和资源支持将古装网剧的美感提升到新高度，拥有高水准镜头语言、服装设计、后期特效和演员演技的古装网剧的网络影响力将不断增强。

3. 好故事、好制作、好演技作用突出，高品质网剧表现出色

2017年涌现出多部“叫好又卖座”的作品，网剧在口碑上迎来“大爆发”。在网剧视频点击量TOP10榜单中，有7部作品的微博正面评价占比均超80%以上。

具体来看，这些高品质剧目在内容打磨、制作、演员选择方面均表现突出：在撰写原创剧本或改编IP方面，故事架构完成度高，剧情走向吸引力强，形成的好故事为网剧制作提供了前提和基础。如《白夜追凶》的编剧指纹出身法学世家，剧本专业又贴近现实；在制作方面，利用大资本、大制作为网剧的精品化提供坚实保障，吸引优秀导演和摄制团队涌入网剧市场，甚至配乐、摄像、剪辑、服装、美术等方面也有大师加盟。如《春风十里不如你》就汇聚了青年导演马进、编剧周涌、音乐人窦鹏和李健等组成强大的幕后班底；在演员方面，选择演技过关的演员是赢得网剧好口碑的一大关键，如《白夜追凶》的潘粤明、《河神》的新生代演员李现的演技均成为网民津津乐道的话题。

4. 优质网剧热衷推出续集，逐步酝酿品牌效应

2017 年《乡村爱情 9》《狐狸的夏天 2》《使徒行者 2》和《无心法师 2》等多部系列网剧开播后持续获得了网民较高的关注和良好的网络传播效果。有鉴于此，各大视频网站进一步意识到强 IP 系列化开发的重要性，开始对获得市场高度认可的网剧进行系列化开发，注重将“一次性播出完结”转化为“持续性品牌效应”，以季播模式延续其热度，从而实现网剧价值最大化。2018 年有多部网剧已经启动或拍摄完成续集：夺得 2017 年网剧视频点击量 TOP1 的《热血长安》将与已完成拍摄的《热血书院》等形成“热血系列”；火爆暑期档的《双世宠妃》将延续原班人马带来续篇；创造了高口碑、高播放量的《白夜追凶》公开宣布会有续作推出；凭借第一、二部积累了庞大粉丝群的《恶魔少爷别吻我》第三部已经杀青。

5. 拓展视频网站渠道价值，多网站联播、晚间黄金档编播提升网剧热度

在 2017 年网剧视频点击量 TOP20 榜单中，有 3 部作品选择了双平台甚至多网站联播，均有不俗的表现。多网站联合播出网剧的编排方式有助于发挥各网站的独特优势，起到拓展网站渠道价值、扩大网剧受众覆盖面的积极效果。随着网剧从独播走向联播的成功案例逐渐增多，多网站联播将成为未来网剧热度快速提升的新选择。

《九州 · 海上牧云记》在优酷、腾讯视频和爱奇艺三大平台联合播出，开播 4 小时全网点击量即破亿；《亲爱的王子大人》作为搜狐视频《亲爱的，公主病》续作，其目标人群与芒果 TV 平台用户属性高度契合，因此搜狐视频和芒果 TV 联播该剧，又搭配主演弹幕互动、直播推广、校园推广活动等“花式营销”助攻引流，最终成就了该剧点击、口碑双丰收。

2017 年播出的网络剧中，有超 50 部网剧选择在晚间 20 点更新。而在网剧视频点击量 TOP10 榜单中，有 60% 的上榜剧目选择在晚间 20 点的黄金时段播出。由此可见，在晚间 20 点黄金时段更新网剧吸睛效果显著。具体来看，

2017 年腾讯视频独播网剧中有超 20 部于晚间 20 点更新；爱奇艺独播网剧中则有超 10 部选择了晚间黄金时段进行更新。

排名	剧名	视频网站	全网视频点击量（亿次）	全网视频点击量排名
1	九州·海上牧云记	爱奇艺;腾讯;优酷	73.0	2
2	天泪传奇之凤凰无双	爱奇艺	59.3	3
3	春风十里不如你	优酷	52.4	4

图 5-11　2017 年部分晚间 20 点更新的网剧视频点击量表现

数据来源：美兰德·视频网络传播监测与研究数据库 Source：2017 年 1 月 2 日 -12 月 31 日 @CMMR Co.Ltd

三、2018 年中国电视剧网络传播发展趋势展望

随着 2018 年各大卫视、视频网站的备播剧日及编排策略相继公布，热门 IP 剧、优质原创剧、周播剧、现实题材剧等亮点纷呈，看点多多。实力明星阵容与高水准制作团队的强强联合自带吸睛效果，未播先火。

年轻受众依然是主要的收看群体。在台网融合进一步深化的背景下，电视台与视频网站积极从内容制作、宣传推广等领域协同合作，双方优势互补，致力于实现优质内容价值最大化。

1. 迎接两会、改革开放 40 周年等重大宣传节点，主旋律电视剧彰显中国文化自信

主旋律电视剧往往坚持以人民为中心的创作导向，聆听时代的声音，传播正能量。2018 年是改革开放 40 周年，正午阳光出品的《大江大河》反映中国改革开放 40 年的历史进程，是献礼改革开放 40 周年的重要剧作；2018 年最高人民检察院推出又一反腐力作《拼图》，东方卫视和浙江卫视宣布联播；公安部门联合《重案六组》创作团队与腾讯影业打造反电信诈骗题材剧《天下无诈》……综合来看，2018 年主旋律电视剧更加贴近现实，主打悬念迭起的内容，而官方机构加盟的作品更能激发受众的观看兴趣，或将涌现出一批高口碑、高收视、高话题度的热门好剧。

2. 台网融合优势互补，大剧跨屏传播正当时

虽然视频网站的崛起对电视台造成一定冲击，但电视平台具备的强大传播聚合力和影响力，非视频平台短期内可比拟。只有重视台网融合实现强强联合，达到优势互补的效果，才能成功打造真正的全民爆款剧目。

一部好剧的成功往往得益于优质的内容创作，但也离不开平台赋能和跨屏宣推。2018 年，多部由优质制作团队 + 小说 IP+ 视频网站 + 强势电视媒体打造的剧目备受瞩目，其中柠萌影业联手腾讯视频制作的古装大剧《扶摇》改编自天下归元的热门小说《扶摇皇后》，将于浙江卫视独播；芒果 TV 与捷成世纪联合制作的《火王之破晓之战》改编自游素兰的漫画《火王》，将于湖南卫视钻石独播剧场播出……台网强强联合的大剧或将激发起网民的浓厚兴趣，形成刷屏之势。

3. 周播剧持续发展成亮点，季播剧热度不减

2018 年，湖南卫视周播剧场恢复钻石独播剧场，与青春进行时剧场组成两大周播剧场，大 IP 大制作的古装剧和都市剧如《凤囚凰》《武动乾坤》《独孤皇后》《金牌投资人》《天生购物狂》等剧目将先后播出。浙江卫视亦继续挖掘周播剧发展空间，在中国蓝周播剧场推出“蜀山战纪”系列电视剧《蜀山战纪之踏火行歌》。2018 年周播剧场仍以大 IP、人气演员、古装题材为主要看点，播出后的口碑高低成为周播剧目网络影响力是否强势的关键。

2018 年季播剧热度不减，众多优质大剧延续经典，推出续集或系列剧目。浙江卫视推出《勇敢的心 2》；江苏卫视、北京卫视分别推出《恋爱先生》《小欢喜》，积极延续《好先生》《小别离》这一批佳作的热度。此外，《白夜追凶 2》《使徒行者 3》《无心法师 3》《老九门 2》《因为遇见你 2》《青云志 3》等同样凭借前期佳作赢得广泛关注。

4. 原创与 IP 改编剧共同发展，现实题材剧目竞争激烈

在 2018 年九家卫视公布的备播剧目中，61.8% 的剧目为原创剧，38.2% 的剧目为 IP 改编剧。原创与 IP 改编剧共同发展，助推我国电视剧市场的多元繁荣。其中《远大前程》《天衣无缝》《中国式合伙人》《蚀日风暴》《归还世界给你》等都是根据原创剧本制作的作品，备受期待；《知否知否应是

绿肥红瘦》《一路繁花相送》《大明皇妃》等热门IP剧则吸引影视公司和视频网站竞相争抢。

与此同时，湖南卫视、浙江卫视、北京卫视、安徽卫视等电视台同样看重现实原创题材剧目，加大了该类题材电视剧排播数目。如东方卫视已公布的2018年播出剧集中有近半为现实题材电视剧，其中包括《一路繁花相送》《恋爱先生》《美好生活》等讲述都市群体情感生活的现实剧目，以及《橙红年代》《破冰者》《拼图》这类涉及到涉案、刑侦、反腐风格的主旋律电视剧，还有《创业时代》《大江大河》这种反映互联网创业以及大时代浪潮中小人物成长历程的剧目。

四、2018年中国电视剧多屏传播优化策略

整体来看，2018年我国电视剧市场竞争激烈，各大卫视和视频网站纷纷加大宣推力度，精心排播剧目资源；社交媒体的繁荣发展，人类的交往方式、传播形态发生巨大变化，也对优质电视剧的宣传推广提出了更高要求。充分利用自身丰富的媒体资源优势培养高品质独家IP剧、电视媒体与商业视频网站合作优势互补、打造电视剧社交媒体传播优势进行跨平台合作等均成为电视剧市场竞争的重点。

1. 关注受众新变化，不断释放受众新价值

当前主流网络主流受众群体已经逐渐转变为90、95、00后，这类人群追求自我、特立独行，热衷与兴趣相投的人交往，喜爱新鲜、潮流、有趣的互动沟通方式，是成长中的“互联网原住民”。相较于大众文化，这类人群更青睐垂直细分的二次元文化或圈层文化等，且较愿意为之付费。而借力大数据实现精准用户画像，及时洞察受众新变化，对传统电视剧编播思路进行新调整，将成为进一步挖掘电视剧受众价值的重要举措。

随着中国特色社会主义进入新时代，用户对电视剧的需求也在升级。电视剧播出平台应时刻跟进受众新需求，科学选取、播出受众喜爱的剧目内容、剧目题材；积极发掘受众喜爱的剧目传播爆点，引导网友讨论关注；发挥电视剧网络传播的议程设置功能，引发受众思考，从而传递社会正能量、提升

我国社会主义核心价值观建设以及播剧平台的商业价值。

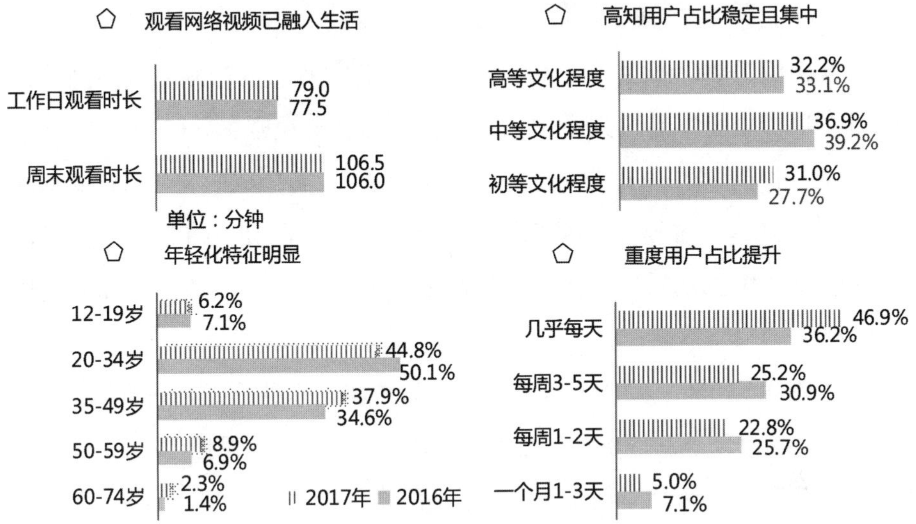

图 5–12　2016 年、2017 年我国网络视频用户的视频观看时长、文化程度、年龄和视频收看频次对比

数据来源：美兰德·全国电视覆盖与收视状况调查 Source：2016 年 8 月—2017 年 8 月 @ CMMR Co.Ltd

2. 重视社交媒体宣推，打造热剧宣推品牌

伴随着社交媒体的发展，“社交”的理念越来越普及。当前微信、微博、豆瓣、知乎、B 站、直播 APP、秒拍等超级应用、垂直社区、各种直播平台以及短视频平台等发展火热，共同打造出复杂的社交传播体系。社交媒体的发展开始逐渐改变人类的交往方式和传播生态。

在此大背景下，电视剧播出平台也要重视社交媒体手段的应用，针对不同社交媒体的特点，采用多样的传播形式、传播策略，快速打造电视剧播出平台网络传播品牌。比如在短视频平台投放剧场花絮、剧目拍摄纪录片视频等，激发网友观看兴趣；在微博平台定期发文、发视频宣推，注重与网友的良性互动；也可根据剧情主动发起微博话题，引发网友讨论，扩大传播范围。

3. 整合电视剧播出平台各方资源，培养独家、优质、高价值 IP 剧

以影视剧为起点的 IP 孵化与开发，往往能够带动与之相关的动漫、小说、网络游戏，甚至是版权授权、文化地产、周边衍生产品等多种形态的产品增值。

而通过培养独家、优质的 IP 剧集，可实现 IP 资源运作最大化，有利于增强播出平台用户黏度，提高平台价值。

电视剧播出平台可尝试整合自身资源，主动创作拥有独家版权的优质 IP 剧，对文学、动漫为主的上游 IP 孵化层，电影、电视剧主导的中游 IP 运营层，游戏、衍生品为主的下游 IP 变现层持续发力，各个层面联合创造高水准的 IP 价值。在这一过程中，应特别注意 IP 的选择，在 IP 制作过程中予以监督，从而确保 IP 剧的播出不会对平台造成声誉伤害，进而打造出一系列优质的 IP 剧目。

在实现 IP 剧价值最大化问题上，季播剧或将是一种重要的推动形式。这主要在于一方面分季制作电视剧在经典美剧、英剧甚至网剧上较为普遍，具有较高可行性；另一方面季播剧不但可以全面诠释 IP 原作细节，积累受众基础，也可强化受众互动，根据受众的反馈调整电视剧制作思路，以更好地提高目标受众的观看热情与黏性。

4. 电视媒体与商业视频网站创新合作，拓展跨平台优势

在现今媒介融合的大背景下，电视媒体与商业视频网站各具优势。电视媒体极具穿透圈层的传播价值，拥有庞大的受众群体，掌握顶尖的媒体资源；商业视频网站则资金实力雄厚，囊括一批高品质的剧目资源，熟悉年轻用户心理，且宣推能力与宣推手段娴熟。电视媒体需要全力挖掘自身媒体优势，展现自我平台强大的传播力与影响力，并合理利用商业视频网站的用户运营经验、策略，发挥跨平台传播的优势，达到两者优势互补、合作共赢的效果，进一步提升电视剧的独家影响力。

2018 年，各大电视台在布局少量重磅 IP 古装剧的基础上注重推出大量现实主义题材剧，全面开花的现实主义题材剧所涉及领域更加广泛，类型也将更加丰富。三大视频网站除了抢购电视台大剧的版权外，播剧发力方向也更加清晰，例如优酷的“多元化超级剧集”，爱奇艺的“小众文化共振大众娱乐”，腾讯视频的“覆盖头部大剧、构建多元矩阵”。可以看出，在剧目编播上采取兼顾“重磅 IP”与“垂直分众”的策略，已经成为台网内容布局上的一种共识。

随着电视台与视频网站联动优势不断凸显，电视剧资源的跨屏双向输出将成为新常态，台网既有竞争也有合作，台网互动进一步深化。未来中国电视剧将继续加大创新力度，坚守品质路线，不断满足人民群众在影视内容方面日益增长的新需求。2018 年第一季度的电视剧攻守战虽然已经落幕，但 2018 年最具网络影响力的爆款剧目能够花落谁家依然值得期待。

2017 暑期档网络综艺变局

2017 暑期，电视综艺的波澜不惊与网络综艺的风生水起形成鲜明对比。一方面，电视综艺遭遇瓶颈，《中国新歌声》《极限挑战》等综 N 代声量不及以前，创新综艺《中餐厅》堪称一抹亮色，却尚未形成现象级效应；一方面，网络综艺全面爆发，尤其是《中国有嘻哈》《明日之子》《2017 快乐男声》三档网综分别依托爱奇艺、腾讯、芒果 TV、优酷四大超级视频平台成为响当当的综艺爆款，流量与声量均比肩视频电视综艺，成为全民话题，“超级网综时代已经来临”呼声趋紧。

一、市场之局

1. 电视综艺受限显疲态，网络综艺迸发迎机遇

近几年我国电视综艺呈现井喷式发展态势，各种问题也随之出现，为避免电视内容过度娱乐化，广电总局自 2011 年起先后出台一系列电视综艺发展规范限令，电视综艺的发挥空间日益受限。与之相反，网络综艺凭借自由度较高的网络环境与大量资本、顶尖综艺制作人的竞相流入，呈现出巨大的发展潜能。2017 暑期档，全网综艺网媒关注度、微博提及量、微信公号刊发量、视频点击量 TOP10 榜单中均不乏网络综艺的身影，视频点击量 TOP10 中更高达 4 个席位。其中，《中国有嘻哈》《明日之子》《2017 快乐男声》三大网综集中爆发，表现惊艳。

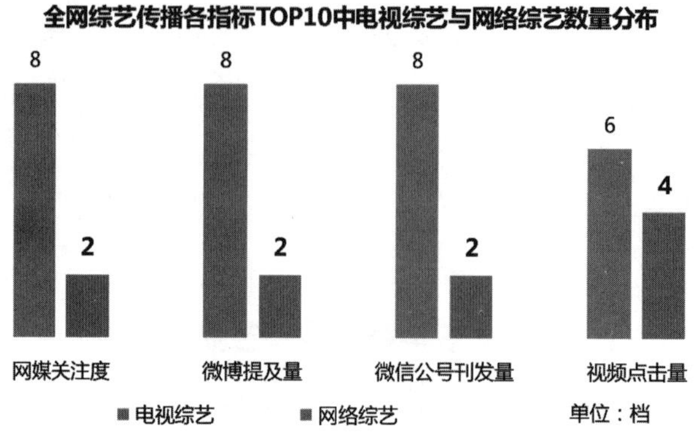

图 5-13　2017 暑期档全网综艺传播四指标 TOP10 电视综艺与网络综艺分布状况

数据来源：美兰德·视频网络传播监测与研究数据库 Source：2017 年 7 月 1 日 -8 月 31 日 @ CMMR Co.Ltd

2. 音乐选秀类综艺集中爆发，头部价值凸显成流量担当

2017 暑期档，在电视平台霸屏多年的音乐选秀类节目如今成为点燃网络综艺的火种，成就了三档无可争议的网综爆款。《2017 快乐男声》最早启动网络报名，湖南卫视“快男”超级 IP 首次由台转网，由芒果 TV 与优

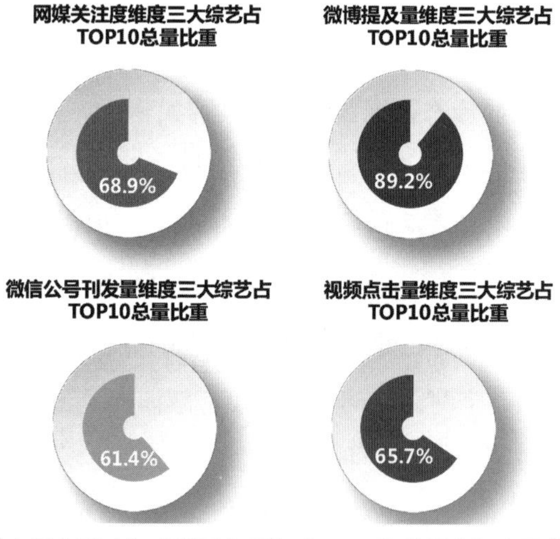

图 5-14《中国有嘻哈》《明日之子》《2017 快乐男声》在网络综艺传播四指标 TOP10 榜单中流量占比

数据来源：美兰德·视频网络传播监测与研究数据库 Source：2017 年 7 月 1 日 -8 月 31 日 @ CMMR Co.Ltd

酷联合出品；3 月，腾讯视频与新浪微博联手加持，与东方娱乐、哇唧唧哇公司共同启动以音乐为载体的偶像养成类综艺《明日之子》；5 月，爱奇艺举行《中国有嘻哈》发布会，开启中国首档大型 Hip-Hop 音乐选秀，在音乐选秀综艺红海中垂直创新。BAT 系与芒果 TV 四大头部视频平台全面出击，不约而同在暑期布局音乐选秀类综艺，《中国有嘻哈》《明日之子》《2017 快乐男声》强势登顶 2017 暑期档网络综艺网媒关注度、微博提及量、微信公号刊发量与视频点击量 TOP10 榜单，并以绝对优势领先，三大爆款在四大榜单中的流量占比均超 6 成，微博提及量占比更接近九成，成为暑期档网络综艺流量的主力担当。

3. 成熟团队、大制作、高投入，视频网站推动“超级网综”时代

2017 年各大视频网站纷纷布局自制内容，大量资金投入和成熟制作团队入局，成为“超级网综”的起点。三大网综制作团队均来自电视领域，电视制作经验均在十年以上，其中，《中国有嘻哈》制作阵容由中国金牌制作人陈伟、《蒙面歌王》系列总导演车澈、《跑男》三季总编剧岑俊义、《跨界歌王》总导演宫鹏等组成，《明日之子》总监制马昊、总导演黄洁曾执导过《快乐男声》《快乐女声》《燃烧吧少年》等热门选秀综艺。投入方面，爱奇艺投资 2 亿打造《中国有嘻哈》，吸引了农夫山泉、麦当劳等品牌赞助，并在中途加入了小米手机等赞助商；王老吉独家冠名《明日之子》，深度互动聚合线上线下流量，并为《明日之子》量身定制 3 亿罐装、瓶装凉茶，打造“一瓶一码、一罐一码”扫码得道具为选手加油的创新玩法。

表 5-1　三大网综制作阵容及赞助商

节目	视频网站	监制、导演	赞助商
中国有嘻哈	爱奇艺	陈伟、车澈、岑俊义、宫鹏等	农夫山泉、麦当劳、小米手机
明日之子	腾讯视频	马昊、黄洁	王老吉
2017 快乐男声	芒果 TV、优酷	陈刚	乐丰手机、薇缇薇

注：根据网络资料整理。

4. 网络综艺多元并茂，黄金时段上线与电视争锋

2017 年暑期档网络综艺类型愈加多元，除《中国有嘻哈》《明日之子》《2017 快乐男声》三大音乐类选秀爆款外，还有《火星情报局》《约吧大明星》《饭局的诱惑》《姐姐好饿》等网综 N 代，亦不乏《饭局狼人杀》这样结合了“饭局 + 游戏”等元素的探索尝试。从节目上线时间来看，网络综艺开始深耕晚间黄金时段，多档网综上线时间锁定为晚八点，正面与电视争锋。三大网综爆款上线时间更直指周末黄金档，《2017 快乐男声》锁定每周五晚八点更新，《中国有嘻哈》《明日之子》上线时间均为每周六晚八点，剑指电视综艺。

表 5-2　部分网络综艺播出平台及上线时间

节目	视频网站	上线时间
中国有嘻哈	爱奇艺	周六 20:00
明日之子	腾讯视频	周六 20:00
2017 快乐男声	芒果 TV、优酷	周五 20:00
变形计第十三季	芒果 TV	周六 12:00
火星情报局	优酷	周六 00:00
饭局的诱惑	腾讯视频	周三 20:00
约吧大明星	腾讯视频	周四 20:00
我爱二次元	腾讯视频	周二 20:00
姐姐好饿	爱奇艺	周四 20:00
大学生来了	爱奇艺	周三、四 20:00
饭局狼人杀	搜狐、乐视、腾讯、芒果 TV 等	周四 12:00

注：根据网络资料整理。

二、内容之局

1. 垂直化：深耕综艺垂直领域，小切口制造大效应

互联网时代，内容消费的需求更加个性化与专业化，网络综艺顺势而为，

续　表

深耕综艺垂直细分领域，开辟新鲜玩法。如《中国有嘻哈》进军说唱领域，聚拢众多兼具实力和个性的嘻哈歌手，重新塑造选秀综艺的人物关系，将原本小众的中国说唱文化输送到大众群体中，引发大批网友观看节目并参与讨论，在各大社交平台引发嘻哈讨论风暴。《我爱二次元》则将眼光瞄准二次元受众，通过 COSPLAY 比赛，引入卡牌游戏规则等方法吸引目标群体，更增加亡灵复仇大逃杀等刺激设定，在收割目标受众的同时辐射三次元人群。《大学生来了》则聚焦年轻受众关注的热门话题，邀请他们感兴趣的明星嘉宾，充分利用大学生群体在网络空间中的活跃度，提升节目的网络传播效果。

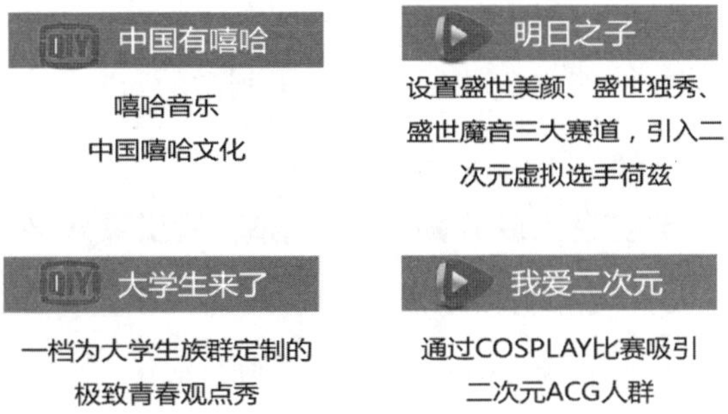

2. 直播化：直播成网综利器，新玩法得心应手

直播技术根植于互联网，如今在网络综艺中大行其道，有效贯通视频网站与社交平台，将互联网的实时性与互动性发挥到极致，增强节目的悬念感、真实感与互动感。《明日之子》大量采用网络直播模式，通过腾讯视频的节目直播专区，选手可在直播中获得粉丝打赏的道具增人气，并由此衍生周直播节目《明日之子八点见》，以全程直播的方式增加粉丝和选手的全方位互动，使主节目内容得以延伸，并维持相关的话题热度。《2017 快乐男声》借助芒果 TV 和优酷双直播平台开启“云唱区”，网络参赛选手根据现场百位“挑食少女团”成员的投票情况以及手机、电脑端观众的点赞数来决定去留，粉丝可通过直播中开放的弹幕区为喜爱的选手加油，与选手互动。

3. 剧情化：走心剧情式剪辑成亮点，提升综艺观赏性

网络综艺不再像电视综艺一般主打现场直播和单纯的舞台赛事，而是通过内容剪辑带给观众更具剧情连续性的观赏体验，提升娱乐感与代入感。以《2017 快乐男声》为例，节目侧重点不再是现场选手晋级的过程，选手的日常生活起居画面得到重视，通过巧妙的剪辑手法形成带有情节色彩的剧情，同时喜感字幕配合动态手势以及各类表情包在剪辑中的嵌入突出选手的真性情，通过真实的剧情化内容，网友得以全方位了解自己喜欢的选手。《中国有嘻哈》也在剧情式剪辑上大胆尝试，每集除了有完整的情节与主题内容之外，还经常采用闪回、插叙等剧情化呈现方式突出选手“互撕”状态，夸张的剪辑效果使节目节奏明快，成功塑造了紧张刺激的节目氛围，其中产生的话题梗与表情包不乏刷屏之作。

4. 明星化：当红艺人成流量入口，制造话题引爆网络

2017 年，大型网综制作水平比肩一线卫视综艺，当红流量明星积极拥抱互联网，成为网综爆款的重要支点与制胜法宝。《2017 快乐男声》邀请李健、罗志祥、陈粒担任音乐召唤师；《明日之子》力邀话题女王杨幂、当红炸子鸡薛之谦、人气偶像华晨宇坐镇三大赛道担任星推官，其中 # 薛之谦怒摔话筒 #、# 盛世魔音华晨宇 # 等微博话题登上热搜榜；《中国有嘻哈》由潘玮柏、吴亦凡、张震岳和热狗担任明星制作人，吴亦凡成为当之无愧的话题担当与流量担当，其“freestyle”梗刷屏网络。当红明星加盟网综，凭借自身的号召力与品牌价值为节目带来高关注度与高话题度，成为节目当之无愧的流量入口。如杨幂在暑期档的网络综合人气指数高达 90.89，高居全网明星第三位，对《明日之子》的网媒贡献度高达 41.9%，吴亦凡在暑期档的网络综合人气指数达 85.1，居全网明星第十一位，对《中国有嘻哈》的网媒关注度与微博提及量贡献均较大。

图 5–15 《中国有嘻哈》《2017 快乐男声》《明日之子》流量明星网络人气及贡献度

数据来源：美兰德·视频网络传播监测与研究数据库 Source：2017 年 7 月 1 日 –8 月 31 日 @ CMMR Co.Ltd

5. 个性化：个性选手特色鲜明，拥抱互联网思维

2017 暑期档三大网综扎根互联网，拥抱年轻人群，创新综艺玩法，不约而同地弱化了评委在节目中的主导作用，选手个人魅力与个性呈现成为重头戏，个性突出的选手为节目贡献了更多的话题与流量。如方言说唱达人 GAI、蒙面嘻哈高手 HipHopMan 欧阳靖因在节目中颇具个性的表现成为网友讨论热点，为节目带来超高关注度。又如《2017 快乐男声》中说话打扮偏女性化的尹毓恪、《明日之子》中采用人工智能技术惊艳亮相的虚拟选手荷兹等选手类型频繁登上新浪微博热搜榜。作为在互联网环境下成长起来的全新

年轻一代，95、00后年轻用户的喜好更加垂直、更具个性化，对偶像的定义也更为多元化。选手多元化的类型、个性与优势均可炮制出热点十足的话题，成为节目传播的重要助推。

GAI综合人气指数及对《中国有嘻哈》分指标贡献度

数据来源：美兰德·视频网络传播监测与研究数据库 Source：2017年7月1日-8月31日@CMMR Co.Ltd

6. 广告内容化：玩转广告新花样，品牌调性契合与节目融为一体

相较电视综艺，网络综艺的广告植入及营销玩法更加灵活，定制化、互动化特色鲜明，已然成为节目的重要组成部分。2017暑期档三大网综除了沿用传统的口播广告、角标、人形品牌玩偶等广告方式外，还创新开发诸如广告歌、选手版广告小视频等新玩法，广告赞助商积极与节目组配合，各种线上线下活动联动齐发。如《中国有嘻哈》用RAP方式口播广告，量身定做的

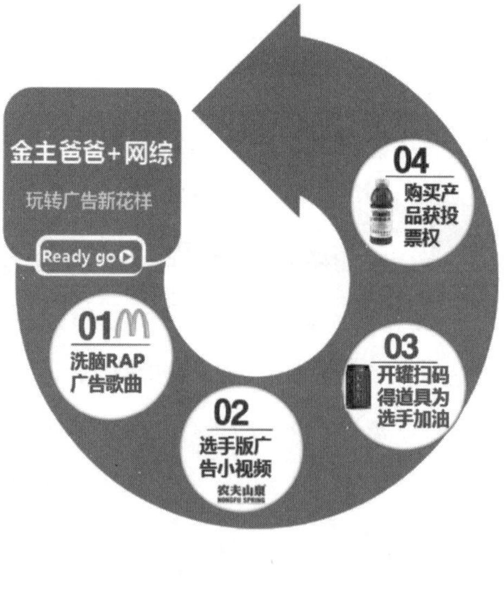

RAP 歌词完美展现了广告金主的产品特色与品牌理念，广告歌曲的律动感与青春气息扑面而来，切合年轻用户的审美与口味。节目组与广告赞助商合作，用户线下购买农夫山泉维他命水获得投票机会，为喜爱的选手助威投票。《明日之子》冠名商王老吉也大玩一把，特意为节目定制了上亿瓶装、罐装凉茶，并实现“一瓶一码、一罐一码”，粉丝购买王老吉扫描二维码就能获得腾讯视频为王老吉定制的专属道具。

三、营销之局

1. 营销手段花式出新，多平台打造传播矩阵

2017 暑期档，网络综艺背靠强大的视频平台资源不断开发新的营销方式，并打通各种类型社交平台，全面加持节目传播与品牌影响。如《中国有嘻哈》精心炮制明星制作人吴亦凡的 freestyle 梗，短时间内迅速触发网络病毒式传播，在各种时尚品牌及消费品牌营销推广中都能看到 freestyle 的身影，使嘻哈热成为一种火爆的社会现象。爱奇艺与新浪微博首次进行联合会员开发，会员用户在享有双平台会员权益的同时，额外享有《中国有嘻哈》投票加权、节目相关衍生品抽奖、微博专属皮肤等众多福利，并展开与映客、唱吧、抖音、碎乐等平台的合作，深度打造网络传播矩阵版图。《明日之子》背靠腾讯视频与新浪微博两大互联网巨头，与快手、美拍、陌陌、Now 直播等社交直播平台联动共振，协同发挥各领域的平台效应，最大限度延展在网生代年轻受众中的覆盖面。

2.“官推”与“民推”齐上阵，“造梗”与鬼畜各显神通

杨坤的“32 场演唱会”、汪峰的灵魂拷问“你的梦想是什么？”以及吴亦凡的“你有 freestyle 吗？”获称“国产音乐综艺三大梗”，这些官方主动推进的“梗”强化了受众与节目本身的强关联，提升了节目关注度。2017 暑期档强势网络综艺的宣推，不再局限于官方团体机构主导，部分自媒体视频制作者为了博取流量，也主动参与到节目传播过程中，例如何仙姑夫、神经兄弟等自媒体账号，饭制视频也成为粉丝表达对选手喜爱与支持的主流形式。与此同时，《中国有嘻哈》相关鬼畜视频在 B 站掀起点播热潮，最高点击量近 200 万次，节目播出期间还霸屏 B 站，推动流量同时提升讨论度。

3. 高效整合资源，头部节目成平台综艺生态引擎

伴随网络自制综艺的崛起，以 BAT 系及芒果 TV 等为代表的视频平台集结起一大批优秀的网络综艺节目，形成各自平台独具特色的综艺矩阵，较具辨识度的如腾讯视频“拜托了 XX”“吐槽”“你正常吗”系列、爱奇艺“奇葩说”“偶滴歌神啊”、优酷“晓说”“圆桌派”“火星情报局”以及芒果 TV“爸爸去哪儿”“妈妈是超人”“变形计”等。对视频平台内部资源及平台间资源进行高效整合，深度发掘头部综艺价值，并以头部综艺带动平台自制综艺整体生态共建共赢，成为视频平台综艺运营的重要策略。以爱奇艺为例，伴随《中国有嘻哈》热极一时，同样为旗下自制综艺的《大学生来了 2》迅速邀请“嘻哈”当红选手鬼卞、Bridge、BrAnT.B 小白参与节目录制，借势头部综艺人气提升节目效果。

4. 商业化模式渐行渐明，互联网公司加速流量变现

2017 年暑期档，网络综艺表现出超强的变现能力与超快的变现速度，商业模式不断完善。仍以《中国有嘻哈》为例，据悉节目上线第一期并无广告商赞助，第四期上线时小米作为新的赞助商出现，嘻哈的商业价值开始被市场认可并发掘。因节目走红的多位选手化身流量担当，众多互联网公司积极借“嘻哈”东风推进选手流量变现：如《中国有嘻哈》开设自己的潮牌“R!CH”，俘获大量嘻哈文化爱好者；网易手游《大唐无双》唯美版特邀 PG one 万磁王联手打造嘻哈战歌《举世无双》MV，同样获粉丝追捧；支付宝在 8 月 1 日—

8 日的“无现金城市周”活动中邀请说唱歌手 MCJin 欧阳靖和 Tizzy T 推出名为《无束缚》的说唱 MV；《中国有嘻哈》也已与全球最大规模的音乐盛事 Ultra Music Festival 进行战略合作。

2017 暑期，网络综艺声量与流量齐飞，力压电视综艺成为全民话题。相较于电视综艺的日趋收紧，网络综艺的内容环境与传播环境均较为宽松，优秀的电视制作团队、当红明星艺人积极拥抱互联网，加上大量资本不断涌入加持，“金牌制作 + 资本涌入”双轮驱动，网络综艺站上风口，大资本、大阵容、大制作成为发展新常态，中国娱乐产业的主战场正在迅速向视频平台转移。2017 年言称“超级网综时代已经来临”或许并不为过，未来更多的综艺爆款或现象级节目或将出自网综领域。

2018 年代表性街舞类综艺节目网络传播前景分析
——基于《舞力觉醒》《热血街舞团》《这！就是街舞》

2017 年电视综艺的相对平淡与网络综艺的风生水起形成鲜明对比。综合来看，一系列电视综艺发展规范限令使得电视综艺的发挥空间日益受限。与之相反，网络综艺凭借自由度较高的网络环境与大量资本、顶尖综艺制作人的竞相流入，呈现出巨大的发展潜能。2017 年，以《中国有嘻哈》为代表的小众综艺节目依托爱奇艺商业视频网站成为响当当的综艺爆款，流量与声量均比肩电视综艺，成为全民话题。鉴于注入嘻哈文化的综艺节目大火，和嘻哈元素亲密关联的多档聚焦“街舞”文化的综艺节目逐步展开激烈竞争。但由于舞蹈类综艺相对专业、受众参与门槛较高以及电视综艺操作空间有限，电视平台上的街舞类综艺节目收视前景并不乐观，视频网站上的街舞类综艺节目能否以新看点吸引更多用户仍存变数。

当前北京卫视与黑龙江卫视抢鲜播出的街舞类电视综艺《舞力觉醒》反响有限；湖南卫视联合优酷打造的《这！就是街舞》一度备受瞩目，但在近期的宣传中湖南卫视的身影却逐渐淡出；而《中国有嘻哈》团队的新作《热血街舞团》能否在同类节目中展现新亮点，再续点击与话题佳绩，仍有待观察。

一、2018 年街舞类综艺节目聚集原因分析

1. 小众文化成为流量爆破口，垂直类综艺节目吸引市场关注

互联网时代，内容消费的需求更加个性化与专业化，综艺节目顺势而为，深耕垂直细分领域，开辟新鲜玩法。如《中国有嘻哈》将内容细分做到极致，深挖中国类型化音乐潜力，把握 RAP 领域头部资源，将嘻哈这一小众音乐类型置于聚光灯下圈粉无数，让嘻哈音乐以及中国嘻哈文化为大众所熟悉。而《明日之子》打破次元壁垒引入二次元虚拟选手荷兹、《我爱二次元》通过 COSPLAY 比赛吸引二次元 ACG 人群，使得垂直小众综艺节目颇具黑马潜力。

2. 高效整合资源打造头部内容影响力，大平台生态价值持续提升

对平台内部资源及平台间资源进行高效整合，深度发掘头部综艺价值，并以头部综艺带动平台自制综艺整体生态共建共赢，成为平台综艺运营的重要策略。综合来看，2017 年湖南卫视新节目《中餐厅》《我是未来》深受粉丝欢迎，浙江卫视《演员的诞生》话题不断备受关注；以 BAT 系及芒果 TV 为代表的视频网站则集结起一批优秀网络综艺节目，较具辨识度的如腾讯视频“吐槽”系列，爱奇艺“奇葩说”“中国有嘻哈”，优酷“火星情报局”以及芒果 TV“爸爸去哪儿”等，这些头部内容的良性发展对提升平台价值意义重大。

3. 成熟团队、大制作、高投入催生“超级网综”，街舞综艺潜力被看好

2017 年各大视频网站纷纷布局自制综艺，大量资金投入和成熟制作团队入局，个别大流量网综制作团队均来自电视领域，电视制作经验均在十年以上，成为“超级网综”的标配，推动网络自制综艺的繁荣发展。2017 年网综投入方面，爱奇艺斥资 2 亿打造《中国有嘻哈》堪称典范，吸引了农夫山泉、麦当劳等品牌赞助，并在中途加入了小米手机等赞助商。而王老吉为《明日之子》量身定制 3 亿罐装、瓶装凉茶，打造“一瓶一码、一罐一码”扫码得道具为选手加油的创新玩法，更使得网络综艺的广告价值和传播声量得到有力提升。

4. 网络综艺多元并茂，黄金时段上线与电视综艺争锋

2017 年网络综艺类型愈加多元，不但有《火星情报局》等众多网综 N 代，

亦不乏《饭局狼人杀》这样结合了“饭局 + 游戏”等元素的探索尝试。从节目上线时间来看，网络综艺开始深耕晚间黄金时段，多档网综上线时间锁定为晚八点，正面与电视争锋。其中《2017 快乐男声》锁定每周五晚八点更新，《中国有嘻哈》《明日之子》上线时间均为每周六晚八点，剑指电视综艺大周末黄金档。

5. 网综商业化模式渐行渐明，互联网公司加速流量变现

2017 年网络综艺表现出超强的变现能力与超快的变现速度，商业模式不断完善。仍以《中国有嘻哈》为例，据悉节目上线第一期并无广告商赞助，第四期上线时小米作为新的赞助商出现，嘻哈的商业价值开始被市场认可并发掘。

众多互联网公司积极借“嘻哈”东风推进选手流量变现，因节目走红的多位选手化身流量担当：网易手游《大唐无双》唯美版特邀 PG one 万磁王联手打造嘻哈战歌《举世无双》MV；支付宝在 8 月 1—8 日的“无现金城市周”活动中邀请说唱歌手 MCJin 欧阳靖和 Tizzy T 推出名为《无束缚》的说唱 MV；《中国有嘻哈》更已与全球最大规模的音乐盛事 Ultra Music Festival 进行战略合作。

二、先锋街舞综艺节目《舞力觉醒》网络影响力表现

1.《舞力觉醒》节目网络传播亮点分析

全新街舞竞技综艺《舞力觉醒》于 2017 年 11 月中旬登陆北京卫视与黑龙江卫视、腾讯视频、优酷视频以来，共收获网媒报道量 292 条、微信刊发量 110 篇、微博提及量 2950 条，相关视频点击量更是高达 9145.3 万次，众多网友对这一全新形式的综艺节目给予了关注。

表 5-3　《舞力觉醒》各指标网络影响力表现

《舞力觉醒》各指标网络影响力表现			
网媒报道量（条）	微信刊发量（篇）	微博提及量（条）	视频点击量（万次）
292	110	2950	9145.3

数据来源：美兰德 · 视频网络传播监测与研究数据库 Source：2017 年 11 月 1 日 -12 月 20 日 @CMMR Co.Ltd

整体来看，与节目情节紧密相关的网媒报道深受网友欢迎；而微信文章除了对节目内容保持关注，还试图从其作为首档街舞垂直领域综艺节目所收获的传播效果来厘清行业发展趋势和前景；视频点击量方面，首期节目的开场短视频中 20 支街舞战队轮番亮相，为网友呈现超强 battle 战，凭借新鲜感吸引广大网友围观，累计收获视频点击量 6382.6 万次；节目官微 @ 舞力觉醒累计发博 556 条，高度重视节目信息的实时送达和网络互动，收获粉丝 6.5 万人，由其主持的微博话题 # 舞力觉醒 # 已达到 2.1 亿次的阅读量并引发微博讨论 32.2 万条。就节目目前取得的网络传播效果而言，《舞力觉醒》在微博平台和视频网站平台引起了更多网友的关注和讨论，而在网媒和微信平台的传播效果尚有待提升。

表 5–4 《舞力觉醒》网络传播效果

热门网媒报道 TOP3. 章标题	来源
苏醒变身热血 MC 《舞力觉醒》battle 战燃爆来袭	新浪娱乐等
尚雯婕《舞力觉醒》见证求婚 苏醒现场大呼好虐	凤凰娱乐等
《舞力觉醒》震撼首播 苏醒尚雯婕意见分歧	网易等
热门微信文章阅读量 TOP3. 题	公众号来源及阅读量（次）
苏醒向他致敬，尚雯婕称他无须被证明， 而他所做的不过是保持初心	长腿腿哥；44971
今晚首播 | 街舞，这么跳才酷！	东鹏特饮；34981
《舞力觉醒》被 diss 太粗糙，鹿晗的《热血街舞团》、 张艺兴的《这！就是街舞》能否克服？	娱乐资本论；9304
热门视频点击量 TOP3. 题	视频点击量（万次）
尚雯婕苏醒携 20 支街舞战队 引燃最强 battle 战	6382.6
第 2 期：街舞融入中国武术炸裂全场 舞团队长带病上台感动尚雯婕	387.8
[综艺] 舞力觉醒 第一季：舞团以舞致敬四大天王 20171215	359.9
热门微博话题阅读量 TOP3	话题阅读量（万次）
# 舞力觉醒 #；《舞力觉醒》官方微博主持	21000

续　表

# 舞力觉醒开启中国街舞元年 #；《舞力觉醒》官方微博主持	234.5
# 尚雯婕舞力觉醒 ## 尚雯婕 # 超级话题粉丝大咖主持	82.2

数据来源：美兰德·视频网络传播监测与研究数据库 Source：2017 年 11 月 1 日 -12 月 20 日 @CMMR Co.Ltd

2.《舞力觉醒》节目存在的问题分析

第一，节目赛制设置并无新意，《舞力觉醒》20 进 12 的赛制安排采取最常规的两两 PK 加待定晋级的形式，赛制安排中规中矩，欠缺吸引力。

第二，节目后期混乱的剪辑更是引发网友吐槽。在具体呈现方面，节目忽视对两两对决名单产生过程和出场顺序的交代，使得网友在观看过程中不明所以，而突如其来的、缺乏背景铺垫介绍和结果归属说明的 battle，更是让网友难以信服。赛事逻辑和节目叙事能力上的败笔导致节目争议连连。

第三，节目在明星嘉宾的设置上，未能较好地实现话题度和专业性的最佳组合，难以引起网友关注。节目筹备期的拟定嘉宾分别是张艺兴、宋茜和罗志祥，然而最终出现在网友面前的嘉宾则是苏醒、尚雯婕和罗志祥的御用编舞大目。后者无论是在专业程度还是在话题度上，都与拟选嘉宾存在较大差距，使得节目的话题度难达预期，无法吸引大量网友关注。

此外，《舞力觉醒》还存在前期准备仓促、团队不够成熟和缺乏专业性等问题。《舞力觉醒》的筹备期只有数月，其导演团队在街舞领域尚未有过深耕磨砺，上述情况直接影响了节目的专业性和呈现效果，降低网友观看体验。

三、《热血街舞团》与《这！就是街舞》开播前期网络传播亮点

除了正在热播的《舞力觉醒》之外，同类型的新综艺节目《热血街舞团》和《这！就是街舞》正处于紧锣密鼓的筹备阶段，凭借筹备充分加之后发优势，二者目前均展现良好发展势头。

1. 借势《中国有嘻哈》优质制作团队，流量小生参与下的《热血街舞团》未播先火

《热血街舞团》由 2017 暑期爆款网综《中国有嘻哈》原班底制作，定档 2018 年 3 月，行业对其充满期待。目前确认加盟的导师分别为鹿晗（微博粉

丝 4228 万）、陈伟霆（微博粉丝 2436 万）和王嘉尔（微博粉丝 697 万），上述导师无论是在个人热度还是在舞蹈专业性上，均有较高口碑。

《热血街舞团》采用多重赛制选拔出优秀的舞者组成舞团，舞团成员一起争夺最后的荣誉，吸引众多街舞圈大咖强势加入。《热血街舞团》已于 12 月 15 日启动微博海选，经由微博海选组成的 7 人舞团将代表“微博厂牌”决战其他队伍。

在爱奇艺平台，三位导师确认加盟节目的短视频分别获得 13.8 万次、7.3 万次和 27.7 万次的点击量，节目预告片的点击量更是达 117.5 万次。在微博平台，节目尚未开播，其官微便已收获 5.4 万粉丝，由其主持的节目微博话题 # 热血街舞团 # 阅读量已达 3.3 亿次，讨论量 290.1 万条，话题关注度远超已正式开播的《舞力觉醒》。

纯熟的节目制作、丰富的运作经验和明星嘉宾的流量属性，都成为节目质量和热度的保障，极大地便利节目预热工作推进。

2. 视频网站、电商、知名综艺制作公司联手，《这！就是街舞》备受瞩目

《这！就是街舞》由优酷、天猫、巨匠联合出品，由操作过《舞林大会》《舞林争霸》等多档舞蹈类节目的灿星制作倾力打造，优酷视频目前正与微视联合进行全球范围内的参赛选手招募。目前官方拟邀的导师分别为罗志祥（微博粉丝 5155 万）、易烊千玺（微博粉丝 3299 万）、张艺兴（微博粉丝 2738 万），在专业度上已有广泛认可。

《这！就是街舞》在赛程上分为“大海选”“超级对决”“巨星助阵”和“命运对决”四大阶段。凭借海内外嘉宾阵容和强大的资金支持，节目赛制中的“巨星助阵”阶段无疑将吸引网友超高关注，保障节目热度。

优酷平台已先后投放包含 Keone Marid 等专业街舞人士在内的确认加盟节目的短视频预告片，其点击量在数千至数万次不等。微博平台上，虽然节目官微的粉丝尚不达万人，但节目微博话题的阅读量已逼近 2000 万，引发微博讨论 2.6 万条。

《这！就是街舞》广泛引进海外街舞行业精英、邀请国内知名明星出任导师加盟节目。其资金和人才优势在一定程度上保障了节目质量。

四、2018 年街舞类综艺节目网络影响力前景展望

1. 比拼制作团队：优质团队经验成熟，偶像明星贡献流量

随着电视节目团队资源向互联网倾斜，视频网站引入的优秀制作团队在网综中如鱼得水。《热血街舞团》采用《中国有嘻哈》原班人马，并邀请舞美设计师唐焱、国际街舞大咖 Galen Hooks、国内 CASTER 舞团等加盟，保证节目专业性。《这！就是街舞》背靠阿里的强势资源，导演徐向东拥有丰富经验，在制作水准上颇有保证。而腾讯视频为应对街舞类节目的激烈竞争，邀请《舞林大会》的导演李文妤，布兰妮、碧昂丝等人御用编舞 Brain Friedman，意图打造偶像竞演真人秀《舞者 24》。

基于《中国有嘻哈》的成功经验，爱奇艺在《热血街舞团》中邀请了鹿晗等人担任热血召唤人，优酷《这！就是街舞》预计邀请易烊千玺等明星加盟，试图凭借明星流量撬动受众市场。偶像明星的参与能够在节目初期吸引大量网友前往观看，但后续是否能够进一步稳固则取决于节目本身的精彩程度。

2. 比拼平台运作：视频网站互动资源整合力强，电视频道发挥空间有限

从街舞类节目的平台来讲，目前除《舞力觉醒》在电视台播出外，《热血街舞团》《这！就是街舞》分别在爱奇艺及优酷视频播出。视频网站实力雄厚，《热血街舞团》《这！就是街舞》投资额均高达 3 亿，其中《热血街舞团》的冠名商为 VIVO，赞助商为百事可乐。巨额资金赞助、成熟制作团队、工业化制作模式以及高水平营销与宣发，节目后续热度自然可以预见。

目前已经在电视平台播出的《舞力觉醒》同样聚集了不少国内优秀街舞团队，三十六房表演团淘汰事件在曾引发广泛讨论。但电视节目受限于政策，内容呈现偏向保守，难以与用户产生更强互动。从平台属性而言，视频网站在内容上更加开放，有意向开拓更多新鲜题材，而注重潮流的街舞类节目也与视频网站偏向年轻化的调性不谋而合，能够满足潜在受众需求。

3. 比拼参与嘉宾：选手个性塑造难度大，难以提高受众参与性

从 2017 年的嘻哈到 2018 年的街舞，这两类节目之间存在着极强的关联性。嘻哈的元素本身包含说唱、街舞、涂鸦等元素，强调个性，注重自我表达，

契合当下 90 后、95 后的定位与自我需求，因此街舞类节目需要更多有个性的参赛选手来引发大众的讨论。2017 年《中国有嘻哈》挖掘了众多极具个性的选手令人耳目一新，街舞类节目是否能够挖掘出备受网友喜欢的素人，是节目能否成功的关键。

在塑造个性选手方面，《中国有嘻哈》作为音乐类节目具有天然优势，选手演唱的歌词本身就是自己个性的一部分，容易引发受众共鸣，冠军 GAI 就是凭借具有明显个人特色的中国风式匪帮独唱获得了广泛认可。而街舞类节目主要通过舞蹈动作来展现自我个性，且往往是多人舞蹈形式，选手个人魅力展示受限。建议尝试重点打造魅力舞团团长形象，设置独舞比拼，借助 VR 技术在视频网站对各个人气舞团队长、成员跟拍直播，全面呈现选手个性细节；尝试按照地域区分团队，从地域特色上来强化舞团特征。切忌编造参赛者的励志、煽情故事，易被网民众嘲和抛弃，破坏节目形象。

4. 比拼玩法趣味：街舞存在专业壁垒，类型重复易导致受众审美疲劳

《中国有嘻哈》能从小众走向大众，与其说唱偏互动类、传播门槛相对较低、易引发网民主动学习的特点密不可分。但街舞则更偏向于表演者的个人艺术，有学习门槛，网民更多是处于欣赏角度缺乏参与热情。结合国情来看，中国民风含蓄，缺少西方社会的舞蹈交际氛围，因此人人皆可哼唱歌曲，但无法即兴起舞。中国目前的舞蹈类综艺节目并未出现过表现极佳的爆款，《舞林大会》等优秀的舞蹈综艺也多是靠明星舞蹈竞技来赢得关注。

从目前几档街舞节目的比赛模式上看，其主要形式仍然是明星参与搭配素人海选—舞团 battle—挑战晋级的玩法。各大视频网站聚焦同一品类，更是容易让观众产生审美疲劳。如何让更多的观众理解并参与街舞类节目，成为 2018 年街舞综艺脱颖而出的首要问题。建议可从以下方面着手优化：第一，引入拥有专业声誉的人士加入，保证节目的专业程度。通过赢得街舞圈子爱好者的认可，吸引街舞爱好者自发式传播，为节目由小众走向大众化创造坚实基础；第二，节目设置恰当的形式来向大众“科普”街舞的相关知识，弱化接触街舞的专业门槛，从让大众有兴趣了解，并参与其中进行讨论；第三，强化节目识别度。比如简化节目名称，降低观众在街舞类综艺混战情况下的记忆、区分难度。或者设计令人耳目一新的舞台装置，统一节目宣推视觉效果；第四，由专业人士设计出一款适合大众的标志性音乐、舞蹈作品，以类似《江南 Style》《小苹果》的病毒传播方式打造出年度国民热舞，借助普适性、老少皆宜的作品为节目创造线上线下的传播爆点；第五，积极探索前沿科技与节目的结合。例如利用全息投影技术，实现舞团与历史上的经典舞者同台表演的震撼效果；利用 VR、AR 等技术塑造出更具沉浸感的视频观看环境，让观众戴上 VR 眼镜便可感受比赛现场的热烈气氛，强化参与感。

第六章
互联网重塑媒体传播范式

截至2017年12月，中国互联网普及率达到55.8%，超过全球平均水平4.1个百分点[1]，我国互联网发展历史已有30余年之久。30年以来，中国互联网发展赢得了世界瞩目。政策方面，我国在2002年便成立了互联网发展协会。2006年，我国颁布实施了《信息网络传播权保护条例》。2011年，国家互联网信息办公室设立，加强互联网建设和管理。2013年，国家广播电影电视总局下发了《广电总局关于促进主流媒体发展网络广播电视台的意见》，要求将网络广播电视台提升到与电台电视台发展同等重要地位。2014年，中央网络安全和信息化领导小组成立，提出建设“网络强国”战略目标。进入2015年后，我国将“互联网+”行动提升到国家战略的地位上来。

从信息传播的角度来看，我国互联网传播的发展经历了数个大事件。2006年的“踩猫事件”让人肉搜索一词进入公众视野，“熊猫烧香”凸显网络安全问题。2008年汶川地震，许多用户通过互联网平台获取资讯，并通过互联网进行积极募捐与救灾。2009年，新浪微博上线，迄今为止仍然是中国最大的互联网社交平台之一。2010年，“双11”光棍节营销成为常规营销节日，影响力深远。2014年，互联网进4G元年，打车软件补贴大战甚嚣尘上。2016年是人工智能、网络直播和内容创业的元年。进入2018年后，人工智能、VR等新兴技术正在逐步落地实现。

不容忽视的是，互联网的发展不但拓展了个体行为的自由度，使得个体成为互联网时代格局的中心，同时也重新塑造了人际关系和信息传播个体之间的连接方式。在互联网人际关系变革的基础上，媒介传播格局发生改变，相应导致传媒经济产生新变化，新的商业模式开始逐渐形成，营销活动也在不断革新。有鉴于此，我国广电行业与时俱进推出“智慧广电”策略，致力于将互联网的发展与电视媒体发展融合，并赋予“电视+”策略强大的发展潜力。

---

1 中国互联网络信息中心第41次《中国互联网络发展统计报告》，在2018年1月31日发表。

第一节　互联网强势重塑人际关系和传播关系

随着互联网的高速发展，网络信息已经渗透入全球网民的生活之中。世界互联网大会发布的《世界互联网发展报告 2017》显示，截至 2017 年 6 月，全球网民总数达 38.9 亿，普及率为 51.7%。互联网时代网络空间的开放性和社交媒体的发达吸引大量网民参与其中，从而形成了一个不同于现实社会的“网络社会”。网民线上互动交往模式日渐盛行，使得当今社会的人际关系表现出了新特征。发达的互联网技术应用也带来了信息传播方式的巨变，依托于网络空间的无数信息传播节点交错存在，构建了复杂的网络信息传播关系。

一、互联网通过对个体的连接与激活重塑人际关系，社交媒体、圈层文化等崛起

互联网时代通过手机上网进行社交、娱乐、购物、支付等活动十分便捷，民众的日常生活与网络空间的关联性进一步加强。随着网民可使用的即时互动交流工具和网络应用平台日益增多，互联网不断发挥对个体的连接和激活作用，并且借助个体的参与及互动来构建丰富多样化的关系社区，从而形成了新的人际交往格局。

1. 社交媒体吸引大量用户参与，成为塑造新型人际关系的关键平台

当下中国社交媒体发展迅速，QQ、微信、微博等社交平台深受网民欢迎[1]。美兰德·中国电视覆盖与收视状况 2017 年调查数据显示，全国社交媒体用户规模达 8.57 亿人，较上年净增 1.28 亿人；其中微信成为人们最常使用的社交媒体，近一个月内使用过微信的用户达 8.5 亿人。微信在互联网强调“连接”的理念作用下，已经转变为拥有更强大连接能力的社交平台。而微信不

1 喻国明，吴文汐，何其聪，李慧娟，杨雅：《移动互联网时代 —我国城市居民媒介接触与使用—机遇“时间 – 空间 – 行为 – 关系 – 心理”五维研究框架的考察》，引用自第 108 页。

断开发新功能，则强化了其人际关系沉淀能力，如微信公众号强化了自媒体在传播过程中的粉丝影响能力，微信支付将红包功能与用户社交关系捆绑，“小程序”与用户娱乐、阅读等日常活动挂钩。当前微信逐渐成为一个集合了通讯、交通、娱乐、消费能基础功能的超级 APP，它合并了用户的线上与线下人际关系，起到了接通虚拟与现实人际关系的作用。

2. 网络空间无限但用户注意力有限，垂直、圈层人际关系逐步成为常态

拥有共同兴趣的某一特定人群通过在网络社区上的交流互动形成特定群体，即所谓“圈层”。在特定圈层内，个体因兴趣并彼此进行沟通交流，并发展出了属于特定阶层的“圈层文化”。互联网文化中成长起来的年轻群体是圈层文化的参与者和创造者，该群体对互联网时代社交平台的依赖性较高，熟悉网络平台的传播规则，并具有积极主动传播的倾向。圈层文化在互联网平台的典型代表是各类垂直领域社区，比如知乎、果壳等问答媒体使得信息的获取与传递具有了媒体传播价值，问答付费、直播答题等“付费知识”的兴起则强化了信息传播过程的利益因素，从而使得个体的知识与能力具有变现的可能。

二、互联网催生新式信息传播关系，彰显强大的渠道魅力

随着全球互联网用户持续上涨，互联网已经成为最关键的传播渠道之一。人与互联网的关系以及互联网中所展现的人际关系已经构成了一个独立于现实社会之外的“网络社会”。互联网一方面对人际关系的变化产生巨大影响，同时对于网络世界的信息传播关系产生了较大影响。互联网深刻影响人际关系的变革，也在不断改变着网络社会的信息传播关系，而人工智能、VR 等技术的发展则推动未来的传播关系走进新阶段。

1. 自由开放的信息传播个体成为互联网时代传播关系发展的关键因素

互联网的发达促进了“个人”自我表达的自由程度，信息传播个体更容易表达出自己的观点，并且更容易获得共鸣。在获得自由表达的权利后，信

息传播个体在社交媒体平台进行交往的规则也在不断发生变化[1]：由于互联网平台社交对象多为陌生人，参与者失去了现实生活中的约束，因此更愿意对网络平台中的“朋友”表露自身；在互联网匿名性特征的保护下，部分线下生活中的“少数派”参与网络社交、表达自我的意愿加强，少数人关注的问题也能够获得公众注意力并得到解决。移动互联网的全面发展中，信息传播个体之间的连接方式开始进一步向线上转移。随着信息空间的不断扩展，传播的流动性更加明显。

2. 社交媒体普遍注重对用户的网络信息传播关系进行挖掘、激活

社交媒体均重视提高用户活跃度的运营活动，不但有助于提升社交媒体用户在网络信息传播关系中的地位，也使得社交媒体用户成为网络信息传播的节点。社交媒体依托各自的技术和规则设定吸引大量用户使用社交媒体产品，同时展开丰富多样的网络信息传播活动。值得注意的是，信息传播在这其中往往被进一步简化为一种商品，用户很容易感受到庞大信息流所带来的压迫感和时空割裂感，从而对置身复杂的网络信息传播关系的境况产生抗拒。[2]

3. 人工智能、物联网等新技术推动网络信息传播关系走向“场景化”时代

移动互联网的出现使得基于“场景”的消费、交流等成为可能。人与手机等移动设备的绑定，优化了信息连接的方式，空间、环境及社会身份角色等对个人的限制变小，人们可以随时随地参与网络活动，并发表自己的意见[3]。人工智能、VR、AR 等新技术逐渐在现实中落地并应用，将为“场景化”中的传播关系提供一个颇具想象力的发挥空间。例如 VR 新闻可以打破虚拟和现实之间泾渭分明的传播关系界限，让受众直击真实的现场，感染力更强、更易引起受众的共鸣；养老院专用的机器人配备特定的信息数据和技术后可

---

1 喻国明，马慧：《互联网时代的新权力范式：“关系赋权”》，来自微信公众号“喻国明”，2017-05-11。

2 喻国明，吴文汐，何其聪，李慧娟，杨雅：《移动互联网时代 —我国城市居民媒介接触与使用—机遇“时间 – 空间 – 行为 – 关系 – 心理”五维研究框架的考察》，引用自第 454 页。

3 彭兰：场景：移动时代媒体的新要素，《新闻记者》，2015（总第 385 期），第 21 页。

以与人类产生良好的信息交流互动关系，比如进行 24 小时高质量定制照看服务、为老人提供个性情感关怀等。

第二节　互联网赋予传媒经济发展新思路

当前世界各主要经济体都在借助互联网信息技术革命的新浪潮，加快建设和运用互联网，以推动本国经济社会发展，保持或者强化自身整体实力和国际竞争力[1]。互联网对各行各业产业的影响不仅仅是增加了一个新的传播渠道，而是基础性、结构性的变革。互联网通过解放个人对信息的需求程度和操控能力，将社会传播的基本单位从“机构”变为“个人”，因此从根本上改变了传播生态，进而影响了传媒产业的各个方面。[2]

一、互联网尤其是移动互联网深刻改变了用户的媒介消费习惯

互联网背景下网络媒体以多种形式抢占丰富的生活应用场景。网络媒介消费习惯已经嵌入到民众的日常生活中，大众的网络化生存成为当今社会发展的重要特征。美兰德·中国电视覆盖与收视状况 2017 年调查数据显示，手机 /PAD 等移动终端接触率持续增长，2017 年以 73.2% 的占比稳居第二，且较上年提升了 9 个百分点。从用户的媒体接触时间分布来看，手机、PAD 等移动端已经实现 24 小时全天候覆盖，全面串联起用户的碎片时间。

公众使用网络媒介的过程中不仅是在对网络媒介进行消费，还通过网络互动等形式产生了新的价值，媒介生产与消费在此过程中发生深刻而多变的交织[3]。新时代媒介消费的社交属性越来越明显，用户成为媒介消费的中心，不仅是消费信息的接受者，同样也是消费信息的传递者。

---

1 《世界互联网发展报告 2017》蓝皮书，转自世界互联网大会官网，2017-12-15。

2 喻国明，潘佳宝：“互联网 +”环境下中国传媒经济的涅槃与重生——2015 年中国传媒经济研究的主题与焦点。

3 黄可：《媒介消费：概念溯源与再认识》，现代传播（中国传媒大学学报）2014 年第 6 期，第 163—164 页。

二、社群经济等新兴经济模式逐渐发展壮大

在互联网的飞速发展中，新的经济模式不断涌现。当前社群经济、共享经济、虚拟经济等新兴传媒经济备受关注，表现出颇具潜力的发展前景。

互联网平台上因为兴趣而产生的小型群体是社群经济产生的基础，原先互联网社区的弱关系在垂直网络社区中被不断加强，社群成员之间的线上互动与线下生活融为一体，从而产生“社群经济”。当前凭借社群经济逻辑经营成功的互联网公司逐步增多，比如重视组建圈子的逻辑思维和吴晓波书友会，融合产品或项目的产品型社群、丁俊晖台球俱乐部等。

由于信息不对称以及时代发展局限，多种社会资源利用率普遍不高。但借助互联网技术，有助于将闲置的社会资源进行分享从而提高使用效率。近年来，随着共享单车、网约车使用人数的增加，共享经济的市场教育不断完善。随着共享经济走向深水区，基于知识共享、技能共享等更具创意和实用价值的商业模式会被建立起来。

在移动互联网蓬勃发展中，网络虚拟空间的数据量呈爆发式增长，虚拟数据日益成为重要的战略资产，相应地催生虚拟经济的兴起。以网络游戏为例，美国林登实验室开发的“第二人生”是一款大型3D模拟现实的完全开放的网络游戏，在全球已拥有数千万的注册用户。其快速发展使得阿迪达斯、丰田、可口可乐、联合利华、路透等大批知名企业看到了商机并入驻“第二人生”开设店铺。这些公司将虚拟空间看作市场营销和广告宣传的理想平台，在“第二人生”中建立销售中心，在游戏中接受玩家的订货。成功地将虚拟与现实世界联系起来[1]。当然，随着虚拟经济的发展，许多现实经济面临的问题，虚拟经济体也不能幸免，但就这一经济模式本质来看，只要符合经济规律，依然会具有无限的发展潜力。

1《在VR世界里长出来的虚拟经济体，会不会成为颠覆BAT的力量？》，转自微信公众号“机器人e资讯”，2016-04-26。

三、互联网逻辑有力推动新闻、影视、广告等产业的创新发展

互联网对中国经济的改变尤其引人注目，其中传媒产业首当其冲。在强调注意力经济的当下，互联网逻辑下的新闻传播行业、影视行业及广告行业则更为明显的展现出这一特征。

互联网逻辑对新闻传媒的改变是根本性的。在互联网时代，报纸、广播、电视等传统媒介受到强烈冲击，互联网技术革命对传媒产业的发展起到巨大推动作用。在互联网逻辑下的新闻媒体转变为一种更具有服务性和开放性的新闻平台。在此类新闻平台上，新闻发布变得更为开放多元，既有权威新闻媒体发布相关新闻内容，也有信息传播主体能够主动传播的相关信息。

互联网逻辑下，影视行业的发展则最引人瞩目。我国影视行业目前正处于高速发展时期，媒介融合与制播分离的趋势引人注目，传统的电视产业发展已经不适应当下的发展趋势。影视产业作为互联网时代的潮流产业之一，互联网在其中具有革故鼎新的作用。典型的例证便是视频网站的崛起。根据美兰德中国电视覆盖与收视状况调查数据库显示，2017年爱奇艺、腾讯视频、优酷视频的用户人数分别高达5.13亿、4.25亿、2.49亿。且网剧和网综从弱到强，到2017年以来，已经有大批优质网剧引发网友关注，优酷《白夜追凶》、爱奇艺《无罪之证》等作品都受到了市场的广泛认可。

在互联网逻辑影响下的广告业获得了更为广阔的发展空间。广告业堪称经济发展的“晴雨表”。互联网兴起后，广告产业呈现出两个明显趋势：一是新媒体广告及平台的兴起，二是传统媒体与新媒体之间进行创新合作。微博和微信平台已经成为商家投放广告热门渠道；支付宝等春晚合作推出摇一摇得红包的营销方式，也成为广告业营销的经典案例。另外，在互联网技术影响下，大数据等也成为广告投放的一种重要手段。

第三节 互联网助推营销活动的变革创新

当前信息传播已进入了一个全新的时代，互联网在营销传播过程中发挥

着举足轻重的作用。在互联网信息洪流中，成功的营销活动必将面临巨大挑战，首当其冲的就是舆论环境的改变：每个人可以通过点赞、转发、搜索、评论等行为成为热点信息参与者，热点信息的产生路径更加复杂。其次是网民话语权的改变：网民表达自己观点的意愿越来越强烈，越来越愿意进行自媒体传播互动并影响他人。因此变推动为拉动进而为互动，引发受众的主动传播成为互联网时代营销生态的核心特征。

一、技术革新成为网络营销重要驱动力，不断拉近营销和用户的距离

有效的信息传播和用户连接在网络营销中意义重大。在大数据、云计算、人工智能、AR、VR、电子支付、语音识别、人脸识别、5G 等高新技术的快速发展下，网络营销活动在表现形式、覆盖广度和速度、变现能力等方面表现出惊人的潜力。

1. 大数据、云计算新技术的高营销价值已经成为营销行业共识

通过这种技术的使用，网络用户个人信息被标签化，之后机器可以通过搜集用户的行为习惯来进行数据分析实现目标受众的精准画像。这一方式将使营销广告得以精准触达对某一产品有潜在需求的用户群体。大数据在有效实现线上线下互动营销上意义重大，一方面通过对线上数据的分析，广告主能够对目标受众的偏好、兴趣及行为模式有较为清楚的认知，另一方面借助目标受众画像数据，还能设计恰当的线下推广活动。

2. 人工智能技术（AI）将助力实现最优广告投放

当下“AI”已经成为互联网行业的热门词汇，国外的谷歌与国内 BAT 等公司无一不在智能化领域做出尝试。人工智能高科技可以替代人力对网络广告进行 24 小时即时竞价，或者有针对性地在不同的场景下投放适宜的网络广告素材。广告投放与人工智能技术相结合，从而实现更精准、高效的广告触达效果，将成为未来广告业发展的重点方向。

此外，增强现实 (AR)、虚拟现实 (VR) 技术可使用户在接近真实的虚拟环境中体验相关产品，因此成为营销创新的重要助力。结合这一技术可打通图像、视频、感官、声音、气味等多种传播形式，虚拟与现实的结合更具备更高的

传播价值。

值得关注的是，在便利的电子支付技术下，网络营销活动的实时变现能力也能得到快速体现。精彩的营销策划搭配电子支付技术，消费者可以通过页面链接点击购买，也可通过二维码扫描，快速进入网上商城，实时浏览产品相关信息，找到自己所需产品或服务，然后进行支付购买。未来品效合一的营销将能赢得更多广告主的青睐。

二、传统营销边界趋于模糊，强创意、系统化的“内容营销”备受关注

传统媒体时代，利用电视、报纸等媒体展开简单说教式、灌输式的营销活动较为常见。互联网时代，受众沟通的形式多样且极其便捷，营销活动需要在深度洞察消费者心理的基础上，借助特定内容引发目标消费群心理共鸣，并进一步主动传播相关内容最后实现信息的病毒式扩散。新一代的年轻消费者对营销方式和内容的要求更高，单一、枯燥、广告性较强的内容必将被逐渐淘汰。以“走心内容”为基础，网络营销活动的传播成本相对偏低，同时时效性更强。

微博、微信等社交媒体中的内容营销已经成为常态。以社交媒体中颇具引流能力的大V、网红和自媒体公众号为例，他们普遍重视强化自身特色：无论是干货展示或是短视频、漫画等形式都强调用户体验为中心的设计策略，因此其营销内容对目标用户来说具有很强的吸引力。在这个过程中，网民可以对此随时随地留言、评论、互动等，甚至能实现与品牌达人、网红的直接对话沟通意见，形成良好的粉丝反馈机制。在这种良性互动下，优质内容的影响力与日俱增，曾经的消费者已经成为最佳的营销活动的制造者和品牌口碑的传播者。

万物互联趋势下“内容营销”将更具创意且不断扩展自身边界。过去，内容主要聚焦在具体的资讯、娱乐等传统内容层面。在物联网的快速发展下，“内容”的概念被进一步拉伸，呈现出有生活就有内容、有场景就有创意且

创意与内容都是为了给用户更好的服务与体验的特点[1]。通过整合软件和智能硬件，物联网下的媒介可覆盖用户全天生活场景，能够在适当的时间和地点用适当的形式和内容触动消费者。例如智能电视互动营销，根据用户健康、预算等数据推荐相关旅游胜地广告，用户可使用语音交互在电视上快捷购买旅行装备预定酒店机票，后期分享旅游感受并分享给多位好友；智能手环的天气预报内容中，可根据用户数据智能推荐尺码合适的雨衣、晴雨伞、防晒品，用户使用后可发送使用体验给予反馈等。借助互联网渠道，原生化、场景化的创意与内容让内容营销更具趣味性与想象力。

三、网络视频营销已经发展成为重要的网络营销形式

随着国内网络视频行业在内容、营销、产业链整合等层面均实现突破，视频网站超级网综与精品大剧、热门短视频 APP、直播平台等成为流量担当。我国娱乐产业的主战场正在向视频平台转移，观看网络视频已经成为人们主要的娱乐消费方式。

美兰德·中国电视覆盖与收视状况 2017 年调查数据显示，我国网络视频行业获得长足发展，用户黏性进一步增强：每周观看网络视频 3 天以上的用户占比达 72.1%，其中几乎每天收看的重度网络视频用户占比达 46.9%；手机以高达 90.4% 的占比成为网络视频的最重要的载体，视频观看的移动化程度空前之高。网络视频凭借强大的用户吸引能力使得网络视频营销长期以来颇受关注，多个互联网公司纷纷推出 DSP 视频投放平台，争夺网络视频广告蛋糕分割用户红利。

短视频、直播备受网民欢迎，成为网络视频营销竞争高地。垂直的短视频平台如快手及抖音等能够迎合互联网碎片化、便捷化的传播趋势，获得诸多用户青睐。直播平台如斗鱼直播、映客直播等也吸引了网民参与，用户数量逐步上涨。当下，各种热门的网络视频应用已经成为各大互联网巨头争抢的重点之一，无论是阿里还是腾讯都投入大量资源来布局短视频及直播行业。

---

1 《IoT&AI 之上，拓展营销新边界》，转自中华广告网，2017-12-12。

丰富多样的网络视频内容为营销提供了更多可能性。

5G 网络或将成为网络视频发展催化剂，进一步推动网络视频营销的发展。随着 5G 时代的到来，网络视频移动观看愈加便捷，其用户粘性以及数据流量必然会持续增长更具营销价值。相应地，营销活动或将出现重大革新或发展。

第四节　“互联网 +”计划下“智慧广电”与“电视 +”极具发展潜力

2015年3月，李克强总理首次在政府工作报告中提出“互联网 +”行动计划，并表示“互联网 +”行动计划将推动移动互联网、云计算、大数据、物联网等的发展，这意味着“互联网 +”正式被纳入顶层设计，成为国家经济社会发展的重要战略。在 2018 年政府工作报告中，李克强总理多处提到了“互联网 +”、人工智能、数字中国、移动支付等相关内容，并明确表示“互联网 +”将广泛融入各行各业。

互联网快速发展，移动互联网及人工智能、VR 等技术变革都对电视媒体造成了较大挑战。新时期下，电视媒体要想阻止用户进一步流失，就要全面进行媒体产业优化升级。作为国家广播电视总局部署实施的行业发展重要战略，“智慧广电”是当前广电行业实现全面转型、提高竞争能力的关键，挑战与机遇并存。在新时期，“电视 +”策略下的电视媒体将不仅是信息生产、传播的渠道，更是一种普遍的高品质生活方式。

一、“互联网 +”计划对我国传媒格局发展产生重大影响

“互联网 +”的出现与发展是循序渐进的。超低成本的传感器、数据存储方式为互联网的进化奠定了基础，物联网、大数据、人工智能、云计算及芯片技术的发展为“互联网 +”的发展提供了技术支持。以此为基础，“互联网 +”计划的产生更一步加剧了传媒产业格局革新的趋势，推动我国逐渐由“网络大国”转向“网络强国”。

互联网时代，媒体和非媒体的边界被进一步打通，信息传播个体的作用

在变大，众多自媒体十分活跃。从传媒产业结构来看，传统媒体如纸媒、广播、电视等传统媒体产业呈现衰落景象，而新媒体产业则迅速发展。“互联网 +”计划一方面促进传统媒体的转型，一方面促进新媒体产业的快速变革。

在面临新媒体产业的挑战时，传统媒体为寻求新的发展机会纷纷转型。一方面，传统媒体积极进行改造升级，如上海报业集团发挥传统媒体在新闻资源方面的优势，改革后先后推出“澎湃新闻”及“界面新闻”等社交新闻平台，广受网友认可，这些传统媒体选择通过改变自身形态以适应新时代媒体发展需求。另一方面，部分传统媒体积极拥抱新媒体发展趋势，提升自身适应市场发展的能力，如人民日报作为主流媒体，积极加强新媒体平台建设，“人民日报”在微博、微信等促进融合发展，呈现出新特色。另外，新媒体产业是如今的朝阳产业，媒体传播行业的“独角兽”已经崭露锋芒，典型如今日头条，已经成为国内新闻领域发展的典范。这类移动化、碎片化、视频化的综合性新闻平台，正逐渐成为网友们获取新闻资讯的首选平台。新媒体产业发展的另一个重要趋势是泛娱乐化。腾讯、阿里、百度等互联网巨头纷纷进行泛娱乐化产业布局，包括文化、影视、动漫、游戏、周边、音乐等多元文化娱乐形态组成的开放、协同、共融共生的泛娱乐生态系统正在逐步形成。

二、智慧广电建设加速广电行业的升级和变革，“电视 +”发展前景可期

在信息技术发展和社会发展融合度越来越高的当下，广播影视已经不再局限于生产和传播消息，更引领着新型社会生活方式。智慧广电的理念在这种条件下应运而生，并成为我国广电行业发展新主题。

大数据、云计算、人工智能、5G 等新兴技术正在逐渐融入智慧广电建设过程中，并加速推动整个广电行业的升级和变革。其中大数据与云计算平台为智能化内容生产提供了技术依据，而人工智能技术则能够应用在制作、继承、传输、分发、接收等各个环节，5G 技术则将推动网络连接及视频传播踏上新台阶。在国家政策引领下，我国各级广电正在将智慧广电发展作为当前的重点工作之一。诸如贵广网络表示构建“一云，双网，三用”的新体系，提升

智慧广电发展水平；四川省印发建设“高清四川智慧广电” 专项改革方案，推进高清广电与产业转型升级等。进入 2018 年以后，智慧广电已经逐渐不局限于设想，2018 年 CCBN[1] 展会上智能视频、智能机顶盒等大量产品实物展出，吸引众多媒体和用户关注。

在智慧广电的引领下，“电视 +”成为广电行业新的突破口。部分省级卫视开始寻求多方面合作，引进优势资源，提升自身传播能力。对于电视行业来说，“电视 +”思路主要是依托电视产业目前的公信力和影响力，吸纳社会来源的资金、技术和市场等，形成多元化经营。在产业开拓方面，电视媒体不止局限于当下的传媒产业，还可向其他产业进行拓展。从当下电视媒体的发展来看，可从以下几个方向进行开拓：

第一，创新电视购物。在全媒体发展的时代，电视购物不应只局限于电视媒体一种渠道，而是发挥要发挥传统电视购物节目的人才优势和制作优势，通过转型增加其他媒体购物，完成渠道扩展。第二，优化台网合作。目前电视媒体的影响力不容小觑，部分互联网巨头借机与电视媒体合作来挖掘潜在用户，2017 年双十一阿里巴巴与浙江卫视等合作打造“双十一”晚会，提升电视媒体经济效益的同时完成了“天猫双 11”的品牌营销。2018 年阿里巴巴更是与北京卫视进行“台网联盟”合作，通过广告植入场景营销来提升品牌覆盖率，达到双赢的结果。第三，深挖节目资源和相关产业。如中央电视台的著名纪录片《舌尖上的中国》就开发了手游等多种媒体传播形式，扩大节目内容关注度的同时优化电视媒体的营利机制。第四，借助电视频道进行资源分化。通过某一频道集中资源深入到教育、旅游、招聘多个行业，实现媒体产业的集成化发展。

---

1 CCBN 是亚太地区规模最大的广播影视展览会，更是世界排名首位的数字电视和宽带网络行业盛会。

第七章
融合传播时代电视媒体价值探究

回顾我国媒体融合发展的历程，2014年及2016年均具有极其特殊的意义。其中2014年被舆论称为“媒体融合元年”，当年8月18日中央全面深化改革领导小组通过了《关于推动传统媒体和新兴媒体融合发展的指导意见》，首次将媒体融合上升到了国家战略层面，为传媒产业指明了全新的发展道路，拉开了媒体融合大发展的序幕。2016年国家广播电视总局公布的《关于进一步加快广播电视媒体与新兴媒体融合发展的意见》则进一步推动了媒体融合的转型升级，促使传统媒体与新兴媒体从“简单相加”到“深度相融”的转变。在一系列的政策指引下，融合传播浪潮愈发汹涌，传媒业态面临重构。特别是对于长期处于第一媒体地位的电视，其传播优势正被新兴媒体特别是移动媒体不断消解，用户不断被分流，进行改革转型实现融合传播已经迫在眉睫。客观来看，融合传播不仅给电视媒体带来危机，也提供了全新的发展机遇。特别是在内容传播、互动及营销模式上，电视媒体与新媒体的同频共振可以在一定程度上对电视媒体原有缺陷进行弥补，同时也能够为电视扩大传播声量，提升营销效果提供有力支撑。融合传播时代，传播方式日趋多样，传统的单维度收视率测量已难以代表电视媒体真正的平台价值，电视媒体的价值亟须全新的赋能。通过统筹收视率调查、网络传播指数等多维度指标，打造适应电视媒体全新价值的评价体系，对电视在渠道、用户、品牌、内容、营销等方面的价值进行充分解读，才能够对身处融合传播时代下的电视媒体实现价值的全面赋能与准确评估。

第一节　电视媒体融合传播势在必行

融合传播时代，传媒行业的变革日益剧烈，新媒体携互联网浪潮的东风迅猛发展，与电视为代表的传统媒体产生持续碰撞。在这种情况下，传媒产业的业态正经历着解构与重构。长时间以来极具接触优势的电视媒体正面临着用户被分流的威胁，而以手机、PAD等为代表的移动新媒体不仅全面占领了受众的碎片化时间，更在晚间黄金时段开始与电视大屏展开受众注意力的争夺。

对电视媒体而言，面对着原有接触优势被不断削减、主流消费群体目光逐渐转向网络这一严峻局面，打通大小屏之间的传播壁垒进行跨屏融合传播已势在必行。而当前依托于互联网而生的新技术则为正处于阵痛期的电视媒体提供了转型的有力支撑，手机电视、中央厨房、手机投屏等技术有效地推动了电视内容在大小屏上的双向流动，为电视的跨屏融合传播加油助力。

一、融合时代传播形态正在重构

1. 融合时代媒介接触行为正在重构：移动媒体逐渐分流大屏用户

当下媒体的形态不断丰富与分化，以电视为代表的“旧”媒体与以手机等为代表的“新”媒体之间的碰撞持续加深，解构与重构已经逐渐成为传媒产业发展的全新关键词。在这种情况下，受众的媒介接触行为也正发生着深刻的变化。

长久以来，作为传统媒体的代表，电视以其信息传播及时、传播画面直观、传播覆盖面广等特点成为人们获取信息，进行娱乐的重要媒介，持续保持着其他媒体无可比拟的高接触率。但在互联网浪潮愈演愈烈的今天，虽然作为客厅大屏的电视媒体在未来相当长的时间内仍会保持主流媒体的地位，但新媒体正加速分流电视媒体用户，特别是移动互联网的快速发展深刻地改变着受众的生活方式。其中以手机、PAD 等为代表的移动终端凭借其便捷移动的特点，成为互联网时代中受众的新“宠儿”，从 2014 年开始便超越了电脑连接的网络，稳居主要媒体接触率的第二位，并持续吸引着受众进行接触。

随着移动端占据传播优势的格局逐步形成，受众对于电视大屏的依赖在一定程度上也有所降低，电视用户正加速转移到移动小屏端上，使得电视媒体在近年来的接触率出现了缓慢但不可忽视的下滑。可以看到融合时代媒介接触行为正在发生重构，而面对新媒体的强势冲击，开放、跨屏、融合将会成为决定电视媒体发展前景与空间的决定因素。

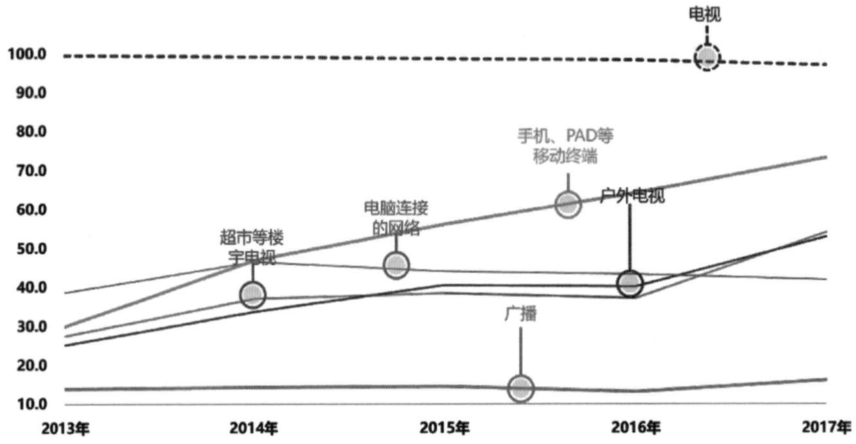

图 7–1　2013—2017 年全国电视人口主要媒体的接触率走势（%）

数据来源：美兰德·全国电视覆盖与收视状况调查 Source：2013 年 8 月—2017 年 8 月 @ CMMR Co.Ltd

2. 融合时代媒介接触时段正在重构：小屏对受众已实现全天候覆盖，与大屏激烈抢夺用户时间

移动终端自诞生之日起，便由于其灵活便捷的特点，极大地方便了受众的信息获取。而发展至今日，移动终端日趋智能化，逐渐从单纯的通信设备扩展成为集视频、社交、游戏等多功能于一身的新兴媒介，已经成为人们不可或缺的生活“必需品”。移动媒体功能的丰富不仅改变了受众的生活方式，同时也改变了受众媒介接触的时间分配，使用户的媒介接触时段分布发生了重构。由于电视媒体的收视场景主要集中于家庭客厅及卧室，这使得电视媒体难以对受众实现全天覆盖，受众的接触行为主要集中于 20:00—22:00 的晚间黄金时段；但对于以手机、PAD 为代表的移动端媒体而言，可以随时随地进行传播的优势使其不仅全面串联起受众的碎片时间，更实现了对受众进行 24 小时的全天候覆盖。此外，在电视媒体具有极强接触优势的晚间黄金时段，手机、PAD 等移动媒体也逐渐凭借其不逊于大屏的丰富内容以及多样化的功能，与电视媒体进行用户注意力争夺战。

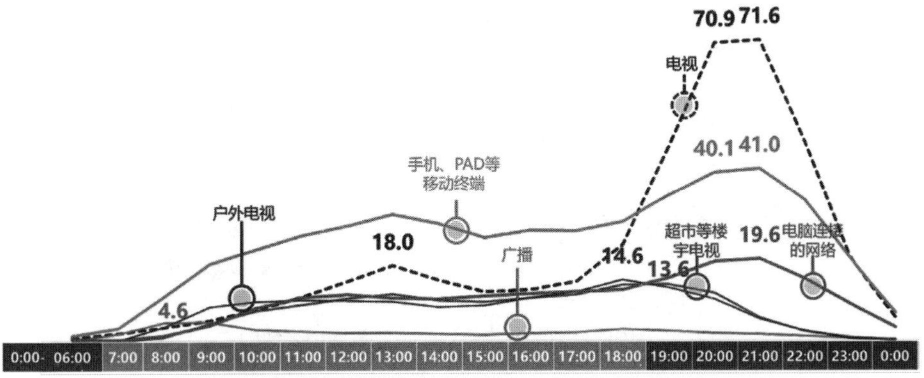

图 7-2　2017 年全国电视人口近一个月接触主要媒体的时间段分布（%）

数据来源：美兰德·全国电视覆盖与收视状况调查 Source：2017 年 8 月 @CMMR Co.Ltd

3. 融合时代受众的特征正在重构：中青年、高知的主流消费群体逐渐将目光转向网络视频

作为互联网时代的产物，网络视频在当前已不仅仅是指传统广播电视媒体或专业机构制作的“视听节目”。凡是活动影像、图片的动态整合再创作、动画等内容，且具有一定的新闻性和趣味性，均可以作为互联网上快速而广泛传播的网络视频[1]。近年来得益于互联网及移动媒体的快速发展，网络视频呈现井喷式发展态势，是当前人们获取信息、休闲娱乐的重要方式。而手机、PAD 等移动媒体具有无可比拟的便捷性，可以打破网络视频观看的时间与地域。另一方面，随着我国网络视频行业在内容、营销、产业链整合等层面不断实现突破，各大网络视频平台持续挖掘集团资源，发展多元化和精品化的自制内容，有力提升了网络视频内容的质量及丰富度，并持续吸引着年轻、高知族群。从全国电视观众与网络视频用户的特征对比来看，网络视频用户主要集中于 20—49 岁及具有中高学历文化的社会主流消费人群，而电视观众则更加偏向于全年龄段及中低等文化族群。可以看出，主流消费群体的目光逐渐从电视内容转向网络视频，一方面使网络视频具有了比电视内容更高的广告及营销价值，另一方面也进一步加速了受众从大屏向小屏的流动。

1 李思维，马琳：《网络视频的特征及其影响》，载《新闻世界》，2013(3):74—75 页。

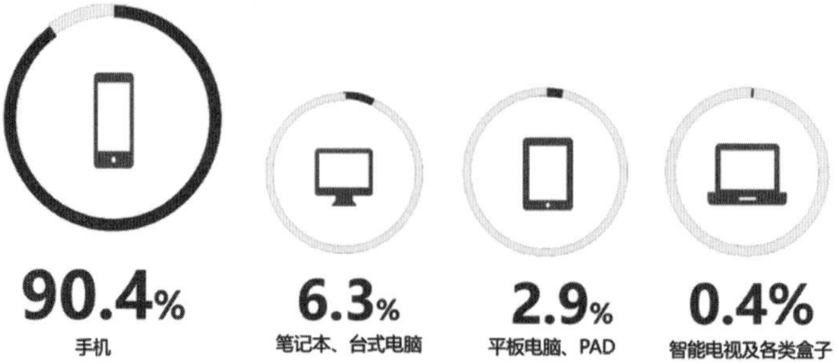

图 7–3　2017 年全国网络视频用户近一个月收看网络视频的主要终端分布

数据来源：美兰德·全国电视覆盖与收视状况调查 Source：2017 年 8 月 @CMMR Co.Ltd

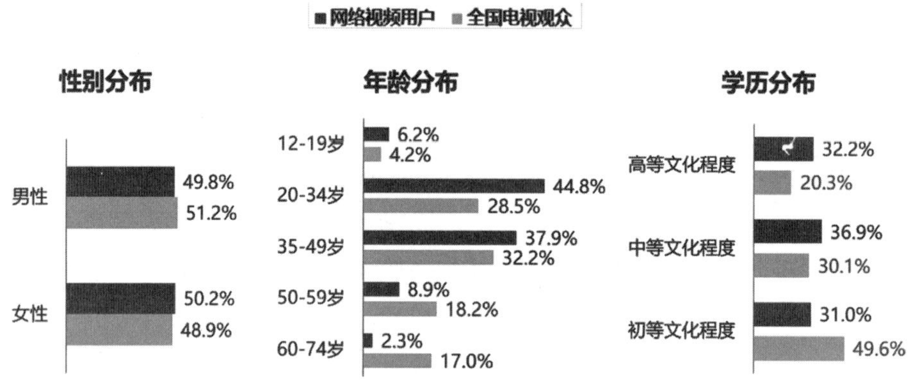

图 7–4　2017 年网络视频用户与全国电视观众性别、年龄、学历对比

数据来源：美兰德·全国电视覆盖与收视状况调查 Source：2017 年 8 月 @CMMR Co.Ltd

二、部分新技术的发展及运用加速电视媒体跨屏传播步伐

1. 中央厨房实现电视内容的跨屏分发

作为一种媒体间深度融合的方式，中央厨房这一全媒体报道平台对新闻生产的采、编、播等环节进行了再造，实现了“一次采集、多种生成、多元传播”的新闻采编模式，帮助电视新闻报道进行大中小屏之间的跨屏传播。当前如中央电视台等一些电视媒体也在积极运用中央厨房平台进行新闻分发，同时充分发挥其在视频报道上的巨大优势，在多次重大新闻报道事件上均收获了良好的跨屏传播效果。如在近年来的“两会”“党的十九大”等重大新闻事件的报道上，中央电视台积极部署融媒体报道，对全台资源进行统一调配，

通过打造特别节目、进行网络直播、发布精切短视频、制作微信 H5 等手段，实现了新闻内容在电视、网站、微博、微信、客户端、秒拍、头条号等多终端上的跨屏传播、同频共振，成为中央厨房在电视媒体上的成功运用。

2. 手机投屏实现大屏与小屏的双向联动

与中央厨房等不同，手机投屏需要手机端和投屏设备端协同工作，投屏设备与电视连接，来自不同应用的网络视频资源可以通过一些网络通用协议投至设备端在电视进行播放[1]。手机投屏作为一种可以将移动端上丰富的内容投射到大屏端，并在大屏端实现与小屏同步观看内容的技术，既可以使用户在大屏端收看电视媒体没有的网络内容，也可以让受众获得大屏端良好的观看体验。而通过手机投屏技术，电视不仅可以将内容跨屏传播至移动端，移动端也可以反向输出内容到电视端，并吸引了移动端用户向大屏回流，实现了“大屏带小屏、小屏回大屏”的跨屏双向联动。当前主流的网络视频 APP 如爱奇艺、芒果 TV 等均已搭载了手机投屏技术，成为联动小屏与大屏的“利器”。

第二节　融合传播为电视媒体带来发展新机遇

融合传播打通了大小屏之间的壁垒，能够将电视媒体与新闻网站、“两微一端”、网络社区等新媒体平台进行充分整合，实现了传播的同频共振，拓展了电视内容的传播渠道，也有力扩大了电视媒体的传播声量。在互动及营销方面，融合传播催生的全新跨屏营销及互动模式促进了大小屏从分流走向融合，通过发挥新媒体互动营销玩法丰富多样、易引发受众共鸣的优势，弥补大屏难以实现互动、营销模式单一等缺陷，助推电视媒体互动营销价值的提升。

一、融合传播放大电视媒体的内容优势

1. 融合传播时代内容依旧为王

传统电视媒体的商业模式主要是将信息产品售卖给受众，再将受众注意

1 马翀、程建新：《手机视频投屏产品的用户体验设计与研究》，载《设计》，2016(21):60—61 页。

力售卖给广告客户获得广告收益。在这种注意力的二次售卖中，优质的内容是吸引受众的关键因素之一。但随着新媒体的快速发展以及媒体融合的日趋深入，媒体的内容生产方式、盈利模式均发生着深刻的变化。

在融合传播过程中，过于注重传播渠道的建设而忽视对于内容品质的打磨，往往会出现内容同质化、媚俗化等现象，不仅会使受众产生严重审美疲劳，也容易被社会舆论所指责。而坚持以“内容为王”为发展战略则可最大限度上满足受众对内容重质不重量的新需求，并可赋予渠道更高的传播价值，在融合传播时代下仍应是新旧媒体的长期发展策略。当前，以视频网站为代表的新兴媒体与以电视媒体所代表的传统媒体均已开始围绕内容展开竞争，通过在内容制作上加大投入来实现自身内容价值的提升。如视频网站积极布局自制内容，通过打造优质的网络电影、电视剧、综艺节目等内容形成对用户的流量收割；而如湖南卫视、浙江卫视等传统电视媒体也通过加大内容制作投入、建立视频播出平台等方式对内容的制作及传播进行布局。

对电视媒体而言，发挥自身内容制作优势坚持“内容为王”发展策略，积极探索内容与渠道的融合，根据不同媒体平台用户口味打造独具个性化的内容，是应对新媒体新渠道崛起的战略选择，也将是电视媒体在全新的传播格局中实现创新转型的重要方式。

2. 台网融合带动电视内容跨屏传播

在媒介融合的背景下，新兴媒体在渠道运营及用户触达方面均具有较强的优势，持续挤压电视媒体的生存及发展空间。有鉴于此，积极寻求与互联网的契合点进行台网间的深度联动，实现从“孤军奋战”到“抱团取暖”的传播方式的转变，将是电视媒体提高传播声量、广泛触达用户的有效途径之一。

当前电视媒体将优质内容向视频网站进行输出或引入网络内容进行播放，实现电视及网络内容的双向流动跨屏传播，是台网融合的主要方式之一。而电视媒体与“两微一端”等平台展开积极合作则是另外一种常见的台网融合方式，通过布局“两微一端”进行内容宣推分发并与用户实现广泛互动，对电视媒体在社交平台中提升影响力、积累用户、实现营销效果最大化具有积极作用。此外近年来直播与短视频平台的走红，也吸引电视媒体进行跨屏联动的探索，不仅创新了台网融合模式，还重塑了内容的传播形式。如 2016 年北京卫视与奇虎 360 推出的“北京时间”新媒体，以北京卫视强大的媒体资源为依托，将新闻与网络直播相融合，创新打造出新闻直播网络平台，截至 2018 年 4 月 12 日，北京时间日均传播覆盖超过 6000 万人次，日均点击量超过 4 亿[1]；湖南广电旗下的芒果 TV 也与今日头条展开积极合作，将旗下综艺节目的短视频内容通过今日头条进行分发，今日头条则提供算法分发、大数据分析及推广资源的有力支持[2]。

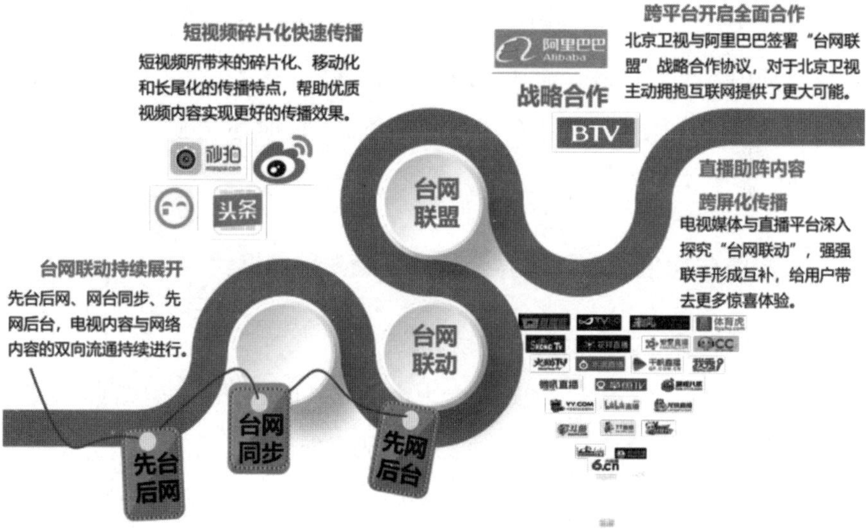

图 7–5　台网融合模式示意图

3. IP 产业链开发实现对电视媒体的内容价值深挖

随着新媒体的快速发展，电视媒体的广告收益有所下滑，电视节目制作及版权购买成本则不断高涨，寻找新的创收增长点成为电视媒体的当务之急。在这种情况下电视媒体愈发开始注重对于内容价值的深挖，而打造或收购内容 IP，并围绕 IP 展开全产业链的开发则成为电视媒体实现增收的一种全新尝试。

当前市场中的优质 IP 主要为一些拥有大量粉丝的文学小说、漫画等，优质的 IP 资源因其自带流量，根据其改编而成的电视剧、电影、综艺节目等不

1 《北京时间两周年：融媒体成长进行时》，转自人民网，2018–04–12。

2 《台网要融合 还是离不开“两微一端”》，转自搜狐网，2017–09–29。

仅投资风险较小、宣推成本较低，且更易受到市场认可，往往可以获得口碑与流量的“双丰收”，成为当前电视媒体及视频网站重点经营的对象。此外一些电视媒体及视频网站的非 IP 改编内容如《舌尖上的中国》《奇葩说》等，也凭借精良的品质在播出后迅速成为爆款，并聚拢大量粉丝。

通过对这些具有广泛受众的优质 IP 进行影视制作、游戏设计、周边产品及电商售卖等多个层面的开发以及立体化的价值挖掘，不仅可以全方位增强电视节目的网络传播效果，还能够迅速构建起 IP 生态体系，如《爸爸去哪儿》这一优质 IP 现已经形成了横跨电影、跑酷手游、公众号、亲子图书、卡通等多种产业的内容生态体系。而在新的传播格局下，这种活跃的内容生态体系不仅可以使传统媒体找到与新媒体间的契合点，同时还能够推动各媒体、各产业之间的共生共融[1]。

二、融合传播催生电视媒体全新的互动与营销模式

1. 跨屏营销赋予大屏全新的营销价值

广义来说，跨屏营销是指通过整合手机、平板、电脑、电视等多种渠道终端，向广告主的目标受众投放定向且精准的个性化广告信息，通过与消费者的信息互动，达到品牌市场营销目的的行为[2]。与媒介间简单的“多屏整合”不同的是，跨屏营销不仅仅是将广告资源在多媒介进行投放，而是更加注重通过数据将多媒介进行串联，更加精准的掌握跨屏用户的人群画像、兴趣喜好及行为特征，为广告主对广告投放方式、投放内容及投放频次提供更有效的参考，投放之后还可以通过数据进行广告效果的分析，帮助广告主了解投放与转化之间的规律。

对于电视大屏而言，跨屏营销在一定程度上可以弥补大屏难以实现互动、广告效果难以评估等缺陷，赋予电视大屏全新的营销价值。同时电视大屏本身具有的强大公信力，也能够在帮助受众认知广告品牌、树立广告品牌的良好形象方面起到关键作用，在一定程度上也能够推升跨屏营销的营销效果。

---

1 林余荫：《媒介融合时代 IP 的价值与开发》，载《出版广角》，2016(19):38—40 页。

2 《巨头们的跨屏布局，实质在追赶“用户”——“跨”时代》，转自传送门网，2015-02-03。

2. 玩法多样的跨屏互动推动大屏与小屏的融合共生

伴随新媒体技术的发展，大小屏间的跨屏互动逐渐兴起，互动玩法不断出奇出新，在电视上收看内容在手机上进行互动的模式逐渐被观众所认可。而这种玩法多样的跨屏互动不仅极大地提升了电视的传播价值与营销价值，也推动手机等移动终端与电视媒体从相互分流逐渐走向融合共生。

所谓跨屏互动主要指的是通过移动互联网建立起来的屏与屏之间的链接和交互，使电视具有可交互的双向传播的功能。如通过扫一扫、摇一摇、搜一搜等应用直接参与和电视节目的互动，通过抢红包、礼券、积分、弹幕与朋友进行分享[1]。如在 2015 年一炮走红的春晚红包互动形式，创造性地将过年必看央视春晚、过年必收红包这两个过节习俗相结合，使用户在观看春晚的同时通过微信摇一摇就可赢得现金红包，同时还能够摇出央视春晚电子节目单、春晚明星拜年视频、以及互动 H5 等内容。根据微信官方提供的数据显示，2015 年除夕当日微信红包收发总量达到 10.1 亿次，春晚微信摇一摇互动总量高达 110 亿次[2]，而看春晚摇红包这一春节的新习俗也一直延续至今，成为跨屏互动的一次成功实践。另一方面“电视 + 电商”也成为当前火热的跨屏互动模式，这种互动模式在一定程度上节约了广告主的营销成本，同时实现了产品的快速变现，成为电视媒体跨屏互动的另一种尝试。如 2015 年首次举办并被湖南卫视直播的“天猫双 11 狂欢夜”晚会，开创性的通过晚会节目宣传商家品牌，发放手机购物福利，促使受众边通过电视收看节目边在手机中进行商品选购，同时为大屏与小屏带来超高流量，截止晚会当日 23 时 30 分，现场直播的“天猫双 11 狂欢夜”市场占有率高达 29.66%，收视率轻松夺冠[3]。

三、融合传播推动电视节目的互动、营销、传播价值有力提升

1. 融合传播创新了电视综艺及电视剧的传播、互动、营销模式

随着媒体融合的步伐不断加快，融合传播正成为电视综艺走出发展瓶颈

1 《有关电视 + 互联网的数据干货：跨屏互动有哪些新机会？》，转自钛媒体网，2015-06-19。
2 《2015 年别样春晚 微信红包成“最火节目”》，转自腾讯科技，2015-02-19。
3 《天猫双十一晚会收视率夺冠：秒杀京东》，转自 IT 之家，2015-11-10。

的一种新尝试，一些节目通过创新节目互动形式、引入“黑科技”、在全媒体渠道进行传播等方式，不仅拓宽了自身的传播渠道，还有力提升了节目的互动性及营销价值。如湖南卫视《夏日甜心》及浙江卫视《中国新歌声》等节目均通过将直播与综艺相结合的方式提升节目“网感”，实现受众在大小屏间的互动。其中湖南卫视《夏日甜心》中女主播在舞台直播间里面对现场观众及明星“助播兄长”进行直播，开启了综艺节目“直播 + 综艺 + 培育”的新方式；而浙江卫视《中国新歌声》也通过节目嘉宾进入直播间与网友进行实时互动的方式来实现“直播拉票”。中央电视台《加油！向未来》则通过黑科技的加持使综艺节目质感与体验飙升，其中节目不仅设置了大量具有科技含量的内容、设置手机端互动、制作互联网视频，还使用了 VR 技术同步播出，让观众能够通过新科技亲临现场，与现场观众获得同样的感受[1]。此外融合传播也改变了电视综艺传统的营销模式，一些综艺节目不仅在大小屏间实现多终端播放、多屏幕互动，还通过在节目官微、公众号、移动客户端等社交平台进行积极推广，形成传播效果的叠加，提升了自身影响力及营销价值。

长期以来电视媒体作为电视剧的主要播出平台，在电视剧的传播及制作上拥有绝对的话语权。视频网站在发展初期则由于缺乏对电视剧制作的投入，主要对电视频道已播的电视剧进行播出，成为电视剧的跟播平台。而随着视频网站自身的快速发展，以及对电视剧的重视程度不断加深，一批精品自制独播网剧在近年来如雨后春笋般涌现，使视频网站在电视剧市场的话语权得到提升，并与电视媒体产生了激烈的竞争关系。特别是近年来一些以《最好的我们》为代表的精品网剧不仅在视频网站中收获口碑与流量的双高，更打破网台播出界限，反向输出至电视屏幕进行播出，推动传统的“先台后网”模式逐渐向“先网后台”的全新网台联动模式转变。但对于电视媒体而言，虽然视频网站的崛起造成了一定冲击，但在传播聚合力和影响力上电视媒体仍具备较强的优势，特别是在融媒体时代下，电视媒体与视频网站间已并非此消彼长的竞争关系，重视台网融合实现强强联合优势互补，将是未来打造

1 《<向未来>实现传播“生态圈”完整融合》，转自新浪网，2016-07-11。

跨屏全民爆款剧集的关键。而随着台网融合的进一步深入，网络社交媒体在电视剧宣发中也发挥着越来越重要的作用，网民在社交媒体上对电视剧的自发性二次传播更成为电视剧走红的关键因素之一。以引发社交狂欢的《人民的名义》为例，一方面剧集的官微账号及众多知名微博认证账号对该剧进行密集宣推，极大提升了电视剧的知名度；另一方面，网友自发手绘人物关系图、强组剧中角色 CP、制作达康书记表情包、原著党故意剧透等社交媒体频繁的二次加工及传播行为也大力助推了该剧在社交平台中的刷屏热度。

2. 融媒体技术的应用使电视新闻报道更加生动活泼

电视媒体在重大新闻事件报道中拥有着直播与视频资源的巨大优势。而随着新媒体平台的发展，电视媒体在保持自身资源优势基础上也不断求新求变，积极布局网站、微博、微信、客户端等新媒体平台，形成全媒体融合报道，在抢占舆论高点的同时扩大了自身的传播声量，逐渐成为电视媒体对重大新闻事件报道的“标配”。其中中央电视台在“党的十九大”“两会”“八一建军 90 周年”等近年来重大新闻事件的报道中，充分利用自身资源优势，以电视屏为发力点实现多屏联动。如运用融媒体中央厨房实现新闻报道的一次采集全媒体终端推送，通过多渠道全媒体、全景式呈现新闻事件；在网站中设置专题、微博及客户端中嵌入直播入口、在网络社区发布精切短视频以及打造《两会有啥事我们帮你问》等跨屏互动专题节目的方式全面升级融合报道方式。此外中央电视台还重磅推出央视新闻移动网，一方面实现大小屏间的新闻一体化生产、分发，另一方面还囊括了大量各地方广播、电视、报纸等媒体的矩阵号，形成了重大新闻事件的全新舆论场。此外一些省级卫视在“党的十九大”“两会”报道中也积极设立融媒体报道中心，通过电视、广播、网站、移动客户端、微博、微信等融媒体平台全方位呈现重大新闻事件，实现了新闻内容在大屏小屏间的同步传播。

在重大新闻事件的融媒体报道中，一些中央及省级卫视还通过积极运用新技术及新形式从不同角度解读新闻事件，使新闻报道更加生动，并与用户间产生了更加频繁的互动。如中央电视台在十九大直播报道中首次使用 4K 摄录设备，并积极运用虚拟直播技术，使主持人、评论员及现场记者可以在虚拟演播室进行互动交流，大大提升了直播报道的生动性；中央电视台还创新构建了单个和多个主持人、互动嘉宾、固定和流动播报为一体的 360° 全景式融媒体演播系统，来适应全方位、多景区、多空间、多视点的新闻资讯播报[1]。在报道形式上，中央电视台也推出多个新媒体报道产品，创新新闻报道传播。如在 2017 年两会报道中，中央电视台推出的《小 V 说两会》将漫画与短视频相结合，用流行的互联网语言播报当日两会重点要闻，受到年轻族群的喜爱；在十九大报道中，中央电视台紧随时下最火的嘻哈风，推出了嘻哈风短视频《呦呦切克闹！“现代化”是什么？一段嘻哈告诉你！》，将习近平主席原声、央视主持人解说配上动感活泼的嘻哈说唱，用平易近人的方式展现了我国取得的巨大成就。省级卫视在重大新闻事件报道中也各显奇招，使融媒体报道创新出彩。如山东卫视在 2018 年两会报道中首次引入 AI 智能大数据推出《机器人“小闪电”的大数据时间》节目实现了机器人播报，而倾力打造的机器人卡通记者“小齐妹”则用轻松活泼的方式传递两会声音；江苏卫视在两会报道中也推出超宽 LED 高密度互动显示屏，虚实结合的包装系统，让演播室呈现出崭新的视觉效果，而网友参与“江苏新闻”微博微信“两会我想说”活动的留言、图片和视频，均可以实时呈现在互动大屏上[2]。

第三节　融合传播时代电视媒体价值有待全新赋能

融媒体时代，电视大屏受众逐渐被互联网、电脑、平板、手机等多屏分流。电视媒体的价值以及价值评估体系都在不断发生演变，“唯收视率”的传统价值评估体系难以继续适用，单一的收视率价值也无法全面衡量出电视媒体的多维度传播价值，电视媒体的评估方式及平台价值有待全新的重构与阐释。在全新的价值体系下，电视媒体不仅需要继续提升自身渠道及内容价值，保证自身的传播声量及对受众注意力的吸引，在此基础之上也应调整自身受众

---

1 蔡一鸣：《十九大报道央视下了哪些真功夫》，载《电视研究》，2017(22)。

2 《这个春天的盛事！请期待我们为你烹制的“两会佳肴”！》，转自荔枝网，2018-03-02。

的结构，提升营销能力并促进广告收益的转化，此外还需注重品牌价值这一无形资产，形成可持续性发展动力。与此同时，电视媒体价值评估体系也需不断创新调整评估方式并丰富数据评估维度，统筹收视率调查、网络传播指数等多维度指标，打造适应电视媒体全新价值的评价体系，以全面反映出电视媒体的传播效果与价值。

一、媒体价值评估体系的革新

1. 以收视率为单一评价标准已难以全面反映电视媒体的传播价值

长久以来电视评估体系一直是衡量电视媒体传播价值的主要依据，其中最为常见也最为基础的主要是收视率指标。收视率作为一种对于电视节目播出后的评估指标，是对认知效果的一种评估，能够反映出某时段收视某节目或频道的观众占市场总体观众的百分比，是一种简洁、直观、快速地反映传播效果的指标[1]。

但在融合传播时代，电视节目已不再局限于在电视媒体上播出，PC 端及以手机为代表的移动端也逐渐成为电视节目的传播平台，这种跨屏跨终端的传播方式使电视媒体的评估体系发生了深刻变化，进入了综合影响力评估时代。如国家广播电视总局于 2016 年 7 月出台《关于进一步加快广播电视媒体与新兴媒体融合发展的意见》便提出要完善融合考评体系，统筹收视收听率调查、专家评价、新媒体平台传播指数等指标，探索建立适应广播电视媒体融合发展需要的节目综合评价体系。

目前来看，虽然传统的收视率仍是衡量电视媒体传播价值的核心指标，但仍难以全面衡量出电视媒体的跨屏传播效果，只有在原有收视率评估的基础之上，不断创新调查评估方式并丰富评估数据维度，将电视媒体的互联网传播影响力加入到评估体系中，才能在跨屏传播成为常态的今天更好地反映出电视媒体的传播价值。

---

1 刘燕南，张雪静，张渤：《跨屏时代的受众测量与大数据应用》，北京，中国传媒大学出版社，2016。

2. 大数据 + 小数据全面解读电视媒体的融合传播价值

在媒体价值评估中，运用大数据监测体系与小数据样本调查均是较为常见的调查监测方式，但割裂的运用两种体系不仅难以对媒体进行全方位的价值评估，还会放大大数据与小数据各自的缺陷。如抽取少量样本通过入户调查、电话访问等方式进行的小数据样本调查，虽然可以较为准确的推算出媒介传播效果的整体情况，但对受众的媒介使用行为难以进行细致挖掘，调查周期也相对较长；大数据则主要通过网络爬虫等技术进行抓取，样本数量大、精细化程度高、成本较小，并且能够反映实时的受众行为数据，但由于一些网站尚未对外开放全部数据且尚未允许爬虫抓取，这使得大数据的全面性及有效性仍有待检验。在全新的媒体传播价值评估体系中，需要对媒体的跨屏传播表现进行全面评估，只有综合运用大数据及小数据，从宏观及微观的角度对电视屏、移动端等大中小屏进行全方位监测调查，充分发挥大小数据各自优势使二者相辅相成解决严谨性偏差，才能够在融合传播时代全面准确的解读媒体的传播价值。

但在具体操作中，大数据与小数据之间仍需进一步解决匹配及融合的难题。目前市场中跨屏测量主要依靠多源样本进行，即通过大数据监测或小数据样本调查的方式，在不同终端监测不同的受众，最后通过算法进行整合。多源测量可以对各屏端媒介进行较为有效的传播价值评估，同时成本相对较低，但由于样本数量量级不统一、数据结构存在差异，使得不同媒介上的受众行为数据难以做到真正的融合；而对同一样本进行跨屏收看行为监测的同源测量，则能够反映同一样本的流动或重叠收视情况，可以对他们接触不同媒介或屏端的时间分配和收视行为进行跟踪、比较、测量和综合评价[1]。虽然同源测量的样本数量要求较高、投入成本巨大，但整体来看仍是评估媒体融合传播价值最为有效的途径之一，或将是大数据及小数据在未来进行融合创新的发力点。

---

1 刘燕南，张雪静：《跨屏受众收视行为测量：现状、问题及探讨》，载《现代传播－中国传媒大学学报》，2016，38(8):1—7 页。

二、电视媒体价值的全新意涵

1. 渠道价值

渠道价值作为电视媒体的基础价值，是衡量电视媒体传播声量高低的主要标准之一，通过综合评估电视媒体在客厅大屏及互联网上的覆盖规模、用户数量可以直观呈现出电视媒体的渠道价值优势，同时电视媒体是否在具有较高经济发展水平的区域进行覆盖、所传播的信息是否能够有效触达到用户等也在一定程度上决定了电视媒体渠道价值的高低。在当前媒介形态发生深刻变革、优质内容面临着“酒香也怕巷子深”的情况下，渠道价值的重要性在不断提升，成为决定电视媒体未来发展及利润空间的重要因素。

2. 内容价值

在内容依旧为王的今天，内容的收视率、内容在网络传播中的热度和流量、内容的口碑构成了电视媒体的内容价值。随着社会的审美回归以及知识消费意愿的不断上升，受众对优质的内容愈发渴求，而内容价值作为电视媒体的核心竞争力，在当前仍然是构建电视媒体良好品牌形象、吸引主流消费群体的基础。此外优质的内容对广告效果也具有较高的拉升作用，以湖南卫视近年来推出的爆款综艺为例，如《向往的生活》《歌手》《花儿与少年》等凭借过硬品质对提升节目冠名品牌的影响力均起到了较大作用，江中猴姑米稀、一叶子等知名度相对较低的品牌通过对优质爆款综艺的冠名，在短时间内便成为社会舆论关注的焦点，实现了销量翻番。

3. 用户价值

用户价值是电视媒体是否能够获得广告主青睐以及能否提升广告主收益的关键。电视媒体的用户价值可以从电视频道及内容在大屏端及互联网端的用户结构特征、核心用户组成、用户行为偏好等进行分析。通过研究当前社会各类消费人群，评估电视媒体受众结构与社会各类消费人群的匹配度，可以较准确地判断电视媒体用户价值的高低。如湖南卫视长期以来定位于“青春、快乐”，且持续发力电视剧及综艺等娱乐节目，受众主要集中在年轻、高知、女性这一当前社会的主流消费人群中，极具消费购买能力。对主流消费人群的高匹配度不仅使湖南卫视能够有力帮助广告主实现收益转化，同时也有助于湖南卫视进行更佳的内容布局。

4. 营销价值

电视媒体的营销价值主要包含广告信任度、媒体品牌营销能力、媒体可用营销资源以及媒体营销转化能力等因素。具有较高营销价值的电视媒体能够通过开阔的营销思路、玩法多样的广告植入以及与广告主的多样化合作实现最佳的广告效果。如湖南卫视《歌手》中对伊利金典有机奶进行软广告植入，使品牌几乎每一期都穿插在场景中，成为其不可或缺的场景或关键线索；《花儿与少年 3》对网易考拉海购进行积极的线上互动营销，同步将品牌的 APP 登录页面更换成“花少”主题，并在每期节目播出时通过公众号发布专场红包；《我想和你唱 2》则请来一叶子的品牌代言人成为节目嘉宾，并开展全国线下路演及多种营销活动力保品牌的广告效果最大化。

5. 品牌价值

电视媒体的品牌价值主要受到品牌特征优势、品牌对消费的引领作用以及用户对品牌的认知度、喜爱率、忠诚度等因素所影响。一些不具备极高影响力但拥有较高品牌价值的电视频道，虽通过渠道难以实现对受众的广泛覆盖，但仍可借由自身强大的公信力及品牌效应有效的聚合用户，实现广告及营销效果的最大化，并促进电视频道的可持续性发展。如凤凰卫视多年以向全球华人输送高水准、高素质的电视节目为定位，具有较强的品牌公信力，同时受众对凤凰卫视的高端、国际化形象以及节目人文情怀等品牌形象表现出较高的认可，使得凤凰卫视仍体现出了优质的商业引领价值。

第四节　融合时代电视媒体价值创新探讨专题

随着移动互联网的快速发展，以二、三线卫视为代表的传统媒体阵营开始试水多种合作方式以寻求共赢。保持开放心态，主动进行各种新尝试是二、三线卫视打开局面的关键。但能否在激烈的市场竞争环境中脱颖而出，既取决于自身的资源整合能力与宣传营销能力，也有赖于市场大环境下的各种政策调控与形势变化。

江西卫视全面进入立体化媒体品牌建设新阶段

江西广播电视台 季 文

省级卫视的发展面临新挑战，如何成为一个更富经营能力，更受观众欢迎，拥有更多用户和粉丝，具有广泛传播力、影响力、公信力和引导力的新型媒体组织？随着电视媒体传播的双受众市场格局的形成，融合让电视的内容与新传播技术互动更紧密。电视媒体也已经从受众经济转向粉丝经济，在互联网上已经形成巨大的再传播和延伸传播价值。电视荧屏热播、网络平台热议、产品商场热卖成为互联网时代传媒经济的突出特征。电视与网络的融合对电视整合营销创新能力提出了新要求。

一、扎根电视媒体传播双受众市场，构建立体化传播渠道

媒体融合传播背景下，构建江西卫视覆盖电视传播家庭客厅市场和互联网络乃至移动互联网络的全面媒体传播、推广渠道成为应有之义。家庭客厅受众市场和互联网络市场，它们之间不再仅仅是单纯的分化、分流和竞争的关系，而是协同互动为主的关系。电视媒体不仅在13亿传统家庭客厅市场中存在持续、强大的传播能力，在互联网上也有强大的再传播和延伸传播价值。这样的媒体受众接触形态决定了我们的研究视角和运营管理角度，一定不能仅看原有的家庭覆盖、到达和收视，而是基于家庭市场、网络市场，包括移动化、社交化平台的综合应用和管理评估。双受众市场对于媒体同行的覆盖运营传播管理、节目收视管理、广告营销管理、品牌建设管理而言，都是一个新的契机。

1. 稳抓、紧盯江西卫视覆盖人口规模的提升和覆盖结构的优化

根据美兰德调查数据显示，2017年江西卫视全国覆盖人口约11.1亿人，覆盖率达84.2%，较2016年增长4118.9万人，覆盖率增长2.9个百分点，位列省级卫视第10位。2008—2017年，江西卫视全国覆盖人口稳定增长，年均增长率为7.2%。同时，江西卫视大力推进高清频道覆盖工作，2017年江西卫

视高清频道全国覆盖人口达7256.6万人。

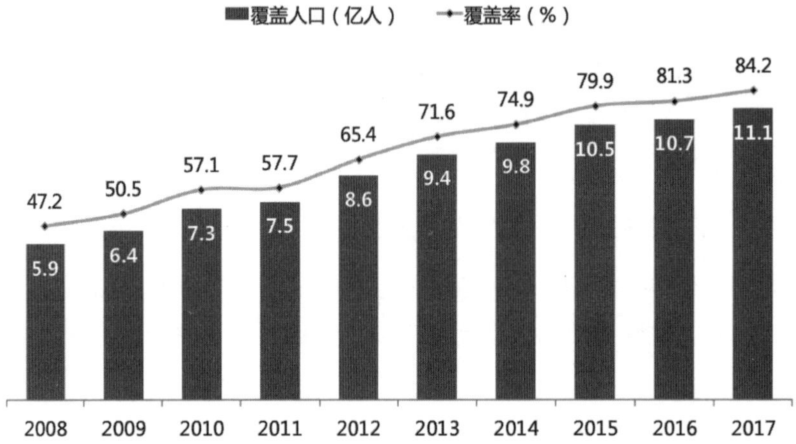

图7-6 2008—2017年江西卫视全国覆盖人口及覆盖率走势

2017年我国有线数字电视用户比例继续下滑，面对来自电信运营商的压力和网络新媒体的冲击，有线数字电视亟须在激烈竞争中寻求转型发展。相较而言，背靠电信运营商的IPTV与具有互联网基因的OTT TV则呈现明显上升趋势，表现出较为强劲的发展势头和上升空间。2017年，江西卫视全国覆盖人口接收方式仍以有线数字电视为主，占比为62.8%，其次，IPTV、直播卫星数字电视、OTT TV用户规模分别占比15.5%、13.2%、4.0%，与全国覆盖通路构成基本相似，形成全渠道、多维度的媒体融合传播，有效提升了江西卫视节目的影响力和品牌价值。

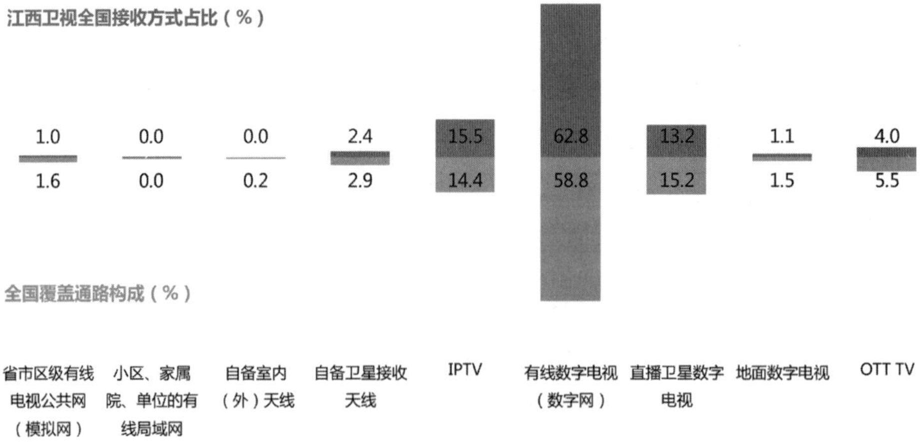

图7-7 2017年江西卫视全国接收方式占比与全国覆盖通路构成对比

2. 互联网新媒体、新传播领域的渠道建设工作

电视节目网播时代已然到来。顺应媒体大环境趋势，快速建设及占有新媒体、新领域渠道，主动拥抱互联网、敏锐开发互联网新渠道，迅速开展江西卫视新媒体、新传播领域的渠道建设工作。台网互动是趋势，新兴网络市场是媒体传播价值及影响力的延伸和扩展。大数据时代已经到来，电视屏和网络屏之间有很强的协同互动关系，有助于提高广告投放的投资回报率。在多屏融合互动的时代，如何打破边界、发掘和激活市场变现点，给人们带来了越来越多的机遇和挑战。江西卫视将打通移动手机、PC 端、游戏等端口，发展多样化的内容跨屏，拓宽内容传播边界。除此之外，还将配上各种宣推活动，打造一个节目多平台发散的营商体系，把每个节目做成市场孵化平台，形成多样化的市场接口。江西卫视将不断发掘节目与品牌的融点，创意展现品牌的独特方式，激活每一个传播细节，强化广告的内容性，提高观众代入体验感。

将江西卫视优质节目通过 IPTV、互联网电视（OTT TV）、网络视频的传播方式送达各类受众群体，借势网络视频与电视受众的差异化，扩大节目的影响力覆盖面，为节目的整体营销价值增值。

二、立足媒体格局，品牌化、产品化电视节目营销思路

在媒介整体经营的过程中，品牌经营是其中的一个重要环节，它体现出了媒介的特色和外在形象。品牌的知名度与媒介的影响力、广告投放量、广告价位成正比，因此品牌经营一直都是媒介经营的重要环节。电视媒体的运营理念已经从广告时段销售的 1.0 时代迈进了媒体品牌影响力、节目影响力营销的 2.0 时代。顺应新的营销趋势，我们需要变革营销模式，像运作产品那样去运营我们的频道和电视节目资源。今天来看，江西卫视协助了数千家企业进行自身的品牌推广，江西卫视自身的品牌如何推广，却依然欠缺这样的系统化的思路、方法和流程。在“酒香也怕巷子深”的新时代，我们需要积极构建系统化、专业化的江西卫视频道及节目市场推广体系：

1. 网络媒体的推广传播系统

2018 年初，江西广电传媒集团将挂牌成立，并打造新项目——江西广电

国际传媒中心。对于江西广播电视台而言，这将是一个新的发展契机，也是未来媒体产业化发展的新起点。机制的革新将带来媒体渠道及数据资源的全面整合，打通各层级间的传播，涵盖目前江西广播电视台下的 10 个电视频道、9 个广播频率、手机江西台 APP、江西网络电视台、两微一端以及正在建设的赣云平台和中央厨房。其中，“赣云”平台是江西广播电视台利用云计算、大数据技术开发的移动新媒体云平台，聚合全省范围内的新媒体账号，实现全省“两微一端”内容生产的共享互通，打造信息生产和汇聚的“中央厨房”。

对此，江西卫视全力促进江西广电国际传媒中心的成立与发展，举全台之力，打造优质内容资源，助力江西广电国际传媒中心品牌打造。2018 年，江西卫视在《带着爸妈去旅行》《超级歌单》等老牌节目的基础上，推出《真是想不到》《非遗美食》等“小而美”的全新原创节目，在达到内容的精准传播之外帮助合作品牌更准确地触达用户，实现内容与品牌的融合传播。同时，江西卫视积极利用江西广电国际传媒中心的媒体渠道与数据资源，构建立体化传播系统，从而最大化优质节目内容的传播渠道。

2. 与视频网站的紧密合作

江西卫视的众多品牌节目，与各大视频门户网站建立了良好的合作关系，一方面利用互联网的大数据“指引”电视节目的创新，另一方面也让视频网站了解电视节目的制作流程和思路，将合作前移至节目的创作阶段。充分利用江西卫视的视音频资源，在加强台网联动和版权管理的同时，进一步推动网络媒体与电视节目之间的交流、互动，让我们的电视节目除了在收视率上提升之外，能够更受网友的喜爱，在台网联动、媒体融合上实现双赢。近年来，江西卫视众多栏目在腾讯视频、爱奇艺、优酷、搜狐等视频网站同时上线，不断扩大江西卫视观众规模，扩大品牌影响力。据美兰德数据显示，2017 年，江西卫视网络视频点击量达 10.7 亿次，排名省级卫视第 11 位。其中，江西卫视几档专题类节目已经成为其王牌节目，尤其是《金牌调解》在 2018 年第一季度点击量已超过 8000 万，《经典传奇》亦超过 6300 万次，新闻类节目整体点击量均超过百万次。如何让这样的优势成为一种系统化常态？江西卫视将打造一批“小而美”“优而精”的优质节目，在达到内容的精准传播之外帮助合作品牌更准确地触达用户，实现内容与品牌的融合传播。

3. 对社交平台的关注与互动

移动互联网时代，新媒体成为媒体实现融合发展的重要平台，微博、微信、媒体客户端成为各传统媒体跑马圈地的主战场。从两微一端的用户数量分布来看，微博仍是媒体发声主战地，媒体微信公号近两年来迅速发展、逐渐普及，也已成为媒体移动化、服务化、商业化转型的重要战地。相比于双微，媒体客户端发展相对滞后，但其无疑是主流媒体扩大影响力、实现创新发展的一种趋势，除了自建平台，腾讯新闻、网易新闻、今日头条等聚合类新闻客户端也成了各大媒体竞相争夺的阵地。如何激活品牌的媒体影响力成为全面推动传统媒体转型的关键。2017 年，江西卫视在频道及重点节目“两微一端”宣推矩阵建设方面有所着力，频道及多档节目在微博、微信和今日头条设立公号传播，其中，江西卫视官方微博粉丝数达 219 万，频道金牌节目如《金牌调解》官方微博粉丝数达 23 万，微信活跃粉丝数达 8 万以上，今日头条江西卫视根据地粉丝数 124 万，运营相对较好。

三、江西卫视如何应对粉丝经济时代抢占用户心智的高层次媒体竞争？

互联网的本质是连接，互联网经济的本质是因为用户信息传播速度和分享效率大大提高而形成的族群经济、圈子经济，也就是粉丝经济。电视节目要想取得良好的传播效果，必须赢得广大粉丝的好评和口碑，必须要进行电视节目的网络宣传推广，也就是对节目的营销。当前，中国电视节目在网络营销方面有不少经典案例，如《欢乐中国人》《中国好声音》《极限挑战》《奔跑吧兄弟》等均成功地引发了网民粉丝的关注热潮。江西卫视借助社交平台、APP 等多种电视节目营销手段增强与电视观众的用户互动，增强社交化驱动电视节目的影响力提升。

央视一套正在热播的《欢乐中国人》，无论是从思维模式、创新驱动还是融合传播等方面，都达到了一个颠覆性的创新。通过“有温度的二维码”这一核心元素，连接大屏和小屏，也让传统电视的线性传播模式变成了互联网的裂变式传播模式，旨在打通不同媒介的限制，使传播扩大化、多样化。

目前，江西卫视也在学习和借鉴这些好的经验和做法，已成功孵化出几档原创节目。有专题类《新传奇》、科普类《真是想不到》以及生活服务类《非遗美食》，其中《新传奇》上线后不断受到好评，视频点击量不断攀升。从线上的节目延伸到线下的活动，江西广播电视台将推出一系列兼具社会效益与经济效益的线下活动，包括《瞰美丽江西》《缘从天降》《中国宠物秀》《爱传万家——中老年歌唱大赛》等多场大型活动。未来，江西广播电视台将继续奋力超越，既顺势而为，更乘势而上。

媒体融合背景下国家级专业电视台传播策略初探

中国教育电视台　李文英

【内容摘要】中国教育电视台是我国唯一的国家级专业电视台。本文以中国教育电视台30多年传播体系建设为对象，梳理了中国教育电视台传输覆盖体系建设的历史脉络、存在的主要问题和面临的挑战，对媒体融合背景下中国教育电视台的传播策略进行探讨。

【关词键】媒体融合　教育电视台　传播体系　传播策略

一、引言

中国教育电视台成立于1986年，隶属于教育部，是我国唯一的国家级专业电视台。30多年来，中国教育电视台由小到大，传播功能由弱到强，频道从一个发展到多个，传播方式由传统媒体发展到传统媒体和新媒体融合发展，已成为党和国家重要的宣传思想文化阵地，成为实施科教兴国战略和人才强国战略的重要教育电视平台。

中国教育电视台作用和效益的发挥，一方面是基于其30多年来始终不渝地坚持教育特色精品节目的创作生产，另一方面是缘于其构建的比较完善的传输覆盖体系。纵观多年来国内有关教育电视理论和实践的探索，大多聚焦于其教育特色节目的阐释，而对教育电视台传输覆盖体系的讨论较为少见。鉴于此，本文将梳理中国教育电视台传输覆盖体系建设的历史脉络、存在的主要问题、面临的挑战，并对构建新时代中国教育电视台传输覆盖体系的创新路径进行探讨。不当之处，请专家学者指正。

二、中国教育电视台传输覆盖建设的历史脉络

中国教育电视台是改革开放的产物，是在邓小平同志亲切关怀下诞生的。1977 年 10 月，受英国前首相爱德华·希思利用电视这一现代化手段创办开放大学经验的启发，基于当时人才的短缺以及教育发展的实际困难，邓小平同志决定利用电视手段来加快教育事业的发展。在邓小平同志的倡议下，1985 年 12 月，国家教委成立卫星电视教育领导小组。1986 年 6 月，国家教委、国家计委、国家经委、国家科委等九部委联合发出《关于利用卫星电视开展教育工作的通知》。10 月 1 日清晨 6 点，中国教育电视台第一个电视频道“中国教育电视”（英文简称 CETV）正式开播。自此以后，1987 年 11 月 2 日，国家教委党组发文建立中国教育电视台。1988 年 10 月 29 日，中国教育电视台开通第二个卫星教育电视专用频道。1996 年 5 月 1 日，中国教育电视台北京 35 频道正式发射播出。2000 年 10 月 31 日，开通中国教育卫星宽带传输网平台（CEBSAT）。2005 年 10 月，中国教育电视台开通面向全国近一亿婴幼儿及其家长的早期教育专业数字付费频道。2009 年 3 月 2 日，中国教育电视台空中课堂卫视频道正式开播。2012 年 11 月 22 日，国家新闻出版广电总局正式批准开办中国教育网络电视台（英文简称 CENTV）。2016 年 6 月推出移动客户端“长安书院”，推出教育短视频产品和融媒体音频节目产品，实现节目汇聚与发布的移动化、智能化、便捷化[1]。中国教育电视台 30 多年的发展历程表明，教育电视不仅是信息时代的产物，也是对电视传播功能的拓展，更是一条符合中国国情、发展现代远程教育的必由之路。

目前，中国教育电视台拥有 5 个电视频道，1 个网络电视台，1 个中国教育卫星宽带网。其中，CETV1 是国家级综合教育卫星频道，也是全国唯一与

---

1 黄秀根：培育与坚守国家级专业电视台的独有气质 ,[N] 中国教育电视的走向与发展对策，中央广播电视大学出版社，2017 年 8 月，第 173 页。

CCTV-1 享受同等政策支持落地的卫星频道。CETV 2 立足校园，力争在校园体育、校园文化等领域寻求突破与创新。CETV 3 作为北京地面频道，抢占北京地区教育高地，为北京地区学生、家长、老师提供服务。CETV 4 全力打造传播中华优秀传统文化的空中课堂，围绕在线教育、智慧教育需求，助推产业发展。CETV 早教频道是数字付费频道，突出幼教节目特色，打造线上线下相结合的早期教育跨媒体产业发展平台。中国教育网络电视台是通过宽带互联网提供公共教育和文化服务的新媒体平台。

中国教育卫星宽带传输网（CEBsat）于 2000 年 10 月 31 日正式启动，标志着我国的远程教育技术跨入了一个新的历史阶段。该平台现有卫星接收站点 70 余万个，直接服务于近 1 亿农村中小学师生、2000 万党员群众、数十万部队官兵。卫星双向传送试点 300 余个。中国教育卫星宽带传输网的建成和使用，为广大基层单位、边远贫困地区、少数民族地区提供了优质教育资源和信息服务，特别是在推进全国党员远程教育工程、全国中小学教育信息化工程、部队远程教育项目、八一学院士官远程教育项目、新疆远程教育节目、甘肃远程教育节目等方面，发挥了极其重要的作用[1]。

自 1986 年我国开通第一个卫星教育电视频道（CETV1）以来，我国的卫星广播电视教育得到了系统性的发展。这个系统中，使用 2 个 C 波段的卫星转发器、1 个 Ku 波段卫星转发器传送 5 套电视节目，7 套 IP 节目。截止 1994 年，全国建成教育电视台和收转站 1200 多座，卫星地面接收站 7600 座。形成了一个以中国教育电视台为中心，以遍布全国的各级教育电视台、卫星地面接收站、校园有线电视网为依托的卫星教育电视网，构成了一个有中国特色的、世界最大的远程教育电视体系。

2006 年 8 月，为了充分发挥中国教育电视台的国家级专业电视台的作用，国务院办公厅转发教育部等部门《关于进一步做好中国教育电视台第一套节

---

1 教育部教育信息化战略研究基地（华中）编：《中国教育信息化发展报告》，人民教育出版社，2015 年 1 月第 1 版，引用第 204 页。

目落地覆盖工作意见的通知》（国办发 [2006]58 号）[1]，要求各地广电部门要认真落实有关中国教育电视台第一套节目落地覆盖的政策，各有线电视网络传输机构应当确保专门频道免费转播中国教育电视台第一套节目。58 号文件给予了中国教育电视台与中央电视台一套同等免费落地政策。正是在 58 号文件的支持下，中国教育电视台第一套节目（CETV1）在全国有线电视网落地工作取得快速进展，加上自备卫星接收天线、自备室内（外）天线等用户，2008 年实现可接收人口 7.0 亿，在 2006 年可接收人口 4.5 亿基础上增加了 2.5 亿，覆盖率提高 20.0 %，达到 55.6%[2]。

随着我国媒体传输通路的快速发展，中国教育电视台由最初通过地方教育电视台、卫星电视接收站、校园有线电视网等传输节目信号，发展为利用有线电视网络、直播卫星、地面微波、IPTV、OTT TV、移动客户端等作为主要传输手段，从单纯追求有广度的物理覆盖，发展到当前既追求广度更追求深度的融合覆盖，经过不断探索，初步构建起了媒体融合背景下的国家级专业电视台的传播体系，可接收人口数量近几年连续提升，取得良好成效。以 CETV1 为例，经过传输体系的不断建设与完善，2015 年全国可接收人口 10.3 亿，可接收率 78.3%，2016 年全国可接收人口 11.3 亿，可接收率 86.3%，2017 年全国可接收人口 11.6 亿，可接收率 88.4%，实现可接收人口数量保持年年提升，可接收率达到历史最高水平[3]。

三、中国教育电视台传输覆盖面临的问题与挑战

随着教育电视事业的发展，教育电视台在节目内容与传播方式上发生了许多根本性的改变，由过去单一通过电视播出培训节目、教学节目，逐步变

1《国务院办公厅转发教育部等部门关于进一步做好中国教育电视台第一套节目落地覆盖工作意见的通知》，来自中国政府门户网站，2006-08-28。

2《2006 年中国教育电视台 CETV1 全国覆盖与收视状况调研报告》《2008 年中国教育电视台 CETV1 全国覆盖与收视状况调研报告》，转自北京美兰德媒体传播策略咨询有限公司。

3《2015 年中国教育电视台 CETV1 全国覆盖与收视状况调研报告》《2016 年中国教育电视台 CETV1 全国覆盖与收视状况调研报告》《2017 年中国教育电视台 CETV1 全国覆盖与收视状况调研报告》，转自北京美兰德媒体传播策略咨询有限公司。

成了通过电视、多媒体、互联网、移动多媒体等多种传输方式；由过去单一的教学频道变成了分工不同的多个教育频道；由过去单一的电视教学节目变成了除电视教学节目外，更多的内容是面向整个社会传播科学文化知识，服务于人的能力素质提高的综合性教育节目。当前，中国教育电视台在传播方式和传输体系建设上面临诸多问题和严峻挑战。

一是卫星频道商业落地竞争对中国教育电视台政策落地稳定造成冲击。以竞争最为激烈的有线电视网络覆盖为例，有线电视网络是电视用户最多的传输平台，全国各地有线电视网络运营商早已开启商业化运作，对卫星频道入网播出收取落地费。随着卫星频道数量不断增多，为了提升媒体价值，提高收视率，卫星频道不仅要在有限的网络资源中抢占一席之地，更要为争夺网络中的节目排序投入重金。由于中国教育电视台第一套节目享受在全国免费政策落地，因此在有线网络中的排序频频被支付高额落地费的频道抢占，导致排序位置被后移，甚至出现掉线现象。这对中国教育电视台节目信号的落地稳定造成了较大冲击。中国教育电视台覆盖工作在相当长的一段时间内，除了持续扩大覆盖规模外，维护 CETV 在已落地有线网络中的稳定传输成为覆盖工作的重中之重。

二是新媒体的发展使教育电视媒体的受众日趋分散。据中国互联网络信息中心（CNNIC）发布的第 41 次《中国互联网络发展状况统计报告》显示，截至 2017 年 12 月，我国网民规模达 7.72 亿，普及率达到 55.8%，超过全球平均水平（51.7%）4.1 个百分点，我国手机网民规模达 7.53 亿，网民中使用手机上网人群占比 97.5%；手机不断挤占其他个人上网设备的使用[1]。以互联网和移动互联网为代表的传播手段，突破了时间和物理空间对传统媒体的束缚，具有跨越人际传播和大众传播、提升用户主体性地位、便携移动、海量信息的智能聚合等优势，使传播的形式更加符合受众的需求，可以实现信息的断点持续接收。教育电视媒体的目标受众主要是广大师生、

1 中国互联网络信息中心第 41 次《中国互联网络发展状况统计报告》，在 2018 年 1 月 31 日发表。

家长、教育工作者及关心教育事业的观众群体，快速的生活节奏和繁重的工作压力使人们无法预留出整段时间在固定场所接收信息，人们的注意力持续时间缩短，致使信息呈现碎片化趋势，观众收看电视的人数和时间逐年下滑。微信、微博等新媒体越来越成为人们生活中必不可少的一部分，新兴的视频网站和网络电视台不断蚕食包括教育电视媒体在内的传统电视巨大的收视人群。

三是电视媒体传输通路快速扩张、收视习惯发生变化、有线电视用户持续下降。2013 年，国务院发布“宽带中国”战略实施方案，部署未来 8 年宽带发展目标及路径，意味着“宽带战略”从部门行动上升为国家战略。在政府的助推下，包括 IPTV 及 OTT TV 在内的互联网电视在国内迅速普及。据《2017 年全国广播电视行业统计公报》显示，受交互式网络电视（IPTV）、网络视听等业务的快速发展，用户收视习惯发生变化，全国有线电视实际用户数继续下降。2017 年全国有线广播电视实际用户数 2.14 亿户，比 2016 年（2.28 亿户）减少 0.14 亿户，同比下降 6.06%[1]。据工信部最新数据显示，截至 2018 年 6 月末，IPTV 用户总数达 1.42 亿户，上半年净增 2002 万户。移动互联网用户总数达到 13.4 亿户，同比增长 14.5%，上半年净增 7188 万户。其中，手机上网的用户数达 12.3 亿户，对移动电话用户的渗透率为 81.6%[2]。

从中国教育电视台主要传输通路可接收人口数量的变化，同样可以看到这一趋势。以北京美兰德媒体传播策略咨询有限公司提供的 2015 年、2016 年和 2017 年《中国教育电视台 CETV1 全国覆盖与收视状况调研报告》调查结果为例，有线数字电视、自备卫星接收天线等传统传输方式可接收人口逐年下降，直播卫星数字电视、IPTV、OTT TV 可接收人口迅速增长（见下表）。

1《2017 年全国广播电视行业统计公报》，转自国家广播电视总局，2018-06-04。
2 发布：《2018 年上半年通信业经济运行情况》，转自工业和信息化部，2018-07-19。

表 7–1 2015 年—2017 年中国教育电视台 CETV1 不同传输方式下全国观众可接收人口数量对比表

		2015 年	2016 年	2017 年
有线数字电视	可接收人口数（亿）	8.3	8.0	7.7
	占比（%）	80.7	71.0	65.8
直播卫星数字电视	可接收人口数（亿）	0.6	1.7	1.9
	占比（%）	6.3	14.7	16.6
IPTV	可接收人口数（亿）	0.4	0.7	1.1
	占比（%）	3.6	6.2	9.3
OTT TV	可接收人口数（亿）	0.04	0.07	0.4
	占比（%）	0.4	0.6	3.1
自备卫星接收天线	可接收人口数（亿）	0.7	0.6	0.3
	占比（%）	6.5	5.5	3.0
其它接收方式	可接收人口数（亿）	0.27	0.23	0.2
	占比（%）	2.5	2.0	2.2
全部接收方式可接收人口总数（亿）		10.3	11.3	11.6

四、构建国家级专业电视台融合传播体系

习近平总书记在党的十九大报告中指出：“坚持正确舆论导向，高度重视传播手段建设和创新，提高新闻舆论传播力、引导力、影响力、公信力。”[1] 新闻舆论的上述四种力，都属于新闻舆论作用力的范畴，其主体并非仅限于新闻媒体，也包括政府机构及有关单位。对新闻媒体来说，新闻舆论传播，是通过自己所刊播的新闻作品（包括新闻报道和新闻评论）形成的新闻舆论的传播实现的[2]。这就告诉我们，新闻媒体舆论的传播，一要靠新闻内容生产，二要靠传播的技术手段。因此，习近平总书记在十九大

1 习近平：《决胜全面建成小康社会夺取新时代中国特色社会主义伟大胜利——在中国共产党第十九次全国代表大会上的报告》，人民出版社，2017 年 10 月第 1 版，第 42 页。

2 丁柏铨：《论新闻舆论传播力、引导力、影响力、公信力》《新闻爱好者》，2018（第 1 期）。

报告中把“高度重视传播手段建设和创新”作为新闻舆论“四力”发挥作用的前提。

事实上，早在2014年8月18日，习近平总书记主持召开中央全面深化改革领导小组第四次会议，审议通过了《关于推动传统媒体和新兴媒体融合发展的指导意见》。习近平总书记强调指出：“推动传统媒体和新兴媒体融合发展，要遵循新闻传播规律和新兴媒体发展规律，强化互联网思维，坚持传统媒体和新兴媒体优势互补、一体发展，坚持先进技术为支撑、内容建设为根本，推动传统媒体和新兴媒体在内容、渠道、平台、经营、管理等方面的深度融合，着力打造一批形态多样、手段先进、具有竞争力的新型主流媒体，建成几家拥有强大实力和传播力、公信力、影响力的新型媒体集团，形成立体多样、融合发展的现代传播体系。要一手抓融合，一手抓管理，确保融合发展沿着正确方向推进。”[1] 其中，关于建立“现代传播体系”的提法，在学术理论结合广播电视领域引起强烈关注。先进技术为支撑、内容建设为根本，不仅仅是指融合的路径，也是构建现代传播体系的必然选择。

凡此种种，在媒体融合发展背景下，中国教育电视台需要紧紧跟随现代科技发展新技术、新手段、新方式，结合覆盖行业工作特点，以满足用户需求为核心，以符合用户使用习惯为标准，构建和完善融合传播体系，才能进一步提高频道、节目的受众到达率，才能有效增强传播力和影响力。

一是实施直播频道在“大屏”和“小屏”全覆盖。一方面做到继续扩大在IPTV平台、OTT TV传输平台的入网数量；另一方面保持在有线电视网络中入网规模稳定，保持直播卫星传输稳定；同时，更需要快速将直播频道引入更多的手机电视平台、移动客户端。

二是加速推进网络电视台和“两微一端”建设。不断跟进新技术，为网众提供开放、通畅的互动平台，努力实现用户体验不断升级。扎实做好内

1《习近平主持召开中央全面深化改革领导小组第四次会议》，转自中央政府门户网站，2014-08-18。

容生产，联动电视等多媒体平台，构建全媒体传播新机制，逐步实现网络首发、电视收官的新传播。开发具有个性特点的网络工具和网络服务，努力实现点击率、流量、影响力强势增长。精心打造中国教育电视台移动客户端“长安书院”，推出教育短视频产品和融媒体音频节目产品，实现节目汇聚与发布的移动化、智能化、便捷化，为拓展产业发展和盈利模式寻找突破口。继续办好微信公众号“CETV”和新浪微博“官方号”，以文字、图片、语音、视频等方式发布我台重要信息，推广重要节目，成为面向公众的重要外宣窗口。

三是实施跨界联动融合传播。中国教育电视台积极探索“纵横并行”的战略发展模式。开门办台、做新闻，“汇天下精华，扬独家优势”，与新华社、人民日报、中央广播电视总台（中央人民广播电台、中央电视台、中国国际广播电台）等中央主流媒体合作，以《e 视界》《长安街》等电视新闻品牌为载体，探索跨界融合，实现新闻线索互通、采访资源共享、传播平台互动，构建中国教育新闻集散地，彰显中国教育电视台新闻的独特价值。2018 年《直播高招》大型直播节目同时在网易教育、新浪教育、腾讯、花椒、一直播、中国教育网络电视台、长安书院 APP 等 17 家媒体平台同步推送，总点击量达 3000 万次，为广大优秀学习指明了报考方向。微博话题“2018 直通高招”阅读量 1.3 亿，网友讨论留言 3 万余条，微信推送阅读量超 6.9 万次。

四是实施跨区域整合融合传播。由中国教育电视台牵头发起的全国教育电视媒体联盟一经成立，在“纪念红军长征胜利 80 周年的大型联合报道”中，联盟的作用已经初露锋芒。下一步，要继续深化联盟机制，以《全国教育新闻联播》为依托，打造中国教育新闻联播。通过这种联盟机制，推进中国教育电视台在各地的有效覆盖。

五是实施业态跨界融合传播。充分利用教育电视台品牌价值，通过电视频道与产业的全面对接，培育优质教育项目，形成“电视 + 互联网 + 线下产业 + 资本”的教育传媒产业发展模式。实施“产业基金 + 产业生态”创新联动发展策略，深入推进以我台频道为依托，以节目为核心，以联盟为纽带的早期教育、在线教育、智慧教育、大学生“双创”、纪录片五大产业布局，努力实现产业反哺事业的战略目标。以“TV+ 早期教育”为例，目前已经形成早教频道、幼儿园、儿童艺术团、儿童艺术联盟，以及电视节目之间互为依托、互相促进的健康产业生态，并在北京、青岛建成爱乐恩示范幼儿园、向阳花儿童艺术团和儿童培训综合体，还将在广州、深圳、成都、郑州、天津等地迅速复制推广。

五、结语

诚如中国教育电视台袁小平台长所言：“对教育电视而言，或许现在正是一个充满机遇的时代。我们看到，技术革新搭好了一个绚丽的舞台，应用革命才是真正的主角。教育类电视节目的突出特点就是服务性强、参与度广、互动需求高，这些都是新舞台的天然‘荷载’接口。教育电视台有着明确的定位和不可比拟的资源优势。新技术、新手段、新方式，将所有媒体拉回到同一起跑线上。抓住机遇，充分用好教育优质资源，实现‘弯道’超车，教育电视有极大的机会和可能。”[1]

国外教育电视的蓬勃发展,国内综合电视台对教育题材内容的高度关注，让我们看到，卫星电视教育仍然是被广泛采用的公共教育形式之一，教育作为人类发展的永恒话题在电视领域里蕴藏的巨大的潜力和广阔的发展前景。背靠教育部的先天优势和几千所高校的资源优势，把教育节目做得更具专业性，是教育电视台的根本出路。同时，随着科学技术的进步，我国的电视传播通路格局发生了深刻变化，只要认清形势，取长补短，实施直播频道“大屏”“小屏”全覆盖，加速推进网络电视台和“两微一端”建设，实施跨界联动融合传播、跨区域整合融合传播、业态跨界融合传播，构建并完善有教育专业电视台特色的融合传播体系，将为新时代中国教育电视台作用和功能的进一步发挥提供坚实的基础和可能。

---

1 袁小平：《初心依旧　拥抱未来》，《教育传媒研究》，2017（第 1 期）。

二线和三线卫视生存策略：夹缝中求突破，共赢中谋发展

2014 年，制播分离再一次成为传媒业界焦点。一方面，电视台纷纷通过体制和机制的深度改革来重构栏目与频道的竞争力；另一方面，各类型节目制作机构积极谋求在更多平台上的全方位通力合作。鉴于现阶段电视台节目制作的资金压力和广告创收的风险系数不断攀升，播出平台与制作机构只有积极汇聚力量并探寻多种合作方式，才能制造出为业界所称道的“现象级”节目。具体来看，一线卫视持续发力，《花儿与少年》《中国好声音》《最强大脑》等高品质大制作节目引领时尚大潮；而二、三线卫视虽亦加快追赶步伐，但目前为止产生较大影响的品牌栏目却寥寥无几。面对激烈的市场竞争和自身的资源短缺等多方压力，二、三线卫视必须寻求更有竞争力的运营模式，如联合播出、与新媒体合作、邀请知名主持人加盟等等。其中，贵州卫视和青海卫视的双星综艺联播模式是一次相当大胆的尝试，《爸爸请回答》亦获得了业界较大的关注度与影响力。

一、综艺节目联播，双平台合作见成效

随着近年来节目制作“大片化、高投入、精品化”的趋势日益显著，电视台特别是二、三线卫视仅依靠自身力量制作大型栏目并独自承担创收压力的风险愈大。有鉴于此，电视台彼此间携手共赢或与民营制作公司、海外节目制作公司甚或视频类网站等各类型节目制作机构开展积极合作已然成为性价比颇高的选择。不同于一线卫视如湖南卫视“快乐中国”的核心理念和浙江卫视“中国蓝”的整体塑造早已深入人心，二、三线卫视播出节目同质化现象严重，频道形象不够鲜明且频道定位频频发生变化，以上种种造成该频道自身资源浪费效率低下，但反倒促成了二、三线卫视在相对较低的起点上更容易携手合作寻求共赢。

作为一档由贵州卫视与青海卫视共同投资的全新原创亲子益智类综艺节目，《爸爸请回答》赶追时下大热亲子潮，推陈出新，由卫风传媒承制，并在贵州卫视与青海卫视双平台上同步播出。《爸爸请回答》既顺应时代潮流

实施制播分离，同步强化内容的可塑性与播出效果，又开创首例电视平台综艺联播，以“抱团取暖”新模式抵制一线卫视的强劲挤压。该节目开播前，仅凭借双台联播的噱头就收获了众多媒体关注与受众热议；开播后亦反响不俗，据美兰德·中国电视媒体网络传播监测数据显示，《爸爸请回答》网络视频点击量从开播日6月24日起至8月31日已超过169.1万次。虽与《爸爸去哪儿》《爸爸回来了》等一线卫视大制作高投入的同类型节目相比仍存在一定差距，但这一模式优势远大于劣势，是二、三线卫视寻求自我突破，迎战激烈竞争的一次勇敢尝试。

多家电视台“抱团取暖”，一方面各家卫视频道可以共享成果，共担风险，减轻投资压力，扩大创作空间。广告营收不高，平台资金匮乏，投入不足，以致节目质量粗劣播出效果差是二、三线卫视发展中容易遭遇的瓶颈。而几家卫视频道共制发展战略变竞争为合作、收益按比例分成的做法，既减轻了动辄上千万甚或过亿的成本压力，又加大了节目拓展的力度，同时降低了节目失败承担的风险，可谓一举三得；另一方面，各家卫视频道联合推介并捆绑营销，其力度必定大于一个卫视频道的单枪独战。可以说，“双星联播”模式既能扩大节目覆盖范围，提高冠名赞助费带来利益创收，同时有助于提升节目知名度与频道影响力，从而反哺频道自身未来几年的品牌价值和竞争实力。

二、“抱团”形式多样，共赢是核心

随着电视荧屏、家用电脑屏幕甚或移动互联网智能手机、平板电脑屏幕之争的白热化程度有增无减，为摆脱困境并快速在传统电视媒体产业的红海与视频产业的蓝海中占有一席之地，以二、三线卫视为代表的传统媒体阵营开始试水多种合作方式以寻求共赢。除《爸爸请回答》这种卫视联播形式外，传统媒体之间、传统媒体与新媒体之间的合作模式层出不穷。

首先，电视台与报刊媒体联手打造节目。源于《南方周末》风行七年之久的“小强填字”游戏，被四川卫视和《南方周末》联合打造成大型填字益智综艺类栏目《我知道》，首开卫视频道与报纸联动真人秀节目先河。极具文化气息的节目内容，富有挑战性和话题性的互动环节，豪华的导师阵容，助力其在开播之初便备受各路媒体及一众网民高度关注。明星李艾、媒体人崔永元、知名作家郭敬明这种“完全不可能”的豪华组合，更掀起微博讨论热潮。《南方周末》更是充分发挥平台影响力，在显眼位置为《我知道》大作宣传。虽仅开播一期，播出效果尚未完全显现，但节目爆发力已可见一斑。知名人士跨界主持，卫视与报社两类传统媒体联手合作的创新模式，反映出传统媒体剑指综艺，争霸主流市场的决心。

其次，电视台合力视频网站共同制作节目。近年来视频网站迅速崛起并纷纷介入内容制作环节，分流传统电视受众。二、三线卫视在遭受一线卫视挤压的同时亦面临视频网站的强力争夺。如此背景下，部分卫视频道转变思维，积极拥抱新媒体，与视频网站开展多种合作，以寻求突破。其中，2013年河南卫视联手爱奇艺打造的国内首档大型网台联动节目《汉字英雄》成为最大黑马，并掀起一股文化节目热潮。河南卫视与爱奇艺此次深度合作实现优势互补——由简单的渠道共享逐渐深入到内容制作、广告营销、渠道整合等多个方面，或可成为未来二、三线卫视开展网台合作的参考案例。与此同时，《汉字英雄》深挖节目产业链，推出同名APP游戏并首战告捷，极大地反哺了节目本身的传播力与影响力。基于此次合作，河南卫视在精品节目制作能力获得业界认可的同时亦快速提升了品牌价值与频道影响力，博得了更多广告主的认可与青睐。

再次，力邀明星加盟，依托“大腕”提振人气。明星参与节目录制由来已久，直至《中国好声音》四大导师出现，大腕明星加盟综艺节目已然成为综艺大片的“标准配置”。对电视台而言，大腕明星具备较好的观众基础，其高人气意味节目的高收视率。也就是说，高知名度与高话题度的明星更能引爆相应节目的曝光度，进而引发收视热潮、话题讨论和网络关注等连锁效应。因此相较一线卫视，二、三线卫视更加期待依托大腕明星加盟来提升节目与平台的双重认知。具体来看，二、三线卫视与大腕明星的合作方式不外乎以下几种：或力邀名嘴担纲频道主打栏目主持人，如山东卫视邀请李咏主持《中国面孔》，安徽卫视邀请乐嘉主持《超级先生》等；或力邀大腕明星担任导师或嘉宾，如黑龙江卫视邀请章子怡、吴宇森加盟《全民电影》，北京卫视力邀赵本山、姜文当《造梦者》导师等；或力邀人气偶像参与户外真人秀，成为节目主角，如四川卫视《明星家族的 2 天 1 夜》邀请韩国人气偶像安宰贤参与录制，湖北卫视邀请柳岩、孙坚等知名影视演员录制《如果爱》等。

现如今，荧屏大热节目早已进入“亿元时代”，而“制播分离”的强有力实施则进一步促成了节目创作的大繁荣和大发展，并进而引发一线卫视与二、三线卫视之间的彻底洗牌：一线卫视及其所承载的综艺节目愈发出色，二、三线卫视及其栏目与一线卫视的实力差距则越来越大。面对一线卫视难以撼动的霸主地位，“抱团”作为二、三线卫视寻求发展的探索之举能否真正抗衡于一线卫视的大手笔投入，目前尚无明确论断。总体而言，各种新尝试是二、三线卫视绝处逢生的惊人之举，但能否在激烈的竞争中脱颖而出，既寄托于自身的资源整合能力与宣传营销能力，更有赖于市场大环境下的各种政策调控与形势变化。二、三线卫视“抱团”之余，播出档期、利益分配、传播效果等细节问题均有待进一步协调并平衡，不同合作模式需要对应不同的利益分配方式。与此同时，电视台在成功打造了联播节目线上线下影响力与品牌价值后，其共享资源的意愿是否仍会延续值得密切关注。

第八章 大视频时代用户研究

近年来在“互联网+”国家战略及顶层设计的推动下，中国各行各业都在经历一场历史性变革及前所未有的自我颠覆，传媒行业亦不例外。互联网正在全面改造整个传播的结构、传播的规则与传播的逻辑，并形成社会资源、社会要素等全方位的革命性改变及重组。一方面，以人为本的传播新规则形成，互联网激活了个人作为社会运作主体的地位，并将一个个单独的个体连接起来，形成广泛的人际关系网络，分享经济、社交化传播、社群化营销成为大势所趋；一方面，跨界整合的产业形态遍地开花，电视与互联网跨界融合，BAT 巨头布局文化产业，资源整合、融合传播、产业重构、生态建设等成为新时代传媒关键词。用户思维作为互联网思维的核心，贯穿整个价值链的始终，要求各环节都要以用户为中心考虑问题，提升用户体验。概言之，用户从未如此之近，亦从未如此之重。

第一节　大视频时代融合传播研究

移动互联网全面颠覆并深刻重构传播逻辑，以移动化、社交化、大数据、云服务四大特质助推我国视频传播进入到无所不在、随时随地、海量多样、个性传播的大视频时代，并且伴随视频用户、移动互联网规模和产业水平的升级，媒体传播的经济形态、市场格局、发展模式等都面临根本性转变。

一、网络视频用户规模持续增大，视频已深度嵌入人们日常生活

移动互联网的飞速发展与视频内容的极大丰富助力我国网络视频用户规模持续上涨。网络视频有效打通电视屏与 PC 端、移动屏之间的界限，并打破时间与地域的限制，以无可比拟的便捷性与极大的选择空间使得用户黏性不断增强。

从 2015—2017 年用户在工作日、休息日观看网络视频时长的分布来看，三年以来除 2016 年工作日外，其余工作日与休息日中均以每天 1—2 小时的网络视频观看时长为主流，占比均达三成以上。其中手机、PAD、平板电脑等移动终端的便捷性在其中发挥重要作用，用户的碎片时间被充分利用。对

比来看，三年以来，休息日 2 小时以上的观看时长比例均大幅高于工作日，不过随着时间推移，休息日观看时长在 2—3 小时的比例波动上升，3 小时以上观看时长比例则整体缩减。

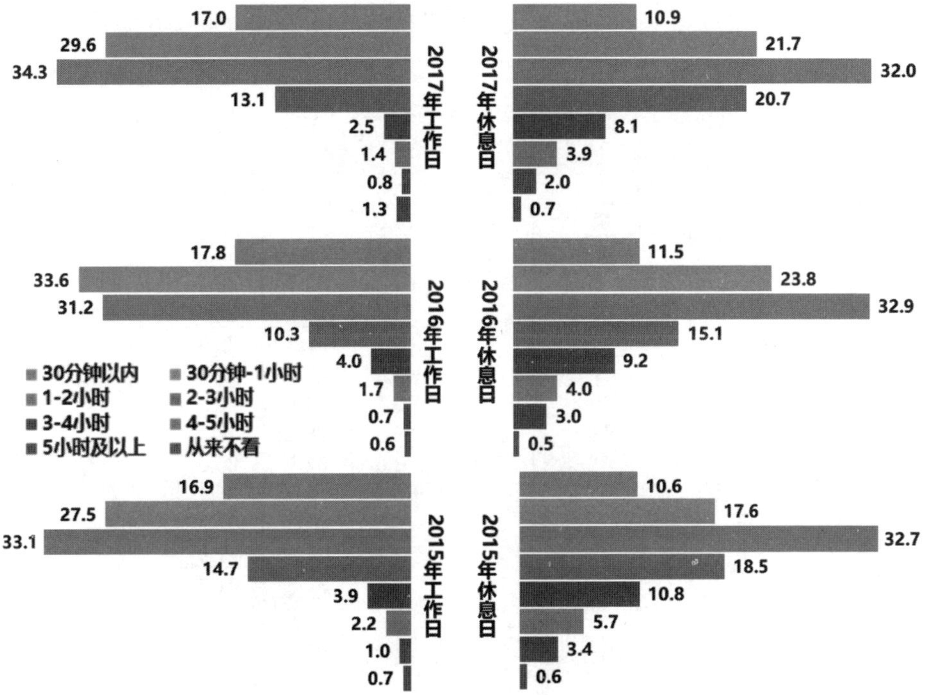

图 8-1　2015—2017 年用户工作日、休息日观看网络视频时长分布（%）

数据来源：美兰德·全国电视覆盖与收视状况调查 Source：2015 年 8 月—2017 年 8 月 @ CMMR Co.Ltd

就网络视频观看时长来看，2017 年全国网络视频用户在工作日观看网络视频的平均时长为 79 分钟，在休息日为 106.5 分钟，休息日比工作日长 27.5 分钟。网络视频已经深度嵌入人们的日常生活，持续长时间的网络视频观看习惯逐渐养成。

就不同人群特征而言，全国的女性、高等文化程度、家庭人均月收入 3000 元及以上的用户在工作日与休息日观看网络视频的时间均相对较长；年龄分布方面则略有差异，工作日中 20—34 岁青年用户观看网络视频时间较长，休息日则以 12—19 岁少年用户观看网络视频时间较长。

分城乡来看，县城用户的网络视频观看时间最长，其次城市市区网络视频用户视频观看时间同样较长，特别是20—34岁城市市区的网络视频用户黏性最强，在工作日、休息日观看网络视频的时长分别为87.5分钟、121.2分钟，均高于农村及县城地区。随着我国城乡经济的快速发展、手机及网络不断普及、抖音及快手等短视频平台不断涌现，网络视频的市场潜力也正在源源不断地释放。

视频用户特征		工作日平均每天观看时长（分钟）			
		全国	农村	县城	市区
全部		79.0	74.5	**81.8**	80.6
性别	男	78.3	74.6	**82.1**	79.1
	女	79.6	74.5	81.5	**82.2**
年龄	12-19岁	79.2	63.7	**88.5**	87.4
	20-34岁	85.8	83.2	86.2	**87.5**
	35-49岁	73.2	68.1	**75.7**	75.5
	50-59岁	71.0	64.2	**77.0**	71.9
	60-74岁	71.5	59.7	**83.5**	70.0
文化程度	初等文化	72.5	69.2	**78.2**	73.3
	中等文化	78.6	73.6	**82.5**	80.0
	高等文化	85.7	**86.4**	84.6	86.1
家庭收入	499元及以下	80.2	76.0	**116.1**	93.9
	500-999元	74.0	73.1	74.5	**77.6**
	1000-1999元	77.9	71.9	82.2	**81.2**
	2000-2999元	80.3	80.2	**80.8**	80.1
	3000元及以上	82.1	**88.2**	83.5	80.4
视频用户特征		休息日平均每天观看时长（分钟）			
		全国	农村	县城	市区
全部		106.5	101.3	**110.2**	108.4
性别	男	105.7	98.6	**111.3**	108.0
	女	107.3	103.9	**109.1**	108.9
年龄	12-19岁	119.4	108.0	121.0	**128.6**
	20-34岁	117.7	112.5	118.6	**121.2**
	35-49岁	96.9	89.2	99.8	**100.8**
	50-59岁	85.9	80.5	**97.8**	84.1
	60-74岁	94.2	**123.7**	107.2	81.0
文化程度	初等文化	94.6	90.4	**100.1**	96.5
	中等文化	106.3	103.8	**110.5**	106.0
	高等文化	118.2	116.9	118.2	**118.7**
家庭收入	499元及以下	106.8	106.1	**124.3**	99.3
	500-999元	95.9	91.9	98.3	**110.2**
	1000-1999元	104.8	101.7	**109.8**	104.7
	2000-2999元	108.4	107.0	106.5	**110.1**
	3000元及以上	113.2	**125.1**	117.1	109.7

表8–1　2017年不同网络视频用户工作日、休息日观看时长

数据来源：美兰德·全国电视覆盖与收视状况调查 Source：2017年8月 @CMMR Co.Ltd

二、BAT 三分视频天下，视频行业将进入寡头垄断阶段

近年来我国视频行业风生水起。自制内容重磅升级，大 IP 综艺、电视剧轮番登场；BAT 在视频行业形成更加稳固的三足鼎立之势，爱奇艺、腾讯视频、优酷以更加丰富的内容资源、更具差异化的内容编播形式以及更为广泛的付费会员权益等服务，为网络视频市场带来强大的发展驱动力。广电系视频网站亦依托平台及内容优势打造独具定位与特色的视频平台，如芒果 TV 依托近年来独播湖南卫视综艺节目成功转移湖南卫视铁粉，强势综艺平台定位不负盛名。

美兰德调查显示，截至 2017 年 8 月，爱奇艺、腾讯视频、优酷是全国使用比例排名前三的视频网站，经常使用用户均达 2 亿人以上，占比均在 30% 以上。其中，爱奇艺经常使用用户达 5.1 亿人，占比为 65.8%，用户规模巨大；而腾讯视频则以 4.2 亿用户、54.6% 的用户占比紧随其后；优酷的用户规模数量接近 2.5 亿人。就成长性来看，2017 年爱奇艺的经常使用用户规模较去年增长超过 8000 万人；腾讯视频用户规模则出现猛增，较上年大涨 1.2 亿人，实现了快速增长；而优酷经常使用用户增长超过 3000 万人；从增长率来看，腾讯视频、爱奇艺、优酷分别为 41.1%、19.3%、14.5%。整体来看，近年来 BAT 分割视频行业的趋势愈加明显，爱奇艺、优酷、腾讯视频的用户规模与市场份额均有明显增长，其余视频网站增长相对缓慢甚至萎缩，在用户规模及市场份额上难以对 BAT 形成实质威胁。而优质自制内容、良好用户体验、深化社交联动、差异化平台布局等都将进一步拉开视频网站之间的差距。

表 8-2　2017 年全国网络视频用户经常使用的视频网站分布（TOP10）

排名	视频网站	用户（万人）	比例（%）	用户增长(万人)	用户增长率（%）
1	爱奇艺	51262.0	65.8	8301.5	19.3
2	腾讯视频	42485.9	54.6	12378.0	41.1
3	优酷	24930.0	32.0	3165.7	14.5

续 表

4	搜狐视频	12761.3	16.4	21.8	0.2
5	乐视视频	10291.0	13.2	-951.7	-8.5
6	土豆	10097.5	13.0	-1783.2	-15.0
7	芒果 TV	9124.3	11.7	1830.9	25.1
8	暴风影音	7240.8	9.3	-2201.4	-23.3
9	PPTV	5479.3	7.0	-2108.5	-27.8
10	新浪视频	4711.4	6.1	-740.8	-13.6

数据来源：美兰德·全国电视覆盖与收视状况调查 Source：2017 年 8 月 @CMMR Co.Ltd

三、电视剧与综艺深受网络视频用户及电视观众喜爱

对比网络视频用户与电视观众喜爱的节目类型可知，双受众市场喜爱的节目颇为相似，且喜爱类型出现集中化趋势。具体来看，2017 年电视剧类节目再度以超高喜爱率成为电视观众与网络视频用户两大用户群的最爱，喜爱率分别达到 74.2% 及 60.3%；新闻资讯 / 评论类、综艺娱乐类、电影类均进入前四。分析来看，2017 年我国电视剧市场仍以 IP 改编剧为主，题材愈发丰富多样，悬疑、反腐、古装等类型剧目接连上线，《人民的名义》《我的前半生》《楚乔传》等上星首播剧实现流量与口碑双丰收，而《双世宠妃》《河神》《颤抖吧阿部》等网络剧以另类剧情、精良制作俘获大批网友。电视综艺市场则不断探索新领域与新模式，如《朗读者》《见字如面》等文化类综艺凭借高品质、高格调、接地气的特点，从“清流”逐渐转向“主流”；《向往的生活》《中餐厅》等“慢”综艺独具匠心，兼顾娱乐与诗意；《中国有嘻哈》《明日之子》《2017 快乐男声》等热门音乐选秀类网综集中爆发，与电视综艺进行正面对抗。电视新闻类节目则凭借权威性和公信力，依旧是人们获取重大信息的重要渠道，在信息过滤、整合、舆论引导等方面持续发挥积极作用。

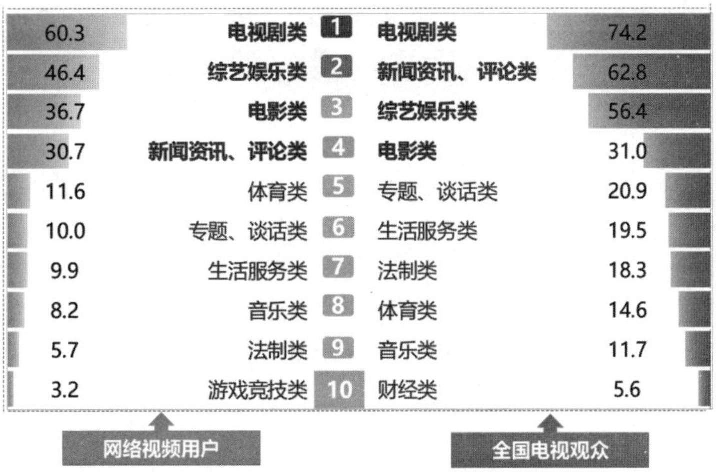

图 8-2　2017 年网络视频用户与电视观众喜爱节目类型对比（%）

数据来源：美兰德·全国电视覆盖与收视状况调查 Source：2017 年 8 月 @CMMR Co.Ltd

四、视频点击量与荧屏收视率互利共赢，精品节目表现双优

收视率与视频点击量均是受众自发“投票”的结果。多屏融合传播格局之下，电视节目的评价标准开始脱离单一收视率指标，网络影响力成为电视节目特别是上星电视节目竞争的重要考量因素。多数上星频道都注重将电视节目的收视率红利向网络视频领域转移，视频点击量与荧屏收视率呈现一定正相关关系。近年来，强势上星频道借势“互联网 +”不断深耕电视节目网络传播，形成了以传统收视率为支撑、以网络视频为新蓝海的媒体融合传播格局，PC 端和移动端成为竞争新阵地。

不难发现，那些在传统电视行业享誉盛名的电视巨头在互联网传播中同样保持巨大优势。以湖南卫视、浙江卫视、东方卫视为代表的强势省级卫视，借助长期以来积累的频道品牌与节目品牌优势，依托雄厚的资本支撑与开放的合作机制，在新媒体传播中亦崭露头角，全媒体立体营销全面展开，网络传播实力愈加雄厚。显而易见的是，电视频道在互联网的“放大效应”下，“强者愈强，弱者愈弱”效应十分明显。

表 8-3 2017 年部分省级卫视收视率[1]与网络视频点击量[2]一览

排名	频道	收视率（%）	视频点击量（亿次）
1	湖南卫视	0.299	346.8
2	东方卫视	0.269	190.6
3	浙江卫视	0.248	334.0
4	江苏卫视	0.210	91.2
5	北京卫视	0.200	43.8
6	山东卫视	0.135	2.8
7	湖南金鹰卡通频道	0.130	1.8
8	安徽卫视	0.125	15.3
9	天津卫视	0.109	36.4
10	北京卡酷少儿频道	0.108	0.9
11	深圳卫视	0.095	29.3
12	湖北卫视	0.082	10.2
13	江西卫视	0.079	10.6
14	黑龙江卫视	0.077	3.4
15	广东卫视	0.070	2.1
16	辽宁卫视	0.069	12.6
17	四川卫视	0.065	7.5
18	重庆卫视	0.056	3.4
19	贵州卫视	0.046	6.5
20	云南卫视	0.042	1.0

数据来源：美兰德·全国电视覆盖与收视状况调查 Source：2017 年 8 月 @CMMR Co.Ltd

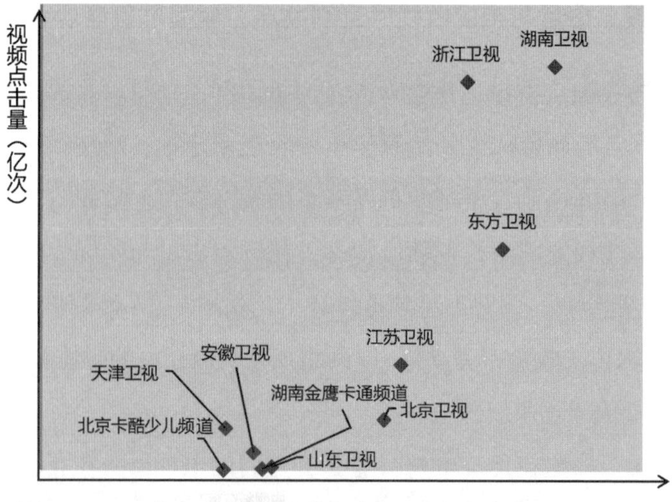

图 8-3 2017 年部分省级卫视收视率与网络视频点击量相关性比较

数据来源：美兰德·全国电视覆盖与收视状况调查 Source：2017 年 8 月 @CMMR Co.Ltd

优秀的综艺节目是电视频道收视率和视频点击量的重要基石，对于频道品牌影响力建构发挥着越来越重要的作用。近年来电视综艺快速发展，一方面，

1 收视数据来源于 CSM52 城市网网络公开数据，以下同。

2 频道视频点击量统计不含电视剧、电影、非独播纪录片等，以下同。

多档“综N代”季播节目持续发力，现象级节目扎堆竞争；一方面，全新综艺形态不断涌现，以黑马之势逆袭双屏。整体来看，综艺节目的电视荧屏收视率与网络视频点击量亦呈现较强正相关关系。多档综艺节目视频点击量与荧屏收视率全线飘红，坐实双赢局面，2017年《奔跑吧》《中国新歌声》《欢乐喜剧人》等现象级综艺强势领跑，《王牌对王牌》《最强大脑》《跨界歌王》等综艺节目的荧屏表现与网络传播效果均表现出彩。

表8–4　2017年部分综艺节目收视率与网络视频点击量一览

排名	节目	收视率（%）	视频点击量（亿次）
1	奔跑吧	2.643	117.8
2	中国新歌声2	2.004	38.6
3	欢乐喜剧人3	1.652	28.1
4	王牌对王牌2	1.649	55.7
5	跨界歌王2	1.597	14.2
6	最强大脑4	1.562	11.0
7	二十四小时2	1.520	8.0
8	向往的生活	1.479	17.9
9	中国式相亲	1.377	8.2
10	歌手	1.349	32.2

数据来源：美兰德·视频网络传播监测与研究数据库 Source：2017年1月2日–12月31日 @CMMR Co.Ltd

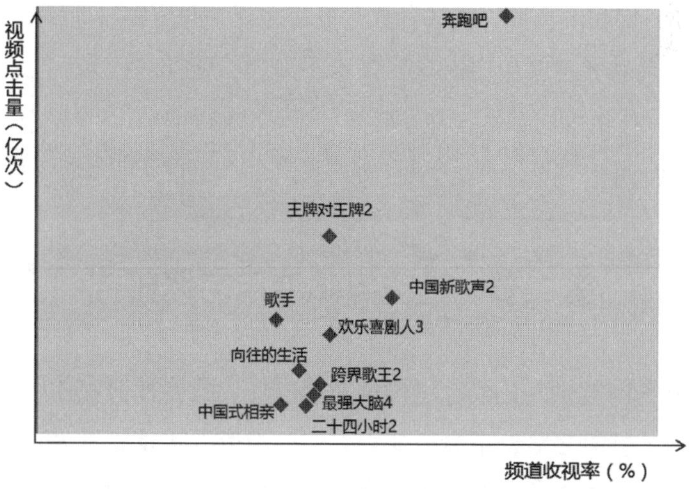

图8–4　2017年部分综艺节目收视率与网络视频点击量相关性比较

数据来源：美兰德·视频网络传播监测与研究数据库 Source：2017年1月2日–12月31日 @CMMR Co.Ltd

首播剧的荧屏收视率与网络影响力综合指数亦有一定关联性。优秀的剧目通常能够掀起电视与网络平台的观看热潮，在网络中形成较高的话题热度，呈现出收视率与网络影响力指标“双高”的特征。从2017年收视率与网络影响力“双高”的剧目来看，品质上乘且关注现实生活的电视剧更能打动网民，引起网民情感共鸣和话题讨论，激发网民观看热情，从而收获良好口碑。其中反腐大剧《人民的名义》再现真实险恶的反腐斗争，人物鲜活饱满，一经推出即带动网民自发传播热情，成为2017年叫好叫座的爆款剧目；而《欢乐颂2》《我的前半生》等精品都市情感剧，内容极具现实意义，播出后引发了舆论对于两性、婚姻、情感等的大讨论，吸引了网友的广泛关注。

近年来随着“互联网+”时代的到来，中国传媒格局面临着深度的重构。视频网站内容变局排山倒海，超级网剧、自制综艺、网络大电影风生水起，优质网络自制内容不断反哺电视台，视频网站成功开启付费模式；同时电视媒体与视频网站间人才也正在加速流动，央视知名主持人马东离职，主持爆款网综《奇葩说》、湖南卫视《爸爸去哪儿》导演谢涤葵离职同样进入网综领域，山东广播电视台副台长闫爱华、浙江卫视制片人兼导演俞杭英、“超女教母”龙丹妮相继离职，去向各异。概言之，中国传媒行业被“互联网+”卷入史无前例的大视频生态时代，资本、内容、硬件、技术、平台、人才等相融相生，已经很难区分电视与互联网，而是共同迎来一个大融合、大爆发、大格局的新时期。

第二节　社交媒体使用习惯研究

随着互联网特别是移动互联网的飞速发展，我国社交媒体已从最初的星星之火变为了燎原之势，不断改变着人们的沟通方式及思维方式。越来越多的人开始使用社交媒体，花费在社交媒体上的时间越来越多，与之相对应，越来越多的社交媒体产品不断出现，为人们提供新的“朋友圈”或“兴趣圈”。

一、东部沿海及东北居民社交媒体接触率高，移动社交聚合力强

就2017年全国居民对社交媒体的接触情况来看，超六成（65.0%）平时有接触社交媒体的行为，阅读（评论、转发）过社交媒体上的相关信息或文章。就不同区域使用情况来看，华东地区居民社交媒体接触率最高，达70.4%；华北和中南地区居民对社交媒体的接触率亦较高，均高于全国平均水平，分别为68.9%和68.8%；西北地区与东北地区居民对社交媒体的接触率旗鼓相当，分别为63.0%、60.0%；西南地区居民对社交媒体的接触率相对较低，为46.6%。整体来看，社交媒体的接触情况与经济水平存在一定关联。

从社交媒体使用时长来看，每天3小时以内合计占比达到94.7%，其中，每天1小时以内、1—2小时、2—3小时的使用时长比例分别为60.4%、29.7%、4.7%；3小时以上使用比例合计为5.3%。从使用社交媒体的登陆方式来看，手机登录用户占比达95.7%，可以看出当前手机已经成为社交媒体最主要的登陆和使用方式。整体来看，用户对社交媒体的使用黏性极强，尤其是手机等移动终端助力社交媒体借助用户碎片时间形成强大的用户聚合力。

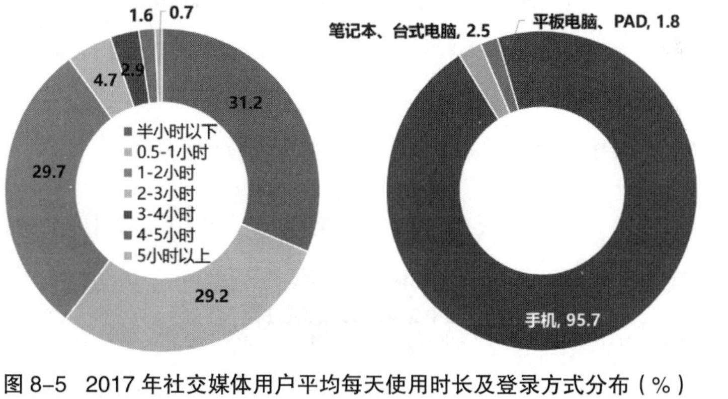

图8-5　2017年社交媒体用户平均每天使用时长及登录方式分布（%）

数据来源：美兰德·全国电视覆盖与收视状况调查 Source：2017年8月 @CMMR Co.Ltd

二、社交媒体用户结构多元，年轻化、高学历用户黏性更强

就性别分布来看，社交媒体用户平均每天使用时长相差不大，均在一小

时以上，男性用户平均每天使用社交媒体的时长为67.7分钟，略高于女性（67.3分钟）。从年龄结构来看，年轻用户对社交媒体的黏性明显更强，其中“20—34岁”年龄组平均每日使用社交媒体的时间最长，达73分钟。就学历结构而言，社交媒体使用时长与学历呈正相关关系，用户学历越高，使用社交媒体的时间越长，其中，高等学历人群平均每日使用社交媒体的时长为73.1分钟。

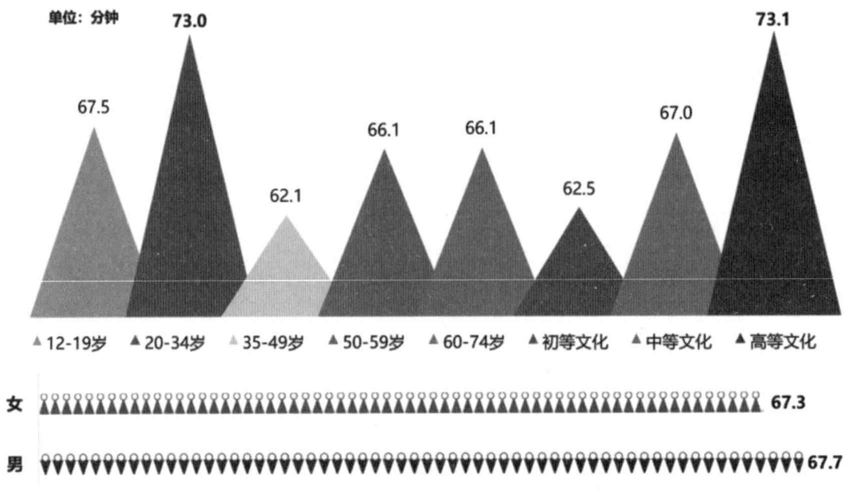

图 8-6　2017 年不同特征用户平均每天使用社交媒体时长（分钟）

数据来源：美兰德·全国电视覆盖与收视状况调查 Source：2017 年 8 月 @CMMR Co.Ltd

三、社交媒体使用时段高度重合，微信领跑社交圈

调查显示，用户在一天内对各类社交媒体的使用高度重合，特别是峰值和低谷的走势基本类似。就2017年社交媒体使用率而言，以熟人关系为基础、私密性见长、关系决定内容传播的微信拔得头筹，高达99.2%；其次是视频网站，使用率达70.7%；此外用户对QQ的使用率同样较高（55.2%），但与2016年相比有一定程度下降。

1. 晚间黄金时段助力社交狂欢，腾讯系社交媒体优势明显

用户对各类社交媒体的使用高峰时段集中出现在19:00—21:00，与电视媒体晚间“黄金档”高度重叠。不少用户一边看电视，一边操作以智能手机、

平板电脑等为代表的“第二屏幕”，与朋友或亲人即时分享信息。其中，微信在这一高峰时段的使用率均在 50% 以上，视频网站在这一时段的使用率均超过 30%；QQ 在晚间黄金时段的使用率也均在 20% 左右。此外，各大社交媒体的第二个使用高峰维持在午间 12:00—13:00 时段，特别是微信和 QQ 两大即时通讯社交媒体的使用率分别超过 42% 及 16%，视频网站的使用率也超过 10%。相对而言，互动直播、博客、论坛社区及其它社交媒体全天使用率在不同时段的差异不显著，始终处于相对较低状态，这与其各自的特征密切相关。社交媒体的最显著特征是即时性和交互性，用户使用社交媒体的主要目的是进行信息交流，因此即时性和交互性越强，越能激发用户主动传播信息的积极性。

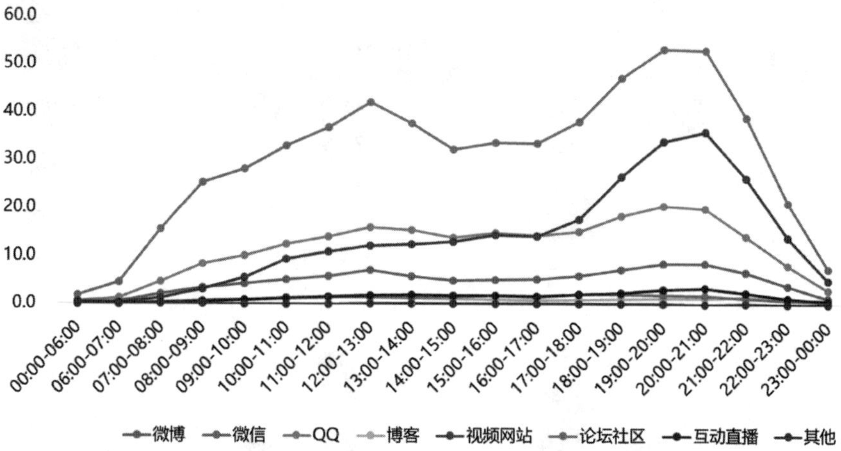

图 8-7　2017 年用户在各类社交媒体的使用时段分布（%）

数据来源：美兰德·全国电视覆盖与收视状况调查 Source：2017 年 8 月 @CMMR Co.Ltd

2. 微信用户全年龄分布，00 后抢占 QQ 主阵地

作为腾讯系两大社交平台，微信与 QQ 用户表现既有共性也有差异。性别方面，微信以女性用户的使用率更高（99.3%），同样 QQ 的女性用户使用率亦相对较高（55.4%）。年龄方面，QQ 用户随着年龄增长使用率呈降低趋势，“12—19 岁”年龄组是 QQ 主要使用人群（86.0%），主要集中为 00 后群体。微信则在各个年龄段的使用率均超过 90%，特别是在“20—59 岁”年龄段使

用率均在 99% 以上，这种现象或与微信的便捷语音、视频与即时通讯功能不无关系。文化程度方面，微信与 QQ 用户的使用比例均与文化程度成正相关关系，即学历越高，使用比例越高。就收入水平来看，受益于转账、微店等经济功能的设定，微信已渗透到社会各个阶层，使用率在不同收入层次的用户中均在 99% 以上，而 QQ 使用率则与收入水平成正相关水平，收入越高使用率越高。

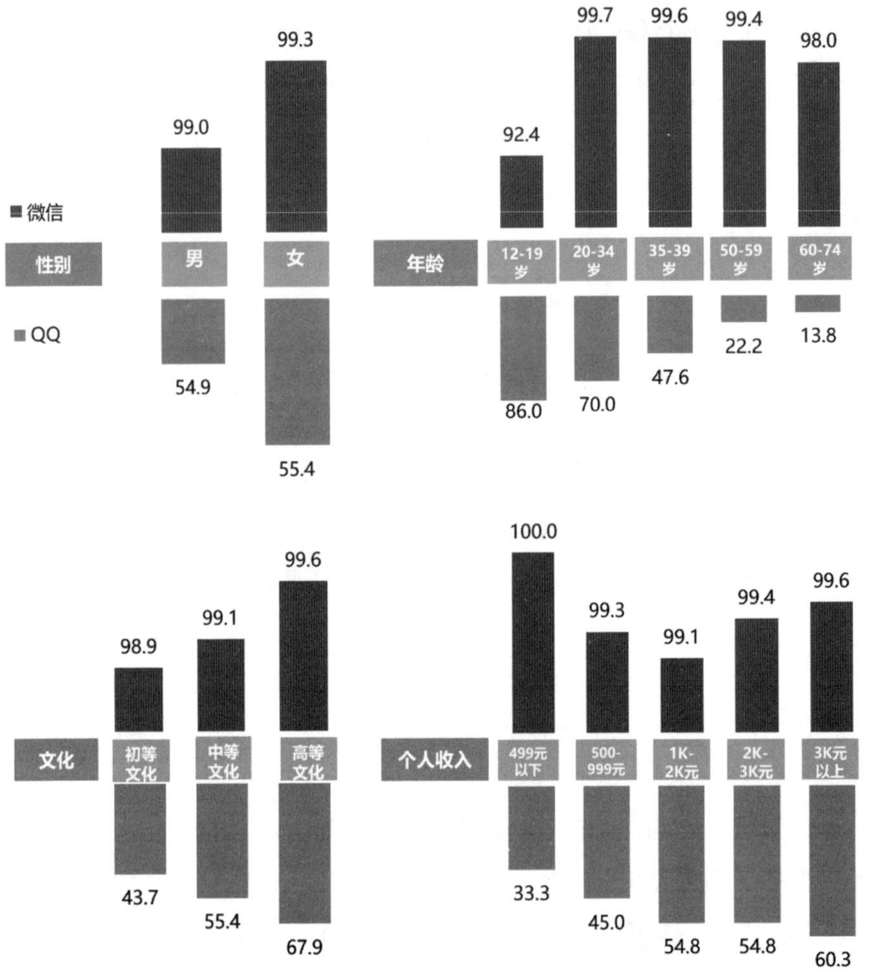

图 8–8　2017 年微信和 QQ 用户区分人口属性使用率对比（%）

数据来源：美兰德·全国电视覆盖与收视状况调查 Source：2017 年 8 月 @CMMR Co.Ltd

四、直辖市用户社交媒体行为特征更加突出，四大城市各有侧重

使用社交媒体的行为特征反映了用户使用社交媒体的目的和动机。用户对社交媒体的主要目的包括获取信息、表达诉求、社交分享、购买产品等方面，使用动机影响用户的具体使用行为和态度。

1. 信息浏览是社交媒体用户主要行为特征，直辖市用户行为特点明显

调查显示，2017 年全国用户使用社交媒体最显著的行为特征是“浏览并关注感兴趣的信息”，以 53.1% 的显著度排名居首；其次是“经常在社交媒体积极和好友、网友、路人进行互动、对话”及“经常分享（转发）感兴趣信息”，显著度分别为 38.6%、35.9%；此外，“主动发表自身动态或原创帖子”与“发表见解，评论热点新闻或热点事件”两种行为特征的显著度亦均达 20% 以上。相较而言，“经常留意、观看、点击社交媒体上的广告”以及“通过社交媒体上的广告购买过相关商品”的行为特征显著度相对较低，分别为 15.9% 及 13.8%。整体而言，当前社交媒体的主要功能仍为获取资讯、分享心情及交流互动，与此同时广告发布、产品购买等经济功能仍需进一步培育和完善。

分城市类型来看，省会及计划单列市用户对各类社交媒体行为特征的显著度较高，其中“经常分享（转发）感兴趣的信息”（39.8%）、“在社交媒体上发表见解，评论热点新闻和热点事件”（26.6%）及“经常留意、观看、点击社交媒体上的广告”（22.9%）及“通过社交媒体上的广告购买商品”（16.9%）四项的显著度高于其他城市类型，表明这一城市类型的用户互动及购买意愿均较强。一般地级市和地区在“浏览并关注社交媒体上感兴趣的信息”（59.5%）和“在社交媒体上主动发表自身动态和原创帖子”（27.0%）显著度较为突出。直辖市用户则在“经常在社交媒体上积极和好友、网友、路人进行互动、对话”（44.9%）显著度较高，表明直辖市用户更加注重社交。

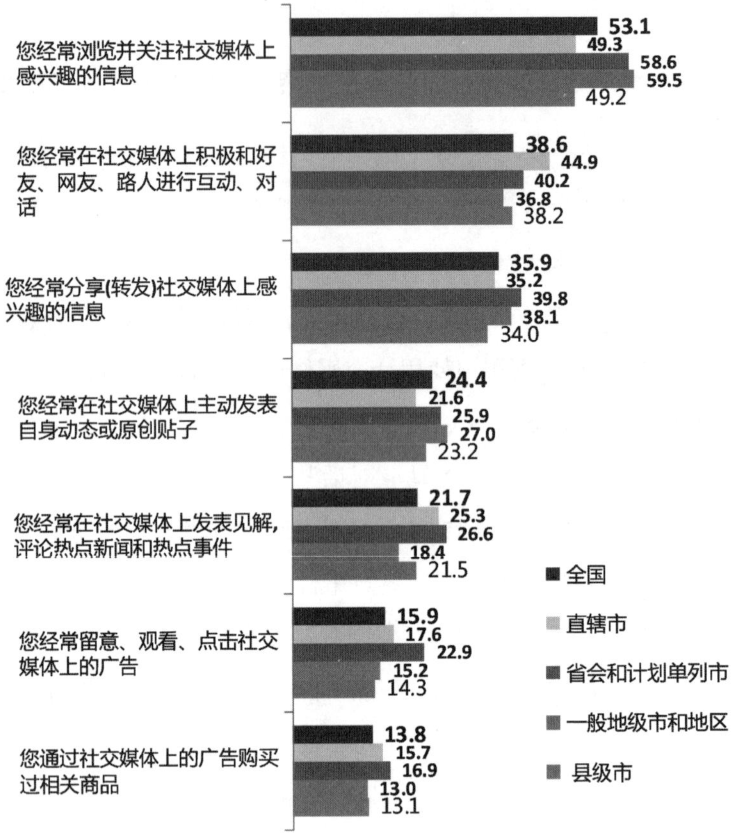

图 8-9 2017 年全国不同城市类型用户使用社交媒体行为特征显著度（%）

数据来源：美兰德·全国电视覆盖与收视状况调查 Source：2017 年 8 月 @CMMR Co.Ltd

从四个直辖市社交媒体用户的行为特征来看，上海用户的社交行为目的性较为多元，在“经常浏览并关注社交媒体上感兴趣的信息”（64.7%）及“经常在社交媒体上积极和网友、好友及路人进行互动”（48.6%）显著度较为突出，同时观看广告及通过广告购买产品等行为显著度更突出。北京用户“经常分享（转发）社交媒体上感兴趣的信息”（42.6%）的显著度较高，分享意识较强；天津用户则在“在社交媒体上发表见解，评论热点新闻和热点事件”（34.9%）以及“经常在社交媒体上主动发表自身动态或原创贴子”上显著度高于其他城市，观点表达意识较强。重庆用户在使用社交媒体行为显著度方面相较其他三城市均相对较低，但“经常在社交媒体上积极和好友、网友、路人进行互动、对话”（46.4%）显著度在直辖市中位居第二。整体来看，地域文化对影响用户的社交媒体使用行为有一定关联性。

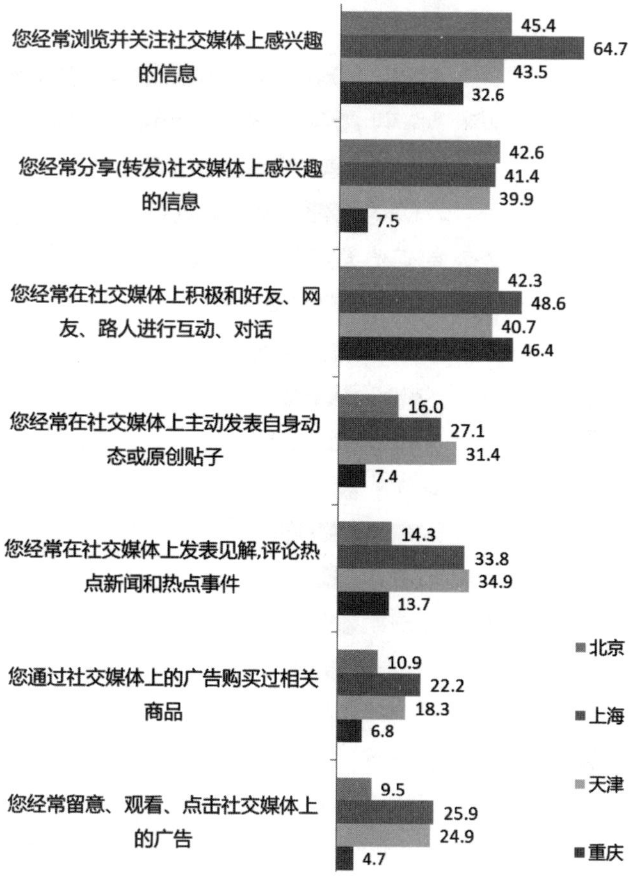

图 8-10　2017 年直辖市用户使用社交媒体行为特征显著度（%）

数据来源：美兰德·全国电视覆盖与收视状况调查 Source：2017 年 8 月 @CMMR Co.Ltd

2. 生活常识及时政、热点新闻被社交媒体分享最多，地域差别较明显

调查显示，生活常识（44.7%）、时政及热点新闻（39.3%）和幽默搞笑（30.2%）是 2017 年全国社交媒体用户分享比例最高的三大内容类别；此外，本地资讯消息（26.9%）、旅行及自然风光（23.1%）、明星话题及娱乐八卦（20.0%）等也具有一定分享比例。社交媒体有别于传统媒体的最大特征即其强互动的行为特征，除信息获取功能之外，信息分享、意见表达、互动交流等功能亦是其双向互动的重要方面。不过，社交媒体与传统媒体并非割裂关系，

而是互相依存，共荣共生，以内容分享、传播扩散表现尤为突出，传统媒体特别是电视媒体为社交媒体提供了民生新闻、综艺节目、热播影视剧等丰富的内容资源和热议话题。

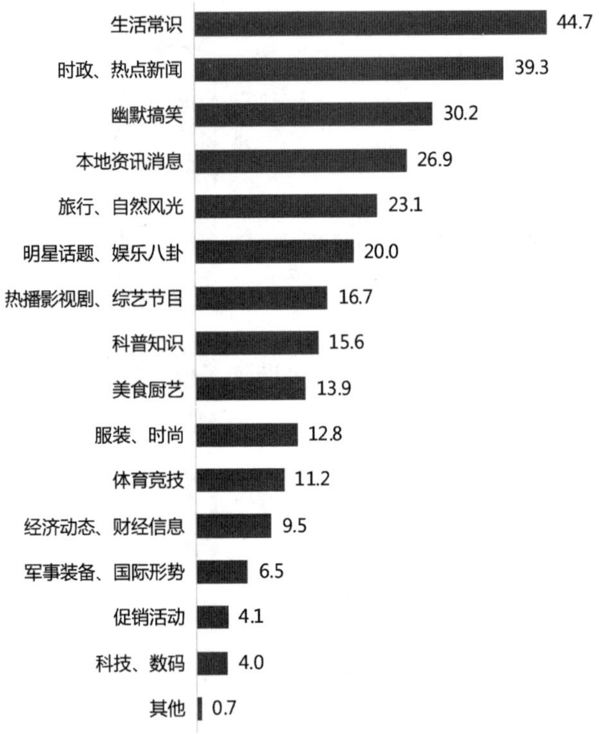

图 8-11　2017 年全国社交媒体用户分享（转发）内容分布（%）

数据来源：美兰德・全国电视覆盖与收视状况调查 Source：2017 年 8 月 @CMMR Co.Ltd

就四个直辖市社交媒体用户的内容分享来看，四大城市的社交媒体用户既有共性，又各具特点。总体来看，时政及热点新闻、生活常识是社交媒体内容分享的主要构成部分。区别来看，天津用户对时政、热点新闻（61.2%）的分享显著度较高；重庆用户对生活常识（57.1%）和时政、热点新闻（52.2%）的分享显著度均较高；上海用户对时政、热点新闻（48.4%）和生活常识（44.0%）的分享显著度也相对较高，除此之外上海用户分享幽默搞笑（43.3%）及美食厨艺（39.8%）的兴趣高涨，对明星话题、娱乐八卦（37.4%）的兴趣也较高，整体来看兴趣更为多元；北京用户分享显著度相对不明显，仅生活常识（43.7%）的分享显著度在 40% 以上。就用户不感兴趣的内容分布来看，北京、重庆两城市对明星话题、娱乐八卦及热播影视剧、综艺八卦兴趣不高，天津用户对美食厨艺兴趣不高。由此可见，不同地域文化与生活方式的社交媒体用户拥有明显不同的社交偏好。

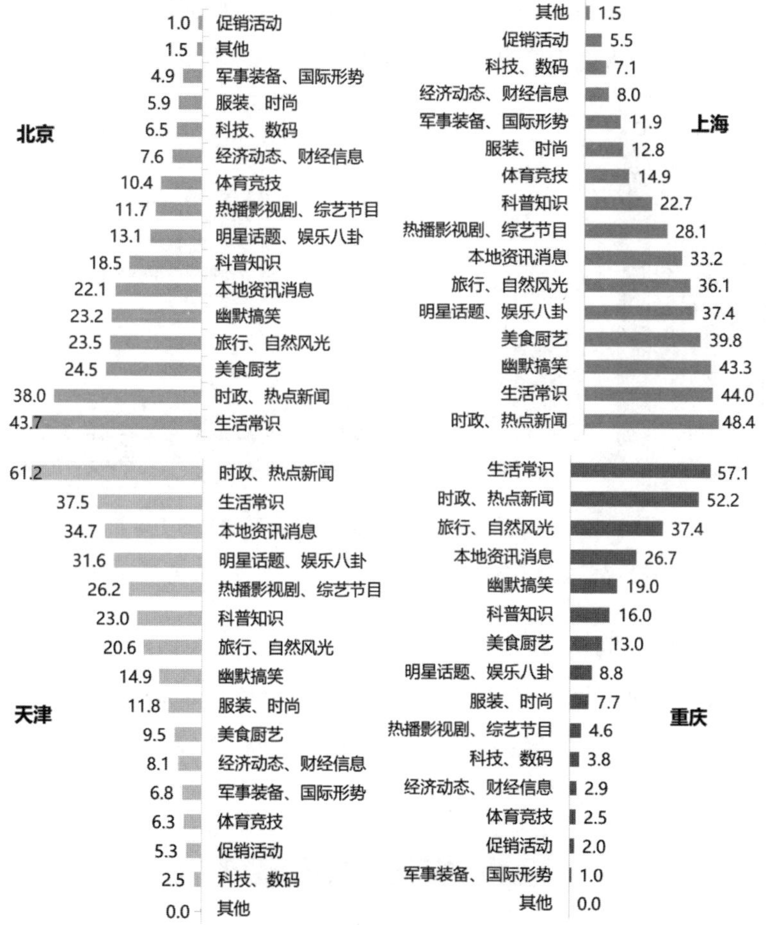

图 8-12　2017 年直辖市社交媒体用户分享（转发）内容分布（%）

数据来源：美兰德·全国电视覆盖与收视状况调查 Source：2017 年 8 月 @CMMR Co.Ltd

3. 社交媒体分享仍以低频次为主，北京、天津用户分享热情相对较高

从 2017 年全国社交媒体用户的分享频次来看，“平均每天 1—2 条”占比最高，达 50.5%，其次是“平均每天 3—5 条”（18.9%）。相较而言，直辖市用户“平均每天 1—2 条”的占比（52.4%）高于其他城市类型，省会和计划单列市用户分享频次更高，每天分享“3—5 条”比例为 24.7%。整体来看，

社交分享已经深度渗透到人们的日常生活，社交媒体活跃度较高，但整体分享行为仍以低频次为主流，或与社交媒体使用时间的碎片化不无关系。用户分享行为加速了信息进入多级传播的链条之中，社交分享习惯的养成加速了信息使用效率与分享经济的蓬勃发展，社交分享用户的成熟也加速了口碑效应的形成，反过来将助力产品营销和品牌塑造。

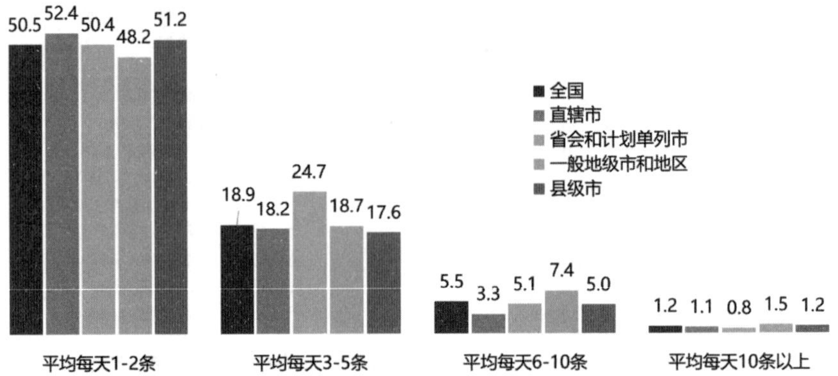

图 8-13　2017 年全国社交媒体用户分享频次分布（%）

数据来源：美兰德·全国电视覆盖与收视状况调查 Source：2017 年 8 月 @CMMR Co.Ltd

从四个直辖市的社交媒体用户分享频次来看，平均每天 1—2 条是主流频次，以北京、天津、重庆占比相对较高，均达 55% 以上；上海、北京平均每天分享 3—5 条的用户比例较高，分别占比 25.6%、24.4%。相较而言，天津用户平均每天分享 10 条以上的比例最高（2.7%），领先于其他三个城市。

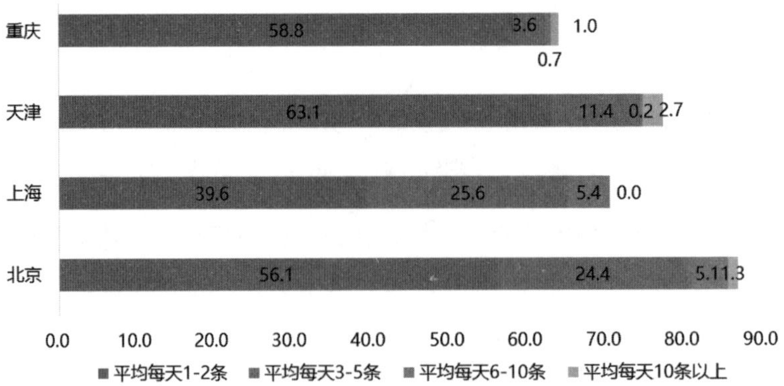

图 8-14　2017 年四大直辖市用户社交媒体分享频次分布（%）

数据来源：美兰德·全国电视覆盖与收视状况调查 Source：2017 年 8 月 @CMMR Co.Ltd

综上所述，我国社交媒体用户整体呈现年轻化、高学历特征，职场新人、学生群体成为社交媒体使用的主力军。社交媒体的使用时间呈现碎片化趋势，九成用户每天使用时长在 2 小时以内，其中使用高峰时段与电视媒体晚间“黄金档”高度重叠，生活常识、时政及热点新闻等元素为社交媒体贡献了最大体量的内容传播、分享。受移动互联网强力助推，移动社交已经成为我国居民的一种生活方式，渗透进其生活和工作中。移动社交媒体平台化的发展趋向，将形成多元的社交圈子，聚集大量的人气。而社交媒体平台的商业价值，不仅在于可以直接进行产品或企业营销，更重要的是它所承担的平台功能：能够对接用户的交易需求和服务需求，把基于用户兴趣的内容和互动进一步延伸到商业变现的发展轨道之上。客观而言，移动社交的未来令人期待。

第三节　90 后媒介接触及生活消费形态洞察

近年来中国经济、社会、文化转型变迁加速，深度影响并逐步改造了传统消费者的消费行为。以不同年龄群体为区隔的代际差异亦在其中发挥重要作用，年轻消费力量备受关注。当下 90 后作为新生代消费人群，已经吸引了众商家及广告主、广告公司的注意力，成为其培育品牌忠诚度的目标人群及未来锁定的主力消费人群。

一、90 后对受众价值的重构：用户身份与流量诉求

90 后是伴随互联网成长的一代，互联网及移动互联网在其媒介接触图谱中扮演重要角色。数据显示，移动终端、电脑网络与电视、电影、广播、报纸、杂志、户外等一系列媒体形态共同构成 90 后的媒介生态圈，其中 90 后对移动终端的接触率最高，达 96.9%；对电视、电脑网络的接触率分别为 94.5%、71.4%。相较于普通大众，90 后的媒介接触行为向新媒体迁徙态势明显。

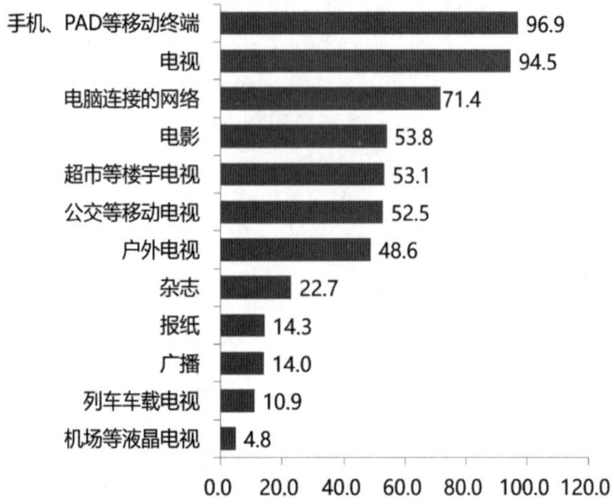

图 8–15　2017 年全国 90 后对各类媒体的接触率（%）

数据来源：美兰德·全国电视覆盖与收视状况调查 Source：2017 年 8 月 @CMMR Co.Ltd

移动互联网和智能终端在 90 后日常生活中的无缝接入，极大分流了 90 后对传统媒体的关注度。分时段来看，以电脑、移动终端为代表的互联网与移动互联网媒介不仅在晚间时段之外力压电视，即使在晚间时段，电脑网络与移动终端也已形成对电视的全面包围之势。特别是手机、PAD 等移动终端的全天候不间断接触 90 后，已经形成绝对的传播价值及渠道优势。

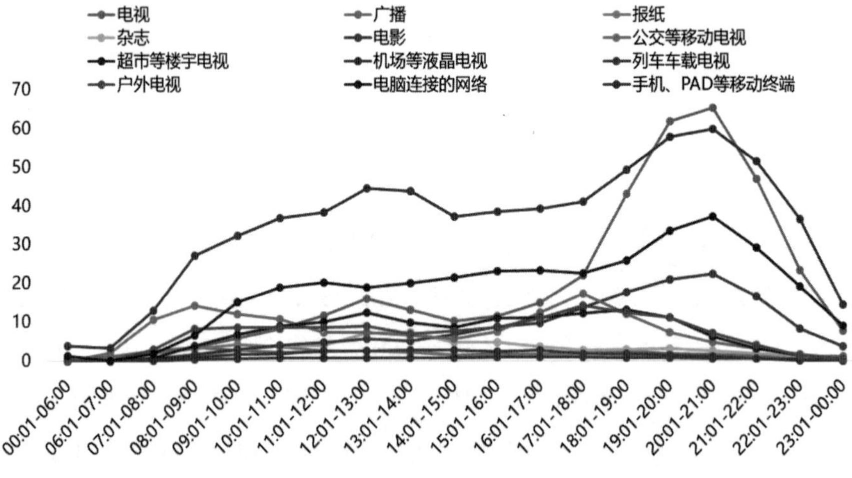

图 8–16　2017 年全国 90 后最近一个月接触各类媒体的时间分布（%）

数据来源：美兰德·全国电视覆盖与收视状况调查 Source：2017 年 8 月 @CMMR Co.Ltd

互联网化、数字化的双向传播，促使人与媒体的相处方式发生深刻变革，传统被动的媒体受众已然向主动且互动的媒体用户转变。90后乐享用户身份，使用视频网站主动搜寻感兴趣的节目，并不吝在社交平台分享转发。2017年全国近半数（46.5%）90后表示最近一个月几乎每天收看网络视频，每周3—5天收看的比例接近四分之一（22.4%），合计接近七成；每天收看时长集中在1—3小时之间，且工作日、休息日均以2小时以内比例为最高。90后使用社交媒体的比例高达93.2%，以微信（98.2%）、视频网站（75.2%）最为普遍；平均每天使用社交媒体长达1小时以上（73.9分钟），以“浏览并关注社交媒体上感兴趣的信息”（56.0%）、“在社交媒体上积极和好友、网友、路人进行互动、对话”（42.0%）、“分享转发社交媒体上感兴趣的信息”（39.5%）为主，分享/转发的内容以生活常识为主（37.5%），幽默搞笑（35.8%）、时政/热点新闻（29.5%）、明星话题/娱乐八卦（28.6%）亦较多。

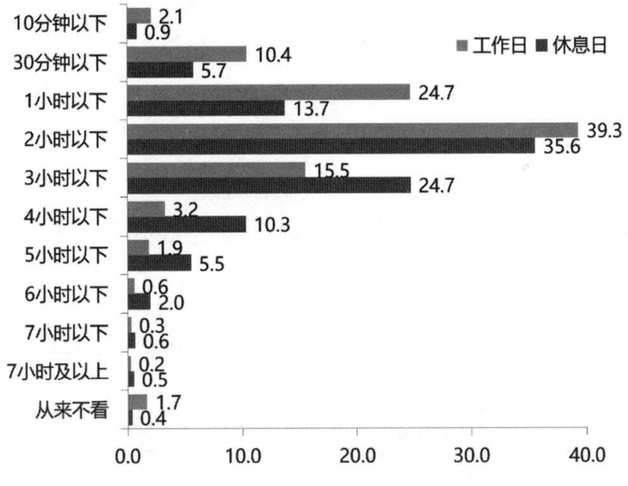

图8-17　2017年全国90后工作日与休息日收看网络视频时长对比（%）

数据来源：美兰德·全国电视覆盖与收视状况调查 Source：2017年8月 @CMMR Co.Ltd

数字时代，用户特征及行为得以精准追踪与深度分析，受众形象不再模糊，基于用户行为分析的广告投放将变得清晰且行之有效。事实上，在以90后为主体的当下及未来市场，媒体传播及广告价值将不再是传统媒体与新媒体的简单区隔，而是共同对于用户和流量的争夺。届时，无论电视上的现象级综艺节目或剧目，抑或互联网及移动互联网上的某个超级应用，甚或被社会广泛关注的某个热点话题，都有可能引爆用户流量，形成巨大的广告传播价值。

二、90 后对媒体价值的重构：注重用户黏性，打造粉丝经济

传统媒体依靠大规模用户覆盖实现传播价值，新媒体则强调用户黏性。多元传播环境下，用户黏性是打造“粉丝经济”的基础，其差异将决定媒体究竟仅仅是流量的入口，还是流量的稳定汇聚平台。近年来，以湖南卫视为代表的一线卫视不断转变经营理念，运用互联网思维，注重用户培育及互动，用户黏性及影响力打造颇有收获。2017 年，湖南卫视荣膺 90 后最喜爱的卫视频道，喜爱人数达 8751.9 万人，喜爱比例超四成（42.7%）。近年来浙江卫视推出多部高品质综艺，亦获得部分 90 后用户的认可，频道喜爱人数超过 4400 万人，喜爱比例占两成以上（21.8%）。此外，中央一套综合频道，中央三套、五套、六套、八套等作为央视综艺、体育、电影、电视剧、音乐等专业频道，以及江苏卫视、东方卫视等省级卫视翘楚亦赢得良好口碑。

表 8-5　2017 年全国 90 后喜爱的卫视频道 TOP10

排名	电视频道	喜爱人口（万人）	喜爱率（%）
1	湖南卫视	8751.9	42.7
2	浙江卫视	4402.1	21.8
3	中央六套	3168.8	15.4
4	中央五套	2361.4	11.5
5	中央三套	2225.0	10.8
6	中央八套	2189.6	10.7
7	中央一套	2189.0	10.0
8	江苏卫视	1892.0	9.4
9	东方卫视	1521.8	8.2
10	中央音乐频道	1176.1	5.4

数据来源：美兰德·全国电视覆盖与收视状况调查 Source：2017 年 8 月 @CMMR Co.Ltd

高用户忠诚度一直是视频网站的主要诉求目标。近年来，各大视频网站通过版权购买、自制剧及自制综艺等一系列大手笔动作及综合布局，不断打造独特内容资源，巩固用户对网站的忠诚度与黏着力。2017 年，爱奇艺、腾讯视频、优酷以明晰的视频网站定位赢得 90 后芳心，经常使用比例分别达 72.9%、54.6%、34.5%，体现了良好的用户黏性和影响力；芒果 TV 背靠湖南卫视不断输出的优质内容也吸引了一批年轻用户，经常使用该网站的占比为 17.0%；此外，乐视视频、搜狐视频、土豆、暴风影音等也占据一定市场份额，经常使用比例均达 10% 以上。

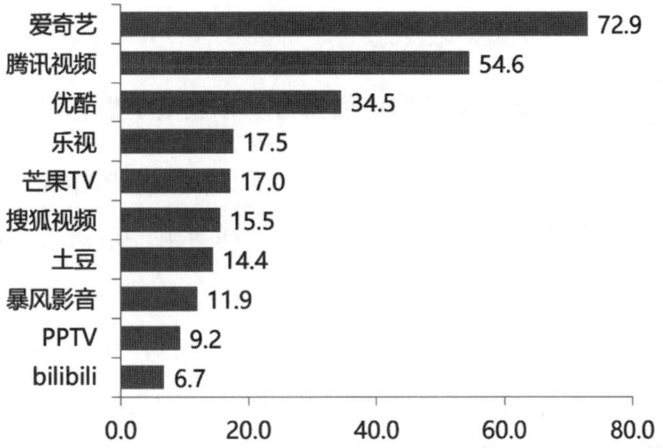

图 8-18　2017 年全国 90 后经常使用的视频网站 TOP10（%）

数据来源：美兰德 · 全国电视覆盖与收视状况调查 Source：2017 年 8 月 @CMMR Co.Ltd

精彩的视频内容是当前电视频道与视频网站提升用户黏性的主要着力点。调查显示，2017 年全国 90 后对电视节目与网络视频节目的兴趣偏好略有不同。90 后最喜欢在电视荧屏收看综艺娱乐类（73.4%）节目，其次是与电视剧类（70.7%）、电影类（42.5%）与新闻资讯及评论类（40.3%）；在视频网站中则最喜爱收看电视剧类（58.6%）节目，其次是综艺娱乐类（58.1%）、电影类（43.1%）、新闻资讯及评论类（19.2%）。90 后乐享电视大屏的高清晰度和新闻资讯的高权威性，同时乐享视频网站丰富的片源储备及连续多次点击收看的自由操控性。

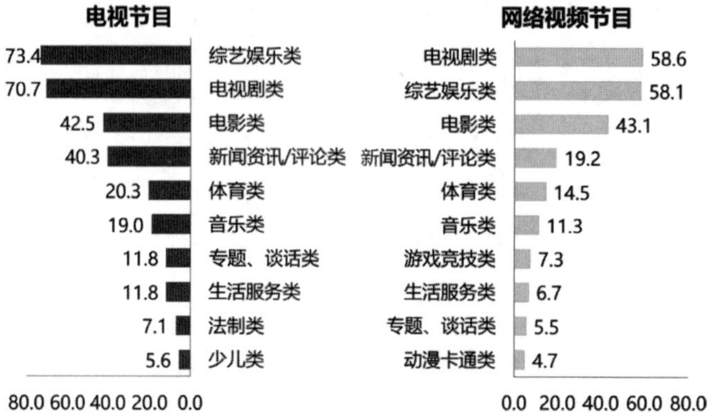

图 8-19 2017 年 90 后喜欢收看的电视节目与网络视频节目类型对比 TOP10（%）

数据来源：美兰德·全国电视覆盖与收视状况调查 Source：2017 年 8 月 @CMMR Co.Ltd

三、90 后对营销价值的重构：活在当下，注重个性化

新媒体为 90 后所提供的信息自由，不仅体现在视频网站和社交平台，对网络电脑购物与手机购物两种新兴购物渠道同样适用。90 后乐享对信息的搜索、选择与定制的便利，以满足个性化消费需求。调查显示，2017 年 90 后使用网络电脑购物与手机购物的频次较高，过去一个月使用手机购物与网络电脑购物购买过商品的比例分别为 58.1%、24.0%。从购买品类看，90 后通过网络电脑与手机主要购买服装服饰，占比分别为 54.0% 及 70.4%，其次是美容护肤、日化产品等。相对而言，90 后通过手机购买潮流配饰的比例更高（19.0%），运动健康产品则以电脑购买比例更高（18.4%）。

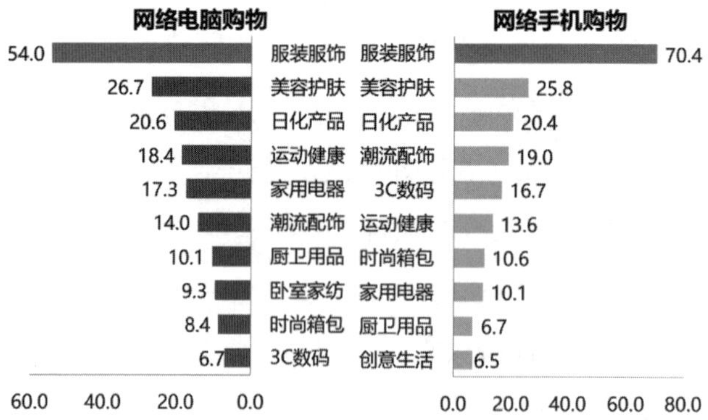

图 8-20 2017 年 90 后网络与手机主要购买商品类别 TOP10（%）

数据来源：美兰德·全国电视覆盖与收视状况调查 Source：2017 年 8 月 @CMMR Co.Ltd

上图所显示出的90后主要商品购买分布与90后当前的经济实力密不可分，也反映了其活在当下的心态：在现有经济条件下努力追求生活品质。这一点从2017年全国90后未来耐用消费品购买计划中可见一斑：90后在未来五年内计划购买比例最高的是手机（81.3%），其次是微波炉、电磁炉（41.6%）和电脑（38.7%）；1—5年之间购买比例最高的亦是手机（53.1%），随后是电脑和微波炉、电磁炉，占比均为32.7%；对手机、电脑更新换代的需求不言而喻。当前追求轻奢消费的90后，将在未来发挥巨大消费能力，五年以后计划购买比例最高的是冰箱、冰柜（48.9%），其次是洗衣机（46.2%），家用轿车、空调、热水器、智能电视等家庭耐用消费品计划购买比例亦较高。

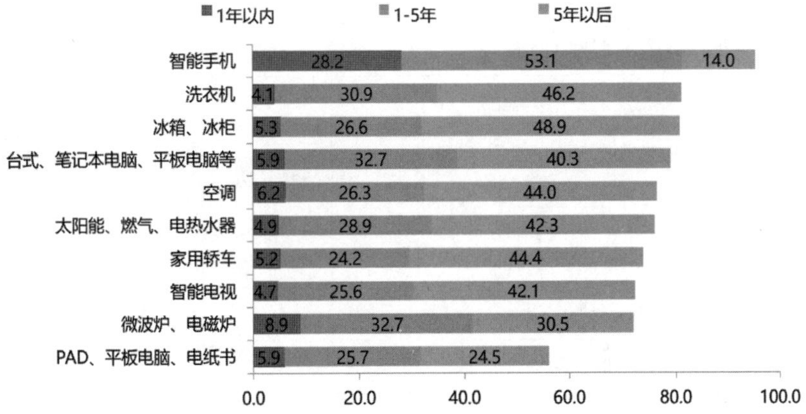

图8–21　2017年90后未来耐用消费品购买计划TOP10（%）

数据来源：美兰德·全国电视覆盖与收视状况调查 Source：2017年8月 @CMMR Co.Ltd

90后的消费行为深受其价值观影响。生活追求方面，90后追求浪漫的生活和流行、时髦、新奇的东西，认同比例分别达51.5%和36.9%，较全国人口更为突出，TGI指数高达133.2和143.3。媒介观方面，45.6%的90后认同“互联网是我了解时尚潮流的主要渠道”，高于电视、报纸、杂志等传统媒体，相较全国人口的TGI指数高达141.9。广告观方面，20.2%的90后认同“我经常浏览互联网上的广告”，说明有意识地对互联网广告主动关注，相较全国人口的TGI指数高达154.1。消费观方面，44.4%的90后认同“我经常通过互联网购物”，对互联网购物青睐有加（相较全国人口的TGI指数高达180.5），对流行的追求重于实用。

表 8-6 2017 年全国 90 后价值观与生活方式认同度

价值观与生活方式	相关语句描述	90 后（%）	全国（%）	TGI 指数
媒介观	互联网是我了解时尚潮流的主要渠道	45.6	32.1	141.9
	杂志帮助我跟上最新潮流	13.9	11.7	119.5
	与电视相比，我更愿意从报纸中获取信息	13.2	12.8	103.0
	电视帮助我走在潮流前沿	20.0	25.7	78.0
生活追求	我喜欢追求流行、时髦与新奇的东西	36.9	25.7	143.3
	我向往过浪漫的生活	51.5	38.7	133.2
	我向往过发达国家的生活方式	46.9	39.1	120.1
广告观、广告态度	我经常浏览互联网上的广告	20.2	13.1	154.1
	我乐于接受发送到手机上的广告	11.6	10.3	112.4
	我经常阅读报纸及杂志中的广告	11.4	10.1	112.3
	我很注意街上的广告	15.1	14.4	104.6
	广告是生活中必不可少的东西	44.7	43.6	102.5
	我很喜欢电视上的广告	19.5	19.4	100.3
消费观、消费倾向、消费习惯	我经常通过互联网购物	44.4	24.6	180.5
	流行与实用之间，流行更重要	33.1	23.2	142.5
	有时我会买一些没有实际用途的东西	26.3	20.2	130.3
	购物或消费时，我比较注重品牌	38.6	33.0	116.9
	如果东西坏了，我会更换而不是修理	30.0	26.4	113.3
	消费本身是种乐趣	41.0	37.0	110.5
	我往往在第一时间购买最新的技术产品	26.6	24.9	106.8
	我有固定的消费品牌，不轻易尝试新品牌	26.6	26.4	100.6
	购物前我通常会货比多家	40.5	48.3	84.0
	我对自己的花销非常谨慎	38.1	47.6	80.2
	我通常选择购买最便宜的产品	20.1	26.6	75.6

数据来源：美兰德 · 全国电视覆盖与收视状况调查 Source：2017 年 8 月 @CMMR Co.Ltd

四、小结

90 后正在迎来属于他们的第一代数字原住民时代。且互联网与移动互联网媒介以压倒性优势汹涌而来，即便电视这样的大众媒体，也难逃沦为某种“伴随媒介”的命运。无论媒介接触还是消费行为，甚或消费理念与价值观，90 后始终绕不开一个“网”字，这意味着，要俘获 90 后芳心，众商家、广告主及广告公司必须重视以互联网为代表的数字平台，注重对用户行为的研究以及对用户黏性和流量的培育，进行全平台品牌传播。与此同时，电视媒体仍旧彰显强大的品牌号召力与无可比拟的传播优势，央视综合频道与电影、综艺、体育、电视剧、音乐等专业频道，湖南卫视、浙江卫视等省级卫视翘楚，仍是针对 90 后进行品牌培育的良好载体。

第四节　农村居民生活消费形态与媒介接触研究

近年来，中央一号文件深度聚焦“三农”问题，部署“十三五期间”三农工作的六项重点：持续夯实现代农业基础，提高农业质量效益和竞争力；加强资源保护和生态修复，推动农业绿色发展；推进农村产业融合，促进农民收入持续较快增长；推动城乡协调发展，提高新农村建设水平；深入推进农村改革，增强农村发展内生动力；加强和改善党对“三农”工作领导。与此同时，我国农村居民消费水平也在逐年上升，消费结构日趋多元复合，农村市场日益成为拉动内需、刺激消费的主阵地。伴随新旧媒体形态的快速变革与升级进化，农村居民的媒介接触习惯发生深刻变化，附以面向农村、面向农民的现代化流通体系不断完善，农村地区电子商务的最后一公里物流被逐渐打通，农村居民的生活消费形态将随之发生巨大变革。

一、农村居民消费观念碰撞交融，消费结构不断优化

1. 互联网与新技术崛起，重塑农村居民媒介观、消费观

通信技术的飞速发展使得信息获取越来越高效便捷，新的媒介传播格局

不仅带来媒介产品的更新换代，更潜移默化地改变着农村居民的价值观和生活方式。调查显示，农村居民传统型和现代型消费观念博弈加剧，新兴消费观念和消费方式对传统的挑战愈演愈烈，品牌意识正在增强，农村居民对品牌的忠诚度上升。

家庭观方面，“家本位”仍根深蒂固，家庭归属感和亲情维系得到较高认同，“我喜欢花时间和家人呆在一起”“对我来说，家庭比事业更重要”认同度分别为77.8%、68.8%。

媒介观方面，媒介认知局面发生变化，从电视、报纸、杂志等传统媒介形态的方式获取信息呈下降趋势，“电视帮助我走在潮流前沿”“与电视相比，我更愿意从报纸中获取信息”“杂志帮助我跟上最新潮流”的认同度连续三年下降；而从互联网获取信息则更受青睐，“互联网是我了解时尚潮流的主要渠道”的认同度则有所上涨。

消费观方面，互联网和新技术意识崛起，对“我往往在第一时间购买最新的技术产品”“我经常通过互联网购物”的认同度分别达23.3%、19.9%，且整体呈现逐年上涨趋势，农村居民的网络意识正在养成，对互联网技术的接受和普及将影响其未来的消费行为和消费选择。相较而言，农村居民对“购物或消费时，我比较注重品牌”“有时我会买一些没有实际用途的东西”“我有固定的消费品牌，不轻易尝试新品牌”的认同度整体出现下降，农村居民对品牌的态度逐渐降温并且更加趋于理性化。

表 8-7 2015—2017 年农村居民价值观与生活方式认同度（%）

价值观与生活方式	相关描述语句	认同度（%）		
		2015 年	2016 年	2017 年
家庭观	我喜欢花时间和家人呆在一起	67.0	76.2	77.8
	对我来说，家庭比事业更重要	64.6	71.1	68.8

续 表

消费观、消费倾向、消费习惯	购物前我通常会货比多家	52.0	55.5	47.1
	我对自己的花销非常谨慎	48.1	52.6	47.1
	消费本身是种乐趣	36.2	33.9	32.6
	我通常选择购买最便宜的产品	33.1	33.3	30.7
	购物或消费时，我比较注重品牌	34.3	28.3	27.4
	有时我会买一些没有实际用途的东西	24.8	20.4	17.2
	我有固定的消费品牌，不轻易尝试新品牌	30.0	22.3	23.5
	如果东西坏了，我会更换而不是修理	24.3	24.3	21.4
	流行与实用之间，流行更重要	20.4	18.8	20.4
	我往往在第一时间购买最新的技术产品	20.6	19.3	23.3
	我经常通过互联网购物	14.3	14.9	19.9
理财观	如果有剩余的钱，我更愿意把它存入银行	59.6	61.8	59.1
	对我来说，股票和基金的风险太大	54.9	58.2	53.3
媒介观	电视帮助我走在潮流前沿	33.0	27.6	24.9
	互联网是我了解时尚潮流的主要渠道	24.5	24.3	25.4
	与电视相比，我更愿意从报纸中获取信息	17.8	14.7	13.3
	杂志帮助我跟上最新潮流	15.4	13.8	9.8
广告观、广告态度	广告是生活中不可缺少的东西	43.8	40.6	39.5
	我很喜欢电视上的广告	19.6	18.2	19.0
	我很注意街上的广告	16.7	15.4	15.3
	我经常浏览互联网上的广告	11.2	11.7	10.9
	我乐于接受发送到手机上的广告	15.5	10.3	9.9
	我经常阅读报纸及杂志中的广告	11.1	10.5	10.1
成功观	对我来说，家人认为我做得成功是很重要的	52.3	68.7	65.4
	我很享受工作带来的成就感	45.3	49.9	47.0

续 表

做事风格、个体倾向	不管做什么事情，我都希望能做得很出色	52.3	64.6	61.0
	我做事一向都有计划	56.0	56.5	56.3
	我做事一向果断，不会犹豫不决	48.5	48.0	49.5
	我经常会冲动的做些事情	28.7	27.0	28.3
生活追求	我向往过发达国家的生活方式	36.0	34.4	36.2
	我向往过浪漫的生活	32.0	35.5	34.1
	我喜欢追求流行、时髦与新奇的东西	22.2	22.0	22.3
饮食健康观	我认为自己的饮食是有益健康的	57.1	57.0	56.8
	我对饮食非常讲究	39.2	40.4	39.2
	我喜欢尝试新类型的食物	32.9	33.3	32.6
	我偏爱对健康美容有帮助的食物	31.9	39.4	34.6

数据来源：美兰德·全国电视覆盖与收视状况调查 Source：2017 年 8 月 @CMMR Co.Ltd

2. 农村居民消费仍以稳健为主，精神娱乐需求拉动耐用品消费

随着农村居民收入水平不断提高，消费结构升级步伐加快，商品消费增速进一步下降，精神娱乐消费在总消费支出中的比重有所提高。从农村居民家庭耐用消费品拥有情况来看，洗衣机、冰箱、冰柜的拥有率均达 90% 以上，在农村市场的占有量已接近饱和。台式、笔记本、平板电脑、组合音响、家庭音响、自行车、电动自行车等拥有率有所下降，技术的更新换代加速了老一代家用电器以及某些可替代功能或产品的淘汰。相较来看，家用轿车、空调、太阳能、燃气、电热水器等耐用品拥有率上升，以精神追求和品质诉求为主导的新的生活方式和消费方式正在农村萌发。

表 8-8 2016—2017 农村居民家庭耐用消费品拥有率（%）

2016—2017 年农村居民家庭耐用消费品拥有率（%）			
家庭耐用消费品种类	2016 年	2017 年	差值
洗衣机	93.3	94.9	1.5
冰箱、冰柜	92.4	92.6	0.2

续 表

微波炉、电磁炉	48.2	48.2	0.0
空调	50.8	55.0	4.2
太阳能、燃气、电热水器	72.0	75.0	3.0
照相机、摄像机	10.7	11.6	1.0
空气净化器、加湿器、除尘器等	4.5	6.8	2.4
组合音响、家庭音响等	10.6	8.6	−2.0
台式、笔记本电脑、平板电脑等	49.1	43.3	−5.9
自行车、电动自行车	64.1	58.9	−5.2
摩托车	40.7	41.6	0.8
家用轿车	14.9	22.7	7.8
农用车等	18.5	20.3	1.9

数据来源：美兰德·全国电视覆盖与收视状况调查 Source：2017 年 8 月 @CMMR Co.Ltd

就农村居民未来五年消费趋向来看，对耐用消费品的购买计划与产品使用周期及更新换代速率密切相关。未来五年内，以智能手机的计划购买比例最高，1 年内、1—5 年内计划购买比例分别达 20.1%、48.9%，更新换代速度较快；洗衣机、冰箱、冰柜、太阳能、燃气、电热水器等的迭代时间为五年以上，打算五年以后购买的比例最高。相较而言，普通液晶电视、固定电话、座机、照相机、摄像机摩托车等耐用消费品的部分或全部功能被新生耐用品或其他耐用品所替代，或将逐渐退出历史舞台。

表 8–9　2017 年农村居民家庭对耐用消费品未来消费趋向（%）

2017 年农村居民家庭耐用消费品未来消费趋向				
打算购买的耐用消费品	1 年内	1.5 年	5 年以后	不会购买
普通液晶电视	1.9	9.5	22.8	65.8
智能电视	4.3	20.9	37.8	37.0
洗衣机	4.7	26.3	44.5	24.6

续 表

冰箱、冰柜	7.6	23.2	43.3	26.0
微波炉、电磁炉	8.3	25.0	30.0	36.7
空调	6.7	24.4	38.8	30.1
太阳能、燃气、电热水器	5.6	24.2	41.0	29.2
照相机、摄像机	3.3	13.3	19.9	63.5
智能手机	20.1	48.9	16.3	14.7
空气净化器、加湿器、除尘器等	3.3	12.5	21.7	62.5
组合音响、家庭音响等	2.6	7.9	14.6	74.8
台式、笔记本电脑、平板电脑等	3.6	22.9	30.1	43.4
固定电话、座机	2.5	8.7	10.3	78.5
自行车、电动自行车	3.2	19.8	22.7	54.3
PAD、平板电脑、电纸书	3.1	13.4	18.1	65.4
摩托车	1.4	8.1	20.9	69.6
家用轿车	2.7	15.9	37.7	43.7
农用车等	0.6	3.1	9.5	86.8

数据来源：美兰德·全国电视覆盖与收视状况调查 Source：2017 年 8 月 @CMMR Co.Ltd

从未来五年家庭纯收入的开支计划来看，日常生活开支仍将是农村居民家庭纯收入的主要用途，占比 80.5%；从次要用途来看，医疗、教育、养老等服务消费占比较大，其中，次要用途为医疗、医疗储蓄的比例达 44.6%，次要用途为教育、教育储蓄的比例达 40.4%，次要用途为养老、养老储蓄的比例为 29.6%。可见，养老、养老储蓄，医疗、医疗储蓄，教育、教育储蓄共同构成未来五年农村居民家庭纯收入开支次要用途的三大内容。这表明我国农村居民的消费结构正处于不断变动、不断优化阶段，不过日常生活开支、养老、医疗与教育仍是主要开支项目，并未有足够的资金进行金融投资等行为。

表 8-10　2017 年农村居民未来五年对家庭纯收入的主要开支计划（%）

2017 年农村居民未来五年对家庭纯收入的主要开支计划		
家庭纯收入开支计划	主要用途	次要用途
日常生活开支	80.5	17.8
购置家用电器	1.2	34.0
婚嫁	2.3	8.3
旅游	0.7	16.0
购买各种保险	0.4	11.5
医疗、医疗储蓄	2.2	44.6
教育、教育储蓄	7.4	40.4
添置住房、装修、家居、还房贷	2.6	16.9
购置汽车及相关配套、保险等	0.9	10.4
金融资产投资	0.2	3.9
无明确用途的储蓄	0.7	34.7
养老、养老储蓄	0.9	29.6
其他	0.1	0.1

数据来源：美兰德·全国电视覆盖与收视状况调查 Source：2017 年 8 月 @CMMR Co.Ltd

二、电视仍以全面覆盖占优，手机等移动终端延伸生活触角

1. 电视接触率最高，手机等移动终端接触率提升最快

2017 年，电视以高达 97.6% 的接触率稳居农村居民接触最多的媒介形态宝座；手机、PAD 等移动终端则是成长性较强的媒介形态，由 2016 年 53.8%

的接触率增至 63.7%，提升近 10 个百分点；户外电视、超市等楼宇电视以及公交车等移动电视的接触率也实现较高增长，或与农村地区户外电视数量、大型超市数量增多、公共交通发达不无关系。相较而言，农村居民对其余媒介的接触率处于低位，特别是电脑连接的网络接触率出现下降，手机、PAD 等移动终端对其替代作用凸显。

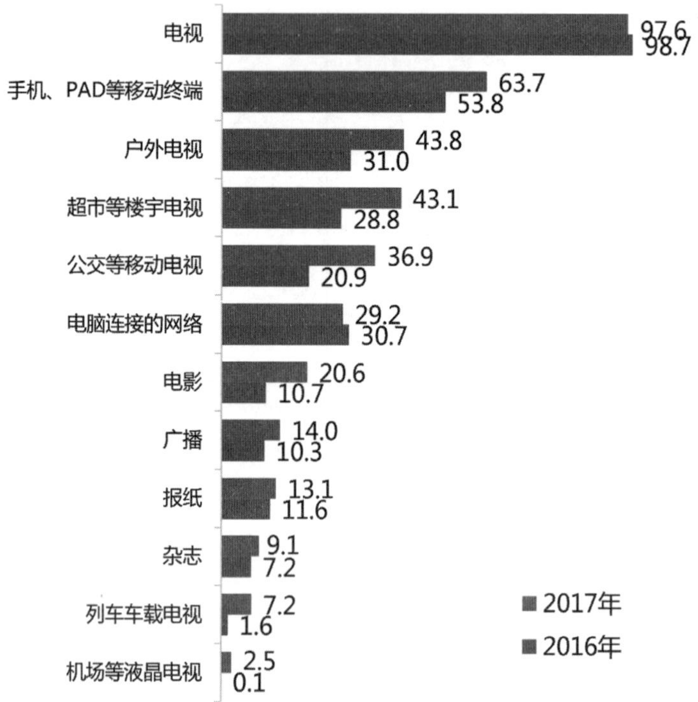

图 8–22　2016—2017 年农村居民对各类媒介的接触率（%）

数据来源：美兰德・全国电视覆盖与收视状况调查 Source：2017 年 8 月 @CMMR Co.Ltd

2017 年，农村居民对社交媒体与网络视频的接触已达较高水平，其中，农村居民平时阅读（评论、转发）过社交媒体相关信息或文章的比例达 85.9%，最近一个月收看过网络视频的比例达 76.9%。就登陆方式、使用设备来看，农村居民使用手机登录社交媒体和收看各类视频的比例均超九成（97.1%、93.0%）。由此可见，手机已经成为农村居民社交和娱乐的主要设备，在其媒介接触与生活方式中发挥着重要作用。

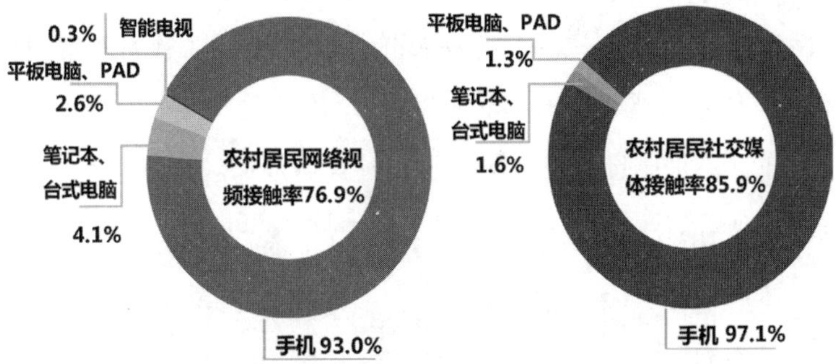

图 8–23　2017 年农村居民使用网络视频、社交媒体的登陆方式（%）

数据来源：美兰德 · 全国电视覆盖与收视状况调查 Source：2017 年 8 月 @CMMR Co.Ltd

就农村居民使用社交媒体的时间分布来看，半小时以下占比最高，达 32.7%；其次是 1—2 小时占比 30.6%，0.5—1 小时占比 28.8%；此外，2—3 小时、3—4 小时均占比 3% 左右，4 小时以上占比较低。农村居民使用社交媒体的时间分布带有明显的碎片化特征，以 2 小时以内为主体构成，结合农村居民使用社交媒体登陆方式中较高的手机分布比例，手机的吸睛作用不言而喻，移动互联网的发展和普及正极大冲击着农村居民与传统大众媒介的关系纽带。

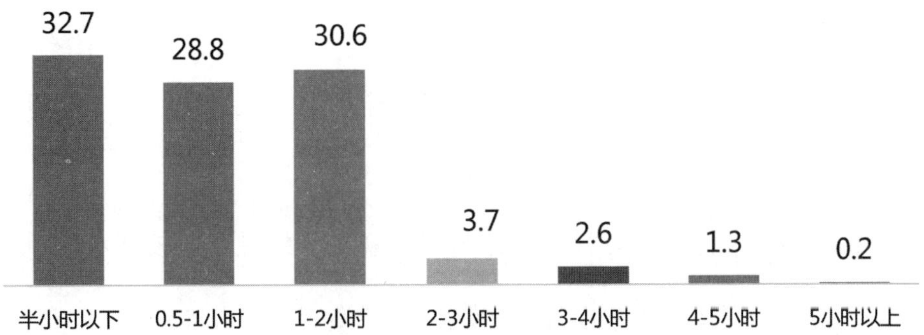

图 8–24　2017 年农村居民每天使用社交媒体的时间分布（%）

数据来源：美兰德 · 全国电视覆盖与收视状况调查 Source：2017 年 8 月 @CMMR Co.Ltd

就农村居民收看网络视频（76.9%）的情况来看，几乎每天都看的比例近四成（35.9%），每周收看 3—5 天的比例为 20.0%，每周收看 1—2 天的比例为 18.1%，一个月收看 1—3 天的比例为 2.9%。从农村居民观看网络视频的平均时长来看，休息日明显高于工作日，或与休息日综艺节目密集上线有关；休息日女性普遍高于男性；20—34 岁人群即 80、90 后工作日观看时长最长，60—74 岁人群休息日观看时长最长；3000 元及以上收入水平、高等文化程度用户无论工作日还是休息日观看网络视频时长均最长。

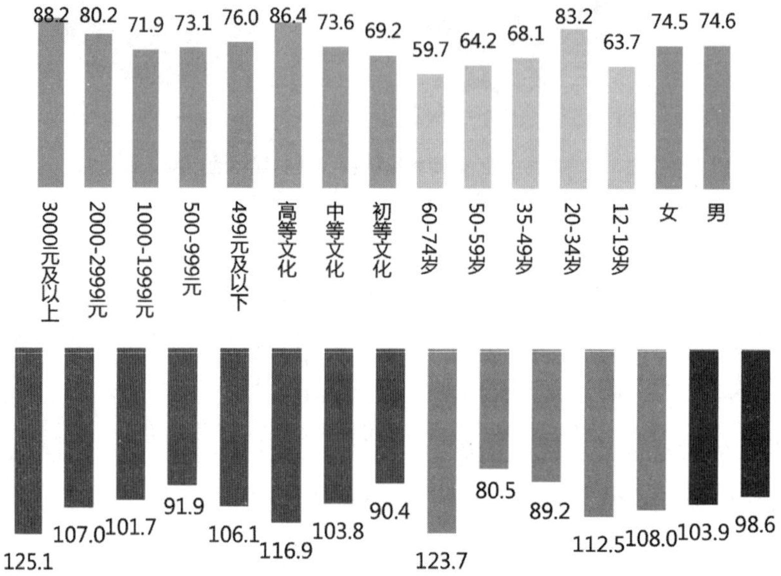

注：上为工作日，下为休息日。

图 8–25　2017 年不同特征农村居民收看网络视频时长（分钟）

数据来源：美兰德·全国电视覆盖与收视状况调查 Source：2017 年 8 月 @CMMR Co.Ltd

2. 农村网络视频用户与电视观众偏好同异并存，生活常识、热点新闻贡献网络话题

就农村居民喜爱的节目类型而言，无论网络视频用户还是电视观众，电视剧类、新闻资讯 / 评论类、综艺娱乐类都是最爱之前三。具体来看，农村网络视频用户的喜爱次序依次为电视剧类、综艺娱乐类、新闻资讯 / 评论类；农村电视观众的喜爱次序依次为电视剧类、新闻资讯 / 评论类、综艺娱乐类；就其他节目类型而言，农村网络视频用户对电影类、专题 / 谈话类、生活服务类等节目具有喜爱偏好，农村电视观众对电影类、专题 / 谈话类、法制类等节目具有喜爱偏好。整体来看，农村居民对网络视频的偏好莫过于可选择的视频资源更丰富以及操控的自由性等特征，对电视终端的偏好则源于电视观看

的高清体验以及电视媒体的权威属性。

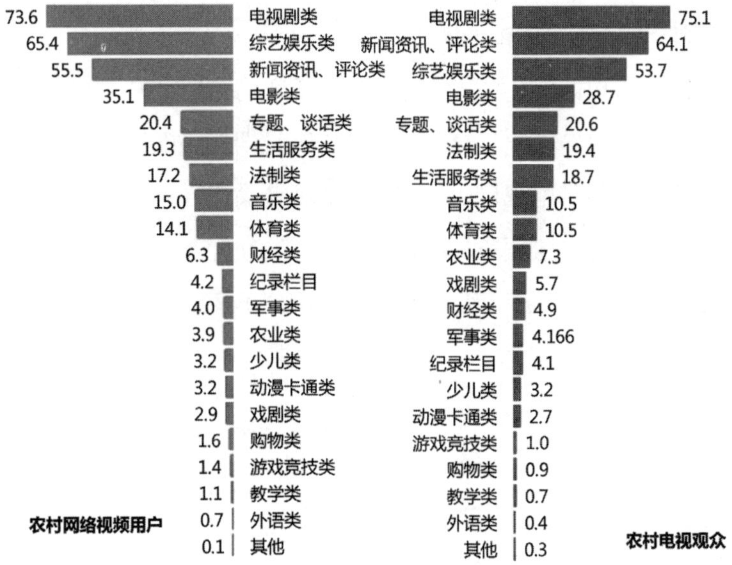

图 8-26　2017 年农村网络视频用户与电视观众喜爱的节目类型分布（%）

数据来源：美兰德・全国电视覆盖与收视状况调查 Source：2017 年 8 月 @CMMR Co.Ltd

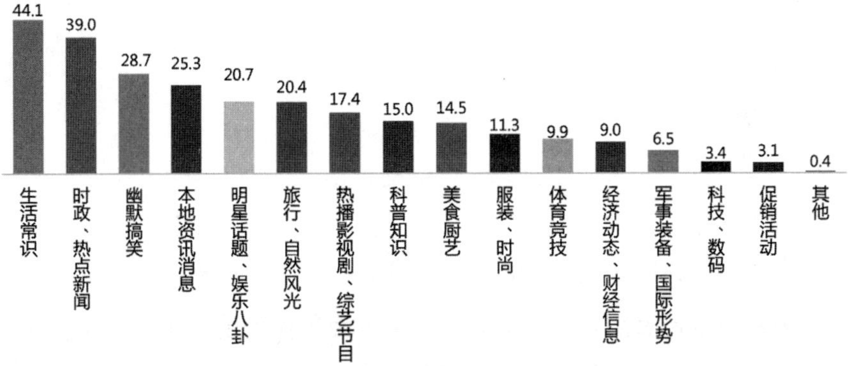

图 8-27　2017 年农村网络视频用户与电视观众喜爱的节目类型分布（%）

数据来源：美兰德・全国电视覆盖与收视状况调查 Source：2017 年 8 月 @CMMR Co.Ltd

就农村居民在社交媒体上分享（转发）的内容构成来看，生活常识（44.1%）、时政、热点新闻（39.0%）、幽默搞笑（28.7%）构成前三大内容源，本地资讯消息占比 25.3%，明星话题、娱乐八卦、旅行、自然风光、热播影视剧、综艺节目等方面占比亦均达 15% 以上。整体来看，生活、时政类内容是农村居民在社交媒体分享（转发）的主要构成，并以本地资讯信息为主打。

三、农村居民对电视广告信任度最高，新兴购物渠道地位不断提升

1. 电视广告最受农村居民信任

2017 年农村居民对各类媒介广告的信任度均有所上升，其中，仍以电视广告的信任度最高（50.6%），这与农村居民长期接触电视媒介有关；对电影片头 / 片尾广告、楼宇电视广告、飞机 / 机场液晶广告、列车车载广告的信任度明显增强。随着农村居民收入水平提高，新的生活方式和多样化的娱乐方式增加了农村居民对机场广告、电影广告等的接触率和熟知度。

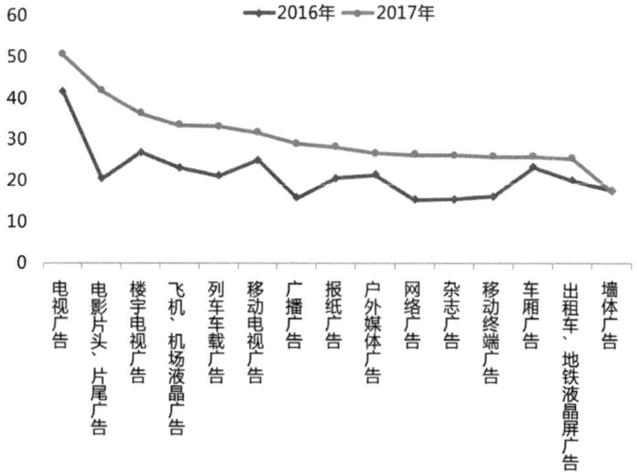

图 8-28　2016—2017 年农村居民对各类媒介广告的信任度（%）

数据来源：美兰德 · 全国电视覆盖与收视状况调查 Source：2016 年 8 月—2017 年 8 月 @ CMMR Co.Ltd

2. 手机等新兴购物渠道崛起，服装服饰类成购买主流

随着移动互联网的快速发展以及智能手机的不断普及，我国电子商务发展十分迅速。近年来，各大电商普遍看好拥有上万亿发展潜力的农村市场，纷纷“营销下沉”，加之国家战略对农村电子商务发展的倾斜，努力完善最后一公里物流，以农村电子商务带动新型城镇化发展。有基于此，农村居民在传统购物渠道之外有了更多的新兴购物渠道之选，网络购物、手机购物等均达到一定使用比例。调查显示，2017 年农村居民在过去一个月内使用网络购物、手机购物的比例分别为 7.4%、22.7%。农村新兴购物渠道蕴含着巨大的市场潜能和发展前景。

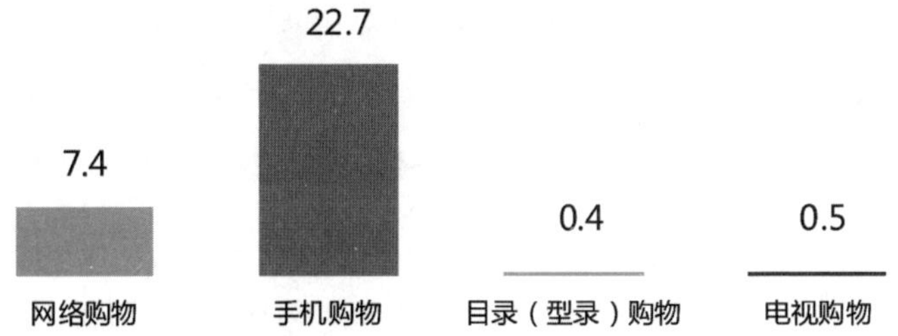

图 8-29　2017 年农村居民过去一个月使用新兴购物渠道分布（%）

数据来源：美兰德·全国电视覆盖与收视状况调查 Source：2017 年 8 月 @CMMR Co.Ltd

就 2017 年农村居民使用网络购物与手机购物购买的商品种类来看，服装服饰类的购买比例最高，网络购物与手机购物渠道分别为 59.1%、71.0%；对比来看，农村居民更倾向于通过网络购买美容护肤（29.5%）、家用电器（22.2%）等耐用消费品，更习惯于通过手机购物购买潮流配饰（16.5%）、3C 数码（12.5%）、时尚箱包（10.7%）等小件消费品。

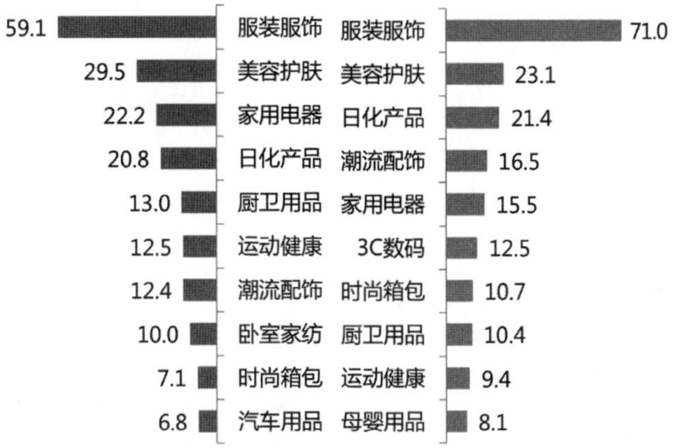

注：左为网络购物，右为手机购物

图 8-30　2017 年农村居民通过网络购物与手机购物购买商品类型 TOP10（%）

数据来源：美兰德·全国电视覆盖与收视状况调查 Source：2017 年 8 月 @CMMR Co.Ltd

近年来，信息技术的飞速发展催生媒体形态嬗变与品牌营销理念进化。受此影响，农村居民的生活方式、价值观念、媒介接触、广告信任及购买行为等均发生了深刻交融与变化：传统型与现代型消费观念互相融合，品牌意识不断增强；耐用品消费以理性、稳健为主，追求更新换代及精神娱乐诉求；

媒介接收终端喜好变迁，手机所承载的移动互联网发挥巨大威力；电视广告遭遇冲击，市场形势严峻；网络广告风生水起，势头正劲；网络购物、手机购物等新兴购物渠道长足发展，成为农村居民购物新选择。互联网与移动互联网的飞速发展正在打破城乡差异的固化格局，人们变成一个个独立的个体，信息获取越来越便捷，自主性越来越强，横亘在城乡之间的生活方式、价值观、媒介接触等差异逐渐消弭，农村市场将逐渐凸显其巨大潜力与魅力。

第九章
电视覆盖行业微访谈

——美兰德特别策划

问题 1：

2018 年 3 月，十三届全国人大一次会议表决通过了关于国务院机构改革方案的决定，设立中华人民共和国国家广播电视总局，不再保留中华人民共和国国家新闻出版广电总局，广播电视行业发展与管理进入了一个新的历史阶段。从 1999 年至今，广电行业经历了 20 载的发展变化，在这二十年间，您觉得有哪些政策对广电的发展影响深远？

——中国农业电影电视中心　赵泽琨

为提高农民的文化素质，丰富农村的业余生活，从 1998 年起广电总局实施了广播电视村村通工程、西新工程和农村电影放映工程。这三项政策使广播电视走进了最偏远的乡村，使每一个农民都能收听收看广播电视节目，为建设社会主义新农村，乃至实现乡村振兴战略，打下了坚实的舆论宣传基础，成为推动乡村文化建设的主动力。CCTV–7 是“村村通”政策要求必须覆盖的重点频道之一。通过该工程，我们的覆盖率不断提升，截至 2018 年，我们的覆盖率已经达到 98.2%，覆盖全国 12.94 亿人。多年来，我们一直坚持“深入基层、根植乡土”，将党的支农惠农政策和最先进的农业科学技术通过电视节目传递给全国的农民朋友。

近年来，随着新媒体的崛起，传播格局发生了新的变化，为了适应新时期的需求，2016 年，国家新闻出版广电总局发布了《关于进一步加快广播电视媒体与新兴媒体融合发展的意见》，指出要在坚持正确舆论引导下，积极推动广播电视媒体和新兴媒体在内容创新、渠道拓展、平台运营、流程再造、组织重构、安全保障等各个环节的协同演进和一体化发展。尽快实现广播电视与互联网的深度融合。在这一意见精神的指导下，各家广电机构纷纷加速了媒体融合的步伐，践行意见的各项要求。CCTV–7 也在第一时间开展了媒体融合的专项调研，并于 2017 年发布了《媒体融合实施细则》，初步建成“一网两微多端”的全媒体传播体系，形成“电视 + 网络平台 + 移动终端 + 应用服务”的融媒体服务模式。新媒体中心和各栏目的融合互动加强，实现多屏互动、多点开花。目前，农业节目粉丝群突破600万，单条短视频阅读量可达730多万。网络传播力的快速提升，电视端和移动端共同发力，有效提升了农业节目的品牌影响力。

——贵州广播电视台　饶飞

在“十五”规划期间，我国推出了有线电视网数字化改造的相关政策。2003年5月，国家广电总局发布《我国有线电视向数字化过渡时间表》正式启动模拟电视向数字电视整转进程，数字化过渡进程采取分区分片整体平移的方式分阶段落实。电视节目逐步丰富和收视质量逐步提升的同时，电视频道覆盖行业也进入了快速发展的阶段，付费落地的市场逐步成熟，落地的竞争日益激烈。

2009年7月，我国第一部文化产业专项规划——《文化产业振兴规划》由国务院常务会议审议通过。规划提出：推进广电网络整合，鼓励通过并购、重组等方式，进行广电网络的区域整合和跨地区经营；积极推进下一代广播电视网建设，推进三网融合等一系列措施。在此政策的推动下，有线网的全国性整合开始拉开序幕，经过几年的推进在2013年“一省一网”的格局基本成型，省网整合与数字整转成为电视频道覆盖市场的主旋律，落地市场的终端价格经历了较为激进的增长时代，落地费用在卫视频道经营成本的比重快速攀升。

2013年8月，国务院发布《国务院关于印发“宽带中国”战略及实施方案的通知》（国发[2013]31号），明确“宽带中国”战略实施分全面提速阶段（至2013年底）、推广普及阶段（2014—2015年）和优化升级阶段（2016—2020年）。网络技术和宽带速率的快速提升，加速了IPTV、OTT TV等终端覆盖传播通路蓬勃发展，电视传播的通路格局发生了根本性变革，有线的用户规模呈现逐年下滑的趋势，直播频道的收视分流也使得电视频道赖以生存的广告经营模式经受了极大的考验，卫视频道内部的马太效应凸显，二三线卫视出现了大规模的创收萎缩和经营困难局面。

——浙江广播电视集团 汪冰冰

作为监管国内所有广播电视媒体的机构，广电总局出台政策的每一步动作，都在为行业引导着方向。在我看来，“三网融合”是其中影响较为深远的一项政策。

作为国家战略层面的一个大话语、大概念，“三网融合”最早见于2001年出台的“十五计划纲要”，并在后续的发展演进过程中形成了具有一定共识性的定义。2015年8月25日国务院办公厅印发《三网融合推广方案》，标志着三网融合工作进入全面推广阶段。

总体而言，“三网融合”的实施对广电网络总体产生积极影响。首先，三网融合将加快有线电视数字化、双向化、互联网化的进程，促进广电的互联网化进程，以新的服务手段开展更多新业态服务，在未来数字家庭和物联网中发挥更大作用；

其次，三网融合将促进有线电视网络积极开展交互高清电视业务，探索更多的增值业务，提升未来收益；

最后，三网融合将加大有线电视网络视频传输业务的竞争程度；三网融合在加大竞争程度的同时也将产生鲶鱼效应，促进有线网络运营主体的体制创新，并使运营商走上服务创新、技术创新、内容创新之路，建立和完善适应“三网融合”发展要求的运营服务机制，最终加快有线网络的产业化进程。

——湖南金鹰卡通卫视 黄益平

2010年国务院决定加快推进电信网、广播电视网和互联网三网融合，几年时间里，电信企业加快高速宽带网络建设，广电网络面临内容、服务、质量等各个层面的正面竞争，实现广播电视网络的再次快速发展任重道远。广电三网融合进程虽然存在内部整合及网络双向化改造的诸多问题，但也取得了一定的成绩和宝贵的经验。随着经济技术的发展与人民群众需求水平的不断提高，全面的媒体融合趋势已经势不可挡，而在这一过程中，国家政策起着不可替代的引导作用，对于电视媒体的覆盖传播事业而言，多元化传播渠道格局非常有利于频道构建全面立体化的传播网络，既能将覆盖经费控制在日趋合理范围内，同时又能提升覆盖人口规模，优化覆盖结构。

问题 2：

二十年来，我国的电视传播通路格局发生了深刻变化，有线数字电视仍保持第一大电视传播通路的地位，IPTV、OTT TV 等新兴覆盖通路的迅速崛起也对有线数字电视形成了较大冲击。那么您认为未来电视传播通路格局的发展走向是怎样的？

——广东广播电视台　董舒华

未来电视的传播通路格局一定是多级传播通路并存发展的。首先得益于智能电视和高清、4K 等技术，用户回归电视使用大屏看节目、看视频的频次开始增多。其次，有线数字电视、IPTV 等平台都在不断调整运营思路，推出很多点播平台的配套产品，例如江苏有线牵头的“孝乐工程”就是专门针对老年人推出的配套服务。最后随着网络的发展可能还会有我们意想不到的传输方式出现。

多级传播通路并存发展对于电视台来说是一个好消息，但也令电视人困扰。传播通路越多，节目本身的质量好坏就越决定它的生存价值。质量越好的节目，它在渠道里面的分发就会越广泛，带来的经济效益就会更高，相应的粗制滥造的节目生存的环境就会越来越窄。电视台在未来可能会转变成为一个内容的提供商，版权的分发成为最为重要的工作。由此落地行业也可能会有两种变化，一是内容落地的费用会很高，因为各个渠道都要收费。另一种可能性是各级渠道为了拿到更好的优质的节目资源都不再收费，而是和电视台一起向用户收费再分成。第二种方式我认为比较迎合现在的中青年用户收看行为习惯，这个可以从《2017 年全国广播电视行业统计公布》中看出。统计显示 2017 年中国网络用户付费数达 2.8 亿，比 2016 年增长 1 个亿，服务收入达 142.98 亿，这已经是区别传统广电的最重要创收来源，未来可能是主要的创收支柱。

——深圳广播电影电视集团　雷红

随着全球科学技术的快速发展，特别是5G通讯进入商用以后，我国移动IPTV将伴随着5G的成长而快速崛起。将对有线电视网络、电信IPTV等传媒通路都有不可避免的冲击。因为，传上百套直播的广播电视节目将不再是广电有线网络的专有优势。有线电视网络用户一网独大的现象，将会随着多种传媒通路的发展而进一步分流。个人认为：未来电视传播通路将以移动电视、高清电视为代表的多元化传媒通路格局的发展。同时，这两大传媒通路也将是全民媒体消费的主流形态。广电一家亲，作为广电行业的一员，我们希望广电行业的各项工作都蒸蒸日上。其实，有线电视网络历经二十年的发展，不管是视屏传输质量还是用户口碑都比其传媒渠道要有基础优势。俗话说，用户是企业发展的“衣食父母”，用户在，企业就在。有线电视网络要留住用户，必须要改变目前的经营模式，从用户需求的角度出发，从行业发展战略的角度去考虑问题。比如：不要把卫视落地传输费作为公司增收的一项强性指标去衡量；而是要善用卫视节目源去吸引用户，甚至可以采用知识产权的办法来拥有节目源头，只有留住内容才能留住用户。

——北京广播电视台　景林

未来电视传播通路格局的发展必然是以有线数字电视为核心的传统传播通路与以IPTV、OTT TV为代表的新兴传播通路多元发展、协同共生的局面。有线数字电视网络传输更稳定、节目内容更丰富、画质更清晰，有其传输优势；同时，IPTV利用宽带网，集互联网、多媒体、通讯于一体，能够很好地适应当今网络迅速发展的趋势，亦获得了快速发展。智能电视OTT TV随着近几年智能电视的快速普及和智能机顶盒的发展，用户规模显著提升，将会成为家庭客厅大屏收视的主要力量。传统通路与新兴通路此消彼长，未来用户必会根据自己的实际需求，选择最适合自己的电视传输方式。

——湖南广播电视台卫视频道　罗强良

随着人们对文化产品消费的自主选择性越来越强，对于以电视为代表的“客厅文化”，普遍提出了满足个性化需求和以“数字家庭”的价值挖掘为目标的产业发展计划。有线数字电视仍保持第一大电视传播通路的地位，IPTV、OTT TV 等新兴覆盖通路凭借高效灵活的传输方式、形式多样的增值服务以及满足个性化需求的互动功能逐渐受到受众的青睐。另一方面，伴随4K、3D 等视效技术的推进，高清凭借优质的收看效果不断激发及提升受众的感官要求，亦成为未来“客厅市场”的主要趋势。未来，随着技术的发展，家庭客厅市场将长时间存在多种传输方式共存的格局。但不管受众采用哪种收看方式，高清、双向互动、用户体验、内容资源、增值功能、收看成本都将成为影响用户最终选择的重要因素。未来的电视传播通路将取决于技术、产品设计、内容资源以及商业模式之间的竞争。

——浙江广播电视集团　汪冰冰

目前电视依旧是主流的“第一媒介”，但在互联网网络的快速发展下，电视传统传播路径势必会受到一定的分流和冲击。近年来 IPTV、OTT TV 等新兴覆盖通路的强势崛起已经成为不可忽视的一股力量，2017 年 IPTV 用户规模增长至 1.9 亿人，增幅达 49.0%。OTT TV 全国用户年增幅达 482%。

可以预想，未来的电视传播通路一定是多管齐下，不再是一家独大。而且随着技术的不断升级，每一条通路都会承载更加海量丰富的资源内容，不再是单纯的线性传播，并且实现用户的双向互动。因此，传统电视行业中的每一方角色都应有强烈的变革意识，去拥抱更加快速畅通的传播通路。

——贵州广播电视台　饶飞

IPTV、OTT TV 等新兴覆盖通路的迅速崛起不仅仅改变了电视传播通路的传统格局，更重要的是电视用户的收视习惯也在悄然的发生变化，单一线性的传播方式在“碎片化”的时代已经不能适应市场的需求。换而言之，在电视传播通路日益多元化的情况下，渠道对电视节目和内容的传播的重要性将逐步降低，长久来看，有线数字、IPTV 抑或 OTT TV 都不可能占有绝对性优势，因为用户的需求是多样的、消费的场景的多样的。

——重庆卫视　李丕农

电视传输通路伴随传播技术的升级换代必将发生颠覆性变化，带宽更宽、速度更快的无线视频传播通路和分辨率更高、更便捷的终端显示技术将改变人们接收图像、视频信息的方式。直播电视将作为主流权威新闻信息，分发传输给个体移动显示终端和公共户外显示终端。家庭的超大屏客厅显示器将成为包括物联网在内的综合信息接收、控制平台。

——安徽广播电视台　王征

各种覆盖方式融合发展，缺一不可，唯有全面覆盖才能保持媒体优势。卫视媒体覆盖工作不仅需要关注传统的有线网络、IPTV、OTT TV 等覆盖方式，更要关注各种新媒体的发展，包括数字化的传统媒体、网络媒体、移动端媒体、数字电视、数字报纸杂志，从而为传统媒体取得融合发展的最佳效果铺路。

——上海广播电视台　张冰

IPTV 在不远的将来将会取代有线网络成为电视直播主渠道。OTT TV 正在改变人们特别是年轻群体的收视习惯，长远看，如果能解决规范管理问题，消除政策壁垒，它将是未来电视传输的主渠道。

——甘肃省广播电影电视总台（集团）　生伟

近年来，我国有线数字电视付费用户数连续下滑，从世界范围看，传统有线电视正在呈现衰落的态势。IPTV 和 OTT TV 在很大程度上冲击着有线数字电视的用户发展，尤其是 IPTV 发展势头更足，甚至已经出现了部分省份 IPTV 的用户规模超过有线数字电视网络。相信以目前政策支持及发展速度，IPTV 会成为运营商下一个主要掘金点。随着技术的飞速发展，未来甚至可能出现更多其他的通路方式，但总体来说，会是多种传播渠道共生并存的局面。未来，技术的发展使各种传播通路带来的用户体验无甚差距，而通路之间的竞争将会成为内容之间的竞争。

问题 3：

随着人们对电视传播规律的认识不断深化，电视频道对覆盖的认知也更加理性，在这 20 年的覆盖落地工作中，您对覆盖工作有哪些深刻的感受？

——深圳广播电影电视集团　雷红

省级卫视全国覆盖工作从 20 世纪 90 年代初开始至今，经历了三个阶段。第一阶段，应该是从 1991—1998 年各省卫视上星的目的主要是解决本省的宣传覆盖问题；加之当时全国各地有线电视网络于用户拓展期，自然将卫视节目纳入网络传输，因此，此阶段我们认为是自然覆盖阶段。第二阶段，2000—2015 年，这阶段可谓是省级卫视在全国覆盖工作“血雨腥风”的阶段。一方面，在传媒渠道单一、传输资源紧缺的情况下，各家卫视为了广告创收的增量，高度重视本省卫视在全国的收视及覆盖工作而不惜重金投入，致各家卫视在全国争相“圈地”。另一方面，由于传输收费标准没有行业主管单位的指导和干预，因此，掌握卫视发展命脉的传输方，特别是整合全省（市）有线电视网络传输资源的经济强省（市）网络公司，把征收卫视落地传输费用定靶为经营创收重点项目，费用年年攀升，令人咋舌。第三阶段，2016 年至今，由于多种传媒通路迅速崛起、新媒体的野蛮生长等多种因素，致使大多数卫视入不敷出。如今的卫视对落地覆盖工作又有了重新认识和重新定义，影响力、成本投入产出比等算法，也成了各家卫视覆盖某个城市、进入某个传媒通路的重要量化标准。

凡事都有一个过程，只有经历了才会懂得，回过头看，省级卫视覆盖落地工作，是在中国电视行业发展史中产生的一项新生事物，因无章可循，所以才有一个摸索的过程。因为没有一个准入标准，所以才会“随行就市、顺势而为”。

——旅游卫视　贾佳

从事覆盖落地工作多年，从我接触覆盖的工作感受来说，在各传播渠道混战的当下，覆盖工作的未来不是单一追求规模的最大化，而是实施通路精耕，使覆盖工作运作过程中的人、财、物、资源以科学量化来进行合理分配，提高效率，降低隐性成本，使资源配置最优化。针对不断细分的市场，完善渠道体系，发挥多渠道的覆盖资源优势，加强“深度”覆盖和推进“广度”覆盖，包括覆盖城市边缘地区；同时，寻找盲点，用更低的成本、更快的速度进行渠道覆盖和市场推广。借助科学公正第三方的数据支持，电视频道在对某一个城市进行覆盖工作的时候摸清当地网络状况往往能起到事半功倍的效果。

——兵团卫视　张宜

卫视频道上星从一开始就带有公共服务的性质，是中国广播电视领域内公共服务的重要组成部分。然而，随着落地市场竞争的加剧，落地费用的急剧提升，肩负重要公共服务职能的省级卫视的落地覆盖困难重重，给广电行业带来新的思考。兵团卫视自上星以来得到了各省广电同行的大力支持与扶持，经过多方努力，多年耕耘，截至2017年10月，我们已经实现覆盖全国9.22亿观众，覆盖率达到70%，这样的覆盖成绩来之不易。这些年的覆盖工作让我们也意识到要推进卫视频道落地工作，需要动用各种力量，包括政府的政策扶持、规范的行业标准、相关技术的演进、社会力量的连动等，需要根据频道自身情况，更合理的扩大覆盖范围。同时，还需要利用科学的数据进行落地效果监测，保证频道有效覆盖的实现。

——浙江广播电视集团　汪冰冰

中国有线电视的落地覆盖大致可分为三个阶段：萌芽阶段、发展阶段和理性阶段。

萌芽阶段：可以说从电视频道上星开始，落地覆盖这个概念就诞生了。刚开始由于上星的卫视频道不多，各省有线网络频点资源相对宽松，所以各省卫视都处于免费互传的状态，落地工作基本也以自然收转为主。

发展阶段：随着各省卫视的发展，上星的卫视也越来越多。有线网络频点资源开始紧张，在一张网无法容纳所有卫视的情况下，有卫视开始付费入网。

于是落地费概念也孕育而生，并渐渐形成了一种产业。各大卫视为了覆盖通路而纷纷加大投入，覆盖费也逐步水涨船高。这一现象哪怕在后来有线网络数字化改造后，频点资源足够的情况下也没有得到改变。

理性阶段：随着时代的发展，传播通路的多样化，有线电视不再是单一的传播渠道。同时以视频网站为首的新媒体冲击下，卫视的效益也每况愈下，过高的覆盖费也让卫视学会了理性思考，不再一味地追求全覆盖。

在我看来，将来的省级卫视覆盖工作不在于多而在于精，哪里能产生价值更大，我们就会覆盖哪里。

——安徽广播电视台　王征

从最初的频道资源紧张到数字技术发展带来丰富的频道资源；从各地入网价格的逐年疯狂上涨到近年覆盖成本的合理回落；从有线电视网络公司谈判的强势到有线网络公司日趋理性；个人觉得这一切都是技术革命与市场规律带来的结果。在当前的新形势下，媒体要顺应技术发展潮流，大力发展融媒体，与互联网深度结合，充分发挥传统媒体在节目制作、新闻采编等方面的优势，拓展覆盖的渠道、创新覆盖的形式才有可能不被时代所淘汰。

——广东广播电视台　董舒华

20 年间，电视覆盖行业从免费传输到付费传输；从“网络主动向电视台要节目”到“电视台主动向网络抢排序”再到“双方协商、量力而行”；供求关系随着行业参与到市场运作中的逐渐成熟而微妙变化，由于人们对电视传播规律的认识不断深化，电视频道对覆盖的认知也更趋理性。现今覆盖落地工作的本质，是为各卫视频道扩大收视受众而拓展传输通路，IPTV、OTT TV 的不断壮大，使得受众有了更多的选择，广东卫视的覆盖落地工作今后也有了更多的方向和挑战。

——贵州广播电视台　饶飞

电视频道覆盖在节目和内容的传播过程中占据着极为重要的地位，是节目传播和价值呈现的基础环节，没有覆盖就没有传播。不管电视覆盖的通路和用户的行为如何变化，覆盖的基石作用不可动摇。但覆盖的方式在市场变化同时也必须进行必要的创新，在直播为主的时代，以频道为基础的覆盖逻辑和方式是市场的主流；当点播和其他收看方式逐步发展、内容海量化后，简单的物理覆盖必须与内容推广、传播更紧密的结合，传统的覆盖和流量的经营并行，覆盖工作目前正在经历翻天覆地的变革。

——重庆卫视　李丕农

电视覆盖的变化是伴随网络传输技术的变化、卫视广告市场的变化而变化的。电视覆盖在充分的市场竞争博弈中也承担了对外宣传的任务。地区经济差异、收视率统计方式和网络服务质量对覆盖费收取标准产生了重大影响。资源与传播通道的供需关系，随着传输通路的多样化和电视广告的下滑在台网之间发生交替变化。简单地讲即广电网络从传播通路的垄断步入传播通路的多元化，纯利润的落地费一路下滑，回归理性。二、三线卫视的落地覆盖将根据各自频道需求向精准、实效、性价比地区进行选择性覆盖。

——云南广播电视台　唐理

中国省级卫视覆盖事业走过的这 20 年，可以说是波澜壮阔、跌宕起伏的，既有数字化、高清化、网路化等技术不断推陈出新的科技感，又有覆盖人走遍全国乡镇落实电视信号走访用户的浓郁现实气息。技术革新往往是产业变革的开端，数字化是广电产业自诞生以来最大的一次技术变革，极大地提高了有线电视网络的服务能力，带来了频道资源和用户规模的巨量提升。近几年来，IPTV 通过宽带绑定视频增值业务的模式以及 OTT TV 的纯互联网模式也都实现了用户规模的快递扩张。卫视传播得益于技术变革和渠道多元化的助推，云南卫视覆盖团队精细化耕耘，截至 2017 年 10 月，全国可接收人口规模已经达到 9.2 亿，覆盖率近 70%。这些都让云南卫视的优秀节目、剧目和纪录片得以和广大电视观众见面，为云南卫视践行广电媒体的使命与责任打下了良好的基础。当下，多元化传播渠道的选择性增强，对于省级卫视的渠道选择和价格谈判提供了更多可能，对于各运营商服务体系和用户价值的深度应用与挖掘，在融合传播的大背景下开展好的通路管理和增加用户体验的工作就显得尤为重要了。

——山西广播电视台　梁娅青

新兴覆盖通路的发展是必然的，而且非常迅速。有线数字电视由垄断传播通路到参与市场竞争也是社会发展的必然，未来还会进一步竞争和参与市场。

最近几年格局变化太快，广电参与市场的主动性、能动性弱，必须改革和创新，不然广电的路将越走越艰难。在三网融合的大框架下，卫视的覆盖工作亦应该顺应行业发展，积极推进与建设新兴覆盖通路。在加强频道覆盖通路的多元性的同时，亦可以削弱对于传统的有线数字电视公共网的依赖。这样，卫视频道在进行覆盖谈判及预算分配的工作中将拥有更强的主动权，在很大程度上打破了有线电视网络长时期垄断市场的局面。而这种多元化格局的出现是广电更多地参与市场化竞争的必然结果，亦更有利于电视覆盖的长远发展。未来，广电市场以及频道覆盖工作在可允许的范围内更加开放，更多的引入市场因素将是必然趋势。

问题 4：

在这 20 年的覆盖落地工作中，最大的收获是什么？遇到的最大困难又是什么？

——广东广播电视台　董舒华

虽然我没有见证覆盖从无到有的过程，但是我见证了整个落地行业规模加大加速冲顶、到达抛物线顶端后回落的这样一个过程。现在我们正在经历抛物线下行的过程，这个是市场调节的结果。任何一个行业也都必然经历从谷底到峰顶，然后再慢慢回落这样的过程，我觉得这也是一个理性回落的过程。我在落地八年以来最大的收获是认识了一群活跃在落地行业分别为自己的公司、自己的台积极工作的人。他们的共性是非常的乐观、积极，而且是“锱铢必较”，为了公司和为了台的利益“锱铢必较”地去争取。

而做落地这些年最大的困扰就是落地行业始终没有一个标准和规范。用户的价值、落地费的多少没有一个得到公认的衡量标准，这个是让从事落地工作的人最困扰的一点。

——深圳广播电影电视集团　雷红

我是2004年初从事卫视落地覆盖工作的，先后在四川卫视、深圳卫视就职。说到收获，感慨很多。一方面，收获了友情和友谊，通过工作结识了圈内的很多朋友，大家为了本职工作在竞争中、争执中，相互理解、相互成长，可以说是泪水与笑容交融、累并快乐着。另一方面，如果说人与人相处是一种感觉，那项目与项目的合作就是一种需求的碰撞。通过多年卫视覆盖又当甲方又当乙方的商务谈判工作经历，使自己养成了一切从大局、全局整体利益去分析问题和处理问题，尽量做到“合作共赢”的局面，同时也深刻地感受到自己肩上的责任与担当。通过这些历练，使自己的心智越来越成熟，不管是在工作中还是在生活中都能以一种平和的心态去面对。我想，这也算是一种收获吧。至于遇到最大的困难，应该在别人不理解、不支持你的情况下，你得为了大局而忍辱负重的去担当、去坚持、去前行。

——安徽广播电视台　王征

最大的收获是，经过20年的努力，安徽卫视从1998年七千万覆盖人口，到如今近11.3亿覆盖人口的格局，实现了从本省卫视到全国卫视的大跨越，成为具有全国性传播价值的省级卫视。多年来，安徽卫视落地推广和优质传输两手抓，全部采用协议落地入网方式，凭借合同约定，有效保证客户广告安全到达。为及时掌握安徽卫视落地后的效果，覆盖办公室又采用多种方式了解信息，如通过美兰德公司的覆盖调查报告数据，给重要城市的热心观众寄去“安徽卫视收视质量信息反馈卡”和电话回访等，随时关注转播动态，确保安徽卫视在各地有线网内高质量传送。

——内蒙古广播电视台 陈龙

最大的收获是看到了广电人多年来的坚守，仍饱含深情，奋斗在热爱的岗位上。一代又一代广电人辛勤耕耘在采访一线，一批又一批广电人用娴熟的技术和火热的诚心将电视节目传送到千家万户，砥砺前行，为广电事业的美好蓝图绘上珍贵的一笔。困难是受到新媒体的冲击，广电行业广告收益整体出现下滑，频道覆盖发展受到诸多内在和外在因素的影响，覆盖经费日显不足，同时，网络公司落地费用始终保持高位之势，覆盖难度加剧。频道覆盖价值优势与广告价值提升不成比例，另一方面，新媒体带来的冲击为互联网时代下的电视覆盖带来压力。

问题 5：

云计算与大数据、智能终端与互联网电视、人工智能 AI、区块链等新技术层出不穷，广电行业随着技术的深刻变革迎来了更广阔的新天地。您认为技术变革给广电行业的发展带来的下一个风口在哪里？

——中国农业电影电视中心 赵泽琨

在获取信息的方式上，近年来的技术趋势一直向着更方便、更快捷、更简易、用户体验更优质的方向演进。不管是大屏到曲面，还是各种智能移动终端的出现和普及，最终都是为了带给观众更良好的收看体验。我想广电未来的风口也会在这个前提和基础之上出现，但不管技术如何变化，精致、有价值的内容永远是广电行业的立身之本，内容为王是铁律，技术是引领媒体发展的引擎。这也是我们 CCTV-7 农业一直在坚守的。

——宁夏广播电视台 年卫强

云计算、大数据、人工智能、物联网、超高清视频编码等现代信息技术在深刻影响并改变广电有线网络技术的发展，推动广电有线网络向标准化、通用化、互联网化的 IT 技术路线快速演进。从过去到现在，电视媒体进行了多方面的技术转型：从模拟转向数字；从标清转向高清再向超高清等。无论是运用技术对基于原电视媒体资源进行的高清互动电视价值进行开发和利用，还是基于新媒体的融合性对广电传媒进行开发和利用，都将引领整个行业变革。过去十几年，很大程度上由数字技术的发展来定义，而未来，将是各种技术的深度融合，新技术在某种程度上说是传统媒体的痛点，但拥抱新技术、掌握新技术、运用新技术是广电新媒体未来的重中之重。

——山东教育卫视　张谦

在互联网时代，用户收看电视节目的行为已经发生变化，同时也产生了更多的需求，新技术的出现和发展，都是为了获得更好的用户体验，协助电视频道率先抢占用户市场。电视媒体应该对各终端平台进行产品化运作，以优化产品体验为核心，结合用户需求提供多样化的服务。利用云计算与大数据、区块链等技术，通过整合媒体资源和内容，建立统一的媒体资源云平台，广电媒体可以通过 IPTV、手机、网站等多终端向用户提供服务，形成一条合作共赢的完整的产业链，上下游的各合作方依托云平台共同开展线下多种互动营销活动，逐渐形成生态化发展。

——广西电视台　任中坤　杨键

大数据分析将会为行业发展带来一个契机和风口。电视的技术应用本质上取决于如何在内容上更贴近观众的喜好，从而更加吸引观众和保持观众的黏合度。要如何解决这个问题，电视台的首选是大数据分析和应用技术，以此作为标准衡量一个节目的品质、收益，并以此作为出发点为用户推荐电视台原创节目和电视剧类型。

目前广电行业普遍使用的收视率调查方式相对落后，对于卫星频道运营来说，除了某时段节目收视率以外，还需要了解到观众真正的喜好和兴趣点。也就是说，目前的收视普查方式只能回答观众是否喜欢某个节目，而不能回答观众真正喜欢什么内容，而这正是电视台运营成功与否必须关注的。大数据也能很好解决传统收视调查的样本污染和收视率造假等问题，反馈给电视台观众真实的收视数据，甚至还可以对这些数据进行大数据统计分析，通过云计算方式得到预测结果。

任何大数据的应用都不只是基于单一的数据来源，当不同的数据源交叉挖掘和分析后，电视台就获取到了真实有价值的舆情和话题分析、观看习惯、观众群体数据，对此进行分析和应用后，即可获知观众对节目的评价、观看记录、哪些节目受欢迎、观众的兴趣点在哪里，从而获知吸引观众喜欢的节目类型、什么类型的主持人更受欢迎、电视剧演员的话题性和热度、什么样的桥段或者情节更容易打动人等。在收集到足够的数据之后，电视台可以据此评估和制作贴合观众又符合自身投资水平的原创节目。采集回来的大数据也有助于对卫视的精准覆盖提供策略依据，它可以辅助对某一地区的观众电视节目的喜好程度把握的更加精准。

——广东广播电视台　董舒华

云计算、大数据、智能终端等等这些新技术的出现，我认为对广电最大的收益有两个，一是双向互动的加强让广电的网络服务收费得到增长，新用户付费点播、付费买服务的习惯目前在大幅增长。二是让我们实现精准化用户画像提供了技术手段，虽然目前离精准化还有一些距离，但是我相信这正是美兰德在努力做的事情，它的商业价值是毋庸置疑，广电将重新吸引广告商的青睐。电视媒体也有可能因此脱离原始的电视台、电视频道的概念，以新的产业形态去面对变化。具体到覆盖业务，未来应该会匹配用户大数据，精准覆盖节目针对人群、广告客户想面向的人群。

——浙江广播电视集团　汪冰冰

技术是推动广电行业发展的重要动力。当下诸多流行的新科技都将为广电注入源源不断的创新活力。大至云计算和大数据，将改变传统的节目内容传输存储方式，更加智能化、去人工化；小到VR、AR技术和无人机，将从细节上助力节目制作及最终的展现。

在内容为王的时代，技术变革对广电行业发展的下一个风口在于利用丰富的技术手段去更好地评估预测爆款节目内容。内容行业的核心在于创造，而愈加智能的技术将为传统人工凭借经验判断的创作方式提供辅助，不断优化节目制作的成功性。

——贵州广播电视台　饶飞

云计算与大数据技术、IPTV、智能终端与互联网电视、高清4K与未来新视听技术的飞速发展，在技术和资本的双轮驱动下，传统电视传播的通路格局与行业发展正在发生的改变。未来任何一项技术的变革都有可能成为广电发展的风口所在，关键在于技术变革的深度和广电产业实际的结合程度，同时政策的导向作用也不可忽视，在云计算、大数据、人工智能、区块链等新的技术变革深入发展之后，不管是有线、IPTV，还是互联网电视，均会迎来全新的发展机会。

——安徽广播电视台　王征

每一次大的行业变革都伴随着技术的进步、终端的变化以及相应生态的改变。进入新世纪以来，广电媒体行业进行了多方面的技术转型：从模拟转向数字；从标清转向高清再向4k超高清的转变。但是随着数字、网络、移动等信息传播技术的迅猛发展带来全球媒介的数字化、网络化、融合化和一体化。对传统广电行业的冲击是颠覆性的。我觉得互联网电视（流媒体视频服务）将会是广电行业下一个风口。面对异军突起的行业老大“NETFLIX”，传统媒体大佬都在寻找出路。AT&T以850亿美元收购时代华纳，迪士尼以713亿美元收购福克斯，都是传统广电媒体重新定位自己未来角色的真实写照。重组与转型是传统广电行业无奈之举，也是必然之举。

——重庆卫视　李丕农

广电在新一轮技术革命浪潮中必须转变观念，放弃原有的固化思维才有可能在风口中顺风上扬。广电的优势是节目资源生产、是坚固的公信力。无论技术怎么发展必须掌控核心资源、顺应潮流。

——四川广播电视台　翟岐渊

技术的变革带来更大规模的人口流量，我认为下一个风口就在于对巨大流量的整合与转化。首先，广电行业应当仍然坚持主流价值观引导，将云计算与大数据、人工智能 AI 等技术运用到节目制作过程中，增强节目效果与互动传播。另一方面，可以利用云计算与大数据、人工智能 AI、区块链等新型科技进行技术革新，发挥广电行业覆盖广大三四线城市以及农村市场的下沉优势，通过互联网技术，与电商、民生互惠、互联网企业等相结合，探索不同的商业模式，从而真正实现将已有的覆盖人口转化成能够带货的流量，提升变现能力，增加频道收入。

问题 6：

二十年来电视频道覆盖工作已大有成效，各家电视台全国覆盖水平已具备一定规模，优质内容成为电视频道抢占市场高地的重要法宝。请问贵台在保持并继续提升现有覆盖水平的基础上是如何布局频道的内容产业的？未来还有怎样的规划？

——吉林电视台　卢学敏

为了在融合传播大背景下的媒体运营中有所突破，吉林卫视抢得先机，2017 年下半年就开始着手频道升级改版，历经全台制片人竞聘上岗、全国主持人招聘录用、全国优秀栏目方案招标论证、全景演播室改造与搭建等工作，打造了核心制片人团队、标签性的主持人团队和能打硬仗的编播团队，并启用了“四情动人，情动中国”的全新频道定位。覆盖增加、收视向好的背后是吉林卫视倾力打造的一系列的优质资源，吉林卫视重点在 530 欢乐栏日带和 920 情感节目带发力。未来，吉林卫视将继续秉持“情动中国”的频道定位，努力办成讲导向、有文化、有追求、有吸引力的特色传播平台，以品牌节目和重点剧场为龙头，跨步发展，实现超越。

——湖北广播电视台　许培忠

近年来，湖北卫视联手强势二三线卫视平台，在马太效应越发明显的竞争格局中寻求突破口径。坚持回归电视的初心，去溯源观众的本愿，为观众提供更精品的电视节目，满足他们日益增长的美好生活需要。当各方力量纷纷进入娱乐产业，为观众提供丰富多彩的选择时，对于电视来说，最大的核心优势依然是内容。这些年来，湖北卫视的覆盖传输一直为节目内容传播奠定了良好的基础，频道一直致力于制造优质的精品内容，打造独一无二的原创 IP。在国内“综 N 代”疲态凸显的情况下，湖北卫视的“综 N 代”季播节目《如果爱》《我为喜剧狂》《非正式会谈》不仅在全国卫视中坚持下来，而且季季推陈出新、收视强劲。综艺与剧场势必要兼得，湖北卫视在坚持综艺节目质量的同时也不断提升剧场品质。2018 年，长江剧场将在兼具拓展“国民性”和提升“年轻态”的方向上，遴选出更顶级资源、推出更风靡剧集、创造更花式营销。

——贵州广播电视台　饶飞

集中和整合现有资源省内优质资源，围绕“大健康、大教育、大旅游”三个方向开展内容的持续微创新，在三个细分市场着重尝试垂直内容的产业嫁接和开发，以内容结合产业、打造“粉丝经济”等各项新的举措努力拓展卫视频道创收发展新渠道。

——福建省广播影视集团电视东南频道　陈玉瑜

东南卫视是福建省广播影视集团直属卫星频道，成立于 1994 年，频道覆盖人口在全国已经达到 9.38 亿（美兰德 2017 年 10 月统计数据），东南卫视信号辐射海外 50 多个国家和地区。东南卫视以“思想建台 新闻立台 文化兴台 产业强台”为发展定位，节目设置主要包括新闻资讯、思想文化、生活服务和影视剧四大类，打造午间、傍晚和晚间黄金时段三条主节目带。东南卫视的节目还通过 IPTV、腾讯新闻、今日头条等新媒体广泛传播，被观众和业界认为是有思想、有品质、有格调的电视台。

近年来，东南卫视主要围绕创新节目集群、提升平台价值、开拓传播渠道、探索高效机制等方面展开工作，化解电视媒体行业市场萎缩危机，探索媒体融合传播与整合营销路径，为新一轮改革攻坚计划夯实基础。

主要的内容建设有以下几个方面：一是继续挖掘节目研发生产资源。在挖掘频道自身节目研发生产潜能，提升《中国正在说》《海峡新干线》《台湾新闻脸》《东南军情》等标杆性节目的品质，根据传媒市场新特点推出美食旅游、健康养生、青少年教育等新节目的基础上，继续推进与文化名人、名主持和名机构的深度、持久合作，再培育出1至2档凸显东南卫视平台气质，并且具有融媒体传播效应的名节目。二是整合用足节目传播渠道资源。在前期良好合作的基础上，东南卫视与腾讯新闻网、凤凰网、今日头条、美团网、观视频、十点读书、抖音、西瓜视频等新媒体达成深度合作协议，媒体融合传播与整合营销的矩阵已具雏形。三是拓展用好政企合作联办资源。围绕省委、省政府"建设新福建"工作部署，集团将与省政府发展研究中心、省经信委、省工商联、省企联等部门联合推出"敢为天下先——改革开放40年福建经济荣耀盛典"系列节目（活动），该项目由东南卫视与福建网络广播电视台联合承办。东南卫视将进一步拓展与省厅局单位、国有企业、大型名企合作，承接政企单位的宣传全案策划与执行项目，为福建"再上新台阶"做好舆论引导工作。

——广东广播电视台　董舒华

一线卫视重兵布阵电视剧场和综艺节目，而广东卫视走差异化路线把为数不多的制作经费投入到了纪录片和小切口、大情怀、传播正能量的文化节目上，例如全国首档运用传统民族乐器，演奏中国经典音乐的大型原创竞演节目《国乐大典》、文化类讲书竞技节目《我是讲书人》、全景式反映人与自然本草的人文地理纪录片《秘境神草》等。这些节目都是能够传承文化、经得起时光考验的内容产业，广东卫视规划制作这些良性节目是在一点一滴为频道品牌影响力做积累，务求沉淀出广东卫视独有的文化坚守，相信能够收获识货的观众群和广告客户。

——陕西卫视　李响

“互联网 +”大背景下，传统广电媒体加快探索融合发展、转型升级的新路。近年来，陕西广播电视台践行深度融合发展路径，用“陕西速度”将媒体融合发展落到实处。陕西卫视向社会公开竞聘包括陕西卫视在内的多个频率频道运营团队，内部架构进行了很大的调整，一切以内容生产为核心，遵照与市场接轨的原则，各部门都在不同领域、层面上承担了内容生产的功能。相比于一线卫视而言，制作现象级节目显然不是陕西卫视的长处，但陕西卫视却持有着深厚文化底蕴和地方特色两张王牌，同时国家“一带一路”的西部战略也给陕西卫视的发展带来新的契机。未来，陕西卫视立足本省丰厚的文化资源优势，以电视剧、广告、节目和活动为四轮驱动，以丝路汇聚八方梦想，积极拓展全国市场和全媒体业务，延伸品牌产业和价值，与所有合作伙伴一起携手，共谋发展，共享资源，共赢未来。

——上海广播电视台　张冰

内容产业将更多地面向新媒体传输渠道，研发不同特点的节目，以抢夺互联网电视的年轻观众。在保证有线电视收视基本盘的基础上，着力提升网络节目流量。

——重庆卫视　李丕农

内容资源将引领覆盖发展，这是趋势所在，卫视在经过 20 多年跃变发展后，强弱差别已基本固化，如有跨越性突破，需有超常机遇和外力介入。广电网、互联网在资源选择上必是优胜劣汰。但中国特有的舆情环境还是会给弱台有生存和覆盖的空间。强台落地用资源换覆盖广度，弱台也可用选择性来实现覆盖的精准化、实效化。

问题 7：

在媒体传播融合加速的背景下，扩大自身的品牌影响力、建立并巩固品牌价值成为电视频道增加覆盖优势并实现可持续发展的必经之路。电视频道的品牌价值已经日益凸显，请问您在从事多年电视工作后是如何看待电视频道的品牌价值的？我们又将如何有效的覆盖运营管理来助力优秀电视频道品牌的打造？

——中国农业电影电视中心　赵泽琨

在信息供大于求的融媒体时代，电视频道的品牌价值更显得尤为重要。电视台在广大观众，特别是在我们频道的很多农村观众心中依然代表着权威和公信力。他们信任我们传递的每一个信息，这种信任是长期真诚服务得到的，在这个时代非常宝贵的，也是我们必须珍视和维护的。这就要求我们的新闻节目、专题节目必须说真话、说实话，始终坚持“党媒姓党”，牢牢把握正确导向。CCTV–7 农业坚持以公益“三农”为旗帜、以专业化内容、特色化服务、大众化传播的品牌发展道路。多年来，农业节目以其真诚、实用、贴近的公益特色服务，电视泛娱乐化中独树一帜的“清流”品质，深受广大基层农村和亿万农民群众喜爱与欢迎，形成了强大的频道品牌公信力。

在覆盖方面，目前，央视七套农业节目全国人口覆盖规模 12.94 亿，排名所有上星频道第一位。覆盖规模方面的优势为我们频道的良性发展打下了基础，通过覆盖率与收视率、权威性、节目质量、受众精准度以及回报性价比等方面，CCTV–7 农业打造出了独有的平台优势。

——青海卫视　铁发仁

决定电视品牌价值的是观众对电视节目频道的认知、忠诚以及满意程度。以满足观众需求为出发点，实现工作重心向品牌建设和维护转移，才是电视媒体可持续发展的正确选择。电视频道塑造品牌，能够提高传播效能，强化资源管理配置，利用品牌的辐射效应形成规模效应以得到特定受众人群的认可与青睐，以此换取广告及其他方式的收入，从而在竞争激烈的市场中不断稳固、扩大频道的影响力及经营实力，成为行业中的领先者。另一方面，电视频道品牌塑造，需要不断扩大频道覆盖规模，精准覆盖目标受众，为电视频道争取更多的用户认知及更优质的用户结构，这是品牌塑造的基础。

——贵州广播电视台　饶飞

品牌是品牌价值的加速器，电视频道品牌价值的打造有赖于对频道品牌的长期经营，品牌认知、忠诚、贡献、品牌管理和创新等各方面的持续发展才能促进品牌价值的提升。当前传统电视媒体面临自身转型升级及新媒体竞争分流的双重挑战，发展遭遇现实困境的过程中，品牌自身的存量动能会起到最终的长尾效应。

覆盖在频道品牌价值的发展过程当中，对品牌的认知和忠诚起到了尤为重要的作为，未来覆盖的精细化运营已成为电视频道的发展的必经之路；通过对覆盖渠道、内容推广、流量经营等深入和精细管理将有助于在海量内容当中频道的识别度和认知度，最终助力频道品牌价值的提升。

——浙江广播电视集团　汪冰冰

“品牌价值”一词关键在于“价值”，如何将内容转化成实际可评估的价值。电视频道的品牌价值，既体现在商业价值上，能给客户带来多大的品销转化，又体现在观众心中，能有多强的观看黏性和忠实度。

多年以来浙江卫视依托《奔跑吧》《中国新歌声》《王牌对王牌》等众多现象级节目内容，品牌价值凸显，在全国观众中具备较强的影响力和美誉度，更是连续七年荣登“中国 500 最具价值品牌”榜。

电视媒体要想在竞争中立于不败之地，必须提升电视节目的内容品质，内容竞争力是电视媒体的核心竞争力，是构建频道品牌的主要因素。长期以来浙江卫视有效的覆盖运营管理能保证将内容传播到更广阔的地区区域，让更多的观众收看到浙江卫视的节目，从源头上确保品牌落地。

——四川广播电视台　李明

一个电视频道品牌价值的实现，我认为覆盖通路建设与优质的品牌栏目内容缺一不可。好的覆盖率是取得好的收视效果的前提，再优质的节目，如果观众没能有机会收看，那么何谈收视率，何谈品牌影响力。加强电视频道的品牌打造，首先就要加强频道的覆盖通路建设，根据电视频道自身的受众目标，优化频道覆盖通路结构，扩大频道覆盖规模，提高频道有效覆盖率，进而增加品牌价值。四川卫视一直立足西南市场，扩展全国版图，文化与娱乐并重，蜀地特色的品牌认知深入人心。四川卫视在互联网络传播中聚集了一批高学历、高收入、讲究特色文化品位的年轻观众群体，频道节目内容轻松休闲成为观众全场景播出频道，这些品牌认知对于四川卫视的整体运营和广告营销都具有非常重要的意义。

——天津广播电视台　李欧

覆盖价值是频道品牌价值的基础，一个好的覆盖，对频道来说既是一种优势，也是一种品牌。一个频道从品牌建设的规划到品牌价值的提升都离不开频道的通路建设。频道的通路建设越好，覆盖所创造的价值越大，频道的品牌含金量也就越高，为频道品牌的建立提供了坚实的基础和保证。同时，一个优质的品牌对该频道的覆盖也具有很好的推动作用，显然，当一个频道的品牌资源足够强大，各传输渠道自然愿意优先传输有品牌保障的频道内容，促进本频道的覆盖提升。近十余年来，天津卫视不断加大频道覆盖传播落地推广的力度，美兰德调研数据显示，2017 年天津卫视全国覆盖 11.48 亿人口，可接收率达 87.1%，位居省级卫视第 6 位，强有力的覆盖规模和优质的受众结构大大增加了天津卫视的平台能力，进而使其能够更好地服务频道用户和广告企业。天津卫视以匠人精神踏踏实实做节目，一直坚守“传递生活正能量”的频道定位，在节目上主打带有综艺元素和文化元素的生活服务类节目。不依靠明星，不倚赖大资本，天津卫视同样打造出了一批有影响力、口碑不俗的节目，包括公益帮扶类节目《幸福来敲门》、情感生活类节目《爱情保卫战》、竞技文化类节目《跨时代战书》、传统文化类节目《群英会》和职场文化类节目《非你莫属》等。这些节目的热播和广受关注都离不开天津卫视良好的覆盖基础和多年的品牌建设。

问题 8：

经过二十年的不断发展，电视频道覆盖的含义亦不断变广，从单纯的物理覆盖进化到内容甚至品牌的深入人心，其中的过程记录着无数电视覆盖人的心路历程。您认为未来还有哪些新的覆盖增长点值得开拓？您对未来的覆盖之路还有哪些期许和展望？

——辽宁广播电视集团　唐军

近年来，新兴媒体对电视媒体虽有冲击，但可以预见电视媒体将在相当长的时间内保持主流媒体的地位。未来卫星电视频道覆盖规模继续扩大，高清频道或成为新的覆盖增长点。根据总局要求高清频道将成为主流播出模式，到 2020 年标清播出的付费频道基本关停，大屏高清会成为下一个引导时代的播出模式。另外，看好 IPTV 的发展趋势，希望电信网、广播电视网和互联网未来能够实现真正的互融、互通。

——湖南广播电视台卫视频道　刘晓晶

内容产品是否能够实现全媒体覆盖，或成为未来覆盖增长的关键，一直是湖南广电覆盖人思考的课题。经过 20 年的高速发展，湖南卫视依托精细化的覆盖传播通路管理与高质量的节目内容吸引观众关注收看，截至 2017 年 10 月，我们已经实现覆盖全国 11.93 亿电视观众，在传统有线网络全面覆盖的同时，对于 IPTV、OTT TV、直播卫星、地面数字电视等多种传输方式全方位覆盖。立足 2018 年，湖南广电超级媒体策略下的渠道建设与运营就成为我们的思考方向，实现全媒体覆盖需要连接多个不同的传播对象圈，最大限度地打通社会人群，实现跨场域的触达。针对受众的不同需求，选择最适合的媒体形式和管道进行深度融合，提供超细分的服务，实现对受众的全面覆盖及最佳传播效果。未来，希望各渠道之间有良性的互通及协助，行业可以越来越规范，使覆盖市场健康发展，最终实现多方共赢的良性循环。

——广东广播电视台　董舒华

广东卫视下一阶段在巩固全国有线网覆盖阵地的基础上，重点提升 IPTV 高清信号的覆盖率，争取尽快将内蒙古、安徽、湖北、湖南、云南个别地市、州的 IPTV 高清信号全部入网。

另外值得关注的是，2017 年 12 月 23 日，我台 4K 超高清电视试验播出已成功启动，在全国拔得头筹。这标志着广东率先迎来 4K 超高清时代。广东广播电视台正在打造一个国家级的 4K 创作基地，力争每年生产的节目时长达到 1000 个小时。可以预见，4K 信号的覆盖将会是下一轮工作的热点。

未来覆盖之路的展望和期许：从电视媒体应该做好党和政府的喉舌功能这个角度来看，希望随着渠道丰富能使媒体覆盖范围越来越广，电视平台播出的内容则能更加公益和绿色。希望落地费成为历史，而版权交易和用户付费点播的产业规模越来越大、越来越规范，做到用户、渠道商、内容提供商三赢。

——贵州广播电视台　饶飞

在技术变革的驱动下，电视频道的覆盖通路发生了深刻的变化，除有线网外，直播星、IPTV、互联网电视都经历了蓬勃发展的阶段，基于互联网传输技术的 IPTV 和 OTT TV 在未来几年内预计仍有较大的增长空间；同时随着高清电视也逐步在电视受众中普及，未来随着 4K 技术、人工智能的持续发力，或许会成为电视覆盖的又一新的增长点。

——浙江广播电视集团　汪冰冰

我认为，未来的覆盖增长点不只是在于单纯的区域地区，而是在于多种传输通路，比如 IPTV、OTT TV 等新兴渠道。未来的覆盖之路一定是更加充满挑战，但也更值得期待，我相信我们的同事会保持已有的出色成绩，将浙江卫视的优秀节目传播到更广泛的区域，同时为观众提供更多元畅通的渠道。

——上海广播电视台　张冰

新媒体渠道的全方位渗透应该是卫视下一步覆盖的重点，但需要处理好版权销售带来的版权冲突问题。

后　记

北京美兰德媒体传播策略咨询有限公司董事总经理 崔燕振

从《覆盖率在中国》系列著作第一本“电视覆盖率调研的理论、方法和应用”出版已经过去了整整十年。这十年中，不光中国的社会经济发生了巨大变化，与此相应，传媒领域也经历了翻天覆地的深刻变革。

刚刚过去的十年，最深刻的变革来自于互联网技术及其带来的经济形态和传播生态的根本改变。传统互联网即PC互联网最大的特征是连接和互动，把原来彼此孤立的人与信息、人与商品、人与人都建立了广泛的连接，人与人也在虚拟的网络空间形成了有效的互动。移动互联网的本质属性则是即时化和场景化。随时随地的连接、交流、分享和互动极大地提升了移动互联网的连接效率，也大大缩短了从信息的接触、认知、评价到消费决策和商品购买乃至支付的过程。信息获取、购买决策以及表达分享的极大便利也顺理成章地推动了传播社交化和营销社群化时代的到来。社会经济形态、生活消费形态以及媒体传播形态巨大变革的背后，是通信技术和传播技术的创新和迭代。如果说，3G技术催生了PC互联网的蓬勃兴起和繁荣，4G技术造就了移动互联网时代的日新月异乃至翻天覆地，5G技术也必将开启IOT即物联网时代的喷薄而来。

互联网在深刻改变社会经济形态和人们生活消费形态的同时，也从根本上改变了传播逻辑和媒体生态。传统电视的线性传播特征使其传播规模和速度优势得到淋漓尽致的释放，但其单向传播、弱连接和难以及时有效参与互动的劣势也呈现得非常明显。因此，互联网的连接、分享和互动的本质属性也就在深刻影响和改造着电视媒体传播的形态、语态和生态。媒体融合的命题，不仅仅是时代和行业的重大课题，也是技术发展和市场变革的趋势。从形式上看，媒体融合可能更多地表现在信息载体、媒介终端、传播介质的转移和改变，而从本质上说，则是互联网时代尤其是移动互联网时代传播逻辑和传播规律的改变。大视频、大数据、大生态、大融合的时代正在加速到来，任何孤立、单向、片面地理解这一趋势的想法都有可能错过这个时代和历史性机遇。

2018，北京美兰德公司将迎来电视覆盖率调研二十周年的盛典，这一项目伴随着中国电视的发展、繁荣乃至艰难转型的过程。由此同时，美兰德公司也从 2009 年春季正式开启电视节目网络传播影响力研究，迄今也走过了近十年的历程。从单一传播路径和传播维度的研究到线上线下、电视观众和网络用户双受众市场的关联分析开启并推动了公司业务转型和战略升级的动能。值得庆幸和欣慰的是，电视覆盖率调研二十年积累的庞大数据库以及从电视节目网路影响力发端而成的中国规模最大的视频节目网络传播研究与监测数据库给公司在大视频时代的业务升级、价值迭代和品牌创新打下了坚实的基础并提供了有力的战略支撑。

斗转星移，寒来暑往。电视覆盖率调研这一项目所历经的过程以及自身业务转型、战略升级和价值创新的不懈努力与开拓探索，也是一家民营媒体调研咨询公司孜孜以求、坚忍不拔、奋发进取的心路历程，期间所经历的种种成功和失败、前进与波折、欢欣和迷茫都历历在目、萦怀不去。在社会转型和行业变革的大潮中，也许这些都是正常的，也是一个团队在成长发展过程中所必须经受和历练的。夜雨声声、海涛阵阵。一个职业人士、专业团队乃至公司品牌所要经历的成长过程和心路历程，都付之于明月秋风，诉诸风雨兼程。

有理由相信，我们正在经历的是世界格局重组、国际秩序重建，国内社会转型、市场要素重构的特定历史阶段，也是互联网、大数据、人工智能、AR/VR 技术、区块链等新兴技术驱动的全新的媒体传播环境和行业生态。在这样的条件下，因循守旧、得过且过、无所作为的想法注定没有前途，只有积极学习、努力进取、勇于开拓创新、敢于主动变革并不断完成知识更新、认知迭代和价值进化的公司团队才有可能赢得未来。

谨以此记！与团队小伙伴和行业同仁共勉。

参考文献

1）徐延章 . 网络时代视频广告的情感创意营销 . 青年记者 [J].2012(18)：102–103.
2）张磊 . 腾讯视频如何做精准营销？经理人 [J].2012(10)：114–115.
张亦弛 . 我国网络自制剧的发展历程及现状研究 . 东南传播 [J].2015(9)：90–91.
3）蔡怀军 . 芒果 TV“(1+N)X”模式的营销实践 . 新闻战线 [J].2018(5)：27–30.
周文 . 腾讯视频“图灵”智能系统亮剑 . 比特网 .2014–12–04.
4）苏落 . 视频 + 电商那些可能与不可能 .V–MARKETING 成功营销 .2014–12–17.
汪文斌 . 大视频时代的创新与变革 . 中国新闻第三届中国网络视听大会官网 .2015–11–23.
5）吴东、黄鑫、张琼子、辛悦 .2017 全球电视业 10 大趋势：颠覆性改变正在悄然发生 . 收视中国 .2017–03–04.
6）信海光 . 腾讯视频 vs 爱奇艺 从数据窥探下半场发展轨迹 . 百家号 .2018–03–28.
7）优酷土豆推“享看广告”：5 秒后用户可选择是否跳过广告 .DoNews.2015–06–12.
8）视频电商落地 合一导购节目《看购》曝光 . 亿邦动力网 .2015–12–24.
9）影谱携手互联网视频巨头 打造视频营销新生态 . 千龙科技 .2016–01–18.
10）在 PGC 的风口，看腾讯视频如何实现产业共赢 . 中国网 .2016–02–15.
11）优酷“超级网综” 自组局重新定义综艺玩法 . 重庆晚报网 .2017–01–06.
12）诞生七年，内容经历三个阶段，视频上半场爱奇艺怎么打对了内容战？ . 中国网 .2017–04–21.
13）优酷春集剧宴：这五款热剧值得拥有 . 媒介 360.2017–04–21.
14）一场“世界 · 大会”看视频行业的风口和未来 . 网络传播杂志 .2017–06–08.
15）爱奇艺的“一鱼多吃”大 IP 好生意：开放平台 升级付费战略 . 中国新闻

网 .2017-06-08.

16）阿里大文娱联动 优酷释放协同势能 . 华西都市报 .2017-11-10.

17）中国互联网络信息中心（2014 年），《中国互联网发展状况报告》（第 33 次）.

18）中国互联网络信息中心（2015 年），《中国互联网发展状况报告》（第 35 次）.

19）中国互联网络信息中心（2016 年），《中国互联网发展状况报告》（第 37 次）.

20）中国互联网络信息中心（2017 年），《中国互联网发展状况报告》（第 39 次）.

21）中国互联网络信息中心（2018 年），《中国互联网发展状况报告》（第 41 次）.

22）石磊 . 新媒体概论 . 北京：中国传媒大学出版社，2009.

23）刘燕南、张雪静、张渤 . 跨屏时代的受众测量与大数据应用 . 北京：中国传媒大学出版，2016. 10.

24）任锦鸾、刘丽华、李波、黄锐 . 媒体融合与创新 . 北京：中国广播影视出版社，2017.4.

25）谭天 . 融合与转型：重构中国电视 . 北京：中中国广播影视出版社，2017.6.

26）马翀、程建新 . 手机视频投屏产品的用户体验设计与研究 . 设计，2016(21).

27）高贵武、刘娟 . 内容依旧为王：融合背景下的媒体发展之道 . 电视研究，2015(4).

28）林余荫 . 媒介融合时代 IP 的价值与开发 . 出版广角，2016(19).

29）蔡一鸣 . 十九大报道央视下了哪些真功夫 . 电视研究，2017(22).

30）刘燕南、张雪静 . 跨屏受众收视行为测量：现状、问题及探讨 . 现代传播－中国传媒大学学报，2016，38(8).